Alm- und Hüttenwanderungen Niederösterreich

50 Touren zwischen Wien und Hochschwab

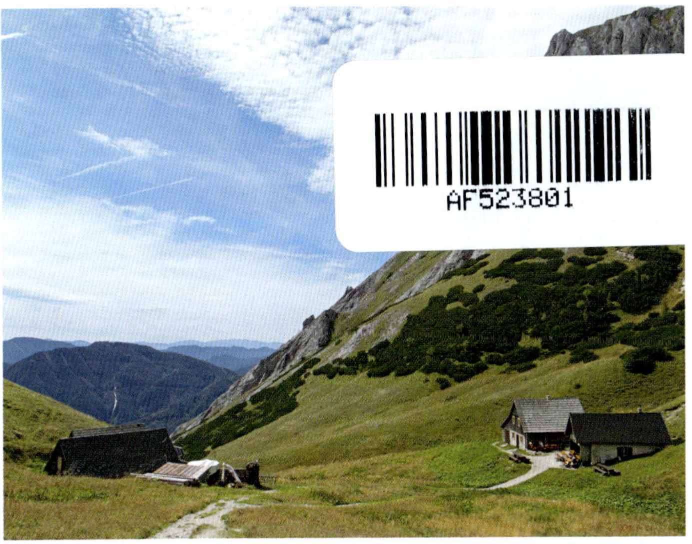

Thomas Man

in Kooperation mit

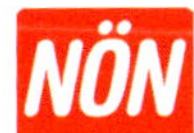

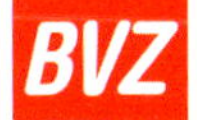

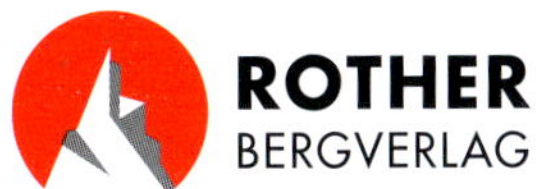

Vorwort

Das Bundesland Niederösterreich ist geprägt durch eine vielfältige Landschaft. Während Wein- und Waldviertel gekennzeichnet sind durch Flach- und Hügelland mit kleinen Bergen geringer Höhe (der Buschberg ist die höchste Erhebung des Weinviertels mit 491 m, der Tischberg mit 1073 m der höchste Gipfel des Waldviertels), erreichen die östlichsten Ausläufer der Ostalpen im Most- und Industrieviertel mit Höhen bis knapp über 2000 m bereits alpines Niveau. Dieses Buch führt zu Hütten und Almen im Wienerwald, dem letzten Ostalpenausläufer, und in den südlichen Alpinbereich Niederösterreichs mit der bergbäuerlichen Welt des Semmering-Rax-Schneeberg-Gebietes. Weiter in den Naturpark Ötscher-Tormäuer mit seinen tief eingeschnittenen Schluchten, weiten Almböden und hohen Felsgipfeln. In das Gebiet des alpinen Mostviertels, wo Bergbauernfamilien mit ihren Tieren die reizvolle alpine Natur- und Kulturlandschaft mit ihrer artenreichen Tier- und Pflanzenwelt gestalten und pflegen. Und schlussendlich in die Mürzsteger und Fischbacher Alpen, auf die Schneealpe und das Hochschwabmassiv an der niederösterreichisch-steirischen Grenze. Es gibt viel zu sehen, viel zu erwandern, viele Eindrücke zu sammeln und mit nach Hause zu nehmen. Aus dem großen Spektrum an Möglichkeiten wurden 50 Touren ausgesucht, die Freude machen sollen beim Gustieren, beim Aussuchen und Planen, bei der Wanderung selbst und später beim Nachlesen und Erinnern. Die meisten Touren sind auch für Familien mit Kindern geeignet und eröffnen so die spannende Erlebniswelt der niederösterreichischen Berge mit ihren Almen und Hütten. Ich hoffe mit diesem Buch zu vielen schönen, erinnerungsreichen und genussvollen Stunden in den niederösterreichischen Bergen beitragen zu können.

Für die Geduld, Motivation und Hilfe bei der Erstellung dieses Buches will ich mich noch recht herzlich bei meiner Frau Andrea und meiner Tochter Verena bedanken. Des Weiteren bei den Wanderführern Oliver Schreier und Gerdi Verwoert für ihre fachkundige technische Beratung und Unterstützung bei der Alpintour Niederösterreich; bei meinem Freund Ing. Günter Jessl, der unermüdlich Tour um Tour mitgemacht hat. Auch bei meiner Australian-Shepherd-Hündin Kiwi – wegen ihr war ich nie ganz alleine unterwegs. Und bei allen anderen, die mir mit Rat und Tat zur Seite gestanden sind. Ohne sie wäre dieses Buch nicht möglich gewesen.

Thomas Man

Liebe Leserinnen und Leser,

infolge der Corona-Krise können sich Änderungen ergeben haben, die bei Redaktionsschluss noch nicht absehbar waren. Soweit möglich, werden wir aktuelle Hinweise unter www.rother.de (beim Buch) zur Verfügung stellen. Bitte informieren Sie sich vor der Wanderung zusätzlich über die aktuelle Situation.
Sollten Sie geänderte Gegebenheiten vor Ort feststellen, freuen wir uns über Korrekturhinweise per E-Mail an leserzuschrift@rother.de.

Inhalt

Allgemeine Hinweise

Tourenplanung

Eine Grundvoraussetzung für eine schöne und sichere Bergtour oder Wanderung ist eine genaue Tourenplanung. Diese beginnt nicht erst, wenn man unterwegs ist, sondern schon zu Hause. Wer sich über die wichtigsten Dinge bereits bei der Planung informiert, dem bleiben unliebsame Überraschungen erspart. Auswahl eines geeigneten Tourenzieles, Routenplanung mit (digitaler) Karte und eventuell GPS-Gerät bzw. Smartphone mit Navigationsfunktion, Wetterbeurteilung sowie gute Ausrüstung, Verpflegung und Kondition machen dann eine Tour zu einem unvergesslichen Erlebnis.

Anforderungen

Grundsätzlich ist es nicht leicht, den Schwierigkeitsgrad einer Tour objektiv zu beurteilen. Was den einen noch leicht erscheint, mag anderen schon mittelschwer vorkommen.

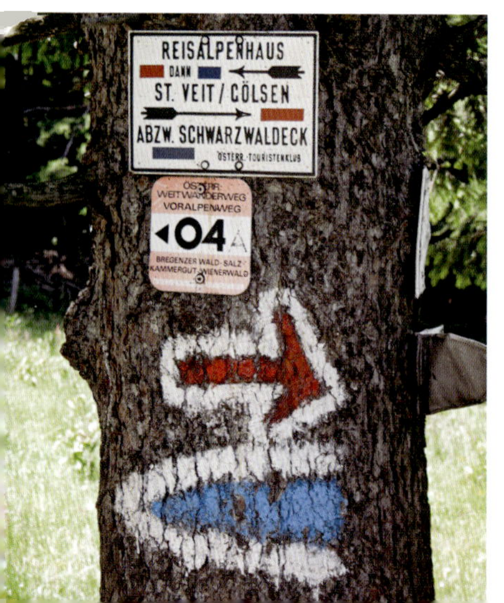

Markierungen zeigen den richtigen Weg durch die Berge.

Die Einteilung nach den nachfolgend erklärten Maßstäben und die zusätzlichen Angaben im Tourenkopf ermöglichen es dem Bergwanderer aber, im Vergleich mit eigenen Erfahrungen bezüglich Kondition und Orientierung eine Auswahl an geeigneten Möglichkeiten zu treffen. Die Tourenvorschläge sind in drei Farb- und Schwierigkeitsstufen eingeteilt:

▸ **Leicht**

Diese Bergwanderungen führen über gut markierte Alm- und Forststraßen, breite Wanderwege und Steige und können auch mit weniger Bergerfahrung von Familien und älteren Personen begangen werden. Sie sind mit entsprechender Ausrüstung und Vorsicht auch bei leicht regnerischem Wetter begehbar (trotzdem gilt: im Zweifel lieber umkehren, z. B. wegen Rutschgefahr oder Orientierungsschwierigkeiten bei Nebel!).

▸ **Mittel**

Hier begeht man bereits schmälere, aber ausreichend markierte Wege und Steige; das Gelände kann steiler und eventuell felsiger werden. Die technischen Anforderungen sind höher, Kondition, Trittsicherheit und Schwindelfreiheit müssen gegeben sein. Entsprechende Ausrüstung und Bergerfahrung sind für diese Touren notwendig.

▸ **Schwierig**

Diese Touren führen über schmale Steige in oft steilem und manchmal weglosem, unmarkiertem Gelände über 2000 Meter, erfordern absolute Trittsicherheit und Schwindelfreiheit und sind konditionsstarken Bergwanderern und Bergsteigern vorbehalten, die sich auch im weglosen Gelände mühelos zurechtfin-

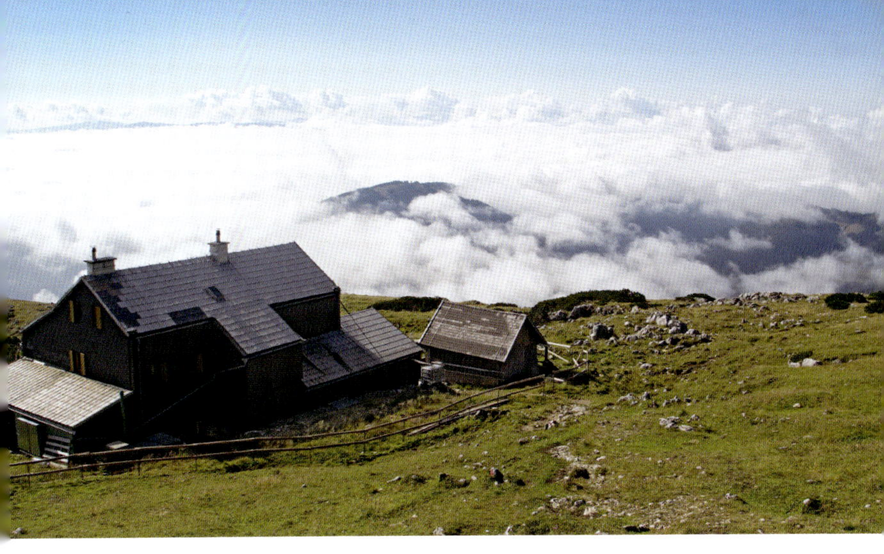

Am Strand des Wolkenmeeres des Graf-Meran-Hauses (Tour 32).

den können. Der Gebrauch der Hände zur Fortbewegung im steilen, felsigen Gelände kann nötig sein. Die Gehzeiten können über 6 Stunden Nettogehzeit betragen.

Karten

Die Kartenausschnitte im Buch geben nur einen Überblick über die Route, sie ersetzen nicht eine extra Karte. Varianten können aus Platzgründen häufig nicht zur Gänze, teilweise nur im Ansatz dargestellt werden. Jedoch sollte anhand der Beschreibung der Verlauf mit einer geeigneten Wanderkarte nachvollziehbar sein.

Empfehlenswert sind die entsprechenden Karten vom Österreichischen Bundesamt für Eich- und Vermessungswesen im Maßstab 1:25.000 und 1:50.000 (auch mit UTM), die Alpenvereinskarten im Maßstab 1:25.000 und 1:50.000 (kartenabhängig) sowie die Karten von Freytag & Berndt im Maßstab 1:50.000.

GPS-Daten und Koordinaten der Ausgangspunkte

Zu diesem Wanderbuch stehen auf www.rother.de GPS-Tracks und Koordinaten der Ausgangspunkte zum kostenlosen Download bereit.
4. Auflage, Passwort: **328804kcp**
Die GPS-Daten wurden vom Autor auf neuesten Karten und im Gelände erfasst. Verlag und Autor haben die Tracks und Wegpunkte nach bestem Wissen und Gewissen überprüft. Dennoch können wir Fehler oder Abweichungen nicht ausschließen, außerdem können sich die Gegebenheiten vor Ort zwischenzeitlich verändert haben. GPS-Daten sind zwar eine hervorragende Planungs- und Navigationshilfe, erfordern aber nach wie vor sorgfältige Vorbereitung, eigene Orientierungsfähigkeit sowie Sachverstand bei der Beurteilung der jeweiligen (Gelände-)Situation. Man sollte sich für die Orientierung auch niemals ausschließlich auf GPS-Gerät und -Daten verlassen.

Wetter

Vier Wetterphänomene sind für den Outdoorsport in unserer Klimazone wesentlich maßgeblich: Kaltfront, Warmfront, Gewitterbildung und Föhn. Die Bezeichnung Front beschreibt in der Wetterkunde die Grenze verschiedener Luftmassen.

Die Kaltfront bewegt sich oft keilförmig und turbulent unter die warme Luft, die aufsteigt und rasch zu stark quellenden Haufenwolken führt. Diese Front ist für den Wanderer gefährlich, denn sie zieht schnell auf und bringt einen massiven Temperatursturz mit Gewitter, Sturm, Hagel, Nebel und Schnee (auch im Sommer!). Nach Durchzug der Kaltfront bleibt es einige Zeit unbeständig.

Bei der Warmfront legt sich die mitgeführte warme Luft über die kalte Luft. Sie ist schon ein, zwei Tage vor ihrem Eintreffen erkennbar. Es verdichten sich langsam die Wolken, d. h. es entstehen zuerst Federwolken, dann Schleierwolken, zum Schluss Haufenwolken, aus denen anhaltender Niederschlag fällt. Es folgt danach eine Austrocknung der Wolken, wodurch die Niederschläge aufhören. Damit klart es auf, die Temperaturen legen wieder spürbar zu. Interessant ist, dass bei einer Warmfront die Weitsicht beispielsweise auf den Bergen deutlich schlechter ist als bei einer Kaltfront. Oftmals ist man enttäuscht, wenn das Wetter besser wird, die Niederschläge aufhören, aber beim Wandern die Fernsicht mäßig ist.

Das Gewitter ist im Sommer öfter zu beobachten als im Herbst oder im Winter, möglich sind Gewitter aber praktisch zu jeder Jahreszeit. Im Sommer treten sie aufgrund der Temperaturunterschiede und der intensiven Sonneneinstrahlung bzw. warmer Wassertemperaturen als Wärmegewitter auf, zu erkennen an den tagsüber entstehenden hohen Quellwolken in Ambossform. Als Frontgewitter entstehen sie sehr

Ein Wettersturz kann überraschend schnell kommen, wie hier beim Otto-Kandler-Haus (Tour 10).

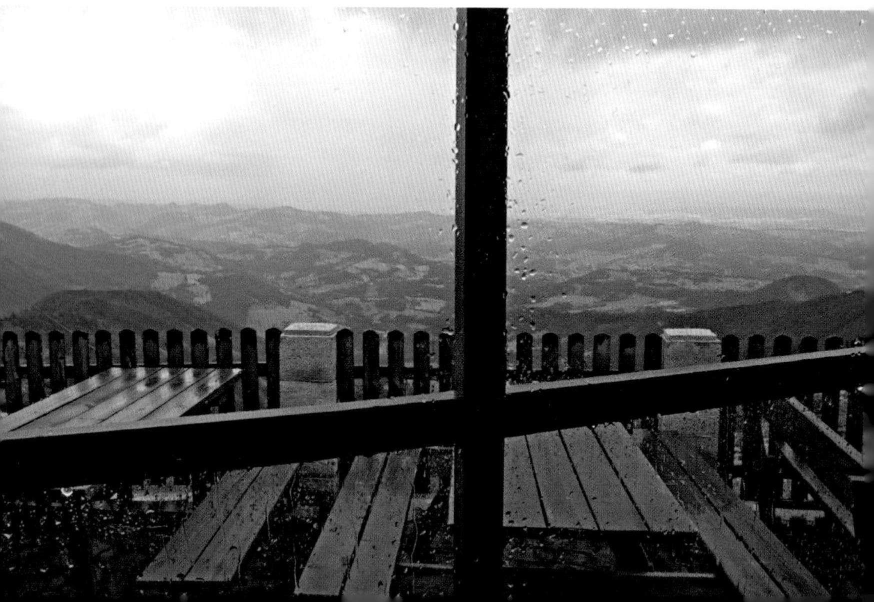

rasch im Zusammenhang mit Schlechtwetterfronten. Verhalten bei Gewittern:

- So schnell wie möglich die nächste Hütte ansteuern. Heuschober oder einfache Unterstandshütten bieten zwar Schutz vor Regen, sind aber so gut wie nie gegen Blitzschlag gesichert.

Ist das Gelände zu schwierig, um schnell voranzukommen, muss das Gewitter wohl oder übel im Freien überstanden werden. Für solche Situationen gilt:

- Exponierte Orte wie Gipfel, Grate oder Hochebenen meiden. Hier ist man besonders vom Blitzeinschlag bedroht.
- Abstand halten von absturzgefährdetem Gelände, die Schrittspannung kann dazu führen, dass man das Gleichgewicht verliert und abstürzt.
- Wenn das Gelände eine Selbstsicherung erfordert, keinesfalls darauf verzichten. Aber: die Sicherung unterhalb des Herzens anbringen.
- Sich am besten mit angewinkelten Beinen auf eine isolierende Unterlage wie Rucksack oder Kletterseil setzen, sich zusätzlich in eine Alu-Rettungsfolie einwickeln.
- Metallgegenstände oder auch sein Mountainbike am besten in einigen Metern Abstand deponieren.
- Höhlen oder Überhänge bieten nur Schutz, wenn sie nach hinten, nach oben und vorne mindestens eine ganze Körperlänge Platz bieten.

Föhn bildet sich im Bergland, wenn auf einer Seite, beispielsweise im Norden, warme Luft vom Tal aufsteigt und abkühlt. Es bilden sich Wolken und Niederschlag, der es aber nicht über die Bergspitzen schafft. Wenn sich im Süden dieser Berge/Bergkette keine Wolken bilden und die Luft daher trocken ist, dann erwärmt sich diese beim Absinken ins Tal. Das Ergebnis sind trockene, warme Fallwinde, die als Föhn bekannt sind. Über dem Gebirge zeigt sich oftmals eine scharf abgegrenzte Föhnmauer, auf der Sonnenseite können »Föhnfische« (Wellenwolken) zu sehen sein. Typisch für den Föhn ist die warme Luft, die er transportiert. Bei Föhnwetterlagen ist auf längere Unternehmungen am Berg (über zwei Tage) zu verzichten, da der Zusammenbruch des Föhns plötzlich und ohne erkennbare Anzeichen erfolgen kann und danach mit rasch einsetzenden, länger anhaltenden Niederschlägen und kräftig sinkenden Temperaturen zu rechnen ist.

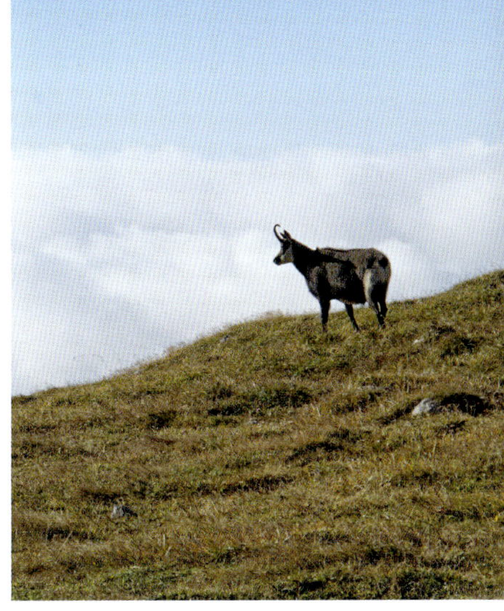

Wer früh aufbricht, sieht stellenweise die eigentlichen Bergbewohner.

Bei jeder geplanten Bergtour sollte im Vorfeld die Großwetterlage anhand eines amtlichen Wetterberichtes und zusätzlich das Barometer beobachtet werden (fallender Luftdruck deutet auf Wetterverschlechterung hin).

Hilfe im Notfall

Wer die alpinen Gefahren erkennt, kann sich davor schützen. Bergunfälle haben ihre Ursachen häufig in einem zu geringen Gefahrenbewusstsein. Die Gefahren sind unbekannt oder werden unterschätzt. Vor und während der Tour hat man genug Möglichkeiten, sich über eventuelle Gefahren zu informieren. Wetterberichte, Alpenvereine, Tourismusverbände, Hüttenwirte, Bergrettungsstellen geben genaueste und detaillierte Informationen. Wer dennoch in Bergnot gerät, sollte schon vorher in seinem Mobiltelefon die Notrufnummer der Bergrettung in Österreich, **140**, abgespeichert haben, die netzunabhängig von jedem Mobiltelefon angewählt werden kann. Auch die europaweit gültige **112** kann gewählt werden, mit der 140 landet man jedoch sofort bei der örtlich zuständigen Bergrettungsstelle.

Ist es aus irgendwelchen Gründen nicht möglich, mit dem Mobiltelefon Hilfe zu holen, so gibt man in regelmäßigen Abständen 6 mal innerhalb einer Minute (alle 10 Sekunden) ein akustisches oder in der Nacht auch optisches Signal, gefolgt von einer Minute Pause, ab. Wer ein Notfallzeichen bemerkt, sollte mit einem vergleichbaren Zeichen in einer Taktfolge von 3 Signalen pro Minute (alle 20 Sekunden) antworten. Die Hilfesuchenden wissen dann, dass Hilfe naht.

Gefahren durch Weidevieh

Immer öfter kommt es zu Zusammenstößen zwischen Mensch, Hund und Weidevieh. Kurz gesagt, der Mensch bleibt dabei immer auf der Strecke; schwere Verletzungen sind die Folge. Waren es früher eher Milchkuhherden, die ruhig und gelassen geweidet haben, so sind es heute meist Jungtiere und Mutterkühe mit ihren Kälbern, die im Sommer die Almen bevölkern. Während Jungtiere aus Neugierde und Übermut dem Menschen unabsichtlich Schaden zufügen, ist es bei den Mutterkühen der natürliche Instinkt zur Verteidigung ihrer Kälber. Wie

Vorsicht ist bei freilaufendem Weidevieh immer geboten.

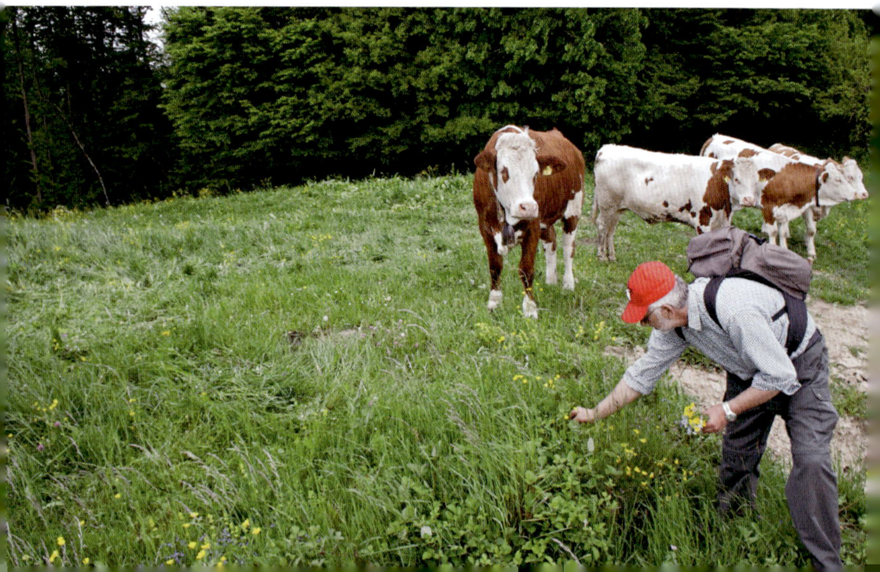

erkennt man eine gefährliche Situation? Gefahr besteht dann, wenn die Kühe den Kopf heben und senken, dabei in die Knie gehen und schnauben. Bevor sie loslaufen, gehen sie meist ein paar langsame Schritte auf ihr Ziel zu. Daher als Wanderer den Rindern nicht zu nahe kommen und vor allem Kälber weder streicheln noch füttern. Wenn in einer Herde merkliche Unruhe herrscht oder Wanderer durch einzelne Tiere fixiert werden, sollte man unbedingt Abstand halten und besser einen Umweg in Kauf nehmen. Hunde sind immer an die Leine zu nehmen und dürfen einer Herde nie zu nahe kommen. Sie werden als Feinde betrachtet und daher vor allem von Muttertieren häufig angegriffen. Die Hunde sollen nur von der Leine gelassen werden, wenn absehbar ist, dass ein Rind angreifen wird. Dann sind Hunde im Gegensatz zum Menschen schnell genug, um einem Angriff auszuweichen. Sollte es trotz aller Vorsichtsmaßnahmen zu gefährlichen Situationen kommen, gilt es, Ruhe zu bewahren, nicht davonzulaufen und, wenn möglich, mit einem Wanderstock oder einem ähnlichen Gegenstand Drohgebärden zu machen. Auch laute Zurufe können aggressive Rinder zum Umkehren bewegen. Wenn alles nichts nützt, hilft nur mehr ein konsequenter, langsamer Rückzug aus der Gefahrenzone, ohne den Tieren den Rücken zuzukehren. Stieralmen müssen auf jeden Fall gemieden werden! Geringere Gefahren gehen von Schafen und Ziegen aus, auch Pferde wie Haflinger und Noriker sind eher friedliche Tiere. Trotzdem Vorsicht, denn es verursacht kein Glücksgefühl, wenn eine fröhliche Pferdeherde auf einen zugaloppiert.

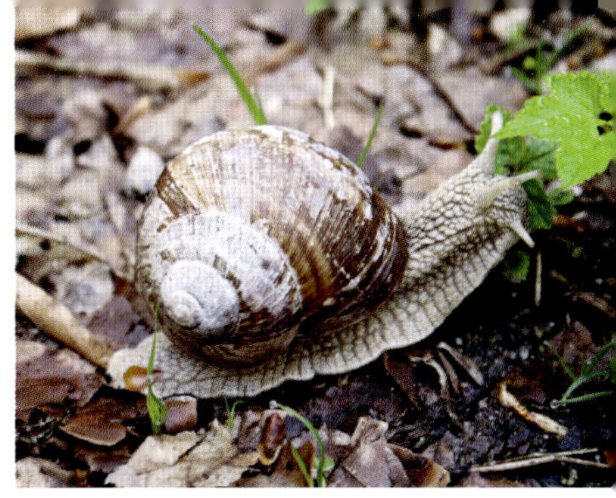

Weinbergschnecken findet man oft im Wienerwald.

Gefahren durch Wildtiere

Wildtiere stellen in Österreich keine ernst zu nehmende Gefahr für den Menschen dar. Lediglich während der Brunftzeit können sich Hirsche und Rehböcke vereinzelt zu Drohgebärden hinreißen lassen. Aber dies ist sehr selten mit Angriffen auf Menschen verbunden.

Ernst zu nehmen sind nur Wildschweine. Wenn die Bache ihre Jungen (Frischlinge) bei sich hat, es sich um einen verletzten Keiler handelt oder Wildschweine überrascht werden, kann es zu gefährlichen Angriffen auf den Menschen kommen. Läuft man Wildschweinen über den Weg, sollte man sich ruhig verhalten und langsam zurückziehen. Niemals füttern und streicheln! Wildschweine sind sehr schnell, weglaufen ist also keine Option. Bei einem Angriff am besten hinter oder auf einen Baum flüchten, ausnahmsweise auch auf einen Hochstand (was in der Regel nach österreichischem Gesetz sonst verboten ist!).

Auch halten Bär, Luchs und Wolf wieder Einzug. In Österreich leben derzeit Bären nur in den Karawanken, Karnischen Alpen und Gailtaler Alpen in Kärnten und in Osttirol als Grenzgänger aus Slowenien, Italien und der Schweiz. Jene Bären, die sich

aus einem Wiederansiedlungsprojekt oder als Nachkommen des 1972 selbstständig zugewanderten »Ötscherbären« in Österreich verbreitet haben, sind seit 2011 wieder verschwunden.
Dauerhafte Vorkommen von Luchsen mit Nachwuchs gibt es in Österreich derzeit nur in der Region des Nationalparks Kalkalpen und vom Böhmerwald bis ins südliche Waldviertel. Die Zahl der Luchse in Österreich beläuft sich schätzungsweise nur auf 10 bis 15 Tiere. Sie gelten im Allgemeinen als sehr scheu und sind eigentlich »unsichtbar«.
Letztendlich hat auch der Wolf Österreich wieder für sich entdeckt. Durch das Ansteigen der Wolfspopulationen in den Karpaten, der Schweiz und Italien sowie im slowenisch-kroatischen Raum ist auch eine natürliche Rückkehr nach Österreich in Gang gekommen. Wölfe, die in freier Wildbahn aufgewachsen sind und dort leben, sind dem Menschen nach allen weltweit gesammelten Erkenntnissen grundsätzlich nicht gefährlich. Kaum jemand wird es bemerken, wenn Wölfe in der Nähe sind. Grundsätzlich sollte man bei Wolfsbegegnungen Ruhe bewahren. Denn normalerweise tritt ein Wolf, der entdeckt wird, die Flucht an. Es kann aber sein, dass Menschen das Interesse von Wölfen erregen und Wölfe Menschen aufmerksam beobachten. Wenn Wölfe merken, dass sie entdeckt wurden, ziehen sie sich in der Regel schnell und leise zurück. Im Notfall sollte man aber durchaus laut werden und den Wolf mit Steinen oder Ästen bewerfen, allzu neugierige Wölfe müssen den Eindruck bekommen, dass Menschen unangenehm sind. (Quellen: WWF Österreich; Prof. Dr. Kurt Kotrschal, Biologe, Verhaltensforscher und Autor)

Die Wiesenschlüsselblume, ein Frühlingsbote.

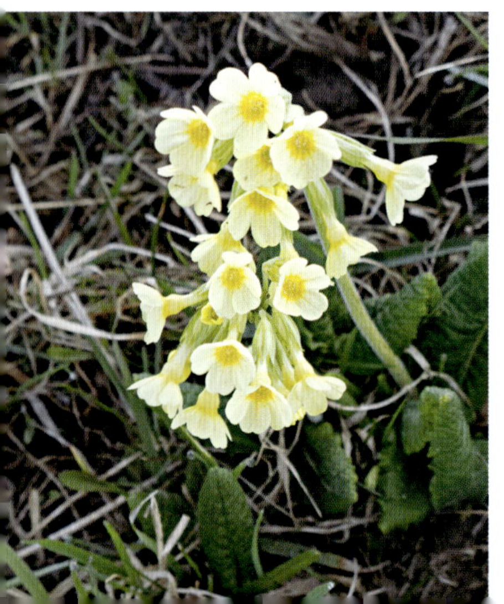

Ausrüstung

Die Ausrüstung für das Bergwandern ist neben den äußeren Bedingungen und persönlicher Erfahrung entscheidend für die Sicherheit und den Spaß am Berg. Je nach Dauer, Höhe, Wetter und Schwierigkeit ist es notwendig, die Ausrüstung entsprechend anzupassen.
Feste, hohe Bergschuhe mit einer guten Sohle sind empfehlenswert. Sie sollten atmungsaktiv sein und den Fuß sehr gut stabilisieren. Für die kältere und feuchtere Jahreszeit ist auch eine Kombination aus Leder und Goretex bzw. Sympatex empfehlenswert, im Sommer mitunter leichte Trekkingschuhe aus Goretex oder ähnlichen Materialien für einfache Hüttentouren auf gut befestigten Wegen. Atmungsaktive Berg- oder Trekkingsocken schützen vor frühzeitiger Übermüdung, weil sie den Fuß besser klimatisieren, und beugen Blasen durch weniger Reibungsstellen vor. Funktionswäsche

klimatisiert den Körper durch den Flüssigkeitstransport nach außen besser und kann bei sehr hohen Temperaturen auch als einziges Kleidungsstück getragen werden. Prinzipiell empfehlen sich zum Einsatz am Berg schnell trocknende und windabweisende Materialien. Das hat den Vorteil, dass sie nach Regen schneller wieder einsatzbereit sind und auf Mehrtagestouren auch gewaschen werden können und über Nacht trocknen. Für das Bergwandern empfehlen sich Hosen mit abzippbaren Hosenbeinen und Taschen an den Seiten. Bei der Oberbekleidung sollte man sich nach der »Zwiebeltechnik« anziehen. Mehrere Schichten sorgen für bessere Klimatisierung (Wärme/Kälte), Feuchtigkeitstransport und Wetterschutz (Wind/Nässe). Die zweite Schicht sollte ein wärmendes und wasserabweisendes Fleece (Softshell) sein, das den Schweiß nach außen transportiert. Diese Schicht reicht im Sommer oftmals aus, vor allem, wenn das Material wasserabweisend ist und kleine Regengüsse übersteht. Die äußerste Schicht muss auf alle Fälle starkem Regen und Wind standhalten; hier sollte man auf die Lösungen von renommierten Bergsportartikelherstellern zurückgreifen. Besonders zu empfehlen ist – vor allem bei der äußersten Schicht – eine integrierte oder abzippbare Kapuze. Vorteilhaft ist die Nutzung von Wanderstöcken (Teleskopstöcke). Sie unterstützen den aufrechten Gang, entlasten die Beinmuskulatur und Gelenke und können auch technische Helfer sein. Der Rucksack (Größe und Gewicht) muss auf das Vorhaben abgestimmt werden und sollte mit entsprechenden Trinkflaschen reichlich ausgerüstet werden. Flüssigkeitsverlust, und hier spielt auch der Wind eine nicht unwesentliche Rolle, ist oft die Ursache von Leistungseinbrüchen und Unfällen. Essen, Ersatzwäsche, Karten und GPS-Gerät, Erste-Hilfe-Set, Sonnenschutz, Mobiltelefon, Fotoapparat, Notizblock mit Stift, Taschenmesser, Geld und Ausweise sowie Dinge des persönlichen Bedarfs vervollständigen die Ausrüstung.

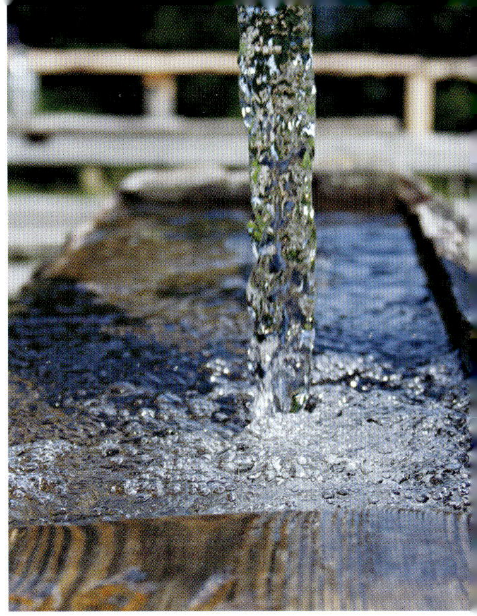

Wasser, der Lebensspender aus den Bergen.

Gehzeiten

Die Zeitangaben sind Nettogehzeiten ohne Pausen und können nur Richtwerte sein. Die tatsächliche Geschwindigkeit ist individuell unterschiedlich und richtet sich nach dem Langsamsten in einer Gruppe. Dies ist bei der Tagesplanung, speziell mit Kindern, zu berücksichtigen. Sollten Abweichungen von den beschriebenen Routen erfolgen, so gilt als alpine Faustregel 400 Höhenmeter im Anstieg, 600 Höhenmeter im Abstieg und 4 Kilometer auf ebenem Weg pro Stunde.

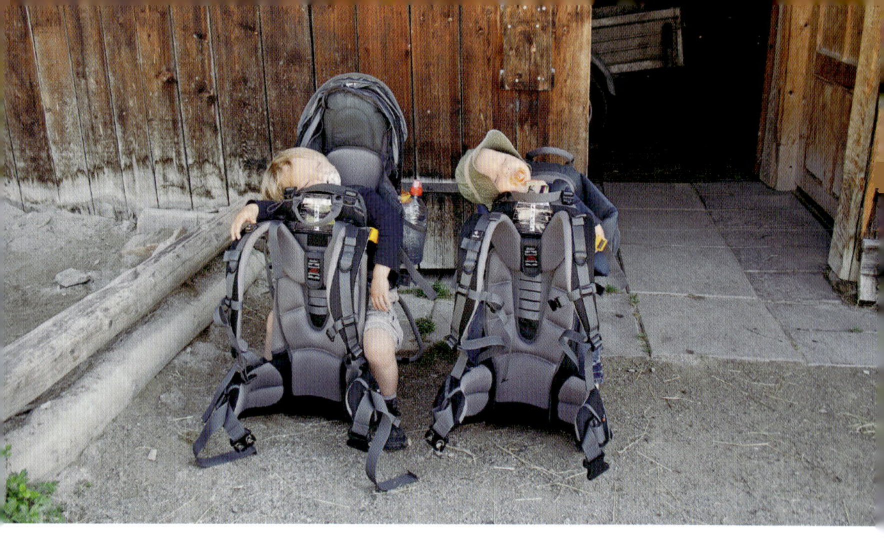

»Bergheile« Kinderwelt an einem schönen Sommertag.

Kinder

Bergwandern und Bergsteigen ist grundsätzlich in jedem Alter möglich. Bei Säuglingen muss wegen der stärkeren Temperaturschwankungen in den Bergen gut darauf geachtet werden, dass sie nicht auskühlen. Wichtig ist eine geeignete, anatomisch korrekte Tragehilfe, falls man nicht mit dem Kinderwagen unterwegs ist. Kraxen sind erst geeignet, wenn das Kind längere Zeit frei sitzen kann. Im Tragetuch oder anderen Tragehilfen kann man Kinder dagegen bereits als Säugling mitnehmen. Anfangs sollten die Touren kurz sein, da man das Verhalten des Kindes noch nicht so gut einschätzen kann. Kleinkindern unter drei Jahren fehlt die Höhenanpassung oberhalb einer Grenze von 2000 bis 2500 Metern (je nach Kind und Gegebenheiten). Mit ihnen sollte man auf jeden Fall unterhalb von 2500 Metern bleiben und sie ab 2000 Meter gut beobachten und gegebenenfalls sofort umdrehen (Kopfweh, Blässe, auffälliges Verhalten). Kinder sind für das Wandern nur zu begeistern, wenn sie nicht überfordert und bei Laune gehalten werden. Es ist daher nicht sinnvoll, sich an einen genauen Zeitplan zu halten und die Tour strikt durchzuziehen. Es ist notwendig, Kinder unter aller gebotenen Vorsicht Erfahrungen selbst machen und Eindrücke selbst sammeln zu lassen. Eine Sage zum Weg, eine gute Geschichte, ein Tier- und Pflanzenbestimmungsbuch sowie diverse Spiele sollten in die Tour eingeplant werden. Auf ausreichend Pausen, viel zu trinken und rechtzeitige Umkehr ist unbedingt zu achten. Auf Touren, die mit geländegängigem (!) Kinderwagen machbar sind, wird in der Kurzinfo der Tour hingewiesen, gegebenenfalls werden dort auch nötige Abweichungen von der Hauptroute erklärt. Geländegängige Kinderwägen haben große Räder, die mit Luft gefüllt sein sollten (keine Räder aus Hartplastik – Bruchgefahr) und eine gewisse Bodenfreiheit. Als Hilfsmittel zum Ziehen bergauf durch eine zweite Person im steileren Gelände kann ein Kletterkarabiner mit einer zwei bis drei Meter langen Reepschnur oder eine einfache lange Bandschlinge wahre Wunder wirken. Beide sind im Outdoorfachhandel erhältlich. Damit kann man den Wagen auch bergab gegen Davonrollen sichern, falls der Schiebende stürzen sollte. So eine Sicherung ist auf steileren Wegen auf jeden Fall anzuraten!

Mountainbike

Hütten und Almen sind auch für Mountainbiker beliebte Anlaufpunkte. Jedoch sind in Österreich nicht alle Wege für Biker freigegeben, man muss man sich beim jeweiligen Tourismusverband erkundigen. Dort gibt es auch entsprechende Karten und Mountainbikeführer. Auch im Internet finden sich dazu viele Websites mit guten Routen und Tipps. Auf allen Mountainbikestrecken in Österreich gilt die Straßenverkehrsordnung (StVO). Bei den Touren im Buch, die ganz oder teilweise mit dem Mountainbike möglich sind, gibt es den Punkt »Mountainbike« in der Kurzinfo, wo die Strecken kurz beschrieben und Besonderheiten erwähnt werden.

Winter

Die in diesem Buch beschriebenen Touren sind teilweise nur unter Vorbehalt als Schneeschuhtouren oder Winterwanderungen geeignet, da die Durchführung tagesabhängig ist. Aus Sicherheitsgründen wird bei manchen Touren eine andere Routenführung beschrieben bzw. empfohlen. Länge der Tour, Wetterlage und Lawinengefahrenstufe sind die Entscheidungskriterien, welche es unbedingt zu beachten gilt! Es ist darauf zu achten, dass im Winter die Routen wegen der Schneelage beschwerlicher zu begehen sind und sich die Gehzeiten gegenüber dem Sommer deutlich erhöhen können. Schneefall und Nebel, auch ein Whiteout, können dazu beitragen, dass aus einer einfachen Tour ein gefährliches Abenteuer wird (Whiteout ist ein Wetterphänomen und bedingt eine starke diffuse Reflexion des Sonnenlichts, bei dem in der Landschaft keine Konturen oder Schatten mehr erkennbar sind). Nach der fünfstufigen Europäischen Gefahrenskala für Lawinen sollten die Touren aus dem Buch, bei denen

Wir teilen eine gemeinsame Leidenschaft – Wanderer und Mountainbiker.

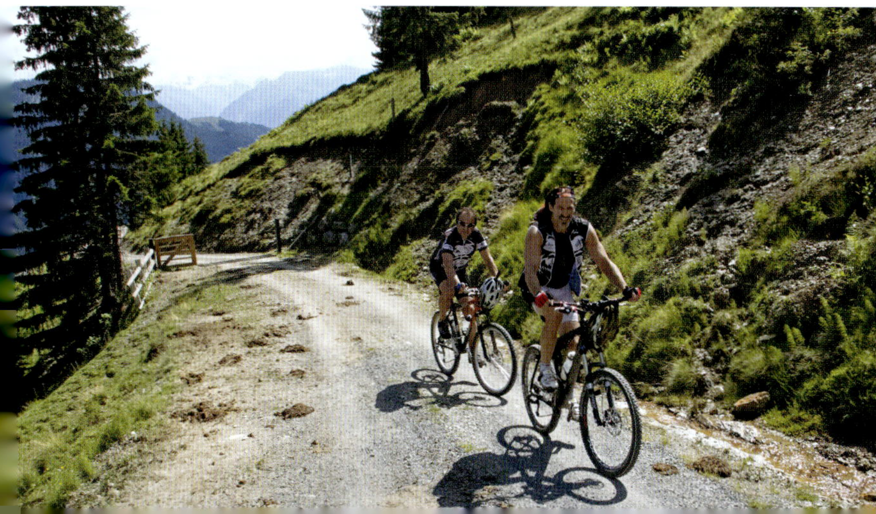

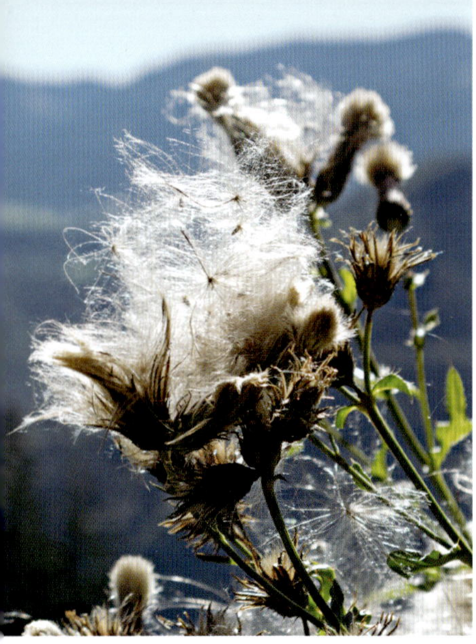

Herbst – für Wanderer die schönste Zeit.

eine Winterbegehung möglich ist, nur bei Lawinenwarnstufe 1 (gering – eine Lawinenauslösung ist nur bei großer Zusatzbelastung an sehr wenigen, extremen Steilhängen möglich. Spontan sind keine Lawinen zu erwarten. Allgemein sichere Verhältnisse) durchgeführt werden. Weiters wird empfohlen, lokale Guides zu buchen und nur an einer geführten Winterwanderung oder Schneeschuhwanderung teilzunehmen. Die Wanderführer sind entsprechend ausgebildet und erfahren, können somit das Gefahrenpotenzial besser einschätzen und die Route entsprechend planen. Die selbstständige Benützung der hier angeführten Wanderwege ist nur in Eigenverantwortung und nur auf eigene Gefahr möglich. Die Exposition der Route, die Wetterberichte und die erwähnten Lawinenwarnstufen sind bei der Winterbegehung immer mit einzubeziehen. Winterruhezonen für das Wild sind immer zu beachten und Betretungsverbote sind unbedingt einzuhalten. Vorsicht auf allen Wegen, es können überall Schifahrer oder Rodler entgegenkommen. Besondere Vorsicht ist bei der Überquerung von Pisten geboten. Fußgänger dürfen im Allgemeinen nur den Rand einer Schipiste benützen.

Tipps

- Nur fit in die Berge – nicht erst fit durch die Berge! Die meisten Unfälle ereignen sich durch Ermüdung oder Erschöpfung; Wanderer und Bergsteiger benötigen ebenso Training wie andere Freizeitsportler. In den Bergen kann das vielleicht zur Überlebensfrage werden.
- Keine Bergtour ohne sorgfältige Planung! Jede Tour erfordert Planung mit Führer und Karte. Stellen Sie mit Ruhe und Sorgfalt die erforderliche Ausrüstung zusammen!
- Nach dem Abmarsch 30 Minuten langsam warmgehen. Später richtet sich das Gehtempo ausschließlich nach dem Schwächsten in der Gruppe. Die Belastung sollte in der Regel im Grundlagenausdauerbereich liegen, damit konditionelle Reserven zur Verfügung stehen für unvorhergesehene Ereignisse (Gewitter, verlaufen etc.). Ein guter Anhaltspunkt ist, das Tempo so zu wählen, dass man sich stets nebenher unterhalten kann, ohne aus der Puste zu geraten.
- Spätestens alle zwei Stunden eine kurze Rast! Mit Kindern früher. Dann sollte man etwas essen, auf jeden Fall aber reichlich trinken.
- Immer genug zu trinken mitnehmen! Das Trinken möglichst mineralsalzhaltiger Flüssigkeiten ist das Um und Auf beim Wandern und Bergsteigen. Man rechnet durchschnittlich zwei bis vier Liter über

den Tourentag verteilt. Alkohol in jeglicher Form ist während einer Tour abzulehnen.

▶ Kinder keinesfalls überfordern! Touren mit Kindern erfordern eine besonders sorgfältige Planung. Sie sollten möglichst abwechslungsreich sein.

▶ Ab 2000 Meter Seehöhe genug Zeit lassen, um sich zu akklimatisieren! Je höher, umso länger, denn je höher man steigt, desto sauerstoffärmer wird die Luft. Beachten Sie die Warnzeichen (vor allem Kopfschmerzen).

▶ Wettergefahren niemals unterschätzen! Das Gelingen einer Tour hängt vor allem vom Wetter ab. Beobachten Sie sorgfältig die Wetterentwicklung – bereits vor der Tour! Kehren Sie bei drohendem Wettersturz rechtzeitig um, suchen Sie bei heranziehenden Gewittern geschützte Orte auf und verlassen Sie Grate und exponierte Stellen (nicht unter einzelne Bäume stellen).

▶ Bleiben Sie grundsätzlich auf dem Weg! Sollten Sie sich dennoch verirrt haben, dann bleiben Sie unbedingt, wo Sie sind! Können Sie weder vor noch zurück auf einem Steig oder ist sogar ein Unfall passiert, riskieren Sie nichts und versuchen Sie unter keinen Umständen, sich ins Tal durchzuschlagen, sondern bleiben Sie an Ort und Stelle und setzen Sie einen Notruf ab bzw. senden Sie das alpine Notsignal. Wenn Sie vorher Angaben über Tourenziel und Route hinterlassen haben, wird man Sie rasch und verlässlich finden. Keine Panik – bleiben Sie ruhig – überall in den Alpenländern stehen Tag und Nacht Bergretter in ständiger Alarmbereitschaft.

▶ In jedem noch so kleinen Rucksack ist Platz fürs »Notfallpackerl«. Dies sollte immer mit dabei sein! (Verbandszeug, Kerze mit Zündhölzern oder Taschenlampe, Rettungsfolie und eventuell Biwaksack).

▶ Halten Sie die Bergwelt bitte sauber und nehmen Sie Ihre Abfälle mit ins Tal. Dadurch helfen Sie mit, unsere Berge rein zu halten, damit Sie sich immer an der Herrlichkeit unserer Bergwelt erfreuen können.

Liebe Wanderer, nehmt euren Müll wieder mit nach Hause!

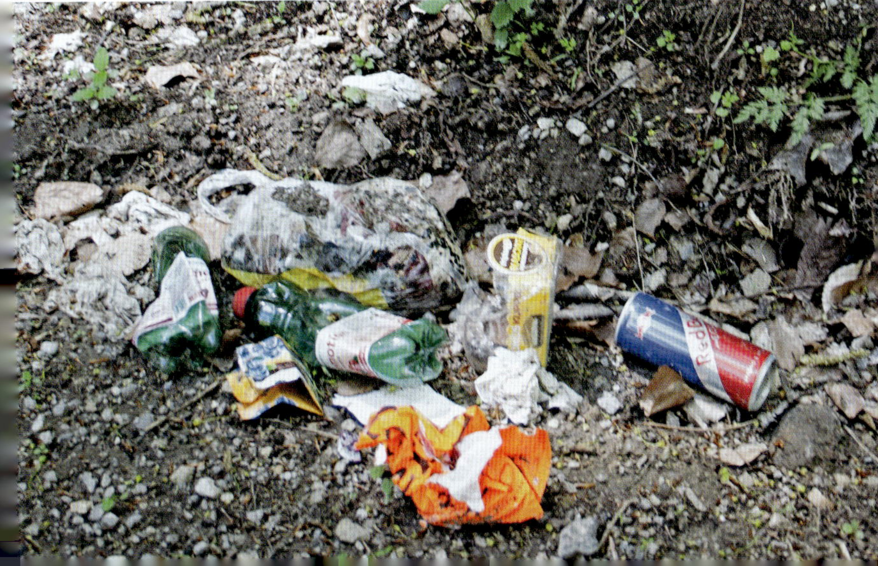

Urlaubsregion Niederösterreich

Naturparks in Niederösterreich

Ein Naturpark ist ein geschützter Landschaftsraum, der aus dem Zusammenwirken von Mensch und Natur entstanden ist. Oft handelt es sich um Landschaftsräume, die im Laufe von Jahrhunderten die heutige Gestalt bekommen haben und die von den Menschen, die hier leben und wirtschaften, durch schonende Formen der Landnutzung und der Landschaftspflege erhalten werden sollen. Im Naturpark wird diese Kulturlandschaft von besonderem ästhetischen Reiz für den Besucher durch spezielle Einrichtungen erschlossen und als Erholungsraum zugänglich gemacht. In Österreich gibt es derzeit 47 Naturparks (www.naturparke.at), die zusammen eine Fläche von knapp 500.000 ha umfassen. 20 Parks liegen allein in Niederösterreich und spiegeln dessen Vielfalt und Schönheit wider. Ziel dieser Schutzgebiete ist es, Naturräume durch nachhaltige Nutzung in ihrer Vielfalt und mit ihren Besonderheiten zu bewahren.

»Vier Säulen« bilden im gleichrangigen Miteinander die Basis der Naturparks: Schutz des Naturraumes in seiner Vielfalt und Schönheit und Erhalt der Landschaften durch nachhaltige Nutzung. Erholung durch ein Angebot von attraktiven und gepflegten Einrichtungen entsprechend dem Schutzgebiet und dem Landschaftscharakter wie Wander-

Farbenfrohe Flora im Bereich des Ötscher (Tour 20).

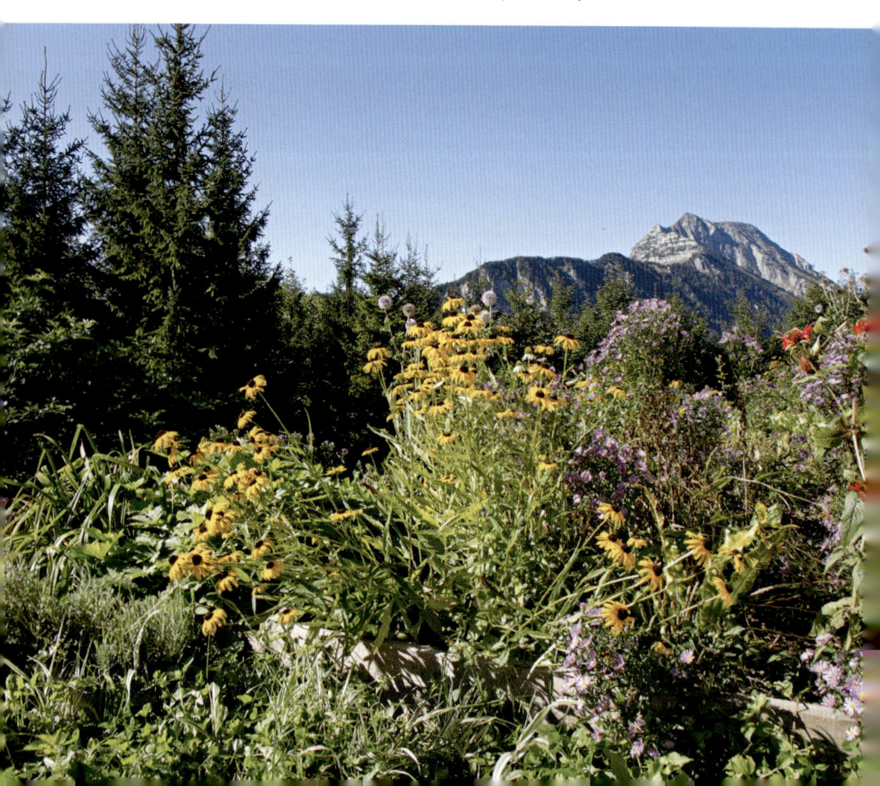

wege, Rad- und Reitwege, Rast- und Ruheplätze, naturnahe Erlebnisspielplätze usw. Spezielle Bildungsangebote machen Natur, Kultur und deren Zusammenhänge erlebbar, interaktive Formen des Naturbegreifens und Naturerlebens sorgen für Spannung: Themenwege, Erlebnisführungen, Informationszentren, Naturparkschule usw. Über den Naturpark werden Impulse in der Regionalentwicklung gesetzt, um die Wertschöpfung in der Region zu heben und die Lebensqualität zu sichern: Zusammenarbeit Naturschutz – Landwirtschaft – Tourismus – Gewerbe – Kultur. Folgende Touren führen in Bereiche niederösterreichischer Naturparks: Tour 19, 20, 21 in den Naturpark Ötscher-Tormäuer und Tour 45, 46 in den Naturpark Hohe Wand. Die Touren 31, 33 und 34 führen durch den steirischen Naturpark Mürzer Oberland.

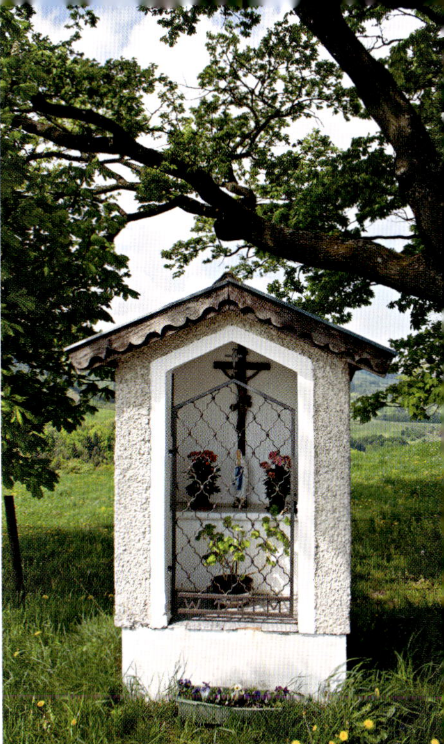

Bildstöcke und Wegkreuze zeugen in Niederösterreich von Gläubigkeit.

Almen in Niederösterreich und der Steiermark

Insgesamt sind in den Verzeichnissen des Almkatasters (Stand 2019) noch 79 bewirtschaftete Almen mit insgesamt 8382 ha Almfläche angeführt. Bereits seit Jahren hat eine starke Extensivierung in der Almbewirtschaftung eingesetzt. Es begann eine Umwandlung von Kuh- bzw. Sennalmen in reine Jungviehalmen und heute immer mehr in Mutterkuhalmen, vor allem aufgrund der höheren Kosten durch die getrennte Bewirtschaftung, aber auch wegen des Fehlens saisonal einsetzbaren Personals. Ebenfalls zu bemerken ist, dass ein Übergang zur halterlosen Viehalpung stattgefunden hat. Die wichtigsten Almgebiete in Niederösterreich sind die Wechsel-Schneebergregion bis zum Bereich Gippel-Göller und im Westen der Bereich Hochkar-Königsberg. Die zunehmende Verwaldung und Verbrachung der Grünland- und Almflächen bedrohen das intakte Landschaftsbild. Aus diesem Grund haben in Niederösterreich der Verein »Alm- und Weideland NÖ« und die NÖ Agrarbezirksbehörde das »Alm- und Weideland-Projekt« ins Leben gerufen. Inhalt dieses Projekts sind unter anderem Maßnahmen zur Wiederherstellung von Weideland auf verbuschten und verwaldeten Flächen, die Trennung von Wald und Weide sowie Almschutzmaßnahmen. In der Steiermark gibt es noch 1834 Almen. Damit ist sie das almreichste Bundesland Österreichs mit einem Anteil von 26 % an den bewirtschafteten

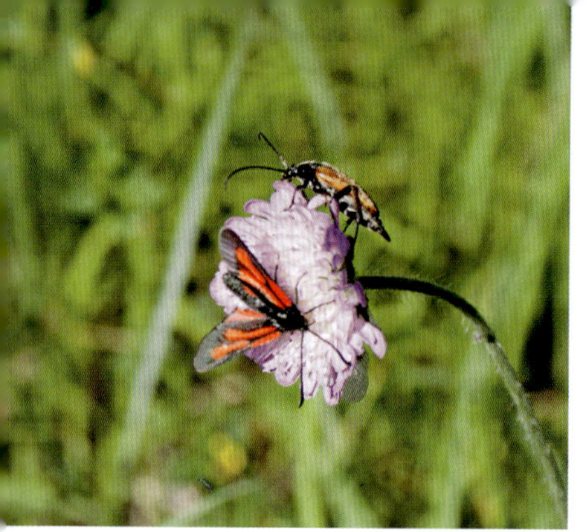
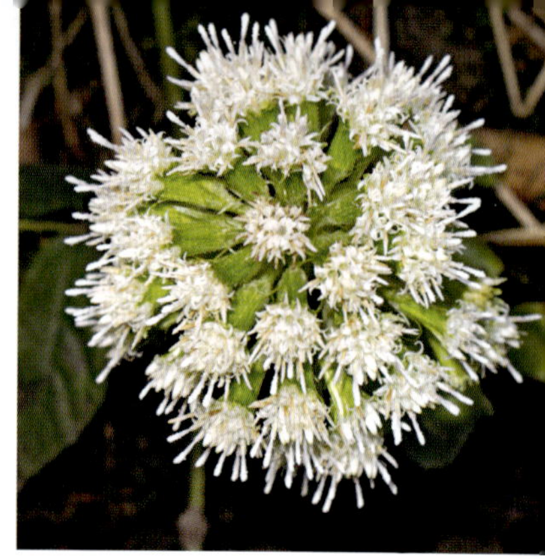

Flora und Fauna sind Bestandteil unserer erwanderbaren Natur.

Almen, sie bedecken etwa 20 % der Landesfläche. Ca. 200 Almen sind nicht zeitgemäß erreichbar, sie liegen fast ausnahmslos in den extremen Kalkgebieten des Toten Gebirges und im Hochalmbereich der Niederen Tauern. Almen sind in der Steiermark in allen Landesteilen anzutreffen. Entsprechend der allgemeinen agrarstrukturellen Gegebenheiten sind drei regionale Almbereichstypen ableitbar. Das Obere Steirische Enns- und Mürztal mit einem hohen Anteil an Hochalmen in den Niederen Tauern; das Mur-Mürztal und das Steirische Randgebirge sind geprägt von kleinen Privatalmen in der Waldstufe, die zum Teil in den Seitengräben aus ehemaligen aufgelassenen bergbäuerlichen Betrieben hervorgegangen sind. Im weststeirischen Randgebirge sind große Pachtalmen (Koralmstock) anzutreffen, deren größte bis zu 400 Rinder je Alm aufnehmen. Im oststeirischen Randgebirge, im Gebiet der Teich- und Sommeralm, weiden auf Österreichs größtem Almgebiet häufig mehr als 3500 Rinder. Die auffallende Eigentumsform im Almwirtschaftsbereich des Steirischen Salzkammergutes und der Eisenwurzen ist das Vorherrschen der seit dem Mittelalter den landesfürstlichen Bergwerken (Eisen, Salz) zur Deckung des Holzbedarfs vorbehaltenen, nunmehr im Eigentum des Bundes und des Landes befindlichen Waldweidegebiete. Die Alpung ist hier auf extensive Jungviehhaltung reduziert worden.

Hütten

Alpenvereins- oder Alpenklubhütten bilden den überwiegenden Anteil der über 1300 Schutzhütten in den Alpen. Sie werden von den Sektionen der Alpenvereine geführt bzw. erhalten und bieten Wanderern, Bergsteigern und Kletterern Unterkunft und Schutz im Alpenraum. Der Großteil dieser Hütten ist bewirtschaftet, einige sind für Selbstversorger. Zwar haben grundsätzlich alle Bergsteiger und Bergwanderer Zugang zu den Hütten, allerdings werden den Mitgliedern der Alpenvereine besondere Konditionen geboten, wie vergünstigte Übernachtung, Bergsteigeressen, Teewasser, Recht auf Selbstversorgung gegen einen Infrastrukturbeitrag (Verzehr mitgebrachter Speisen und alkoholfreier Getränke). Für unbewirtschaftete Hütten erhalten Mitglieder bei der Alpenvereinssektion gegen Kaution einen Universalschlüssel, den Alpenvereinsschlüssel (meist kurz als AV-Schlüssel bezeichnet). Die großen alpinen Vereine haben sich in einem multilateralen Abkommen verpflichtet, die Mitglieder der jeweils anderen Vereine auf den vereinseigenen Hütten wie eigene Mitglieder zu behandeln (Gegenrecht). Dies sind der Deutsche und der Österreichische Alpenverein, die Fédération française des clubs alpins et de montagne (FFCAM), der Club Alpino Italiano, der Schweizer Alpen-Club und die Federación Española de Deportes de Montaña y Escalada. Neben den Alpenvereinshütten gibt es auch eine große Zahl von alpinen Unterkunftshütten, die privat geführt werden. In der Liste der Schutzhütten in den Alpen sind die Privathütten entsprechend gekennzeichnet. Die Liste enthält bei Weitem nicht alle Hütten in den sieben Alpenanrainerstaaten (Deutschland, Österreich, Schweiz, Liechtenstein, Italien, Frankreich und Slowenien), bietet aber einen ausreichenden Überblick (www.dav-huettensuche.de; www.alpenverein.at/huettenHome/DE/index.php).

Abend auf den Bergen

Hermann von Lingg (1820–1905)

Fern hinunter in die Flut
Taucht das Licht, sich nochmals wendend
Zu den Bergen, eine Glut
Ihren Alpenblumen sendend.
Da schon Dunkel liegt im Tal,
Flattern hier noch Schmetterlinge,
Und der Sonne letzter Strahl
Leuchtet hell auf ihrer Schwinge.
Horch, vom Wald ein Amselschlag!
Wie so seltsam und verklungen
Hallt es in den hohen Tag
Aus den tiefen Dämmerungen.

Literaturtipps

- Franz und Rudolf Hauleitner, »Wiener Hausberge Nord: Hohe Wand – Gutensteiner Alpen – Westlicher Wienerwald«, Wanderführer, Rother Bergverlag, 2021.
- Franz und Rudolf Hauleitner, »Wiener Hausberge Süd: Schneeberg – Raxalpe – Schneealpe – Semmering – Wechsel«, Wanderführer, Rother Bergverlag, 2019.
- Franz Hauleitner, »Ötscher – Mariazell: Turnitzer Alpen – Ybbstaler Alpen – Mürzsteger Berge«, Wanderführer, Rother Bergverlag, 2018.
- Fritz Peterka, »Wien – Wienerwald«, Wanderführer, Rother Bergverlag, 2021.
- Martin Moser, »Wiener Alpenbogen«, Wanderführer, Rother Bergverlag, 2018.
- Günter und Luise Auferbauer, »Hochschwab«, Wanderführer, Rother Bergverlag, 2021.
- Martin Marktl und Astrid Christ; »Alm- und Hüttenwanderungen Steiermark«, Wanderbuch, Rother Bergverlag, 2020.
- Franz und Rudolf Hauleitner, »Wiener Wanderberge«, Wanderbuch, Rother Bergverlag, 2014.
- Peter Backé, »Mit Bahn und Bus in die Wiener Hausberge«, Wanderbuch, Rother Bergverlag, 2018.

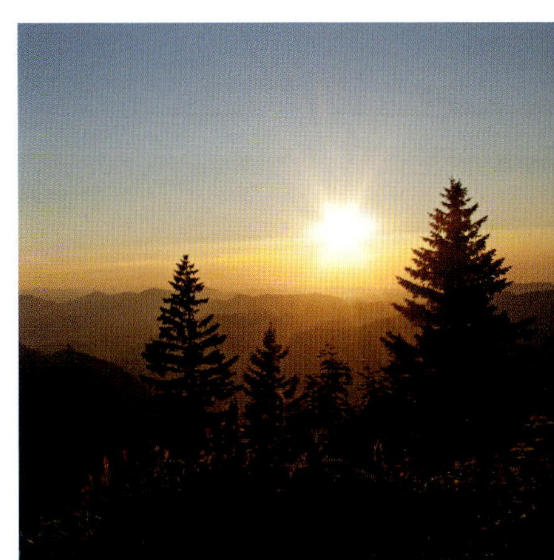

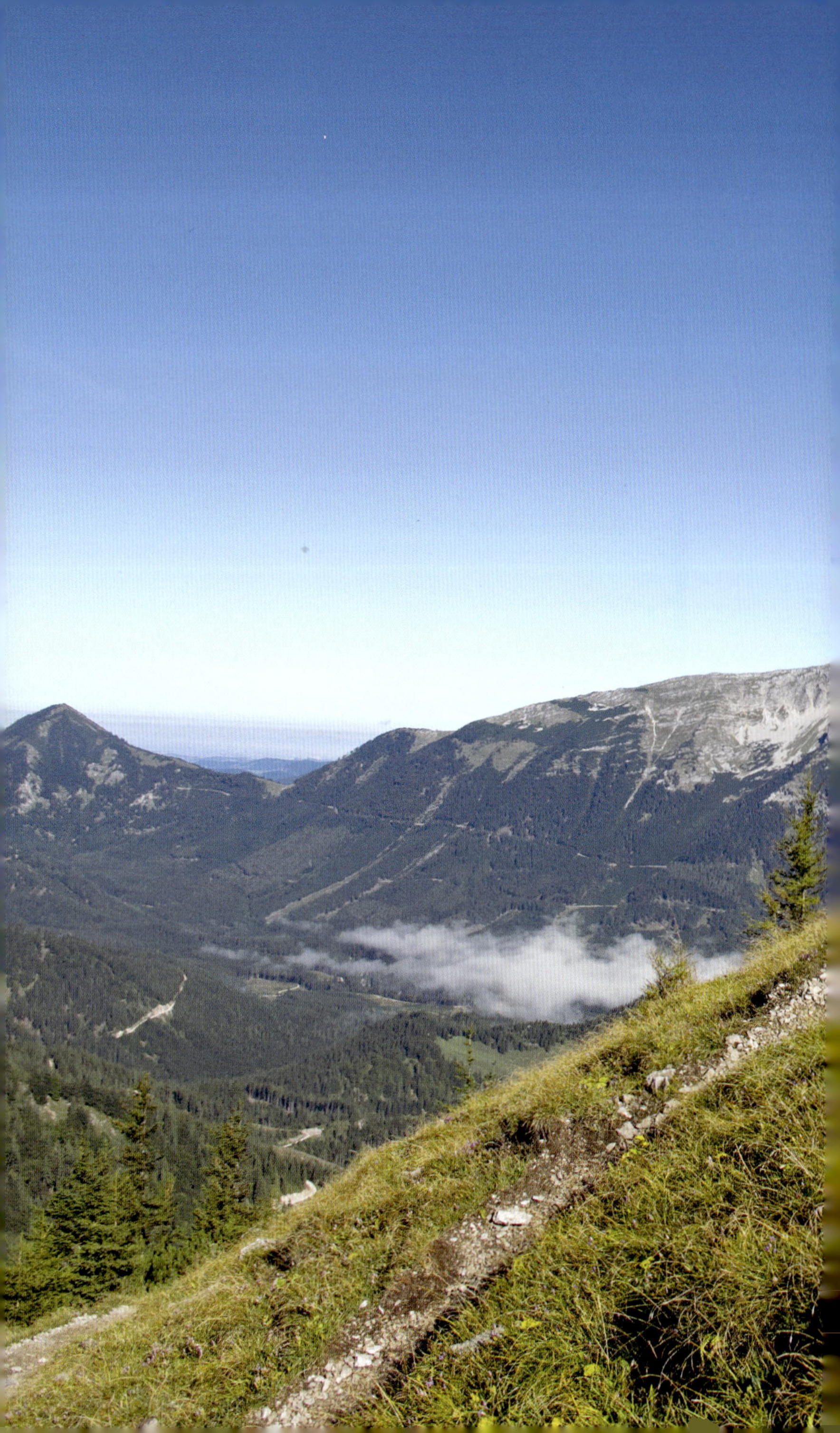

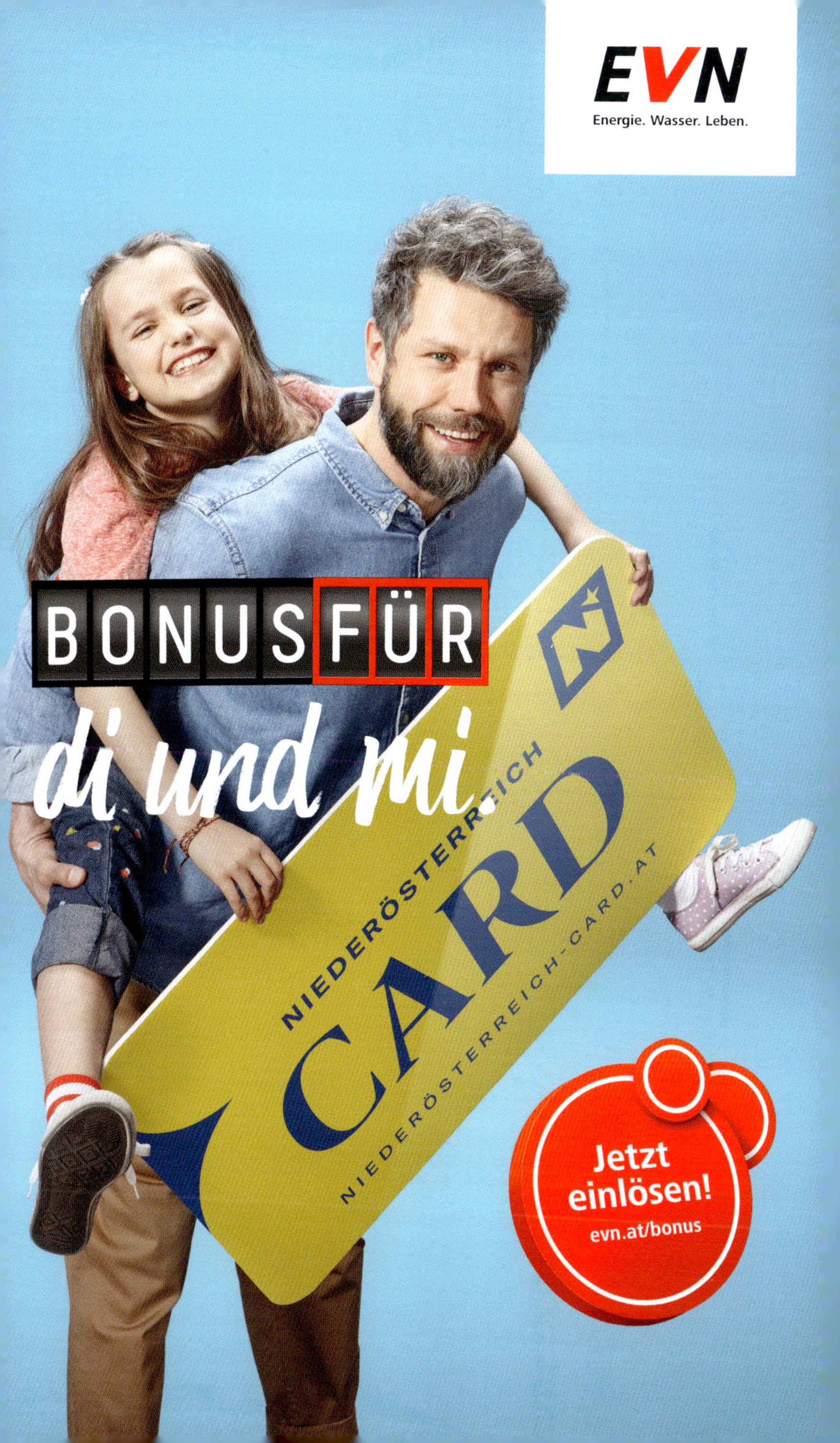

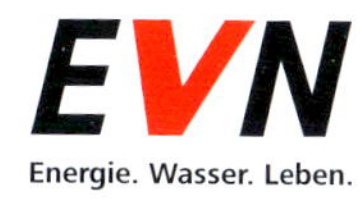
EVN
Energie. Wasser. Leben.

Impressum

Titelbild: Rast vor der Kienthalerhütte (Tour 40).
Seite 1: Grasser- und Herzerhütte auf der Fölzalm (Tour 29).
Seite 22/23: Abstieg vom Terzerhaus zum Eisernen Herrgott (Tour 19).

Alle Fotos von Thomas Man, außer die Abbildungen auf den Seiten 60 (Naturfreunde Östereich), 69 (Marktgemeinde Frankenfels) sowie 99, 105 und 133 (Günter Jessl).

Der Autor:
Thomas Man, Jahrgang 1965, ist ein seit Jahren mit seiner Familie in Niederösterreich lebender Salzburger aus dem Pinzgau. Seine Kindheit und Jugend im Salzburger Land sowie sein späterer Beruf im Österreichischen Bundesministerium für Landwirtschaft, Regionen und Tourismus führte ihn oft in die österreichische Bergwelt von Niederösterreich bis Vorarlberg. Als geprüfter Bergwanderführer führt er immer wieder Touren durch die Ostalpen, vorzugsweise in seiner Salzburger Heimat und in den Niederösterreichischen Gebirgen. Von ihm sind im Rother Bergverlag auch das Wanderbuch »Alm- und Hüttenwanderungen Salzburger Land« sowie »Erlebniswandern mit Kindern – Wien und Rundumadum« erschienen.

Kartografie:
Wanderkarten im Maßstab 1:50.000 und 1:75.000 sowie Übersichtskarten 1:500.000 und 1:2.300.000, © Freytag & Berndt, Wien

4., aktualisierte Auflage 2021

ISBN 978-3-7633-3288-5

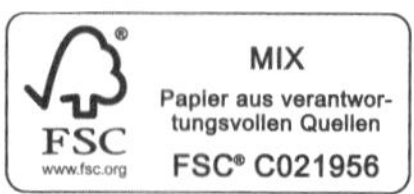

Liebe Bergfreunde!
Alle Angaben dieses Buches wurden vom Autor nach bestem Wissen recherchiert und vom Verlag mit größtmöglicher Sorgfalt überprüft. Für die Richtigkeit der Angaben kann jedoch – soweit gesetzlich zulässig – keine Haftung übernommen werden.
Wir bitten dafür um Verständnis und freuen uns über jede Anregung und Berichtigung zu diesem Rother Wanderbuch:

Rother Bergverlag · Keltenring 17 · D-82041 Oberhaching
Tel. +49 89 60 86 69-0 · Fax 60 86 69 69
E-Mail: leserzuschrift@rother.de
Besuchen Sie uns im Internet: www.rother.de

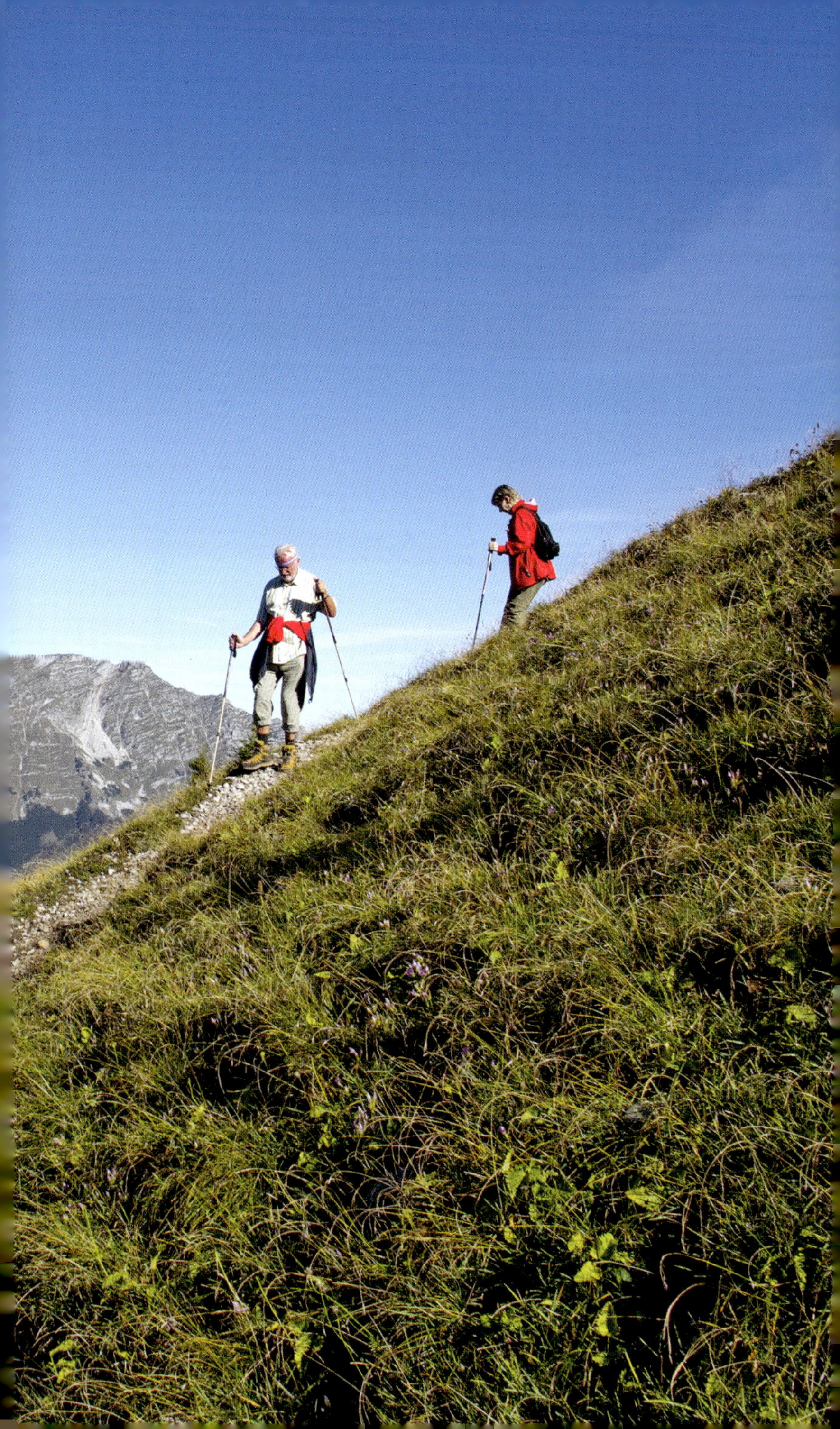

1 Schutzhaus Eisernes Tor, 834 m

Weißer Weg – Brennersteig – Kalkgraben

Biosphärenpark Wienerwald und Franz Nussbaum

Biosphärenparks sind besondere Kultur- und Naturlandschaften, die von der UNESCO (Organisation der Vereinten Nationen für Erziehung, Wissenschaft und Kultur) ausgezeichnet werden. In diesen Gebieten stehen der Schutz der biologischen Vielfalt, eine nachhaltige wirtschaftliche und soziale Entwicklung und die Erhaltung kultureller Werte im Vordergrund, aber auch Forschung und Bildung haben einen hohen Stellenwert. Seit 2005 ist der Wienerwald als Biosphärenpark anerkannt. Er ist das größte Schutzgebiet dieser Art in Österreich und hat 105.645 Hektar (das sind ca. 110.000 Fußballfelder). Die Ausweisung als Biosphärenpark wurde von der Stadt Wien und dem Bundesland Niederösterreich verordnet. Wie bei jedem Biosphärenpark ist eine Gliederung in verschiedene Zonen erforderlich, in Kernzonen, Pflege- und Entwicklungszonen. Der Wienerwald ist gleichzeitig ein Europa-, Landschafts-, Naturschutzgebiet und ein Naturdenkmal, er beinhaltet vier Naturparks und hat besonders geschützte Höhlen und Biotope.

Eine besondere Person gibt es auch: Franz Nussbaum aus Baden fuhr von seinem 60. bis zu seinem 85. Lebensjahr täglich mit dem Rad bis zur Augustinerhütte und ging dann, auch im Winter, durch das »Lange Tal« hinauf zum Schutzhaus »Eisernes Tor«. Nur im Hochsommer nicht. Da war er zwei Monate Hüttenwart auf der Badener Hütte. Franz Nussbaum war, unglaublich aber wahr, über 8000 Mal am Hohen Lindkogel, das sind weit über vier Millionen Höhenmeter bergauf. Zu seinem Andenken steht am Abstieg dieser Route das Franz-Nussbaum-Bankerl.

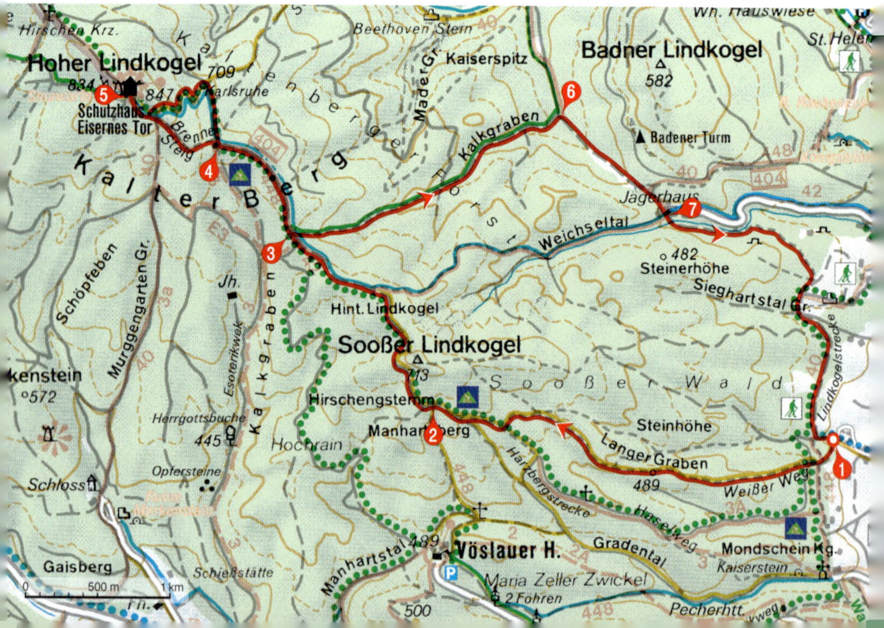

EINKEHR

Schutzhaus Eisernes Tor, 834 m: Hütte des Österreichischen Touristenklubs. Ganzjährig geöffnet, Montag Ruhetag, aber nicht an einem Feiertag (dann Dienstag Ruhetag); im Sommer wegen Urlaub geschlossen (Termin bitte erfragen). Nächtigung möglich. Tel. +43 2252 48640, www.oetk-baden.at/schutzhaus. Daneben steht der 1856 erbaute Aussichtsturm »Sina-Warte«. Dieser trägt die Aufschrift: »Dem Vergnügen des Publikums – Freiherr Simon Sina, 1856«. Der Bankier Simon Freiherr von Sina ließ als Waldbesitzer auf dem Lindkogel den Turm bauen und schenkte ihn später dem Verschönerungskomitee der Stadt Baden mit der Verpflichtung, ihn für die Öffentlichkeit zugänglich zu halten. Schlüssel beim Hüttenwirt.

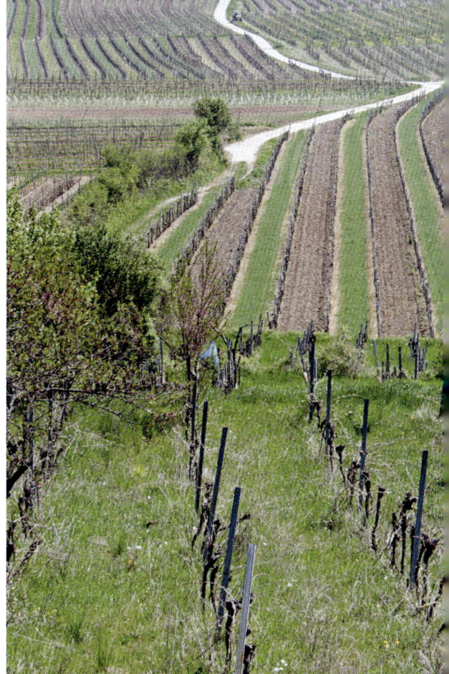

Durch die Sooßer Weinberge kann man zu jeder Jahreszeit wandern.

KURZINFO

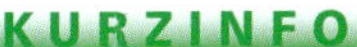

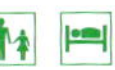

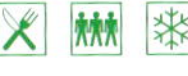

Talort: Sooß, 251 m; von Wien über die A2 Südautobahn zur Abfahrt Baden, weiter in den Weinort Sooß (Tel. +43 2252 87573, www.sooss.at und www.sooss.gv.at).

Ausgangspunkt: Parkplatz am Straßenende »Am Schönberg« (Sackgasse) in Sooß.

Gehzeit: 4.30 Std.

Höhenunterschied: 635 m.

Anforderungen: Einfache Rundtour auf Wanderwegen und breiten Steigen. Der Anstieg über den Brennersteig ist sehr steil und einmal bei einem Felsblock kurz mit Eisenstangen gesichert, Trittsicherheit notwendig, sonst problemlos. Nicht bei Nässe. Der Abstieg durch den Kalkgraben ist im oberen Teil steil, bei Nässe rutschig.

Kinder: Lichter Wald mit vielen verschiedenen Pflanzen, Insekten (besonders Schmetterlingen) und Vögeln.

Mountainbike: Zwei offizielle Touren führen hinauf zum Schutzhaus Eisernes Tor (www.wienerwald.info): Lindkogel-Strecke (27,6 km, schwarz) und deren Variante Ottersböck (28,3 km, rot).

Gipfelmöglichkeiten: Sooßer Lindkogel, 713 m, und Hoher Lindkogel, 834 m, im Anstieg.

Winter: Als Schneeschuhtour ohne Brennersteig gut geeignet (blau), bei geringer Schneelage auch als Winterwanderung (ebenfalls ohne Brennersteig, blau). Bei Eis Grödeln nicht vergessen.

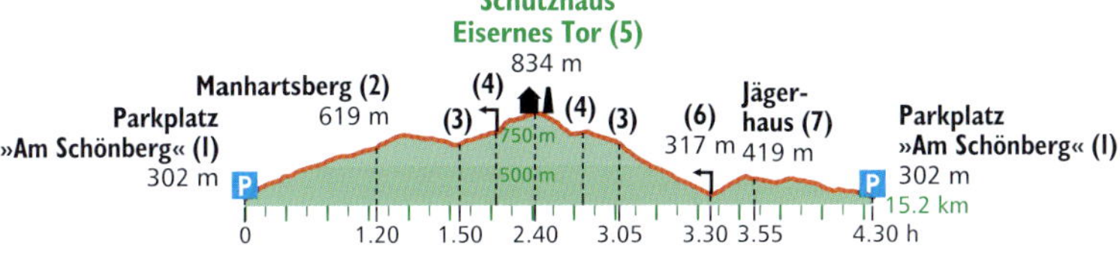

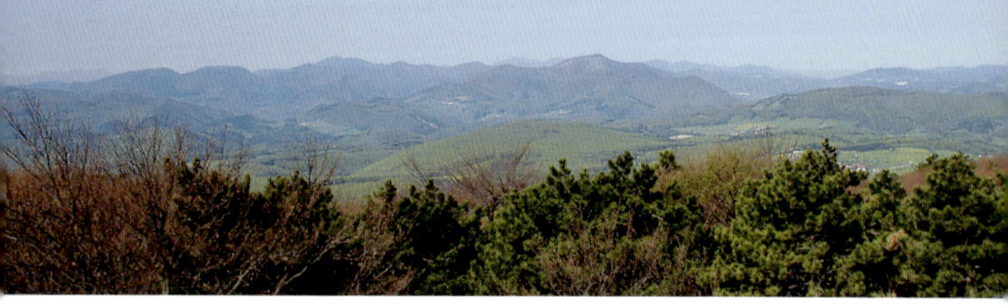

Aussicht vom Manhartsberg zu den Gutensteiner Alpen.

Vom **Parkplatz »Am Schönberg« (1)** gleich links in den Wald hinein (Wegweiser, gelbe Markierung). Dem breiten Steig bergan folgend wechseln sich immer wieder kurze Anstiege und Flachstücke in lichtem Bergwald ab. Bei der ersten Kreuzung rechts ab auf einen geschotterten Fahrweg (Wegweiser für Mountainbike- und Nordic-Walking-Trail), 230 m weiter bei der nächsten Kreuzung dem Wegweiser und der gelben Markierung geradeaus folgen. Nach weiteren 260 m kommt die dritte Kreuzung am **Manhartsberg (2)**; links herauf kommt der Weg Nr. 448 von der Vöslauer Hütte. Wir wandern aber geradeaus weiter, kommen zu einem Rastbankerl mit Blick über Hohe Mandling und Dürre Wand auf den Schneeberg, 2076 m, den höchsten Berg von Niederösterreich. Der Weg zieht in einem Bogen links am Sooßer Lindkogel vorbei hinauf zum Kaltenberger Forst. Bei der kommenden Kreuzung (Wegweiser) geradeaus weiter, nun mit blauer Markierung auf Weg Nr. 42, 404. Knapp 700 m weiter kommt die Kreuzung zum Kalkgraben mit dem **Grenzstein (3)**, aus dem Jahr 1709. Geradeaus nordwärts am Waldrand entlang über eine Lichtung mit Hochstand erreicht man die **Kreuzung Brennersteig (4)**. Am Brennersteig hält man sich links steil, aber problemlos bergan, trifft dann auf einen breiten Wanderweg, dem man nach links folgt. Nach wenigen Minuten erreicht man durch einen eisernen Torbogen das **Schutzhaus Eisernes Tor (5)** mit der Sina-Warte am Hohen Lindkogel.

Der Abstieg erfolgt zuerst entlang der blauen Markierung zurück zur Einmündung des Brennersteiges. Hier folgt man aber jetzt links dem Wanderweg zum Franz-Nussbaum-Bankerl und weiter zum Rastplatz Karlsruhe durch schönen lichten Buchenwald. Der Weg mündet in die **Kreuzung Brennersteig (4)** und führt links weiter zum bereits bekannten **Grenzstein (3)** neben der Kreuzung. Hier biegt man wiederum links ab (grüne Markierung) und folgt zuerst steiler, dann abflachend dem Weg durch lichten Buchenwald in den landschaftlich schönen Kalkgraben. Einmal eine Lichtung überquerend mündet der Kalkgraben im Tal bei einer **Wegkreuzung (6)** ein; hier rechts abbiegen. Nun geht es noch einmal ca. 830 m auf breitem Weg bergauf, links und rechts abwechselnd neben einer Stromleitung. Kurz nachdem es bergab geht, erreicht man das **Jägerhaus (7)**. Links auf dem Fahrweg der blauen Markierung folgen bis zur Einmündung des Beethoven Wanderweges auf der rechten Seite. Diesem Weg und der rot-weiß-roten Markierung 40 durch Wald, dann durch Wiesen und Weingärten zurück zum **Parkplatz »Am Schönberg« (1)** folgen.

Schöpfl-Schutzhaus, 869 m

360-Grad-Rundblick von der Matraswarte 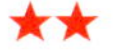

Sage, Wissenschaft und Geschichte landschaftlich vereint

Schon in den Urzeiten des Tourismus lobten die Reiseschriftsteller die Aussicht vom Schöpfl, dem höchsten Berg im Wienerwald, der schon in der Literatur der alten Griechen und Römer als »Waldgebirge« erwähnt ist und offensichtlich schon im Altertum bestiegen wurde. Von der Matraswarte auf dem Gipfel schaut man bis zu den Erhebungen des Waldviertels, zu Ötscher, Schneeberg und ins Donautal. Der Schöpfl liegt südwestlich von Wien und ist mit 893 m höher als viele Orte in Niederösterreich, sogar höher als weite Teile des Waldviertels. Landschaftlich erinnert die Gegend rund um den Schöpfl stark an das Alpenvorland. Und geologisch gesehen ist der Wienerwald ja auch ein Ausläufer der Alpen. Wegen der Reinheit der Luft und des geringen Streulichts wurde 1969 das Leopold-Figl-Observatorium der Universität Wien am Mitterschöpfl, 882 m, einem nahe gelegenen Nebengipfel des Schöpfls, errichtet. Das Observatorium dient der praktischen Ausbildung von Astronomiestudenten und für wissenschaftliche Langzeitprojekte. Die Sternwarte ist nur am »Tag der offenen Tür« (einmal im Jahr) für Besucher zugänglich. Namensgeber ist der damalige Landeshauptmann von Niederösterreich, Leopold Figl, der als Vertreter des Landes Niederösterreich die Warte der Universität Wien schenkte.

Auch geschichtlich war die Gegend um den Schöpfl bekannt. Eine Sage erzählt, dass während eines Türkeneinfalles 1683 ein Mönch vom nahen Kloster Kleinmariazell eine Monstranz mit dem Allerheiligsten in Sicherheit bringen wollte. Da ihm die Türken schon nahe auf den Fersen waren, warf er sie in einen Brunnen. Sogleich fielen die Rosse der Türken auf die Knie und verweilten erstarrt. Sechzig Jahre später wurde die Monstranz geborgen und wundersamerweise war die Hostie, die so lange im Wasser lag, unversehrt.

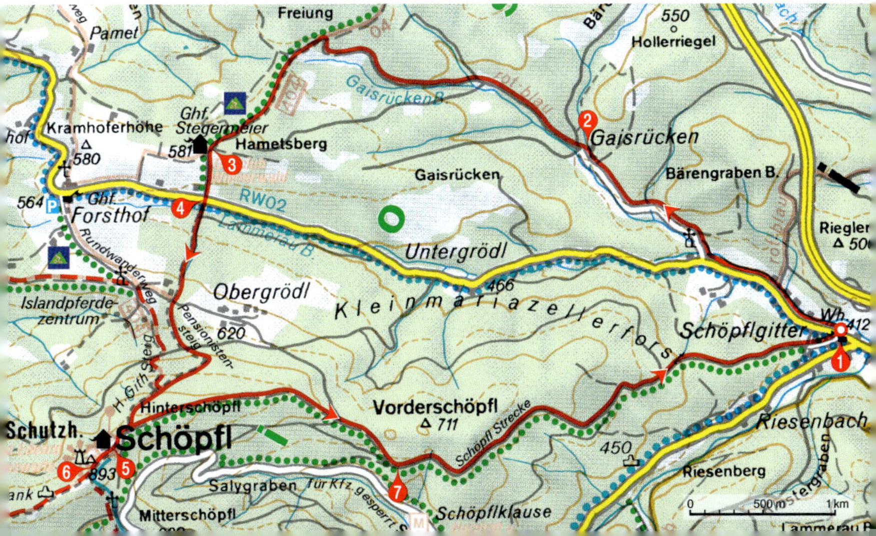

KURZINFO

 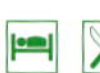 

Talort: Klausen-Leopoldsdorf, 375 m; von Wien über die A 21 bis Abfahrt Alland, weiter auf der Landstraße Richtung Klausen-Leopoldsdorf nach Schöpflgitter; Tourismusverband Wienerwald (Tel. +43 2231 62176, www.wienerwald.info).

Ausgangspunkt: Schöpflgitter, 412 m. Wenige Parkplätze gegenüber Gasthof Schöpflgitter, weitere Parkplätze auf der Straße hinter dem Gasthof. Keinesfalls auf dem Parkplatz des Lokals parken!

Gehzeit: 4.30 Std.

Höhenunterschied: 540 m.

Anforderungen: Einfache Wanderung mit einem steileren Anstieg (Pensionistensteig) auf Steigen, Wald- und Wanderwegen. Anfangs keine oder schlechte Wegmarkierungen. Diese Tour ist sehr empfehlenswert im Herbst, wenn der »Indian Summer« die Blätter im Buchenwald in allen Farben noch einmal in Schönheit in Erscheinung treten lässt und die Fernsicht weite Blicke ins Land erlaubt.

Kinder: Kleiner Kinderspielplatz am Schöpfl-Schutzhaus.

Kinderwagen: Für geländegängige Kinderwagen problemlos bis zum Gasthof Stegermaier (ca. 1.40 Std.) oder auf der Abstiegsroute hinauf zum Schutzhaus (ca. 2 Std.).

Mountainbike: Schöpflstrecke: Schöpflgitter – Schöpfl Schutzhaus – Freileitn Stützenreit – St. Corona – Schöpflgitter (31,1 km, 800 Hm, 3.10 Std., schwarz). Weitere MTB-Touren in der Region unter www.wienerwald.info.

Winter: Als Schneeschuhtour in beschriebener oder entgegengesetzter Richtung möglich (blau).

Tipps: Kurze Streckenwanderung von St. Corona am Schöpfl (ca. 1.15 Std. im Anstieg) oder große Rundtour von Laaben über Schöpfl, Klammhöhe, Stollberg wieder nach Laaben (ca. 6.30 Std.).

Vom jeweiligen Parkplatz **Schöpflgitter (1)** östlich zur Hauptstraße hinunter, in diese links einbiegen und 1,2 km bis zu einem metallenen Strommasten auf der linken Straßenseite wandern. Diesem gegenüber führt auf der rechten Seite eine vorerst asphaltierte, dann geschotterte Zufahrtsstraße über eine Brücke und immer geradeaus zur Siedlung **Gaisrücken (2)**, »Anzinger Amt«. Beim letzten Haus trifft man auf eine Kreuzung mit drei Wegen, hier nimmt man den mittleren. Nun geht es in den Mischwald hinein, bei der ersten Kreuzung hält man sich noch schräg rechts, kurz darauf bei der zweiten Kreuzung jedoch schräg links. Wenn man aus dem Wald kommt, weiter links vom Waldrand am Forstweg entlang, bis rechts der Weg kurz bergauf wieder in den Wald führt (blau-rot-weiße Markierung). Bei der kommenden Kreuzung geht man wieder links (rot-weiß-rote Markierung) und kommt zu einer Rastbank am Waldrand. Den Wegspuren nach über die Wiese zum gegenüberliegenden südwestlichen Waldrand und wieder in den Wald hinein. Der rot-weiß-roten Markierung links folgen, auf Waldsteigen und -wegen bis zum Gasthaus Stegermaier am **Hametsberg (3)**. Auf der Zufahrts-

EINKEHR

Gasthaus Stegermaier, 581 m: Gasthaus am Hametsberg mit guter bodenständiger Küche und Gastgarten. Geöffnet von 7 bis 24 Uhr, Mittwoch und Donnerstag Ruhetag. Keine Nächtigung. Tel. +43 2235 437900.

Schöpfl-Schutzhaus, 869 m: Hütte des Österreichischen Touristenklubs, Sektion Wienerwald. Kleine Speisekarte, gutes Essen. Montag Ruhetag (außer Feiertag), Dienstag bis Sonntag 8 Uhr bis »Sonnenuntergang« geöffnet, im Jänner und Februar nur Samstag und Sonntag geöffnet. Nächtigung möglich. Tel. +43 2673 8305.

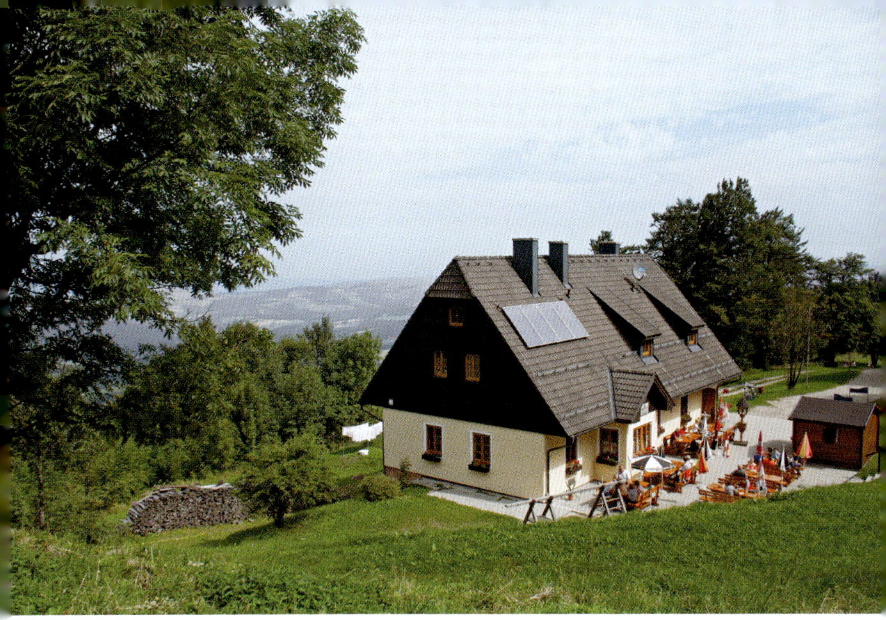

Blick nach Nordosten auf das Schöpfl-Schutzhaus.

straße (Weg Nr. 04,404; Wegweiser »Schöpfl über Grödl«) hinunter zur **Landstraße 110 (4)**, diese überqueren und am Holzwegweiser »Schöpflhütte« (weiß-rot-weiße Markierung bis zum Schutzhaus) hinunter zum Lammerbach. Durch diesen hindurch (leider keine Brücke vorhanden, aber das Wasser ist nicht tief) und bergwärts am Steig drei Karrenwege überqueren. Kurz nach der dritten Querung steht mitten am hier beginnenden steileren Pensionistensteig eine Rastbank. Weiter den schmalen Steig hinauf bis zu einer Kurve; ab hier wird der Steig zu einem breiteren Weg und flacher. Vorbei an einer eingefassten Quelle mit Rastbank noch einmal steiler bergauf zum Waldrand, hier rechts auf die geschotterte Zufahrtsstraße des **Schöpfl-Schutzhauses (5)**, welches gleich erreicht wird. Von hier in fünf Minuten zum **Schöpfl** mit der **Matraswarte (6)** und ihrer 360-Grad-Aussicht.

Zum Schutzhaus zurück und weiter zur Abzweigung des Pensionistensteiges, hier allerdings nun rechts haltend flach, dann gemütlich bergab durch den **Südhang des Vorderschöpfl (7)** auf dem Dr.-Fritz-Hinrichs-Weg. An allen Kreuzungen sind gut sichtbar die weiß-rot-weißen Markierungen angebracht, sodass man problemlos den Weg hinunter nach **Schöpflgitter (1)** zum gleichnamigen Gasthaus und dem Parkplatz findet.

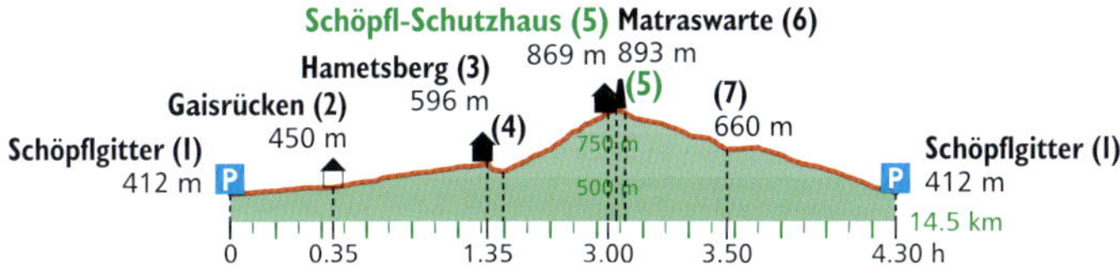

3 Kukubauerhütte, 762 m

Über Jubiläumsweide und Bischofshöhe

Die Sage vom wundermächtigen Geiger

Von Michelbach Markt führt eine sehr familientaugliche Wanderung auf die Kukubauerhütte und die Kukubauerwiese, die auch als Kukubauerhöhe bezeichnet wird. Die Hütte selbst liegt auf 762 Meter Seehöhe, und auch die Kukubauerhöhe mit ihren 782 Metern sollte man nicht unterschätzen. Denn obwohl nur knapp 800 Meter hoch, hat man einen hervorragenden Ausblick, der im Westen bis zum Ötscher und im Südosten bis zum Schneeberg reicht. Die Wanderung ist auch interessant, weil es einige Optionen für den An- und Abstieg gibt.

»Sagenhaft« ist auch folgende Geschichte, die sich im Raum St. Pölten, welches nur wenige Kilometer von Michelbach Markt entfernt liegt, zugetragen haben soll. Hier gab es einmal einen vielgesuchten Verbrecher, der so wunderschön auf der Geige spielen konnte, dass alle, die ihn hörten, zu tanzen anfingen, ob sie wollten oder nicht. Als er gefangen genommen und verurteilt wurde und man ihn auf den Richtplatz geführt hatte, da bat der arme Sünder scheinbar ergeben um die Gnade, man möge ihm seine geliebte Geige reichen und ihn ein letztes Stück spielen lassen. Da schrie eine alte Frau aus der Menge immer wieder: »Gebt sie ihm nicht! Um Gottes willen, gebt ihm die Geige nicht!« Man achtete jedoch nicht darauf und gewährte dem Verurteilten den letzten Wunsch. Aber kaum hatte dieser sein herrliches Spiel begonnen, so wurden Richter, Henker und Zuschauer von einem hypnotischen Zauber erfasst und fingen zu tanzen an, während der kunstreiche Bösewicht fiedelnd entwischte.

Beim Oberhackenbauer.

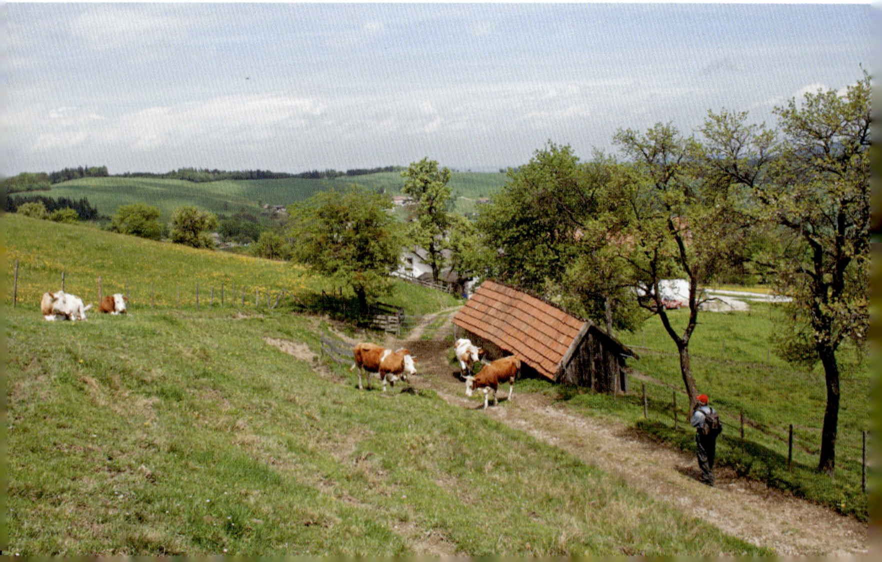

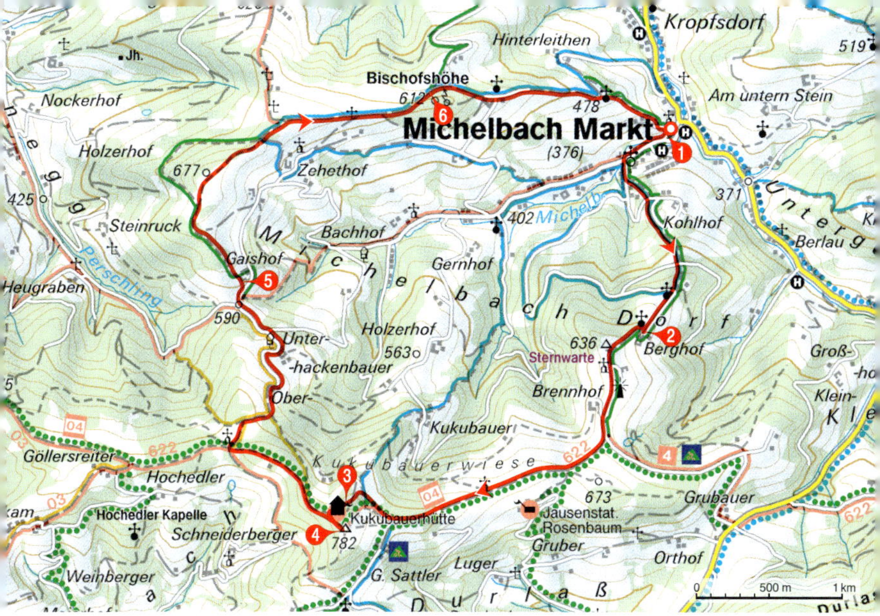

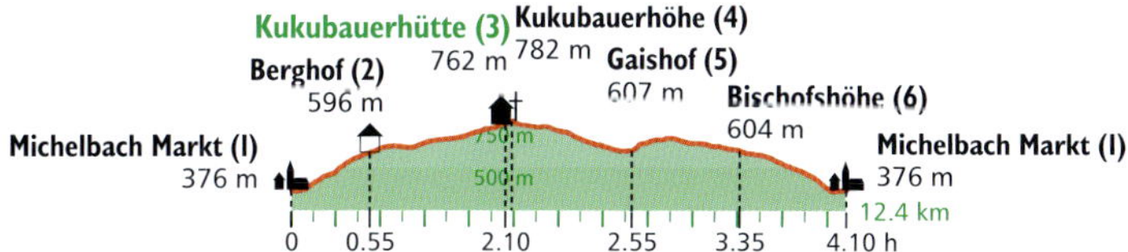

KURZINFO

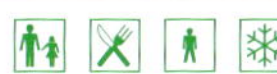

Talort: Michelbach Markt, 376 m; von Wien über die A1 Westautobahn zur Abfahrt St. Pölten Süd, weiter über Phyra nach Michelbach Markt (www.michelbach.gv.at, Tel. +43 2744 8220).

Ausgangspunkt: Parkplatz gegenüber dem Gemeindeamt Michelbach Markt.

Gehzeit: 4.10 Std.

Höhenunterschied: 420 m.

Anforderungen: Einfache Runde auf Wanderwegen und breiten Steigen. Etwas Orientierungsvermögen auf der Bischofshöhe notwendig.

Kinder: Lichter Wald mit vielen verschiedenen Pflanzen, Insekten und Vögeln. Kühe und Kälber bei den Gehöften.

Kinderwagen: Bedingt geeignet für geländegängige Wagen; an einigen kurzen Stellen muss er getragen werden.

Mountainbike: Traisen-Gölsental-XL-Tour (St. Veit/Gölsen – Rohrbach – Durlasbach – Jubiläumsweide – Kukubauerhütte – Göllersreiter – Haberegg – In der Oed – Ochsenburgerhütte – Wilhelmsburg – Kreisbach – Traisentalweg – Traisen – Gölsentalweg – St. Veit/Gölsen; 45 km, 610 Hm, blau).

Gipfelmöglichkeit: Kukubauerhöhe, 782 m.

Winter: Als Schneeschuhtour (blau), bei geringer Schneelage auch als Winterwanderung (blau).

EINKEHR

Kukubauerhütte, 762 m: Private Hütte auf der »Kukubauerwiese«. Geöffnet von April bis Oktober von Freitag bis Sonntag 9 und 20 Uhr, von November bis März nur Samstag und Sonntag. Keine Nächtigung. Tel. +43 664 4222041.

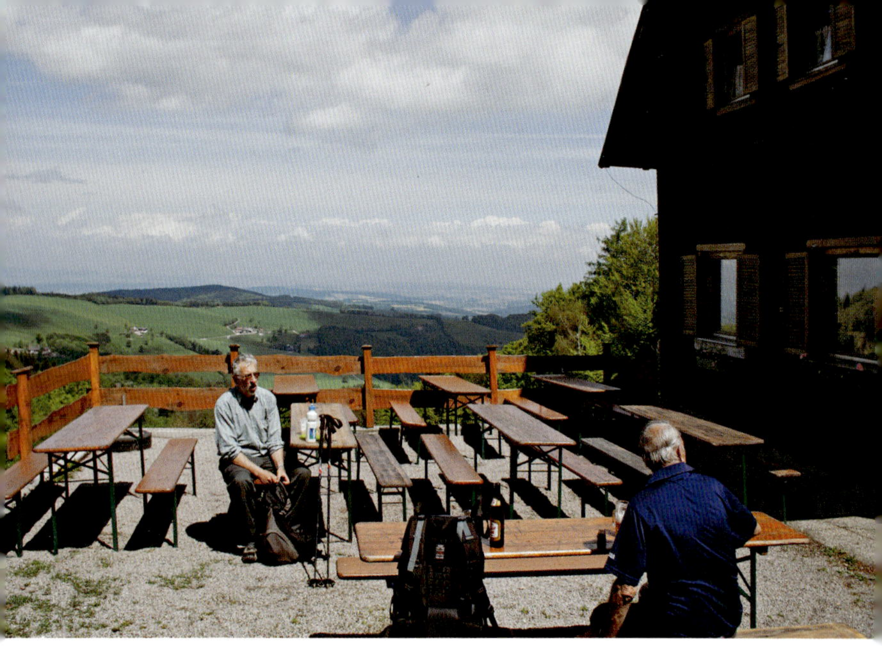

Rast auf der Kukubauerhütte.

Vom Gemeindeamt in **Michelbach Markt (1)** westwärts hinauf zur Kirche. Dort links abbiegen und nach ca. 100 Metern wieder links auf einen Steig abzweigen. Nun folgt man der blau-grünen Markierung durch den Wald, dann rechts an einem Haus und einem einsamen Gehöft im Wald vorbei, zu einer kleinen Kapelle. Dort links halten und auf einem Güterweg hinauf zum **Berghof (2)**. Dem Weg über zwei Serpentinen folgend kommt man kurz darauf zur Niederösterreichischen Volkssternwarte. Der Güterweg führt uns gleich zwischen einem Bildstock rechts und einem Gehöft links des Weges durch zu einer Kreuzung mit Parkplatz. Hier geradeaus weiter und gleich bei der nächsten Kreuzung rechts abbiegen auf die Jubiläumsweide. Nun auf dem Weitwanderweg Nr. 404 (rot-weiß-rote Markierung), zuerst rechts am Zufahrtsweg zum Buschenschank Rosenbaum vorbei, dann bei den zwei kommenden Kreuzungen zuerst wieder rechts und dann links. Kurz darauf steht man vor der **Kukubauerhütte (3)**. Hinter der Hütte erreicht man auf einem Weg in fünf Minuten den höchsten Punkt der **Kukubauerhöhe (4)** mit 782 Meter Höhe.

Zurück an der Hütte hält man sich in der Folge links Richtung Nordwesten, folgt einem Wegweiser und nun einer gelben Markierung ebenfalls wieder nach links und erreicht den Oberhackenbauer. Vor dem Gehöft geht man rechts durch einen Weidedurchgang auf die Hofzufahrtsstraße und wandert links vorbei am Unterhackenbauer bis zu einer Dreieckskreuzung. Hier links weiter der gelben Markierung hinunter zu einer Wiesenkreuzung folgen, dort rechts zu einem alten, großen Birnbaum kurz vor dem Gaishof. Ab hier ist etwas Orientierungssinn gefragt. 50 Meter nach dem Birnbaum links ab und Steig- und Fahrspuren folgend über eine Wiese. 50 Meter westlich am **Gaishof (5)** und an einer kleinen Baumzeile vorbei hinauf zu einem Waldeck, in welches ein alter Fahrweg mündet. Ab hier folgt man der blau-gelben Markierung durch den Wald, kreuzt einen Forstweg und kommt zu einer großen Wiesenlichtung, auf der ein Wäldchen steht. An diesem links vorbei geht man weglos quer über die Wiese hinauf zu einer Kuppe, 677 m, auf der ein einzelner großer Lindenbaum steht. Weiter in wenigen Metern zum Waldrand, rechts an diesem entlang zu einem etwas eigenwilligen Wegweiser mit dem Hinweis für unsere Richtung: »Mischwald Weg führt auf der Fahrspur u. quert die Wiese i.d. gesamten Länge«. Es bedeutet, dass man den Spuren am Wald-Wiesenrand bis zu einem Karrenweg folgt, dort rechts abbiegen. Aussichtsreich in alle Richtungen, vorbei an einem Wegkreuz, erreicht man die Wegkreuzung **Bischofshöhe (6)** in einem kleinen Waldstück, auf der sich fünf Wege treffen. Man geht einfach ostwärts geradeaus, verlässt das Wäldchen und orientiert sich weiter an der blau-gelben Markierung. Durch einen Bauernhof, vorbei an einer Kapelle, führt ein Karrenweg abwärts zu einer zweiten Kapelle mit Rastbankerl. Hinunter zum Karrenweg am Waldrand, diesem nach rechts folgend erreicht man eine Wiese mit Steigspuren, die zur Siedlung »Am Südhang« führt. Über die Straße einfach hinunter zur Hauptstraße, dort 50 m nach rechts zum Gemeindeamt in **Michelbach Markt (1)** zurück.

Unterwegs Richtung Michelbach Markt.

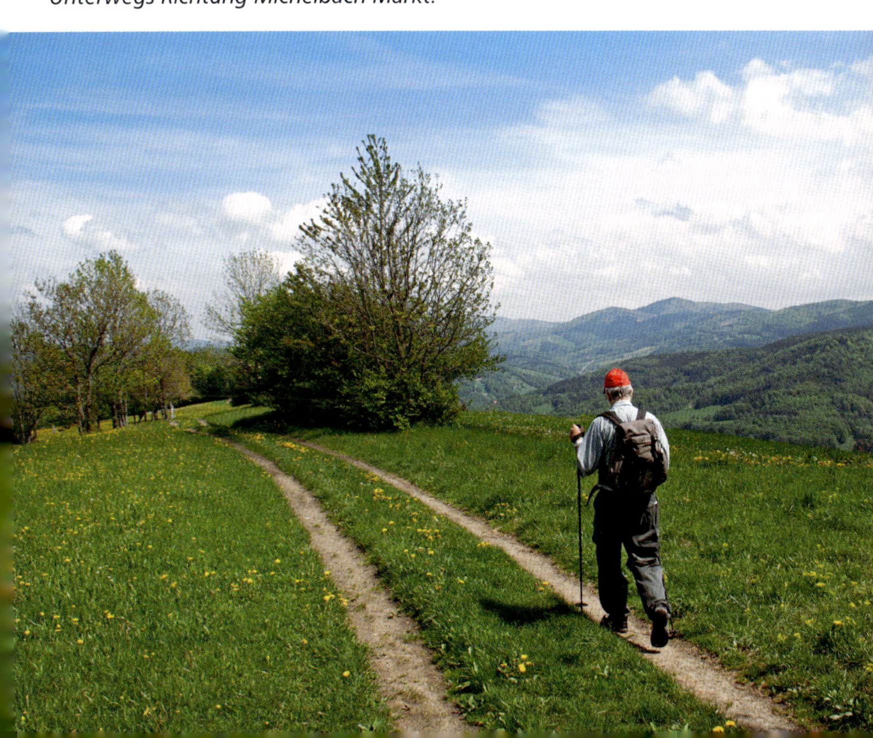

4 Ochsenburger Hütte, 594 m

Ostteil des Wilhelmsburger Rundwanderwegs

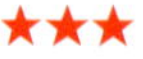

Über die Katzelhofer Höhe zur Rudolfshöhe

Die Rudolfshöhe, der Hausberg von Wilhelmsburg nahe St. Pölten, an der Nahtstelle zwischen westlichem Wienerwald und Voralpenland, bietet viel Wald, freie Wiesen- und Ackerflächen und die Ochsenburger Hütte. Hier wandert man stundenlang und aussichtsreich über Kämme und Lichtungen, teils begleitet von den »Sagensteinen«, die kleine Geschichten aus den Mythen und Sagen der Gegend erzählen. Der »Wilhelmsburger Rundwanderweg« wurde im Jahr 1999 von den Naturfreunden angelegt und umfasst eine Streckenlänge von ca. 38 Kilometern. Er ist mit dem Naturfreunde-Logo und den Farben blau/gelb gekennzeichnet und hat die Wegnummer 14 der Stadtgemeinde Wilhelmsburg. Der Rundwanderweg orientiert sich hauptsächlich an den Grenzen des Gemeindegebietes und ermöglicht wundervolle Ausblicke ins Traisen-, Gölsen- und Pielachtal. An den nördlichen Grenzen blickt man über die Landeshauptstadt St. Pölten hinaus bis an die Donau und ins Waldviertel. Diese Tour beschreibt einen Teil des Rundwanderweges auf einer Länge von 14,7 Kilometern mit der Ochsenburger Hütte. Der Rundwanderweg kann natürlich in mehreren Etappen erwandert werden, wobei die Richtung und der Einstieg in den Weg individuell selbst gewählt werden können. Gegen einen Unkostenbeitrag können verschiedene Wanderabzeichen je nach Leistung erworben werden.

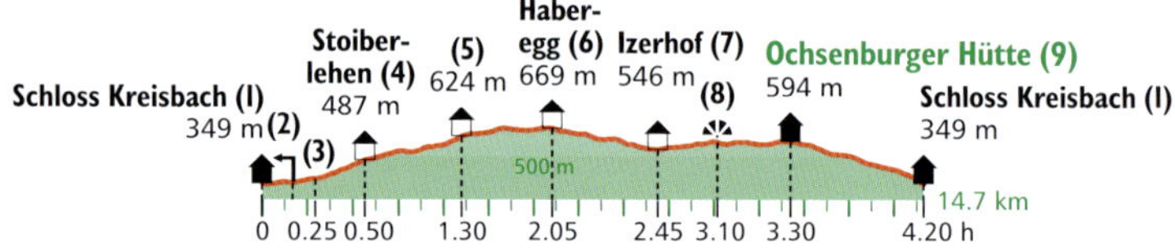

KURZINFO

Talort: Wilhelmsburg, 321 m; von Wien über die A 1 Westautobahn zur Abfahrt St. Pölten Süd, weiter über St. Georgen am Steinfeld nach Wilhelmsburg (www.wilhelmsburg.at, Tel. +43 2746 23150).
Ausgangspunkt: Schloss Kreisbach.
Gehzeit: 4.20 Std.
Höhenunterschied: 365 m.
Anforderungen: Einfache Wanderung auf Steigen, Güter-, Wander- und Wiesenwegen.
Kinder: Kinderspielplatz an der Ochsenburger Hütte.
Kinderwagen: Stellenweise mit Kraft und Kondition machbar.
Mountainbike: Sagensteintour (Wilhelmsburg Bahnhof Kreisbach – Schloss Kreisbach – Rudolfshöhe – Wilhelmsburg Bahnhof Kreisbach; 14,4 km, 320 Hm, ca. 1.15 Std., rot).
Winter: Tour auch als Schneeschuh- oder Winterwanderung möglich (rot).
Tipp: Der Wilhelmsburger Rundwanderweg über (www.naturfreunde-wilhelmsburg.at/rundwanderweg). Startpunkt ist in der Regel in Wilhelmsburg (Gemeindeamt oder Kirche). Achtung: Derzeit keine Einkehr und Übernachtung auf der Stockerhütte möglich (38,6 km, 1160 Hm im An- und Abstieg, ca. 12 Std.)!

EINKEHR

Ochsenburger Hütte, 594 m: Hütte der Naturfreunde/Ortsgruppe Ochsenburg. Ganzjährig geöffnet, Montag und Dienstag Ruhetag. Ganztägig warme Küche. Sonnenterrasse mit Sommerschank. Mountainbike-Stützpunkt. Nächtigung möglich. Tel. +43 2746 8328, www.naturfreunde-haeuser.net.

Stockerhütte, 734 m: Die Hütte der Naturfreunde konnte zuletzt nur unregelmäßig öffnen. Aufgrund eines Rechtsstreits um den Zufahrtsweg bleibt die Hütte voraussichtlich sogar dauerhaft geschlossen.

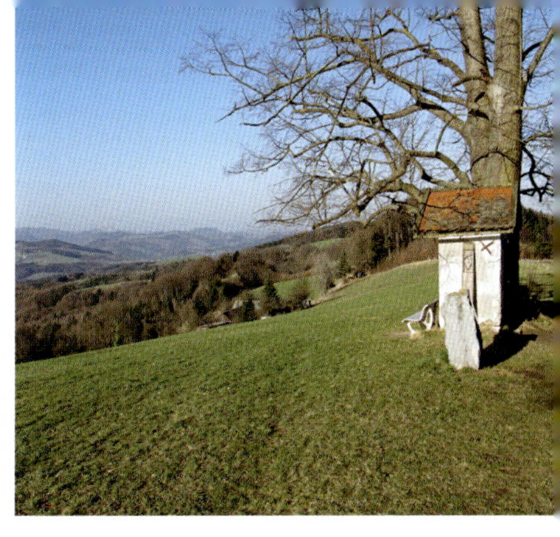

Bildstock auf der Rudolfshöhe.

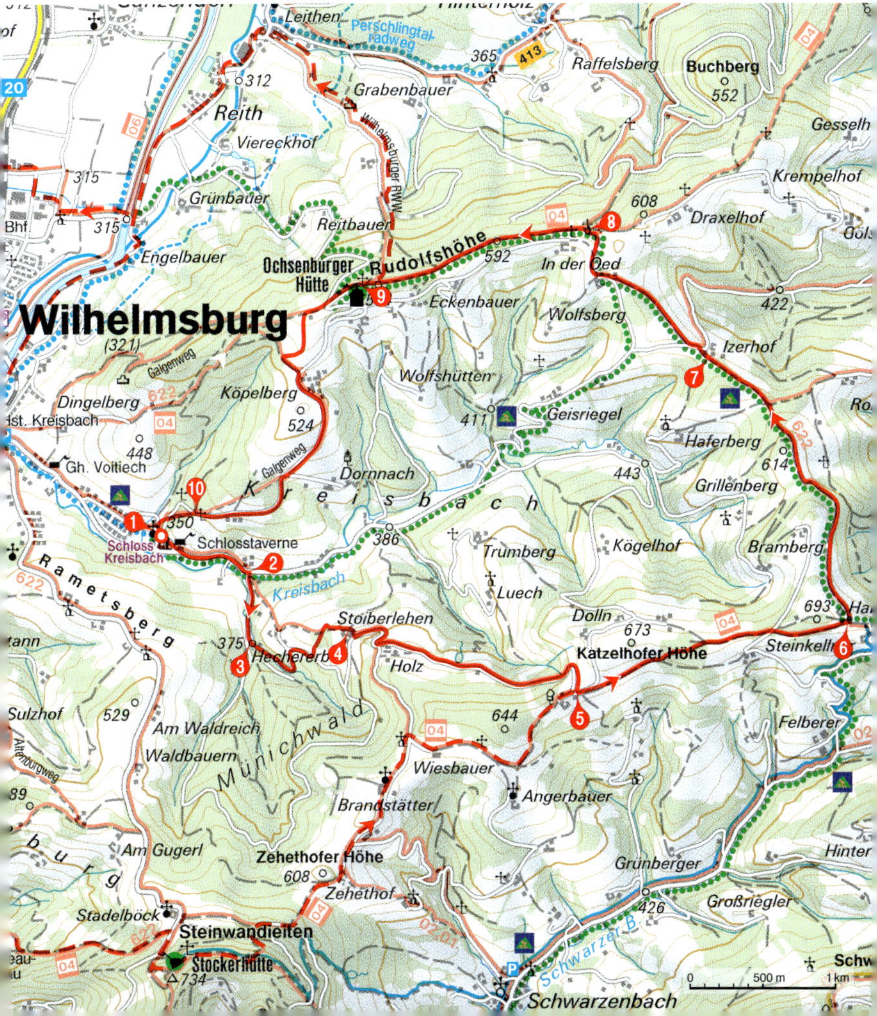

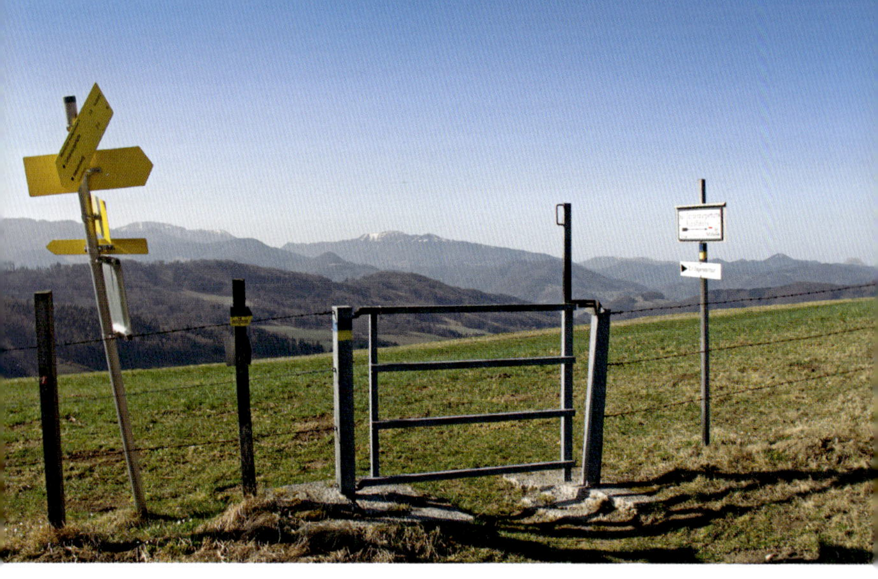

Blick vom Haberegg zur Reisalpe und zum Ötscher.

Vom **Schloss Kreisbach (1)** in Wilhelmsburg vor zur Schlosstaverne und links die Straße hinauf (weiß-rot-weiße Markierung) bis zum **Abzweig zur Brücke Kreisbach (2)**. Hier rechts und über die Brücke, dann auf einem Güterweg leicht bergauf ins Kreisbachtal bis zu einer **Kreuzung (3)** im Wald, wo wir links über eine Brücke abzweigen. Nun dem Wegverlauf weiter folgen. Nach einem Lagerplatz in einer Linkskurve tritt man kurz darauf aus dem Wald hinaus und folgt der weiß-rot-weißen Markierung bis zu einem nach links weisenden Wegweiser. Auf einem grasbewachsenen Pfad durch ein kleines Wäldchen erreicht man eine T-Kreuzung mit herrlicher Aussicht hinüber auf die andere Talseite mit dem Tagesziel, der Ochsenburger Hütte. Man hält sich rechts am Weg und folgt nun den Markierungen über einen Wiesenpfad (Baummarkierung) hinauf zu den Gebäuden vom **Stoiberlehen (4)**. Am Güterweg links aussichtsreich ca. 250 m bergwärts, dann über eine S-Kurve hinauf und weiter bis zu einem **Stadel mit Gehöft (5)** und viel Aussicht im »Holz«. Am Stadel befindet sich eine große Orientierungstafel mit Landkarte über den Wilhelmsburger Rundwanderweg, auf dem wir uns ab jetzt befinden (blau-gelbe Markierung).
Kurz ostwärts (links) über eine Privatstraße, dann rechts bei einem Wegweiser auf einem Feldweg weiterhin aussichtsreich über die Katzelhofer Höhe bis zu einem Güterweg. Diesen überqueren und den Wegweisern und der Markierung durch ein Waldstück folgen, bis man linker Hand in einem Zaun ein kleines Weidetor mit gelben Wegweisern erblickt. Hier befindet man sich nun am **Haberegg (6)**. Durch das Weidetor hindurch. Nun einfach den gelb-blauen Markierungen und den Wegweisern zum **Izerhof (7)** und dem Gehöft »In der Oed« folgen, oberhalb dessen sich ein **Marterl mit Rastplatz (8)** befindet.

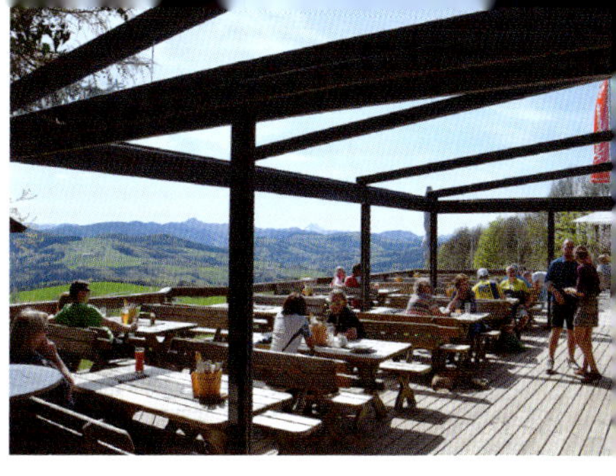

Terrasse der Ochsenburger Hütte.

Zwischen Izerhof und dem Rastplatz kommt man an einigen Sagensteinen vorbei, die kurzweilig einige Mostviertler Geschichten erzählen. Gleichzeitig hat man immer wieder einen Blick auf den 44 km Luftlinie entfernten Ötscher, 1893 m. Obwohl nicht weit von der Ochsenburger Hütte entfernt (ca. noch 1,6 km), zahlt es sich jedenfalls aus, bei dem Rastplatz zu verweilen und die Seele baumeln zu lassen.
Anschließend nimmt man noch problemlos die letzten Meter zur **Ochsenburger Hütte (9)** in Angriff. Nachdem man die kulinarischen Gelüste gestillt und dem Körper ausreichend Energie für die Schlussphase dieser Wanderung zugeführt hat, geht man am Zufahrtsweg der Hütte leicht bergab westwärts zur Kurve und verlässt diese im Scheitelpunkt über eine Wiese zu einem Pavillon mit Kreuz und Rastplatz. Dieser ist es mit einer fast 360 Grad umfassenden Aussicht einfach wert, nochmals zu verweilen oder in der Wiese einfach ein Nickerchen zu machen.
Links führt ein Feldweg über die Wiesen zu einem Güterweg, dem man geradeaus folgt. Markante Punkte sind dabei ein Honig-Standl, eine Lamaweide und ein Kriegsgrab, jeweils am linken Straßenrand. Links auf den unmarkierten **Waldsteig (10)** abzweigen, der eine Kurve des Güterwegs abkürzt. Kurz darauf erreicht man wieder **Schloss Kreisbach (1)**.

Blick vom Pavillon ins Mostviertel und zum Ötscher.

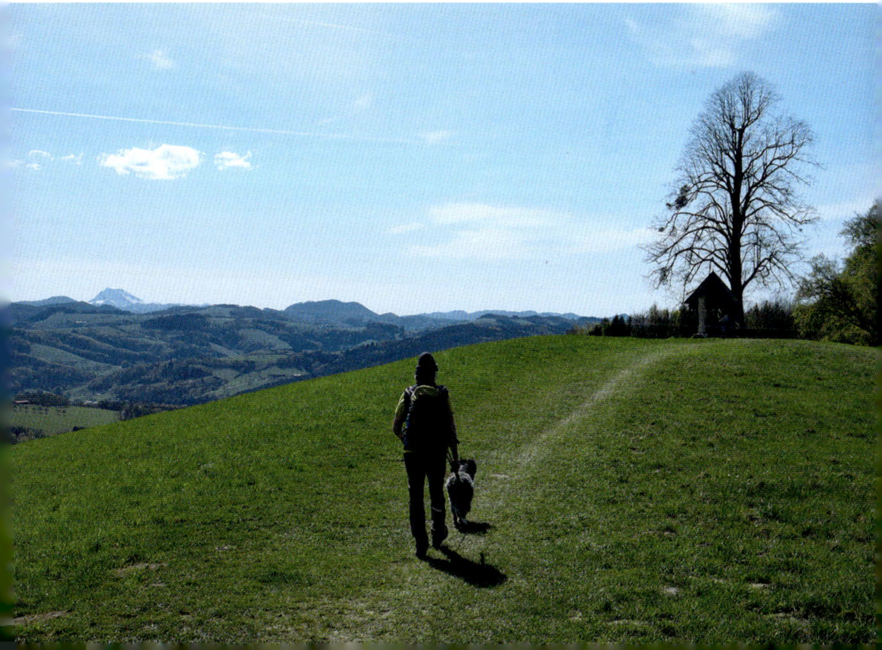

5 Enzianhütte, 1107 m

Am Weg der Wiener Wallfahrer, Teil eins ★

Der Wiener Wallfahrerweg 06

In Niederösterreich hat Pilgern eine lange Tradition. Heute erlebt das Gehen in der Stille eine Renaissance. Die »modernen« Pilger wollen dem Stress entfliehen, mit Muße unterwegs sein und in und aus der Natur Kraft und geistige Ausgeglichenheit schöpfen. Der älteste Wallfahrerweg Österreichs ist die Via Sacra, die von Wien nach Mariazell führt. Wallfahrer können jedoch auf zwei Routen, der traditionellen Via Sacra oder dem Wiener Wallfahrerweg 06, in rund vier bis fünf Tagen bei sportlicher Gehleistung von 25 bis 30 Kilometer Fußwanderung pro Tag nach Mariazell pilgern. Der Wiener Wallfahrerweg 06 entstand ab 1975 durch die Weitwanderer-Organisation des Österreichischen Alpenvereins. Er verläuft bis Kaumberg nahe der Via Sacra, dann über das Kieneck, den Unterberg, Rohr im Gebirge und St. Aegyd am Neuwalde abseits der historischen Wallfahrerstraße auf markierten Wanderwegen und Nebenstraßen. Er führt auf einer Länge von ca. 120 Kilometern durch unberührte Wald- und Wiesengebiete bis nach Mariazell.

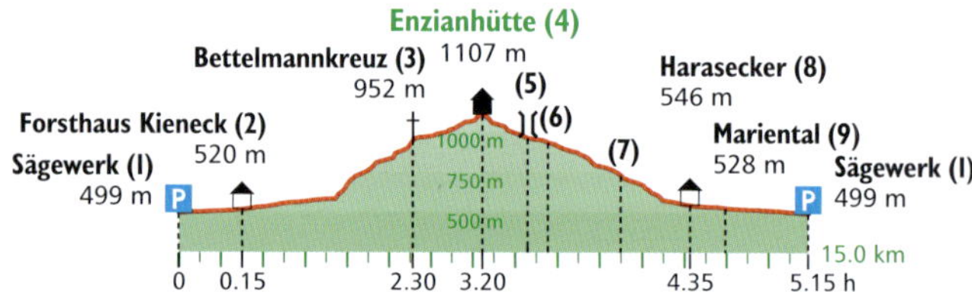

Von der Terrasse der Enzianhütte sieht man hinüber zum Unterberg.

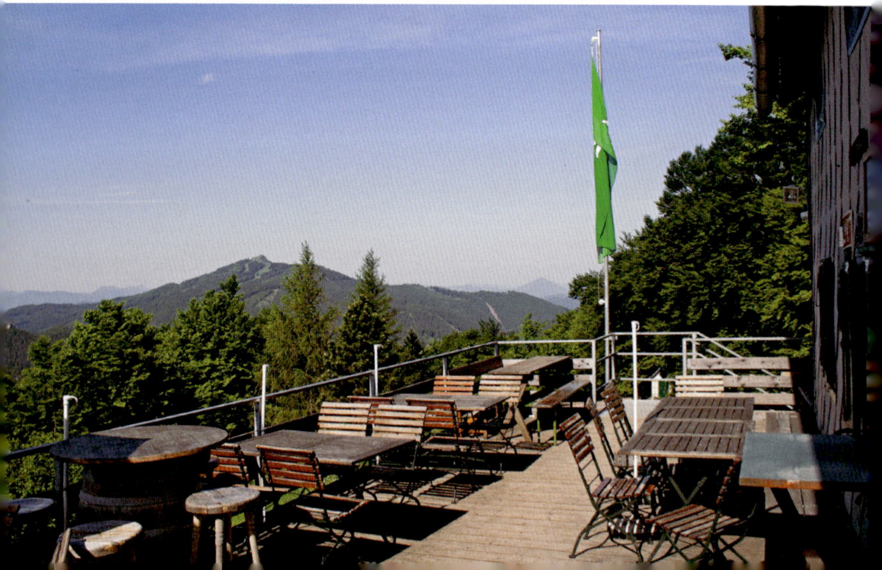

KURZINFO

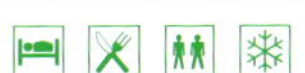

Talort: Ramsau, 450 m; von Wien auf der A 1 bis Abfahrt Altlengbach, über Brand-Laaben und Hainfeld nach Ramsau. Von St. Pölten über Wilhelmsburg, Hainfeld nach Ramsau (Tel. +43 2764 8203, www.ramsau.gv.at). Von Graz auf der A 2 bis Abfahrt Leobersdorf, über Berndorf, Altenmarkt a. d. Triesting, Hainfeld nach Ramsau.
Ausgangspunkt: Sägewerk 2,8 km südöstlich von Ramsau an der Straße nach Annental. Wenige Parkplätze!
Gehzeit: 5.15 Std.
Höhenunterschied: 650 m.
Anforderungen: Einfache Wanderung auf großteils markierten Steigen, Wanderwegen und Forststraßen.
Kinderwagen: Geeignet vom Ausgangspunkt am Anstiegsweg bis in den Kieneckgraben, am Abstiegsweg bis Harasecker; unterwegs keine Einkehrmöglichkeit.
Winter: Als Schneeschuhtour von Muggendorf über den Geißruck zur Enzianhütte. Abstieg durch den Viehgraben oder über den Enziansteig (5.30 Std., rot).
Variante: Überschreitung zum Unterberg (Unterberg Schutzhaus, 2 Std., blau). Verlängerung zum Araberg mit der Ruine Araburg (Einkehrmöglichkeit), Abstieg durch das Mariental (ca. 2 Std. länger, blau).

EINKEHR

Enzianhütte, 1107 m: Hütte des Österreichischen Alpenvereins. Geöffnet von Anfang März bis Mitte November (montags nur bis 15 Uhr!), kein Ruhetag. Kleine Speisen und Getränke. Nächtigung möglich. Tel. +43 676 7829081, kieneck.at.

Vom Bereich des **Sägewerks (1)** zuerst rechts des Baches taleinwärts nach Südosten, vorbei an einigen Wohnhäusern linker Hand zu einer Kreuzung, an der links ein Wegkreuz mit Marienbild steht. Ein Holzwegweiser zum Kieneck und eine grüne Markierung zeigen auf die Forststraße geradeaus. Links vorbei an einem Gehöft überquert man die links abzweigende Brücke und wandert gemütlich neben dem rechts fließenden, baumgesäumten Bach eben dahin, vorbei an einem hölzernen Wegkreuz ins Tal hinein. Man erreicht eine große Wiese, an der links auf einer Anhöhe das **Forsthaus Kieneck (2)** liegt. Weiter geht es gemütlich geradeaus, immer der grünen Markierung folgend. Man erreicht in der Folge einen roten Schranken, umgeht diesen und folgt dem Weg bis zu einer Brücke. Hier kann entweder auf der linken Talseite der Forststraße, vorbei an einer Jagdhütte, oder auf der rechten Talseite schön und romantisch

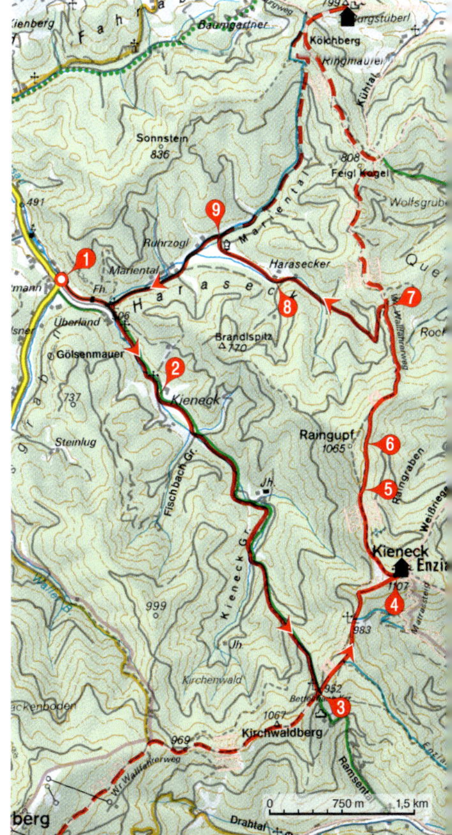

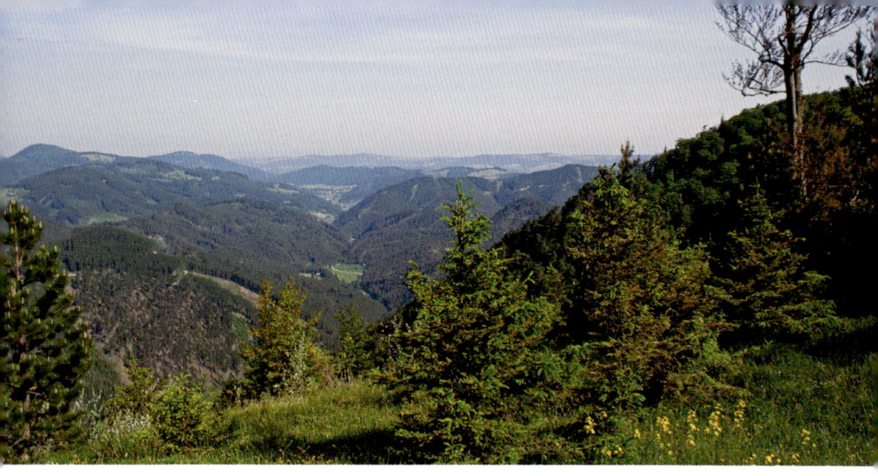

Am Wiener Wallfahrerweg Rückblick ins Tal zum Forsthaus Kieneck.

einem Wiesenweg und Steig gefolgt werden. Beide führen letztendlich zu jenem Steig, der den Kieneckgraben links steil bergauf verlässt (Holzwegweiser »Kieneck«, grüne Markierung) und dreimal eine Forststraße kreuzt. Man erreicht nun die vierte Forststraße, überquert diese und folgt dem Steig links hinauf zur fünften Forststraßenquerung. Schräg rechts hinüber, vorbei an einem Schranken, erreicht man das **Bettelmannkreuz (3)** mit Rastbankerl davor. Rechts neben dem Kreuz führt nunmehr der Weg Nr. 231 (rot-weiß-rote Markierung) über den Wiener Wallfahrerweg aussichtsreich auf eine Kuppe (Blick auf die Enzianhütte am Kieneck), dann hinunter in einen Sattel (Holzkreuz, Rastbankerl) mit Kreuzung und schlussendlich geradeaus nordwärts in 30 Minuten und einem großen Bogen hinauf zur **Enzianhütte (4)** am Kieneck.

Gegenüber der Hütte liegt eine Minikapelle, an der links ein Steig (Wegnr. 04, 206, 404), der Wiener Wallfahrerweg, rot-weiß-rot markiert, zuerst bergab in einen **Sattel (5)** Richtung Kaumberg führt. Dann geht es kurz auf einem Grat bergauf, bevor der Steig in den **Osthang des Raingupf (6)** führt. Dem Steig durch den Hang eben folgen, danach in stetigem Bergab hinunter über eine Forststraße. Dieser folgt man nun oberhalb auf einem Steig eben Richtung Norden bis zu einer Kreuzung mit einem Karrenweg auf **Höhe 730 m (7)**. Ab hier ist etwas Orientierungssinn nötig, weil der Weg unmarkiert ist. Den Karrenweg links hinunter zur Forststraße; dieser entweder rechts folgen oder abkürzend auf der anderen Straßenseite auf einem Waldweg hinunter zu einem alten Steig, der bei Regen dem Wasser als Bachbett dient. Diesem, teilweise etwas höhere Stufen überwindend, folgen bis zur vorher erwähnten Forststraße. Auf ihr gemütlich nordwestwärts talaus, vorbei am Gehöft **Harasecker (8)**, bis zur Kreuzung mit dem **Mariental (9)**, Bildbaum. Hier links der blauen Markierung folgen, vorbei an einer Jagdvilla und einem Reitplatz, rechter Hand ein Bach, zur Kreuzung vom Tourbeginn, an der links das Wegkreuz mit Marienbild steht. Rechts auf der Straße zurück in den Bereich des **Sägewerks (1)** zum Ausgangspunkt.

Unterberg Schutzhaus, 1187 m

Am Weg der Wiener Wallfahrer, Teil zwei

Schutzhütten und Sagen

Besonders lohnend ist die Besteigung des Unterberg in Verbindung mit einer Überschreitung des langen Kammes, der den Unterberg mit dem Kieneck verbindet. Diese Überschreitung, manchmal liebevoll als die »Haute Route« der Niederösterreichischen Voralpen bezeichnet, zählt sowohl im Sommer als auch im Winter seit alpinen Urzeiten zu den klassischen Routen in den Voralpen. Bereits 1886 wurde auf dem Unterberg das erste Schutzhaus gebaut und 1897 folgte die Enzianhütte auf dem Kieneck. Auch die Wallfahrer nach Mariazell wählen oft diese Route, da in der Nähe beider Schutzhäuser sagenumwobene Kapellen stehen. Überhaupt rankt sich um den Unterberg so manche Sage. So soll es in seinem Inneren einen großen See geben, dessen Ufer aus purem Gold besteht und von einem Drachen bewacht wird. Das Wasser des Sees soll bei der Myralucke zutage treten und aus den Tränen eines Mädchens bestehen, welches aus unglücklicher Liebe zu einem Ritter den Freitod gewählt haben und im Unterberg verschwunden sein soll. Über die Entstehung der Kapelle Maria Einsiedl neben dem Schutzhaus wird erzählt, dass am Jakobitag des Jahres 1831 drei Männer, von denen einer blind und fast lahm war, eine Kopie des Mariazeller Gnadenbildes auf den Unterberg getragen hätten, so wie es dem Blinden dreimal im Traume aufgetragen worden war. Während sie beteten, wurde der Blinde plötzlich wieder sehend und auch seine Lähmung verschwand.

KURZINFO

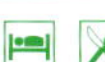  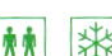

Talort: Muggendorf, 450 m; von Wien oder Graz auf der A 2 bis Abfahrt Wöllersdorf, auf der B 21 über Markt Piesting und Pernitz nach Muggendorf. Von St. Pölten über Wilhelmsburg, Hainfeld, Pottenstein und Pernitz nach Muggendorf (Tel. +43 2632 74330, www.muggendorf.at).
Ausgangspunkt: Parkplatz 2 Lammwegtal des Unterberg Skigebietes (bei der Bushaltestelle).
Gehzeit: 5 Std.
Höhenunterschied: 695 m.
Anforderungen: Einfache Wanderung auf markierten Steigen, Wanderwegen, Alm- und Forststraßen. Am Gipfelweg östlich des Schutzhauses leichter Anstieg (blau), westlich steil auf Grasflächen (rot; nicht bei Nässe).
Mountainbike: Panoramarunde Muggendorf – Pernitz – Laferlstein – Riegelhof – Waxeneck – Betsteig – Muggendorf (17,6 km, 610 Hm, 1.40 Std., rot, Ausgangspunkt: Parkplatz Myrafälle).
Gipfelmöglichkeit: Unterberg, 1342 m.
Winter: Als Schneeschuhtour in beschriebener oder entgegengesetzter Richtung möglich (blau); das Parken ist im Winter für Tourengeher nur auf Parkplatz 5 kostenfrei.
Variante: Überschreitung zum Kieneck mit der Enzianhütte (2 Std. hin und zurück vom Bettelmannkreuz, blau).

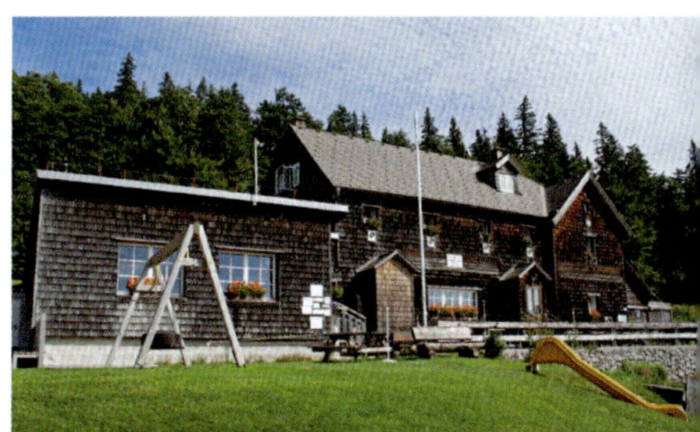

Das Unterberg Schutzhaus liegt neben der Kapelle Maria Einsiedl.

EINKEHR

Unterberg Schutzhaus, 1187 m: Hütte des Österreichischen Touristenklubs. Ganzjährig geöffnet (Montag und Dienstag Ruhetag, November bis Anfang Dezember wegen Urlaub geschlossen). Bei größeren Gruppen (ab 10 Personen) Voranmeldung notwendig. Auf Wunsch Extramenüs oder abends warmes Buffet. Nächtigung möglich. Tel. +43 2632 74190, www.unterberg-schutzhaus.at.

Vom **Parkplatz 2 Lammwegtal (1)** auf einer Forststraße ca. 500 Meter westwärts entlang dem Myrabach, vorbei an der **Myralucke (2)**, ins Tal hinein. Bei der folgenden Abzweigung nun dem Karrenweg und der roten Markierung rechts steil bergauf, durch schönen, Schatten spenden Buchenwald, folgen. Der Karrenweg geht nach einiger Zeit in einen steinigen Weg über, dieser nach kurzer Zeit in einen schmalen, lehmigen Steig. Bei der kommenden Forststraße links (Wegweiser), 200 Meter später rechts abbiegen. Nach weiteren 400 Metern rechts auf einen Steig abzweigen (Wegweiser Unterberg), der nach 50 Metern über eine Forststraße führt. Hier dem Wegweiser »Wiener Wallfahrerweg« und der roten Markierung folgen, bis man zu einer **Wiese (3)**, im Winter Skipiste, kommt. Rechts ab und am linken Rand steil hinauf, oben am Waldrand halb rechts halten bis zu einer Verflachung (schöne Sicht zum Schneeberg im Süden). Hier links dem Steig folgen (Wegweiser Unterberg, rote Markierung). Der Steig wird breiter und führt als Karrenweg aussichtsreich mit Blick auf Schneebergmassiv und Gahns, vorbei an einem Wallfahrerkreuz, immer rot markiert, zu einer Zufahrtsstraße. Hier links Richtung Südwesten. Noch vor dem Unterberg Schutzhaus wenden wir uns rechts und steigen, vorbei an der Reserlhütte, die der Bergrettung gehört, über den gemütlichen Gipfelweg durch schattigen Bergwald zum Gipfelkreuz auf dem **Unterberg (4)** hinauf. Auf dem steilen Steig weiter südwestlich gehen wir über die Bergwiese wieder hinab zum **Unterberg Schutzhaus (5)**.

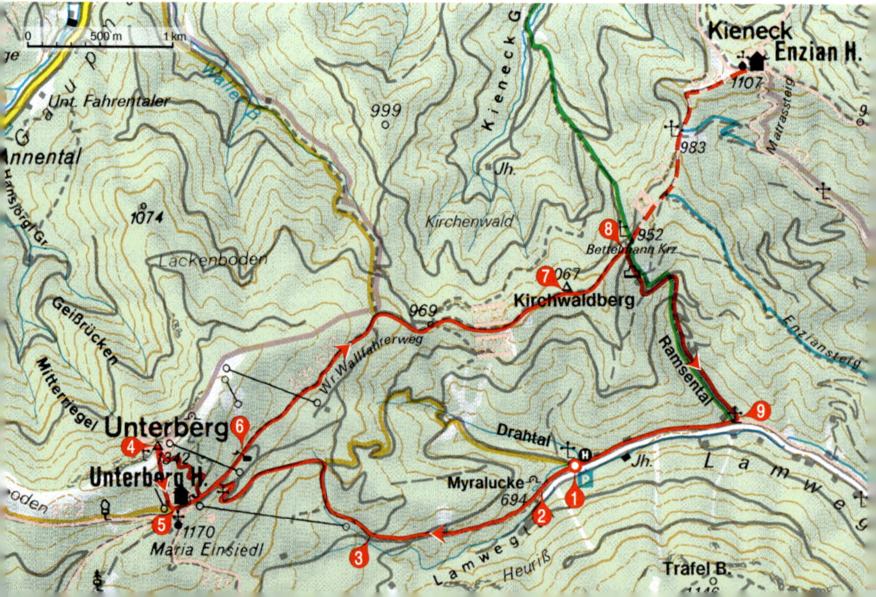

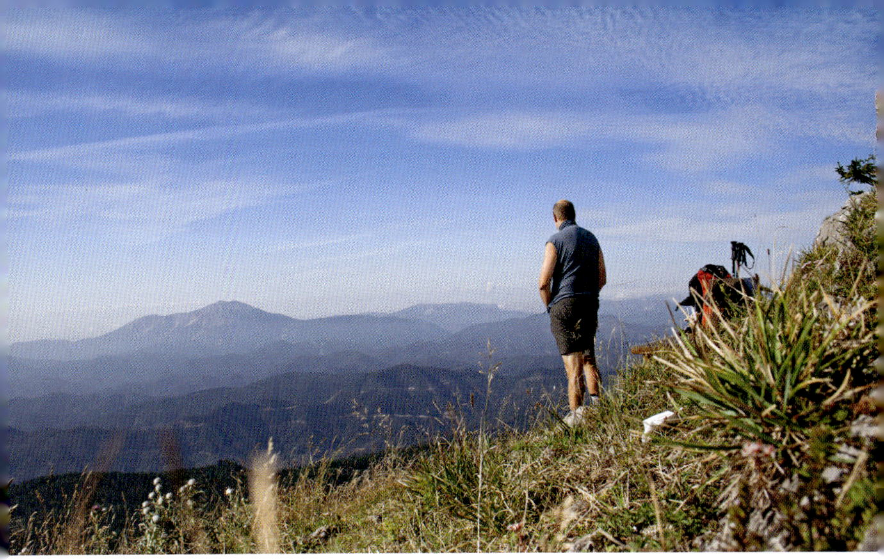

Blick vom Unterberggipfel auf Schneeberg, Rax und Schneealpe.

Vom Schutzhaus geht man auf der Zufahrtsstraße zurück nach Nordosten, hält sich aber nun links geradeaus und kommt zu den Gipfelliften des Unterberg und dem **Bergrestaurant Herzog (6)**, welches nur im Winter bewirtschaftet wird. Links am Restaurant vorbei und auf dem linken Weg (Wegweiser Enzianhütte) Nr. 231/404 weiter. Drei Skipisten und einen Lift kreuzend folgt man dem Weg bergab, bis links ein Steig abzweigt (zwei weiß-rot-weiße Markierungen untereinander auf einem Baum). Diesen nehmen und immer der roten Markierung folgen, so erreicht man, vorbei am Christian-Trenkler-Kreuz, eine Forststraße (Wegweiser). Hier aber rechts den Steig hinauf auf den vorspringenden Felsblock (schöne Aussicht auf das Kieneck und den Wienerwald). Abwechselnd in Bergwald und über Lichtungen nun immer den Weg Nr. 231 zum **Kirchwaldberg (7)** hinauf und in ca. 10 Minuten zum **Bettelmannkreuz (8)** hinunter. Zuerst der Forststraße rechts bergab mit der grünen Markierung folgen, dann aber als Abkürzung zu den langen Serpentinen auf dem Waldsteig weiter grün markiert in den Talgrund hinunter. Hier wieder auf der Forststraße ca. 750 Meter durch das Ramsental zum **Parkplatz 5 (9)** mit einer Kapelle. An der Kreuzung nach rechts und in 1,2 km auf asphaltierter Straße zum **Parkplatz 2 Lammwegtal (1)** zurück.

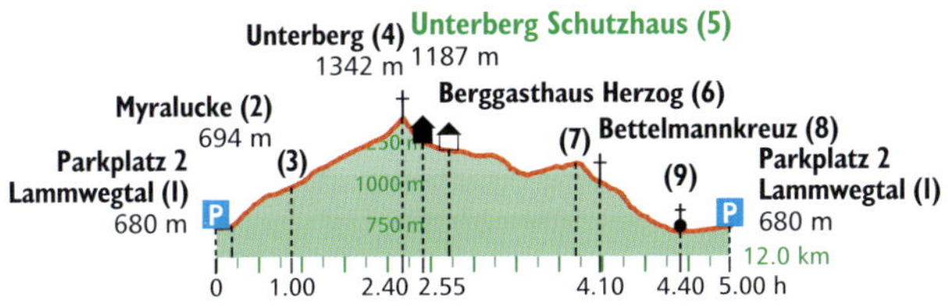

7 Reisalpenschutzhaus, 1399 m

Über Hochstaff und Kleinzeller Hinteralm 

Kleinzeller Hausberg

Die Bergbauerngemeinde Kleinzell liegt zwischen Reisalpe und Unterberg im über 20 km langen Halbachtal. Kleinzell ist infolge der geografischen Gegebenheiten und wirtschaftlichen Möglichkeiten eine der dünnstbesiedelten Gemeinden Niederösterreichs, gleichzeitig aber auch eine der flächenmäßig größten. Die Reisalpe ist mit 1399 m der höchste Berg der Gutensteiner Alpen und liegt zwischen Lilienfeld, Hohenberg und Kleinzell. Sie ist ein beliebter Ausflugsberg, sowohl für Wanderungen im Sommer als auch für Skitouren und Schneeschuhwanderungen im Winter, und gilt als relativ wenig lawinengefährdet. Rund um den Gipfel stehen eine Madonna, ein Gipfelkreuz, das am 9. Oktober 1898 eröffnete Reisalpenschutzhaus sowie eine kleine Hütte des Österreichischen Bundesheeres.

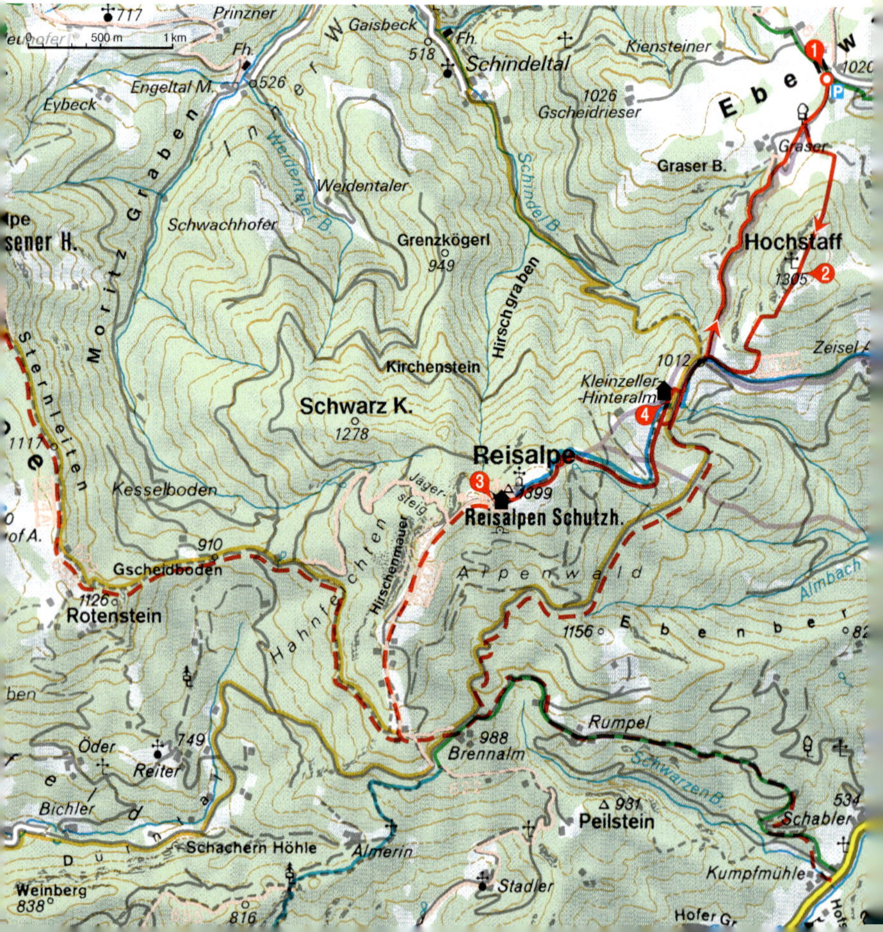

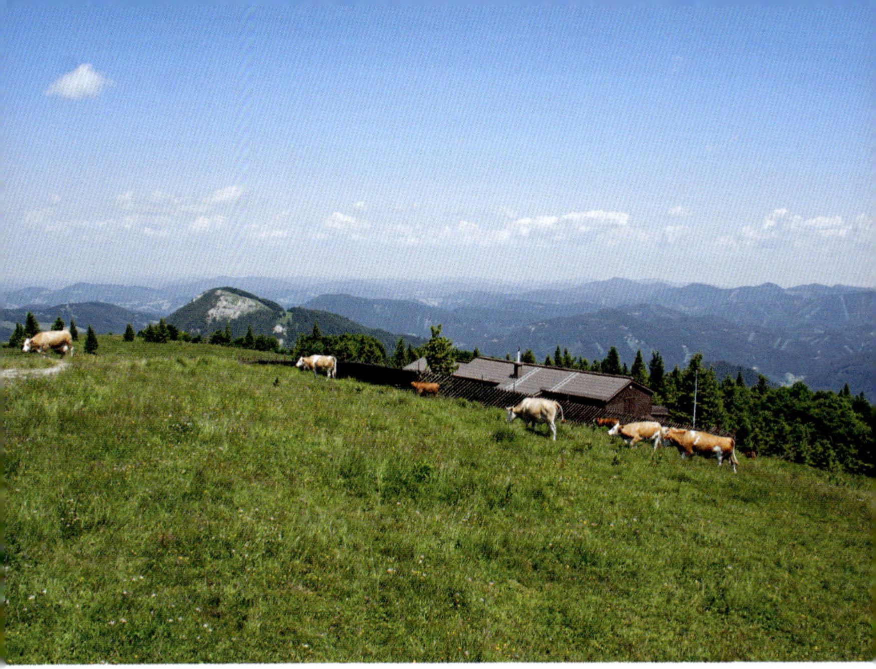

Blick nach Norden über die Jabornig-Hütte, die 150 Meter östlich des Reisalpenschutzhauses liegt.

KURZINFO

  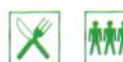

Talort: Kleinzell, 480 m; von Wien über die A 21 bis Alland, dann weiter auf der B 11 und B 18 nach Hainfeld, von dort nach Süden ins Halbachtal nach Kleinzell; Tourismusverband Kleinzell (Tel. +43 2766 201, www.kleinzell.gv.at) oder Mostviertel Tourismus (www.mostviertel.at, Tel. +43 7482 20444).

Ausgangspunkt: Großer Parkplatz auf der Ebenwaldhöhe, 1020 m. In der Ortsmitte von Kleinzell nach der Kirche rechts (links vom Bach) in den Schneidergraben hinauf Richtung Gasthof Plattner. Bei der Abzweigung zum Gasthof aber links hinauf zur Ebenwaldhöhe halten.

Gehzeit: 4.30 Std.

Höhenunterschied: 650 m.

Anforderungen: Einfache Wanderung mit einem etwas steileren An- und Abstieg am Hochstaff. Sonst Wanderwege und Steige.

Kinder: Rund um die Almen weiden Kühe und Jungvieh. Brunnen auf der Kleinzeller Hinteralm.

Kinderwagen: Geeignet für geländegängige Kinderwagen auf Forststraße bis zur Kleinzeller Hinteralm (ca. 1 Std.).

Mountainbike: Auf die Reisalpe selbst führt keine Route, aber es gibt in der Nähe die Reisalpenblickstrecke (St. Veit/Gölsen – Rohrbach – »Rosenbaum« – Kukubauerhütte – Sattlerkapelle – Kerschenbach – St. Veit/Gölsen; 20,4 km, 460 Hm, blau).

Gipfelmöglichkeiten: Außer den beschriebenen Hochstaff und Reisalpe keine.

Winter: Tour ohne Hochstaff möglich (ca. 5 Std., blau).

Tipps: a) Kumpfmühle – Gehöft Rumpel – Kleinzeller Hinteralm – Reisalpe – Brennalm – Gehöft Rumpel – Schwarzenbachgraben – Kumpfmühle (wenig bekannte Rundtour; ca. 5.30 Std., rot).
b) Übergang von der Traisnerhütte über Sternleiten und Gscheidboden zum Reisalpenschutzhaus (3.30 Std., rot).

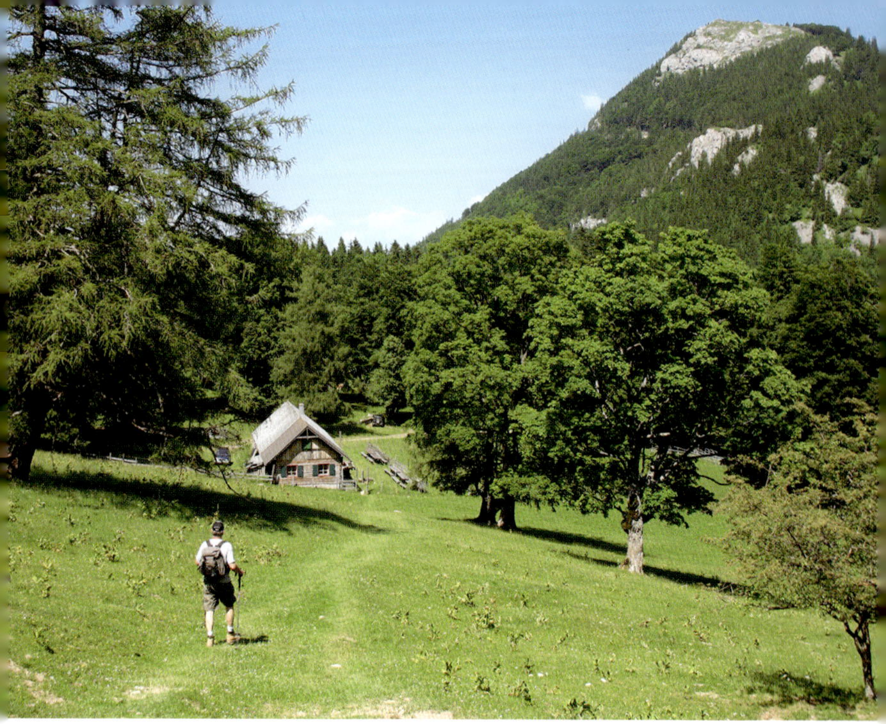

Die Kleinzeller Hinteralm im Abstieg.

Vom großen Parkplatz **Ebenwaldhöhe (1)** bei der Bergrettungshütte (Wegweiser Reisalpe, blau und rot markiert) auf dem Fahrweg durch ein Wäldchen und über Wiesen zu einer Baumzeile. Hier links durch ein Weidetor und unmarkiert schräg rechts über die Wiesen (Steigspuren) bis zum Waldrand hinauf. Hier besonders auf die Steigspuren achten, um den weiterführenden Steig zu finden. Dem einigermaßen deutlich ausgetretenen Steig nun steil aufwärts durch den Wald folgen. Einige Punktmarkierungen an den Bäumen helfen hier mit, da jedoch keine Abzweigungen vorhanden sind, kann man sich ohnehin nicht verirren. Einmal quert man eine Forststraße, dann lichtet sich der Wald und man betritt den Gipfelbereich des **Hochstaff (2)**. Nach einer Felskanzel wird der Steig fast eben und man blickt bereits zum Gipfelkreuz hinüber, welches man in wenigen Minuten über eine Wiese erreicht.

Der Abstieg ist trotz fehlender Markierung leicht zu finden: Man folgt dem Steig, der teilweise aber steil abwärts führt, über Wiesen und

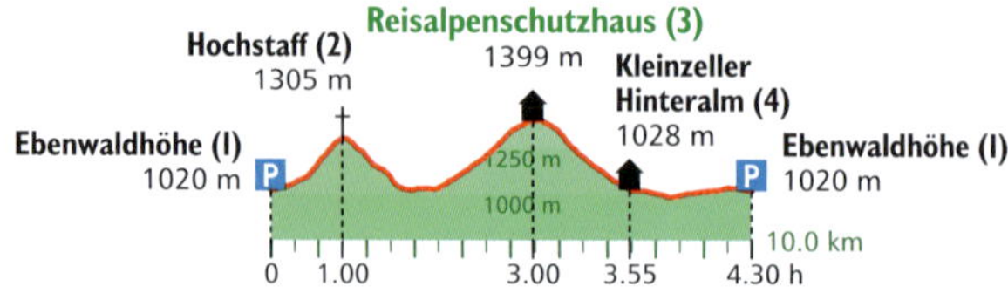

durch Bergwald. Unten angelangt trifft man auf einen Fahrweg, dem man nach rechts bis zu einer Kreuzung folgt. Der Wegweiser dort leitet links, blau markiert, am Fahrweg weiter, bis nach ca. 400 Meter auf einer alten Fichte blaue Markierungen in Pfeilform über einen Zaunüberstieg nach rechts zur Kleinzeller Hinteralm weisen. Hier gehen wir links und in geringer Entfernung zur Alm weiter hinauf auf einem Steig, einen Fahrweg querend und immer der blauen Markierung folgend. In der Folge mäßig steil durch lichten Bergwald aufwärts; im oberen Bereich schlängelt sich der Weg über Serpentinen immer weiter hinauf. Plötzlich endet der Wald, der Weg wird flacher und führt über Almwiesen vorbei an der kleinen Hütte des Österreichischen Bundesheeres zur Madonna, dem Gipfelkreuz und dem **Reisalpenschutzhaus (3)**. Der Abstieg zur **Kleinzeller Hinteralm (4)** erfolgt über den Anstiegsweg. Bei der Kreuzung vom Hochstaffabstieg (Wegweiser) hält man sich nunmehr links (rote Markierung) auf dem Fahrweg, der den Wanderer zurück zur **Ebenwaldhöhe (1)** bringt.

EINKEHR

Kleinzeller Hinteralm, 1028 m: Geöffnet von Mitte Mai bis Ende September, Montag Ruhetag. Getränke und kleine Jausen. Keine Nächtigung. kleinzeller-hinteralm.at.

Reisalpenschutzhaus, 1399 m: Hütte des Österreichischen Touristenklubs. Ab Mai täglich außer Dienstag, im September und Oktober ist durchgehend geöffnet, im Winter am Samstag und Sonntag! Nur bei ausgesprochen schlechtem Wetter bleibt die Hütte geschlossen. Nächtigung möglich. Tel. +43 680 1233924, www.reisalpe.at.

Das Ludwig-Hauser-Marterl neben dem Schutzhaus mit Ötscherblick.

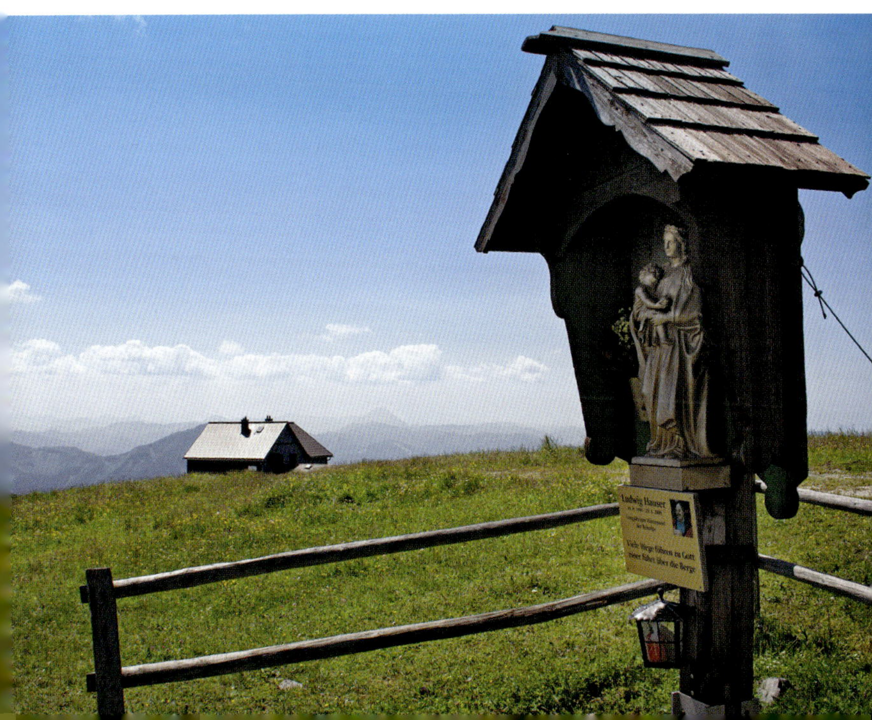

8 Traisnerhütte, 1311 m

Drei Hütten und ein Wasserfall

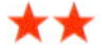

Das Stift Lilienfeld

Inmitten der »grünen Lunge Niederösterreichs«, wo rund drei Viertel der Region mit Wald bedeckt sind, liegt die Traisnerhütte auf der Hinteralm in den Gutensteiner Alpen. Lediglich knapp eine Autostunde von Wien entfernt findet man hier eine idyllische Almenlandschaft mit schönen Wanderwegen und alpinen Steigen. Ein Sessellift auf den Muckenkogel hilft im Anstieg und erschließt die Region rund um den 1248 Meter hohen Muckenkogel. An schönen Tagen reicht der Blick von der Traisnerhütte weit in die Ostalpen, vom Schneeberg bis zum Traunstein in Oberösterreich.

Nicht weit von der Talstation des Sessellifts Muckenkogel liegt das Zisterzienserstift Lilienfeld. 1202 von Herzog Leopold VI. gegründet, wurde es zum größten mittelalterlichen Klosterbau Österreichs, die Stiftsbasilika ist die größte Kirche Niederösterreichs. Die Aufgabe der Zisterzienser des Stiftes Lilienfeld ist die Pflege und Feier der Liturgie. Dem Stift Lilienfeld sind 19 Pfarren angegliedert, in denen die Mönche auch als Seelsorger wirken, einzelne Patres sind auf einer theologischen Fakultät tätig, andere sind Religionslehrer. Das Stift Lilienfeld nimmt gern Gäste auf und ist eine wichtige Pilgerstation auf der Via Sacra, dem alten Pilgerweg nach Mariazell. Die Reise der Pilger – ein Wanderer, der von seinem Zuhause aufbricht, um sich auf den Weg zu einem gnadenspendenden Ort zu machen – führte im Allgemeinen nicht gleich nach Rom, Jerusalem oder Santiago de Compostela. Viele wählten den Weg der klassischen Via Sacra von Wien über Lilienfeld nach Mariazell. Pilgertum und Wallfahrt stehen für das Unterwegssein. Pilgerhemd, Beutel, Stock und Hut gehörten zur Grundausstattung der Pilger.

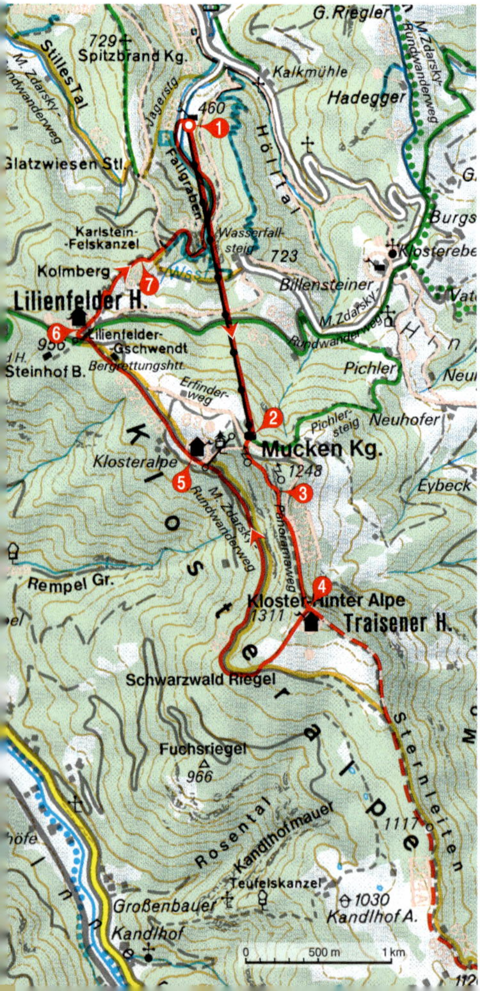

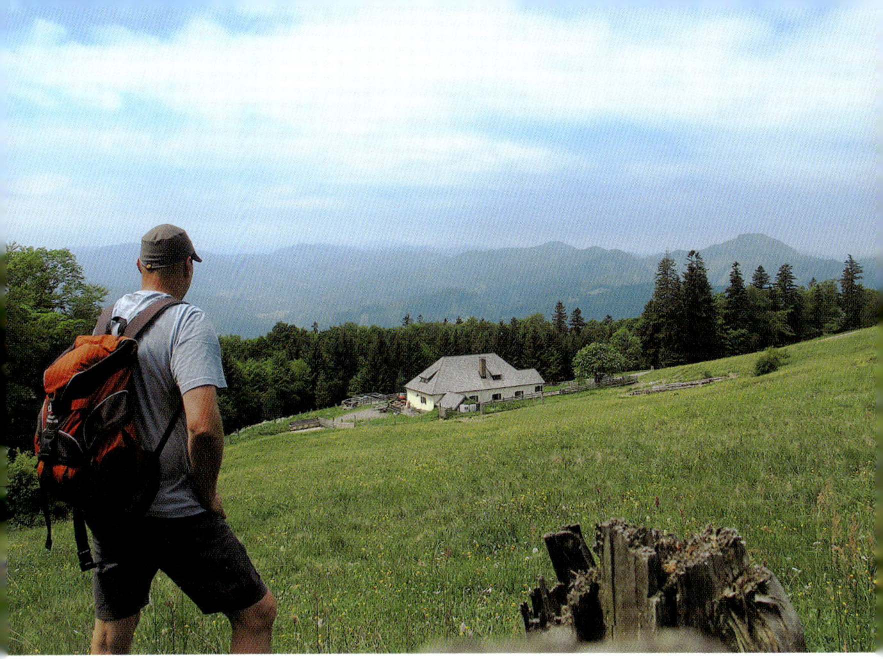

Almwiesen um die Klosteralm.

KURZINFO

  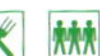 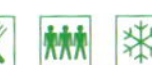

Talort: Lilienfeld, 383 m; von der A 1 Abfahrt St. Pölten Süd über Wilhelmsburg nach Lilienfeld; Stadtgemeinde Lilienfeld (Tel. +43 2762 522120, www.lilienfeld.at).

Ausgangspunkt: Parkplatz an der Talstation des Sessellifts Muckenkogel. Für Infos zu Betriebszeiten und Preisen siehe www.sessellift-lilienfeld.at.

Gehzeit: 3.45 Std.

Höhenunterschied: 190 m im Anstieg, 855 m im Abstieg.

Anforderungen: Wanderung auf Wegen und Steigen. Im Abstieg über den Jägersteig und die beiden Wasserfallwege (Steige) steiler, Trittsicherheit und Schwindelfreiheit notwendig. Irritierend hier auch die wechselnden Wegnummern 42, 43 und 63, daher besser an die gelbe (Jägersteig) und blaue Markierung (Wasserfallweg) halten. Achtung auf Steinschlag im Bereich der Wasserfälle. Steiganlage beim großen Wasserfall mit Seil- und Stahlgeländern gut gesichert, aber Stufen mit unterschiedlicher Höhe. Nicht bei Nässe.

Kinder: Spielplatz auf der Lilienfelder Hütte.

Kinderwagen: Geeignet für geländegängige Kinderwagen von der Bergstation über den westwärts führenden, dann südlich drehenden Güterweg zur Klosteralm (Zdarsky Erfinderweg; ca. 20 Minuten). Wer will, kann auf einem Güterweg zur Lilienfelder Hütte hinabwandern (ca. 35 Minuten). In beiden Fällen muss man aber zurück zur Bergstation, da der Abstieg mit Kinderwagen einfacher und kürzer per Sessellift möglich ist.

Mountainbike: Tarschbergstrecke: Lilienfeld – Traisen – Mayerhofer – Lilienfeld (13 km, 380 Hm, ca. 1 Std., rot; www.mostviertel.at/a-tarschberg-strecke).

Winter: Als Winter- oder Schneeschuhwanderung ohne Wasserfallwege möglich. Hier Aufstieg von der Klosteralm zur Bergstation und Abfahrt mit dem Sessellift (ca. 3.45 Std., rot).

Tipp: Übergang von der Traisnerhütte über Sternleiten und Gscheidboden zum Reisalpenschutzhaus (ca. 3.30 Std., rot).

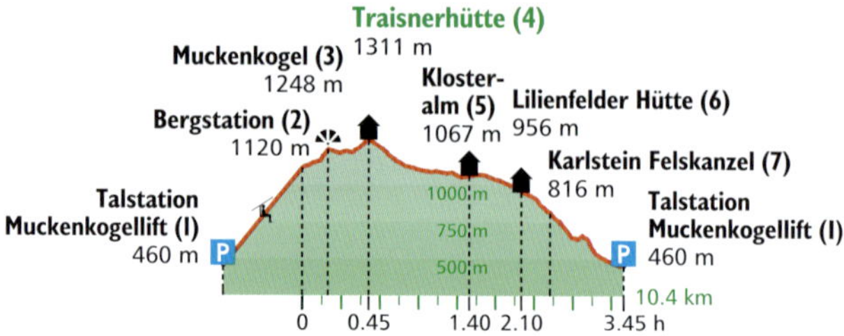

Um sich den Anstieg durch den Wald, aber auch Zeit zu ersparen, beginnt man diese Tour am besten bei der **Talstation Muckenkogellift (1)**. Langsam bringt der Einsitzersessellift die Wanderer hinauf und gibt ihnen Zeit, die Landschaft zu genießen und sich auf die kommende Tour seelisch einzustellen. Oben bei der **Bergstation (2)** angekommen wendet man sich gleich nach rechts zu dem Güterweg samt der Infotafel mit der Orientierungskarte (Wegweiser). Wanderer mit Kindern werden wohl wegen des Spielplatzes gleich neben der Station etwas länger brauchen. Bei der Infotafel geht man links bergwärts Richtung Sendemast und zweigt bald danach rechts auf den Zdarsky-Panoramaweg (Infotafel; Weg Nr. 63) ab. Man folgt der rot-weiß-roten Markierung steiler bergwärts bis zur Senderanlage **Muckenkogel (3)**, Klösterpunkt, 1248 m; ehemaliger Startplatz des ersten Torlaufes der alpinen Skigeschichte, mit einem Rastplatz und viel Aussicht auf die umliegende Bergwelt und das Donaubecken. Rechts vorbei an den Gebäuden folgt man nun einem Fahrweg hinunter zu einer Kreuzung, wo man sich geradeaus hält und wieder zu einer Infotafel mit der Orientierungskarte kommt (Wegweiser). Man entscheidet sich wohl eher für den Gratweg statt für die Forststraße zur Traisnerhütte, muss dieser aber trotzdem ca. 200 Meter folgen, bevor links der Gratweg abzweigt (Wegweiser; Weg Nr. 63). Vorher sollte man aber rechts am Weg noch am Aussichtspunkt (Rastbankerl zwischen zwei Bäumen) beim Peter-Hofecker-Gedenkkreuz innehalten und einen Blick auf den Ötscher und die Türnitzer Alpen machen, es lohnt sich. Über den Gratweg erreicht man dann in knapp 15 Minuten die **Traisnerhütte (4)**.

Vor der Hütte führt rechts ein Steig (Weg Nr. 63) südwestwärts bergab zu einem sichtbaren Fahrweg. Diesen überqueren und dem Wegweiser zur **Klosteralm (5)** am Zdarsky-Panoramaweg (Weg Nr. 63; ab hier spärliche gelbe Markierungen) folgen; zuerst an einer Felskanzel vorbei, dann über einen Südwiesenhang hinunter zu einem nach Westen in den Wald drehenden Wiesenweg, der bei einem Schranken in eine Forststraße mündet. Dieser und den gelben Markierungen nun folgen, bis rechts ein Steig abzweigt (Wegweiser). Hier ab und weiter, bis der Steig kurz vor der Klosteralm wieder in eine Schotterstraße einmündet. In wenigen Minuten erreicht man dann die Alm.

Wer den anspruchsvolleren Abstieg nicht machen möchte, geht nun in 10 bis 15 Minuten rechts von der Alm auf einem Steig hinauf zur Bergstation des Muckenkogelliftes

EINKEHR

Traisnerhütte, 1311 m: Hütte der Naturfreunde. Öffnungszeiten: Die Sommersaison vom 1. Mai bis 31. Oktober (Dienstag bis Sonntag und Feiertage; sollte der Feiertag auf einen Montag fallen, dann Dienstag Ruhetag!). Wintersaison vom 1. November bis 30. April (Mittwoch bis Sonntag; Donnerstag nur bis 16 Uhr, Freitag ab 10 Uhr). Nächtigung möglich (Reservierung telefonisch oder über das Reservierungsformular unbedingt erforderlich!). Tel. +43 2762 53571, www.traisnerhuette.at.

Klosteralm, 1067 m: Hütte des Stiftes Lilienfeld; ca. 10 Gehminuten von der Bergstation des Sesselliftes entfernt. Ganzjährig geöffnet, Montag Ruhetag, außer an Feiertagen. Zu den kulinarischen Spezialitäten gehört die typisch österreichische Hausmannskost. Keine Nächtigung. Tel. +43 2762 53575.

Lilienfelder Hütte, 956 m: Hütte des Österreichischen Alpenvereins. Geöffnet im Sommer von Anfang Mai bis Ende Oktober Donnerstag bis Sonntag und feiertags, August und September täglich außer Montag geöffnet. Im Winter von Anfang November bis Ende April ebenfalls von Donnerstag bis Sonntag und feiertags geöffnet. Am 24.12. geschlossen. Nächtigung möglich. Tel. +43 2762 53567, www.alpenverein.at/lilienfelderhuette.

(Ende der Zdarsky-Panoramarunde) und fährt mit diesem hinunter. Alle anderen Wanderer folgen den Markierungen und Wegweisern problemlos über einen Güter- bzw. Wanderweg in einer halben Stunde zur Lilienfelder Hütte (6). Hier wieder eine Infotafel mit der Orientierungskarte vor der Hütte, bei der man links auf den Fahrweg einbiegt und diesem und der gelben Markierung zu einem Wegweiser folgt. Dort rechts auf den Jägersteig (gelb) abzweigen und aussichtsreich auf einem Grat bis zur Karlstein Felskanzel (7). Dann rechts steil in Serpentinen auf schmalem Steig bergab bis zu einem Querweg (Wegweiser). Diesen überqueren und nun der blauen Markierung durch eine steile Felswand (Holzgeländer) und über Serpentinen zum kleinen Wasserfall folgen. Über eine Holzbrücke unter dem Franz-Hölzl-Gedenkkreuz führt der Weg Bächlein querend weiter bergab. Wo er wieder bergauf führt, erreicht man bald eine Aussichtskanzel mit beeindruckendem Blick in den Fallgraben. Noch einmal kurz bergan erreicht man einen Waldweg (Wegweiser), der vom Kolm herunter führt. Links halten und über eine Steiganlage mit Stiegen zum großen Wasserfall und flacher werdend talaus entlang dem Sessellift zur Talstation Muckenkogellift (1).

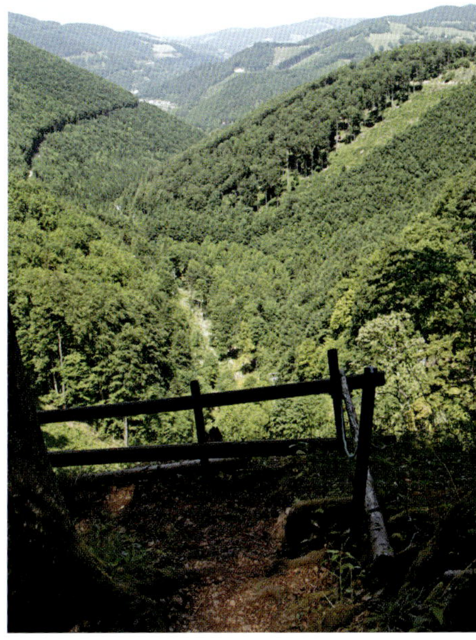

Am Wasserfallsteig, Blick in den Fallgraben.

9 Türnitzer Hütte, 1372 m

Dachsgraben und Stadelbergkamm

Türnitz und »seine« Alpen

Türnitz liegt direkt an der berühmten Via Sacra, dem nach Mariazell führenden ältesten Wallfahrerweg Österreichs. Knapp 100 km von Wien entfernt liegt Türnitz 40 km südlich von St. Pölten in einem der waldreichsten Gebiete des Voralpenlandes. Umgeben von Eibl, Eisenstein und Türnitzer Höger mit der Türnitzer Hütte kommen Wanderer und Radfahrer hier besonders auf ihre Kosten. Die namensgebenden Türnitzer Alpen bilden den Übergang von den Voralpen im Donauraum zu den höheren Gipfeln der Mürzsteger Alpen. Die Türnitzer Alpen selbst sind durch ihre steilen Talflanken charakterisiert, die nur wenig Platz für Ansiedlungen einräumen, und weisen eine hohe Trinkwasserqualität auf. Die Gipfelregionen sind in der Mehrzahl bewaldet, nur auf den bekannteren Ausflugsbergen wie Eibl und Tirolerkogel werden noch große Flächen als Almen genutzt.

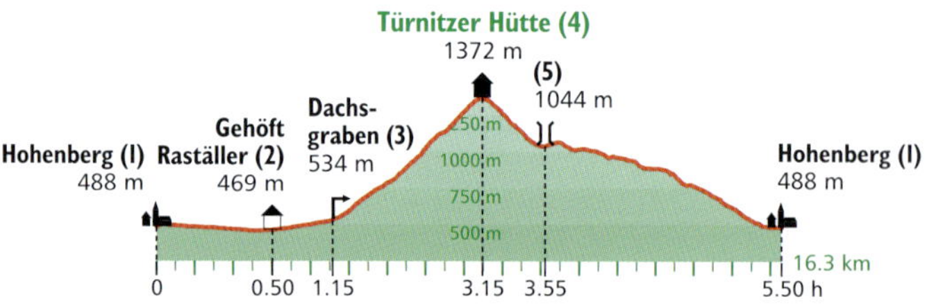

Freie Sicht von der Türnitzer Hütte zum Schneeberg.

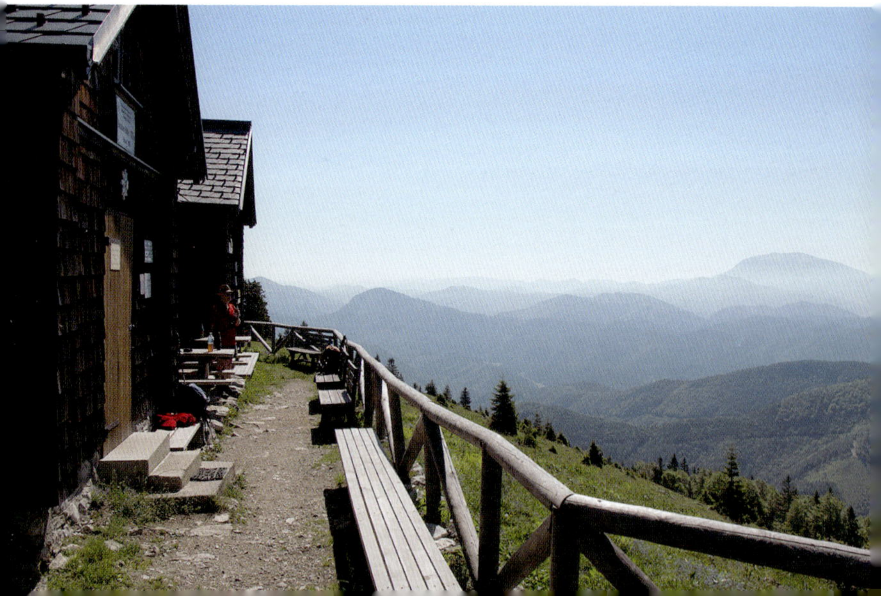

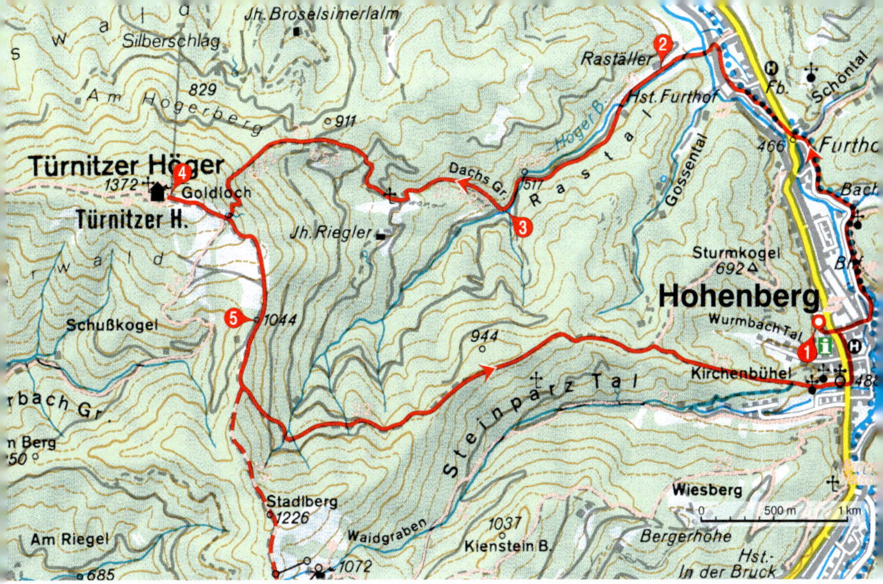

KURZINFO

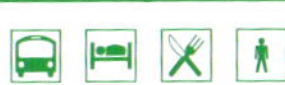

Talort: Hohenberg, 488 m; von der A 1 Abfahrt St. Pölten Süd über Wilhelmsburg nach Lilienfeld, weiter über Freiland nach Hohenberg; Marktgemeinde Hohenberg (Tel. +43 2767 82020, www.hohenberg.gv.at).

Ausgangspunkt: Parkplatz bei der St. Hubertus Apotheke, Alte Hauptstraße 7. Weitere Parkplätze bei der Kirche.

Gehzeit: 5.50 Std.

Höhenunterschied: 910 m.

Anforderungen: Anspruchsvollere Wanderung, die Kraft und Kondition, aber auch Trittsicherheit verlangt. Besonders der Abstieg über den Stadelbergkamm auf seinem schmalen, teilweise talwärts hängenden Steig bedarf erhöhter Aufmerksamkeit. Im Sommer trotz Wald oft sehr heiß.

Kinder: Auf Grund der Anforderungen erst ab 10 Jahren geeignet. Alpine Erfahrung und Trittsicherheit sowie Kondition notwendig. Wegen der Länge und lediglich einer Einkehrmöglichkeit genug zu Trinken mitnehmen!

Mountainbike: Keine ausgewiesenen Strecken. Jedoch führt der 111 km lange Traisentalradweg durch Hohenberg. Von der Donau bis Hohenberg steigt die Strecke kaum an. Anspruchsvoll, weil steil, ist nur der vier Kilometer lange Abschnitt von Kernhof auf das Gscheid, 970 m. Danach folgen zwei weitere, etwa zwei Kilometer lange mittlere Steigungen, einmal nach dem Gscheid und einmal kurz vor Mariazell. Genauere Informationen im Internet: www.traisentalradweg.at.

Winter: Im beschriebenen Anstieg als Schneeschuhwanderung machbar, jedoch anstrengend. Es sollte wegen dem kürzeren Tageslicht beim Bahnhof Furthof begonnen werden. Abstieg wie Anstieg (insgesamt ca. 5 bis 6 Std., schwarz).

Tipp: Vom Gipfel des Türnitzer Höger führt ein Höhenweg in südlicher Richtung auf den Stadlberg, 1226 m, und weiter auf die Paulmauer. Im weiteren Verlauf kommt man über die Zdarskyhütte, 1082 m (3 Std. ab Türnitzer Hütte, rot), nach St. Aegyd. Eventuell als Zweitagestour planen.

EINKEHR

Türnitzer Hütte, 1372 m: Hütte des Österreichischen Alpenvereins. Geöffnet 1. Mai bis 1. November an Wochenenden und Feiertagen. In den Wintermonaten geschlossen (Winterraum geöffnet). Nächtigung möglich. Tel. +43 664 5717697, www.alpenverein.at/tuernitzerhuette.

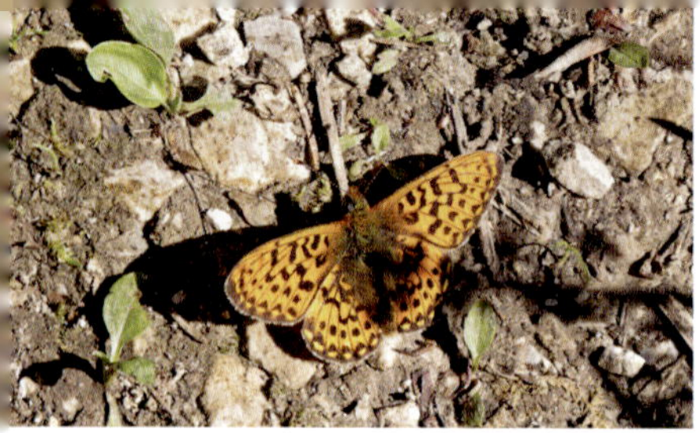

Der Kaisermantel lebt vor allem in Waldgebieten.

Vom Ausgangspunkt in **Hohenberg (1)** geht man die Alte Hauptstraße vor bis zur Kreuzung, überquert die Hauptstraße und folgt den Wegweisern Richtung Fitnessparcours, Voralpenbad und Hammerweg entlang der Kreuzgasse. Nach den Bahngleisen vor bis zur Brücke über die Unrechttraisen, dort links dem Fluss und (Wegweiser, weiß-rot-weiße Markierung) dem Hammerweg entlang bis zu einer kleinen Kapelle am rechten Straßenrand. Dort links über die Brücke und weiter an der Unrechttraisen zur Schlossergasse mit dem Haus samt Skulpturen vom Holzbildhauer Felix Gravogel, auf dem ein riesiger Wecker abgebildet ist mit dem Spruch: »Wenn die Zeit endet, beginnt die Ewigkeit.« Beim Straßenende an einem Supermarkt links. Nach Überquerung der Hauptstraße rechts am Gehsteig (weiß-rot-weiße Markierung) vor zu einem links abzweigenden Fuß- und Radweg (Giesserweg), der hier die Nr. 622 (Waldmarkweg) bzw. 655 (Traisentaler Rundwanderweg) hat.
Weiter zum Furthofer Bahnhof, dort über die Gleise und sofort wieder rechts an diesen entlang bis zu einer Holzbrücke mit Wegweiser zur Türnitzer Hütte. Links abbiegen, vorbei am **Gehöft Raställer (2)**, nun längere Zeit taleinwärts in den Wald bis zu einem Holztor. Bei der kommenden Kreuzung rechts eben weiter, nach ca. 100 Metern bei der zweiten Kreuzung mit Wegweiser rechts in den **Dachsgraben (3)** hinauf. Der Weg wird nun zu einem Steig und führt wildromantisch durch die kleine Schlucht bergwärts bis zu einer Forststraße, wo linker Hand ca. 230 Meter entfernt ein Jagdhaus sichtbar wird. Schräg rechts über der Forststraße führt der Steig weiter bergauf. Noch zweimal eine Forststraße kreuzend gelangt man auf eine große Lichtung im Steilhang, wo sich der Steig in Serpentinen durch Unmengen an Bärlauch schlängelt. Bei einer Felsmauer weist ein rot-weiß-roter Pfeil nach rechts, wo man kurz darauf aus dem Wald tritt und einen Tümpel erreicht. Schräg rechts hinauf zu einem Wegweiser, wo ein Steig die Wanderer aussichtsreich zur **Türnitzer Hütte (4)** am Türnitzer Höger bringt.
Der Abstieg führt vorerst wieder hinunter zu dem Wegweiser beim Tümpel. Hier auf Weg Nr. 32 in Richtung Hohenberg über einen Steig zu einem Fahrweg, diesem links über eine Viehsperre zu einer Wiese in einen **Sattel (5)** folgen (schöner Ötscherblick). Links über die Wiese (markierte Leitpflöcke) zu einer Baumzeile, dieser und rot-weiß-roter Markierung leicht bergauf folgen bis zu einem Wegweiser in einem Baumbestand. Hier links auf Weg Nr. 32 über einen Überstieg eine Forststraße überqueren, dann weiter auf einem Steig. Diesem folgen bis zu einer Forststraße. Auf dieser nun rechts, vorbei an einem Hochstand, ca. einen Kilometer bis zu einem rechts abzweigenden Steig. Nun auf dem Stadelbergkamm hinunter bis zur Kirche von **Hohenberg (1)**. Links die Straße entlang, vorbei am Gasthof Post, bis zum Ausgangspunkt bei der Apotheke.

Otto-Kandler-Haus, 1195 m

Aufi »Am Himmel«

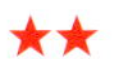

Verschwiegenes Highlight Hohenstein

Der Hohenstein ist ein markanter, bewaldeter Berg zwischen dem Pielach- und dem Traisental nahe Lilienfeld. Eher unscheinbar vom Traisental aus, zeigt er vom Pielachtal mit seiner markant abbrechenden Felswand auch eine steile und alpine Prägung. Direkt am Gipfel befindet sich das Otto-Kandler-Haus der Sektion St. Pölten. Kaum in Führerliteratur zu finden, ist diese Tour etwas Besonderes – ein ruhiger Insidertipp. Deswegen ist die Hütte auch nur an Wochenenden bewirtschaftet. Das Haus wurde 1905 von der Alpinen Gesellschaft D' Ennsecker errichtet und nach ihrem Obmann Otto Kandler benannt. Die Gesellschaft hat sich inzwischen aufgelöst, seit 1955 ist die Hütte im Besitz der Alpenvereinssektion St. Pölten. Ein Besuch lohnt sich, auch wegen des Wanderparadieses ringsum.

KURZINFO

  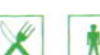 

Talort: Lilienfeld, 383 m; von der A 1 Abfahrt St. Pölten Süd über Wilhelmsburg nach Lilienfeld; Stadtgemeinde Lilienfeld (Tel. +43 2762 522120, www.lilienfeld.at). Schrambach, 385 m; ein kleiner Nachbarort 1,5 km südwestlich von Lilienfeld mit ca. 570 Einwohnern.

Ausgangspunkt: Bahnhof in Schrambach.

Gehzeit: 6.30 Std.

Höhenunterschied: 810 m.

Anforderungen: Wanderung auf Steigen, Wanderwegen und Forststraßen. Etwas Trittsicherheit und Orientierungssinn notwendig.

Kinder: Rund um das Almhaus »Am Himmel« weiden Kühe und Jungvieh.

Winter: Als Winter- oder Schneeschuhwanderung möglich (7–8 Std., rot).

Tipp: Zweitägige Streckenwanderung von Schrambach auf den Hohenstein, weiter über Anestberg und Gscheid zur Julius-Seitner-Hütte, Abstieg nach Türnitz (1500 Hm im An- und 1420 Hm im Abstieg, ca. 11 Std. und 25 km, rot).

Eine erste Einkehrmöglichkeit bietet die Alm »Am Himmel«.

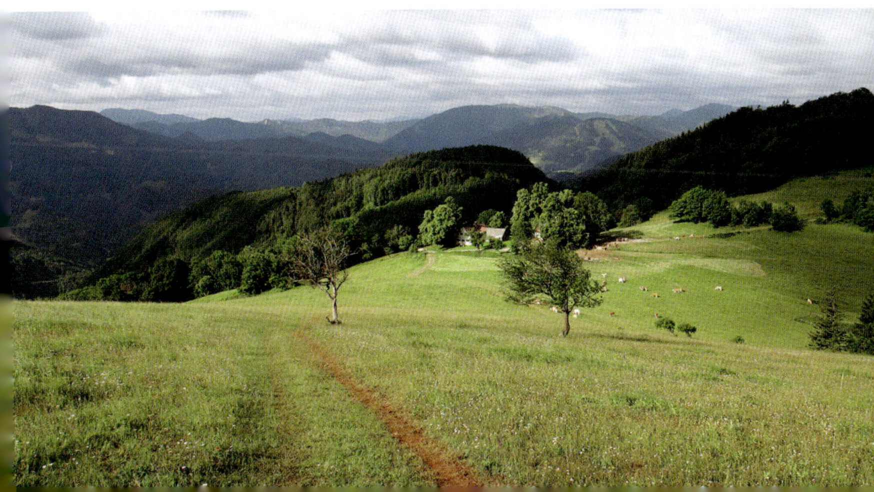

Vom Bahnhof in **Schrambach (1)** überquert man die Bundesstraße und geht über die Bergknappengasse und Alte-Post-Straße zur Traisen. Links halten und den Steg über die Traisen nehmen. Wieder links entlang der Traisenlände bis zur Schrambachbrücke. Hier ist auch der erste Wegweiser, der auf Weg Nummer 604A/622/655 in die Zögersbachstraße weist. Dieser entlang dem Zögersbach folgen, vorbei an der Ortstafel, bis linker Hand eine Brücke mit Wegweisern und einer Infotafel erreicht wird. Nun links über die Brücke, gleich danach beim Straßenknick links bergauf auf einem Waldsteig, dem Ratzenecksteig (Wegweiser, rot-weiß-rote Markierung), bis zu einem Rastplatz mit einer Wiesenlichtung. Weiter bergan den Markierungen folgen über den Bistumriegel durch den Wald bis zu einer Wiese auf einer Kuppe. Mittig befindet sich ein Hochstand bei einem Baum, der nun anvisiert wird. Links auf einem Hügel steht ein Kreuz, 896 m, von dem man eine schöne Aussicht ins westliche Mostviertel hat. Vom Hochstand führt ein Fahrweg über die Wiese zum bereits sichtbaren **Almhaus »Am Himmel« (2)** hinab (Wegweiser).

Nach dem Weidetor rechts am Fahrweg entlang, zwischen den Wirtschaftsgebäuden durch ein weiteres Weidetor, bis bald darauf links ein alter Baum mit gelbem Wegweiser (Weg Nr. 655) erreicht wird. Schräg über die Wiese zu einem Weidedurchgang am Waldrand wandert man nun den Markierungen westwärts folgend am Grat entlang über die Rote Mauer und den Hochkogel mit immer wiederkehrendem Ausblick auf den Hohenstein, bis zu einer Forststraße am **Engleitensattel (3)**.

Der Wegweiser zum Ziel zeigt nach links und informiert darüber, dass

Abstieg durch den Engleitengraben – eng, wie der Name schon sagt.

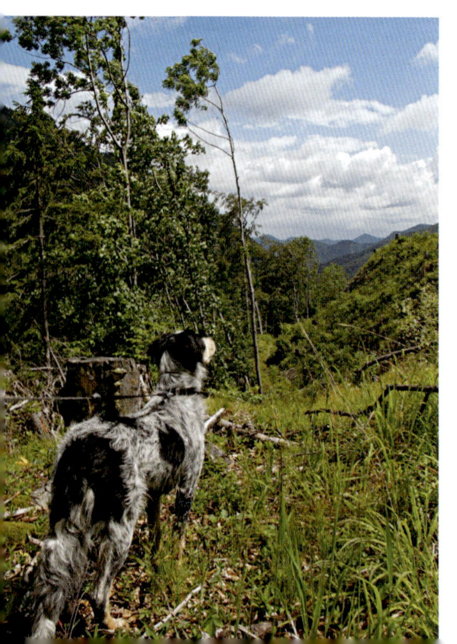

EINKEHR

Almhaus »Am Himmel«, 820 m: Privates Almgasthaus seit 1536. Geöffnet von Mai bis 26. Oktober an Sonn- und Feiertagen sowie nach Vereinbarung. Keine Nächtigung. Tel. +43 0699 10921349, www.himmelalm.at.

Otto-Kandler-Haus, 1195 m: Hütte des Österreichischen Alpenvereins. Durch die Gipfellage genießt man von den gemütlichen Terrassen eine grandiose Aussicht, die von der Donau an klaren Tagen bis zu den Hochalpen reicht. Öffnungszeiten (nur Sommersaison) von Ende April bis Ende Oktober jeweils Samstag ganztags, Sonn- und Feiertag bis 15 Uhr. Außerhalb der Öffnungszeiten steht ein Winterraum zur Verfügung. Die Bewirtschaftung mit einfachen Speisen und Getränken erfolgt abwechselnd durch ehrenamtlich tätige HüttenwirtInnen. Nächtigung möglich. Tel. +43 664 5286733.

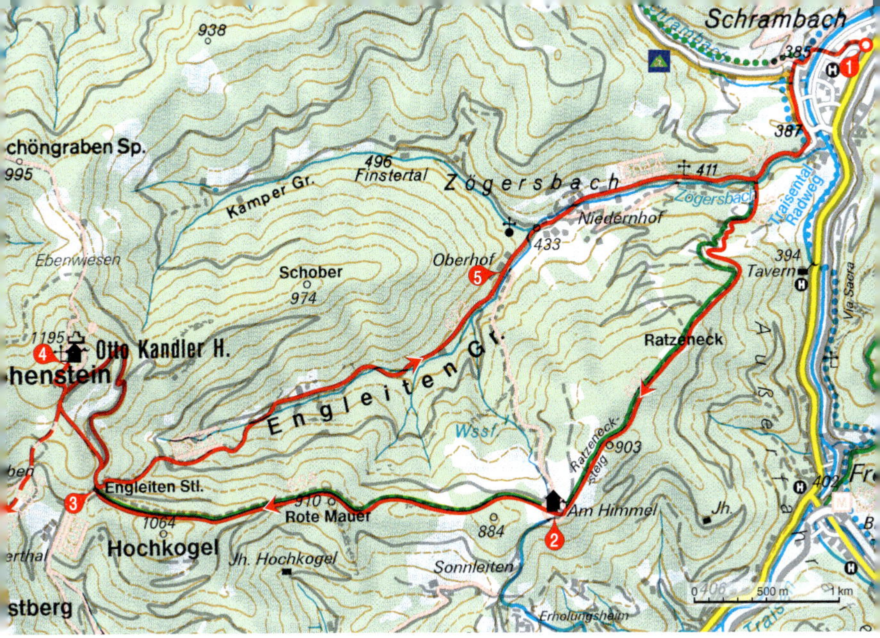

man in 50 Minuten dort sein wird. Nach Erreichen eines Rastplatzes mit Infotafel und Wegweisern rechts den bekannten Markierungen auf einem Steig bergan folgen, dann einen Steg überqueren. Beim nächsten Wegweiser rechts auf Weg Nr. 606 wechselnd, erreicht man schlussendlich nach einem letzten steileren Anstieg und Überqueren einer Forststraße das **Otto-Kandler-Haus (4)** am Hohenstein mit seinem Gipfelkreuz.

Beim Abstieg vorerst zurück zum Rastplatz am **Engleitensattel (3)** mit Infotafel und Wegweisern, wobei man das steile Steigstück auch über die Forststraße umgehen kann (bei der einzigen Kreuzung rechts halten; ca. 7 bis 8 Minuten länger). Gegenüber dem Rastplatz auf Weg Nr. 604A/622 (Wegweiser, rot-weiß-rote Markierungen) Richtung Oberhof/Schrambach auf einem Steig hinunter zu einer Forststraße, diese überqueren und weiter am Steig bis zur zweiten Forststraße. Dieser rechts hinunter folgen, bei der nächsten Kreuzung wieder rechts halten, vorbei an einer Wildfütterungsstelle (Hütte) talauswärts über die Siedlung **Oberhof (5)** – altes Holzwegkreuz am linken Straßenrand zwischen zwei Bäumen – am Engleitenweg nach Schrambach. Von der Schrambachbrücke nun auf bekanntem Weg zurück zum Bahnhof in **Schrambach (1)**.

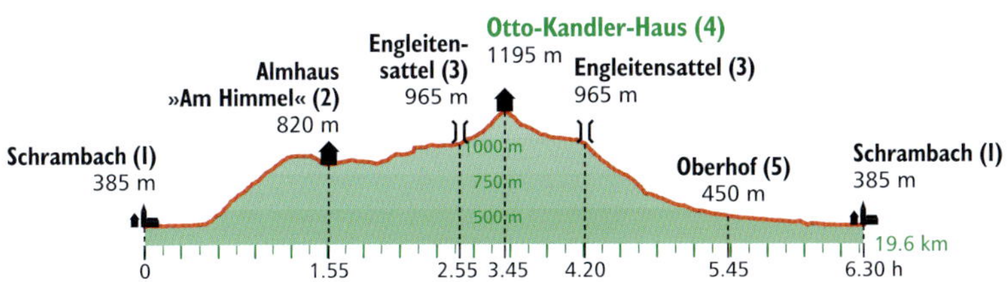

11 Josef-Franz-Hütte, 841 m

»Grias Eich aufm Goasbichl«

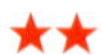

Auf dem Jubiläumsweg zu Hütte und Burgruine

Auf den Geisbühel bei Rabenstein an der Pielach führt unter anderem der Jubiläumsweg, der besonders zu empfehlen ist. Er verläuft zumeist auf den Osthängen des Röhrenbachtales und bietet oft eine fantastische Aussicht. Je höher man kommt, desto mehr weitet sich der Blick, mit jedem Schritt ist mehr zu sehen. Beginnend mit der Ruine Rabenstein vom Ort Rabenstein aus, über Alpenvorland und Dunkelsteinerwald, dann Jauerling und Ostrong bis zu den Hügeln des Weinviertels und den Kuppen des Wienerwalds. Schneeberg, Reisalpe, die Türnitzer Alpen und der Ötscher bilden das schöne Finale einer Aussichtswanderung. Der Abstieg erfolgt über die Ruine Rabenstein selbst. Die Festung steht angeblich auf einem mystischen Ort, an dem sich in der Keltenzeit die Druiden getroffen haben. Durch die Burg erfolgte die Besiedelung des Pielachtales und sie überstand auch die Belagerung durch die Türken im Jahre 1683. Vorerst langsam, dann aber immer rascher, z. B. durch die Entfernung des Daches, um der berüchtigten Dachsteuer zu entgehen (auf der Grundlage der Dachfläche wurde die Höhe der Steuer berechnet), verfiel die einst stattliche Burg zur Ruine.

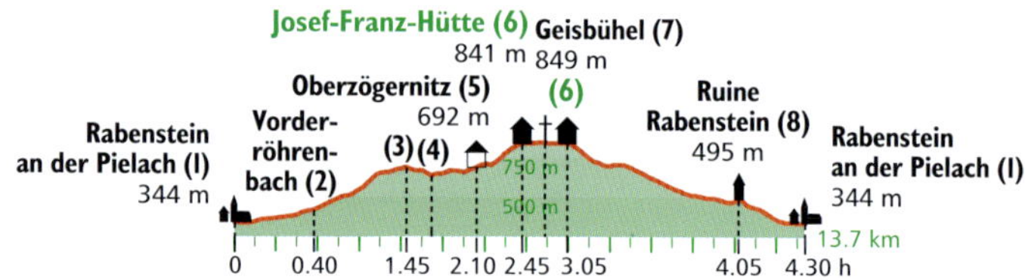

KURZINFO

 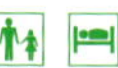  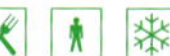

Talort: Rabenstein an der Pielach, 344 m; von Wien oder Linz auf der A 1 nach St. Pölten Süd, weiter auf der Bundesstraße über Obergrafendorf und Hofstetten nach Rabenstein; Gemeindeamt Rabenstein an der Pielach (Tel. +43 2723 2250, www.rabenstein.gv.at).

Ausgangspunkt: Parkplätze im Zentrum von Rabenstein an der Pielach.

Gehzeit: 4.30 Std.

Höhenunterschied: 560 m.

Anforderungen: Wanderung ohne nennenswerte Schwierigkeiten.

Kinder: Ruine Rabenstein.

Mountainbike: Geisbühelstrecke (16,7 km, 490 Hm, 1 bis 2 Std., rot). Die Geisbühelstrecke führt rechtsseitig am Pielachtal-Radweg durch das Rabensteiner Ortszentrum bis Warth. Danach auf der L 107 bis Tradigist. Im Zentrum von Tradigist links abbiegen in Richtung Eschenau. Bei der Tradigister Stockschützenanlage (Holzhaus) weiter am Güterweg »Unter-Zögernitz«, vorbei am gleichnamigen Bauernhof, wo ein steiler Anstieg bis zur Abzweigung »Geisbühel-Rabenstein« bei einem Marterl beginnt. Von hier Variante 1: links, ein herausfordernder Anstieg zur Josef-Franz-Hütte, Variante 2: rechts über den Güterweg »Röhrenbach« zurück zum Bahnhof Rabenstein.

Winter: Als Winterwanderung oder Schneeschuhtour wie unten beschrieben möglich.

EINKEHR

Josef-Franz-Hütte, 841 m: Naturfreunde-Hütte (rabenstein.naturfreunde.at/ueber-uns/josef-franz-huette oder josef-franz-huette.naturfreunde.at). Ganzjährig geöffnet Samstag ab 12 Uhr bis Sonntag 19 Uhr, an Feiertagen ganztägig ab 8 Uhr, am 24. und 25. Dezember geschlossen. Nächtigung möglich. Außerdem mehrere Gasthäuser in Rabenstein.

Vom Ortszentrum beim Gasthof »Altes Brauhaus« in **Rabenstein an der Pielach (1)** vor zur Kirche, dort rechts in die Ramsteinstraße einbiegen und dieser folgen bis zu einer Kreuzung. Rechts abbiegen auf den hier beginnenden »Jubiläumsweg« (gelb-blaue Markierung) in die Röhrenbachstraße. Am gleichnamigen Bach entlang geht es bis zum Vereinshaus der Rabensteiner Stockschützen. Hier links aufwärts weiter dem Jubiläumsweg und seiner gelbblauen Markierung nach **Vorderröhrenbach (2)** folgen, vorbei an den Höfen Gruber und Unterholz. Nun weiter hinauf auf einem Karrenweg bis zu einem Holzwegweiser mit Farbmarkierung (gelb-blau und weiß-rot-weiß), der den Weg quer über den rechten Wiesenrand, entlang an Bäumen (gelb-blaue Markierung) und Büschen, hinauf zu einem bewaldeten Bergrücken weist. Hier oben links hinauf auf die **Höhe 693 m (3)**, kurzfristig nur weiß-rot-weiße Markierung, wo man bald auf eine Wiese hinaustritt. Dem rechten Waldrand folgen bis zu einem Wegweiser an einem Baum. Wenn die Wiese gemäht ist, kann man diese hinunter zu einem Karrenweg queren, wie auch der Wegweiser anzeigt. Bei hoch stehendem Gras sollte man aber dem Waldrand folgen.

Blick zurück nach Vorderröhrenbach.

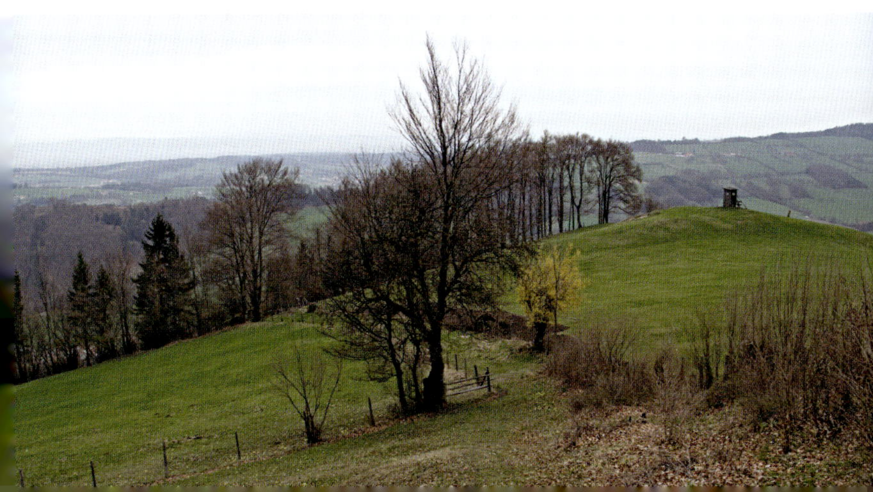

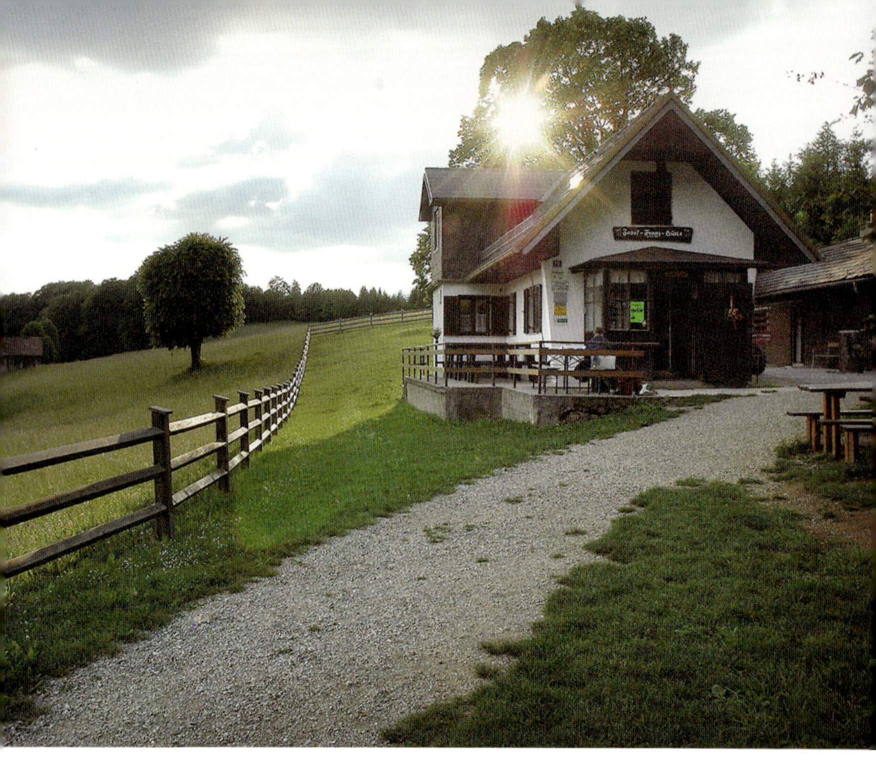

Abendstimmung auf der Josef-Franz-Hütte.

Der Karrenweg führt durch ein kleines Waldstück und endet am **Güterweg Bontal (4)** neben einem Strommasten. Den Güterweg schräg links überqueren und einen etwas steileren Waldsteig aufwärts, der sich aber bald ebnet und schlussendlich abwärts zu einem weiteren Güterweg senkt. Dort links abbiegen und hinauf zu einem Gehöft in **Oberzögernitz (5)**, wo sich rechts der Straßenteilung auch der Parkplatz für weniger ambitionierte Wanderer zur Josef-Franz-Hütte befindet.

Hier geht es nun rechts abwärts in einen kleinen Sattel, bevor beim Johann-Steigenberger-Gedenkkreuz links steil bergauf auf einem Fahrweg der Schlussanstieg beginnt. Nach 15 Minuten Anstrengung hat man das Tagesziel, die **Josef-Franz-Hütte (6)**, erreicht und wird begrüßt von einem Torbogen mit dem Spruch: »Grias Eich aufm Goasbichl«. Von hier sind es 10 Minuten auf ebenem Fußweg zum Gipfelkreuz am **Geisbühel (7)**.

Der Abstieg führt zurück zum Johann-Steigenberger-Gedenkkreuz. Hier nun links auf einem aussichtsreichen Berghang dem Weg zuerst eben in den Wald hinein, dann bergab, folgen. Bei einer Kreuzung rechts auf eine Forststraße abbiegen und dieser mit gelb-blauer Markierung zur **Ruine Rabenstein (8)** folgen. Von der Ruine zurück zum Hauptweg und nun nur noch den Wegweisern und Farbmarkierungen in kurzer Zeit hinunter nach **Rabenstein an der Pielach (1)** folgen.

Julius-Seitner-Hütte, 1185 m

Durch den Mühlhofgraben

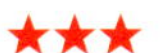

Die Eisensteinhütte

Um 1880 erschien der erste Wanderführer für die Voralpen. Schon in diesem wird der 1185 m hohe Eisenstein als »einer der reizendsten Aussichtsgipfel Niederösterreichs« erwähnt – zu Recht. Die am Gipfel liegende Hütte wurde 1910 wegen des Berges zunächst Eisensteinhütte genannt. Zwei Jahre nach der Eröffnung, es war damals die dritte Bergunterkunft des Österreichischen Gebirgsvereins, benannte man zu Ehren des langjährigen Leitungsmitgliedes Julius Seitner, Hüttenwart der Schutzhäuser um Türnitz und eifrigster Wegezeichner, die Hütte nach ihm. Seitner ist auch der Erschließer des Traisentales. Über 20 Jahre war er aktiver Funktionär beim ÖAV, sehr beliebt und allseits geachtet. Der Eisenstein selbst sollte eigentlich Panoramastein heißen. Zu sehen sind vom Eisenstein unter anderem Schneeberg, Rax, Gippel, Göller, Veitsch und Hochschwab, Bürgeralpe und Gemeindealpe, der Ötscher und, wenn die Sicht passt, auch der Dachstein.

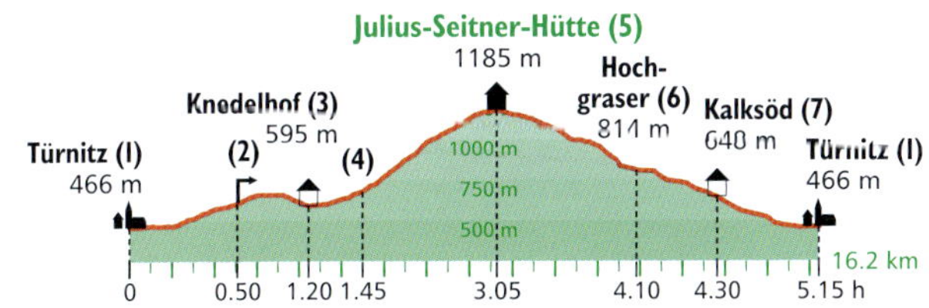

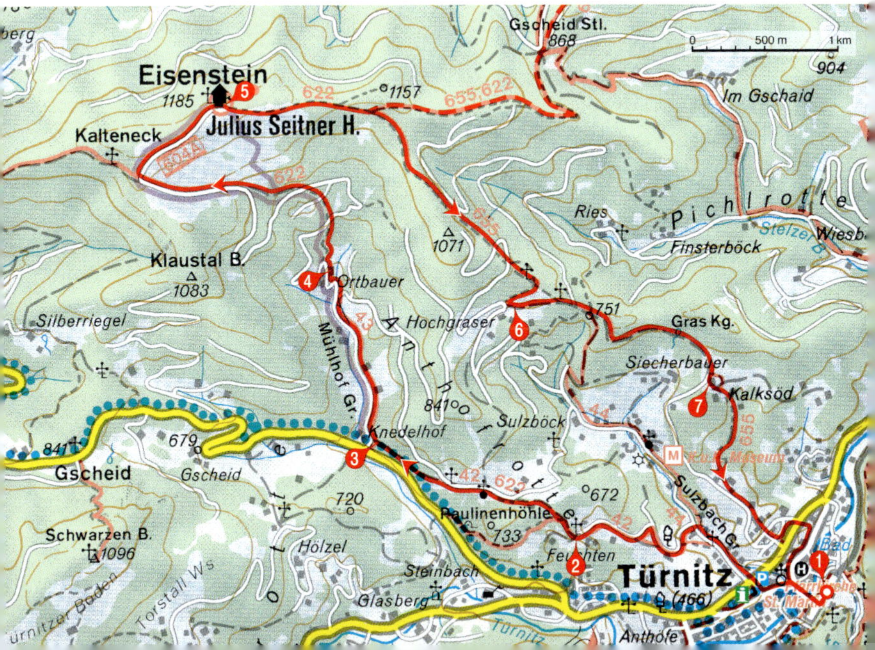

KURZINFO

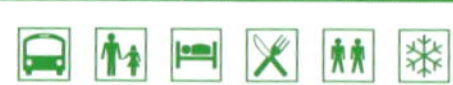

Talort: Türnitz, 466 m; von der A 1 Abfahrt St. Pölten Süd über Lilienfeld nach Türnitz; Marktgemeinde Türnitz (Tel. +43 2769 8204, www.tuernitz.gv.at).
Ausgangspunkt: Parkplatz am ehemaligen Bahnhof Türnitz.
Gehzeit: 5.15 Std.
Höhenunterschied: 735 m.
Anforderungen: Einfache Wanderung auf Güter- und Wanderwegen, Almstraßen und Steigen. Ein ca. 500 Meter langer, sehr steiler Anstieg zwischen Ortbauer und der Hütte. Beim Abstieg Trittsicherheit in etwas steilerem Gelände auf teils abschüssigem Steig erforderlich.
Kinder: Überall weiden Schafe, Ziegen, Kühe und Jungvieh.
Winter: Schneeschuhwanderung von Brunnrotte (liegt zwischen Türnitz und Schwarzenbach an der Pielach) über Tal, Loicheck und Kalteneck auf den Eisenstein. Zurück zum Loicheck und über den südlichen Graben bei Reit zurück nach Brunnrotte (rot, ca. 4.30 Std.).
Tipp: Überschreitung zum Otto-Kandler-Haus (ca. 3.30 Std. von der Julius-Seitner-Hütte, rot).

Vom ehemaligen Bahnhof in **Türnitz (1)** geht man die Bahnhofstraße bis zur Kirche, dort links zum Türnitzer Markt. Beim alten Gasthof Schwarzer Adler rechts in die Gasse (an der Hauswand eine Wandertafel des ÖGV; Eisenstein, Julius-Seitner-Hütte, rot-weiß-rote Markierung, Weg Nr. 655) und, vorbei an einem Wegweiser mit fünf Richtungstafeln und den Öffnungszeiten der Hütte, vor bis zur Mariazeller Straße. Nach deren Überquerung folgt man dem Wegweiser zum Eisenstein über die Paulinenhöhe (Weg Nr. 42) und den Knedelhof (Weg Nr. 622, 43) auf dem Güterweg Sulzbach. An der nächsten Kreuzung links abzweigen und erstmals bergauf zum Gehöft Sulzbach 28. Weiter am Güterweg Richtung Paulinenhöhe zum Gehöft Sulzbach 30 und dem **Wegkreuz Feuchten (2)**. Man folgt rechts dem Güterweg und den Wegweisern Richtung Eisenstein und geht bei der Viehsperre geradeaus am Güterweg zum Haus Sulzbach 31. Zwischen Wohnhaus und Wirtschaftsgebäude durch kommt man eben auf einem Feldweg zu einer kleinen Kapelle, geht durch das Weidetor und erreicht ein Wegkreuz bei einem alten Hof. Nun auf einer Forststraße (Weg Nr. 42) hinunter zum **Knedelhof (3)**. Rechts auf der Schwarzenbachstraße (nun Weg Nr. 622, 43) vorbei an Häusern und Höfen durch den Mühlhofgraben in nördlicher Richtung. Beim **Ortbauer (4)** links bergauf auf einem steinigen Karrenweg (Wegweiser) durch lichten Wald; im-

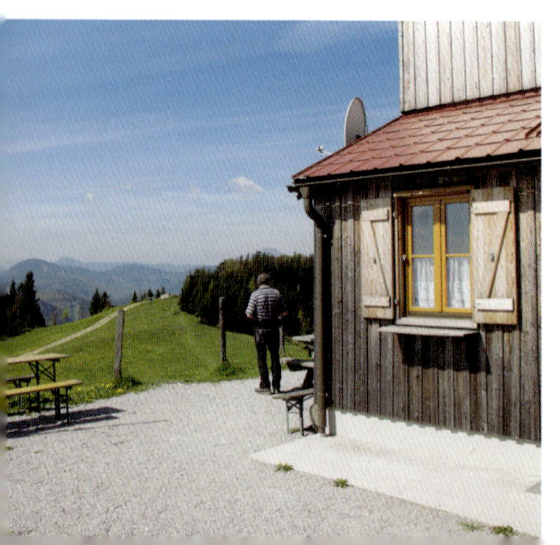

EINKEHR

Julius-Seitner-Hütte, 1185 m: Hütte des Österreichischen Alpenvereins. Geöffnet von Anfang Mai bis Ende Oktober an Samstagen, Sonn- und Feiertagen. Im Winter von Anfang November bis Ende April ebenfalls an Samstagen, Sonn- und Feiertagen geöffnet. Nächtigung möglich. Winterraum offen. Tel. +43 664 88381547, www.alpenverein.at/juliusseitnerhuette.

Ausblick von der Julius-Seitner-Hütte.

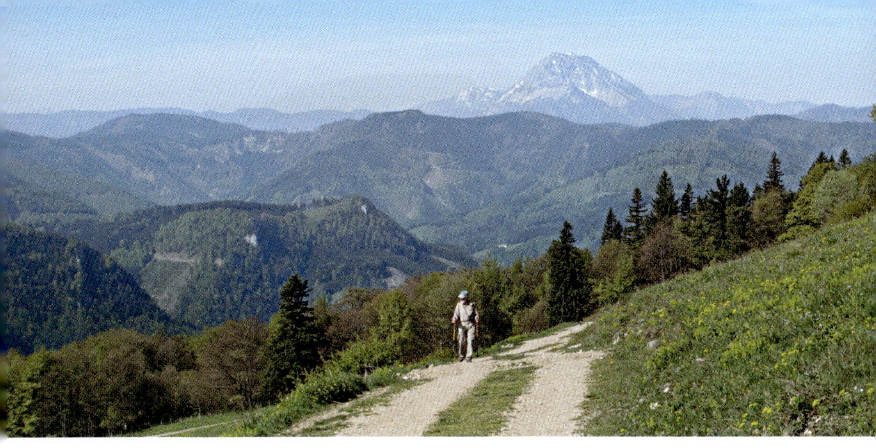

Dieser gemütliche Wanderweg führt mit Ötscherblick zur Julius-Seitner-Hütte.

mer der rot-weiß-roten Markierung und den Wegweisern problemlos folgend, dabei einige Male einen Forstweg querend. Nach dem sehr steilen Schlussanstieg erreicht man die Baumgrenze und wandert die letzte Etappe rechts auf einer breiten Almstraße gemütlich bergauf zur **Julius-Seitner-Hütte (5)**.

Im Abstieg folgt man vorerst dem Wegweiser ostwärts in Richtung Gscheid (Weg Nr. 604A, 622) und der bekannten rot-weiß-roten Markierung über Almwiesen in den Wald. Bei der kommenden Kreuzung rechts abwärts Richtung Türnitz (Wegweiser, Weg Nr. 655). Vorbei am Adi-Bertl-Gedenkkreuz überquert man zweimal eine Forststraße und kann anschließend bei der dritten Abzweigung rechts 300 Meter aus dem Wald nach Südwesten zu den Häusern **Hochgraser (6)** und im spitzen Winkel 500 Meter zurück Richtung Osten zu einem zwei Meter hohen Holzkreuz wandern. Wer lieber die Abkürzung nimmt, folgt bei der dritten Abzweigung einfach dem 250 Meter langen, etwas steileren und unmarkierten Steig am rechten Waldrand über eine Wiese entlang eines Zaunes. Endpunkt ist ebenfalls das zwei Meter hohe Holzkreuz. Von dort in wenigen Minuten zu einer Forststraße mit Wegweiser, wo man geradeaus dem Höhenweg (Nr. 655) nach Türnitz folgt. Auf breitem Weg erreicht man das Gehöft **Kalksöd (7)**, Pichlrotte 20 bzw. Am Keller 47. Hinter dem Stall vorbei und links abbiegen und bei der rechts stehenden Holzhütte unterhalb vorbei auf einen schmalen Steig (auf rot-weiß-rote Markierungen an Obstbäumen achten!). Zuerst durch Wald, dann über Wiesen folgt man dem Steig bis zu den ersten Häusern. Auf dem Güterweg links halten; vorbei an einem Sender biegt man dann links auf asphaltiertem Weg zu einem Gebäude ab, hinter dem sich auf einer Wiese ein Bildstock und mehrere stufenweise aufgestellte Rastbänke mit Blick über Türnitz befinden. Am linken Wiesenrand führt ein Steig entlang eines Zaunes zwischen den Wohnhäusern gerade hinunter. An der Straße angelangt geradeaus weiter und die zweite Querstraße links erreicht man die Mariazeller Straße. Diese überqueren, rechts am Friedhof vorbei zur Volksschule und weiter zur Kirche. Dort links in die bekannte Bahnhofstraße und zurück zum Ausgangspunkt in **Türnitz (1)**.

13 Hochsteinbergalm, 551 m

Rundtour durch die typische Mostviertler Landschaft

Zuerst die Alm, dann die Burg

Niederösterreich ist ein Land der Burgen und Schlösser. Keine andere österreichische Region hat derart viele sehens- und erlebenswerte Wehr- und Prachtbauten aus vergangenen Jahrhunderten aufzuweisen. Die Schallaburg, ca. 16,5 km von Kirnberg entfernt, zählt zu den schönsten Renaissanceschlössern nördlich der Alpen. Die ältesten Wurzeln der Burg gehen bis ins Mittelalter zurück und finden sich heute noch in der romanischen Wohnburg und der gotischen Kapelle wieder. 1572 bekam die Schallaburg das für sie heute noch charakteristische Aussehen: Nach dem Vorbild italienischer Palazzi schuf sich das wohlhabende Geschlecht der Losensteiner einen Herrensitz, dessen beeindruckende Silhouette heute noch weithin zu sehen ist. Der weitläufige, idyllische Turnierhof mit seinen ausladenden Freitreppen zeugt ebenso von Reichtum und Liebe zur Kunst wie die einzigartigen Skulpturen des zweigeschossigen Arkadenhofs. Die facettenreiche Schönheit der Schallaburg inmitten der malerischen Landschaft des Mostviertels macht deren Besuch zu einem Muss nach der Halbtagestour zur Hochsteinbergalm. Jedes Jahr von Ende April bis Anfang Oktober ist auf der Schallaburg auch eine große Ausstellung zu sehen, dazu gibt es ein informatives Rahmenprogramm.

Eine Legende besagt, dass auf der Schallaburg zwei Brüder aus dem Geschlecht der Losensteiner hausten. Sie hassten einander so, dass der eine den anderen im Zweikampf erschlug. Dem Ermordeten errichtete man ein rotes Kreuz. Von Gewissensbissen geplagt versuchte der Mörder bei der Jagd seine Schuld zu vergessen und streifte mit seinen Hunden Tag und Nacht durch den Wald. Eines Tages konnte er nichts erlegen und stieß zufällig auf dem Heimweg auf das rote Kreuz. Vor Wut, dass ihm das Marterl seine Schandtat in Erinnerung gebracht hatte, jagte er dem Gekreuzigten eine Kugel in die Brust. Aus dem Kreuz ertönte ein Schrei und ein Gewitter zog plötzlich herauf. Geschockt eilte der Mörder zurück zur Burg und musste erfahren, dass seine Frau soeben ein Kind mit Hundskopf geboren hatte. Er stürmte aus der Burg, verlor sich im Unwetter und wurde nie mehr gesehen. Nach Jahren hieß es, dass Jäger eine unheimliche Gestalt mit sieben Hunden in den Rauhnächten im Wald gesehen hätten. Über das Hundefräulein wird berichtet, dass sie an einer silbernen Kette in einem Gemach gefangen gehalten wurde, bis sie mit 32 Jahren starb. Erscheint ihr Geist auf der Schallaburg, so stirbt innerhalb von drei Tagen ein Burgbewohner.

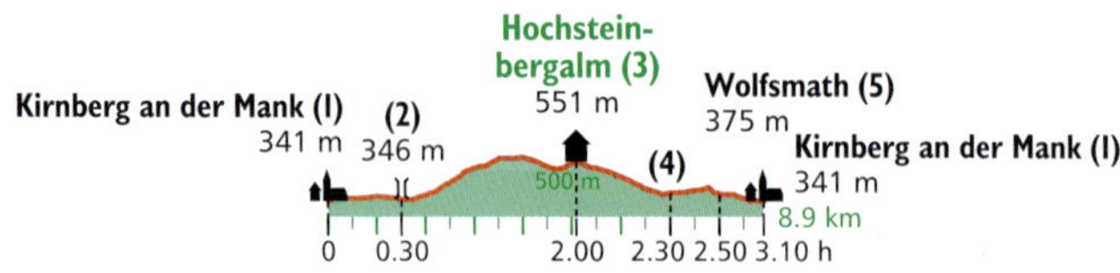

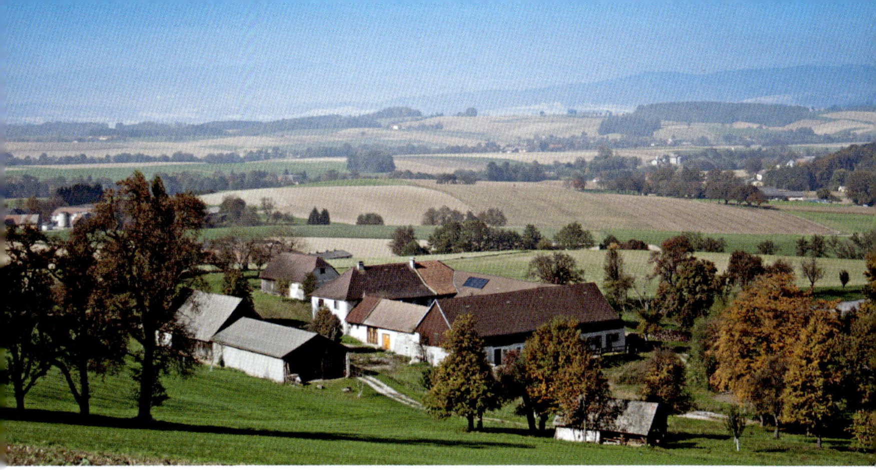

Mostviertler Vierkanthof in Untergraben.

KURZINFO

  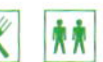 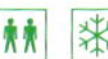

Talort: Kirnberg a. d. Mank, 341 m; von Wien auf der A 1 bis Abfahrt Loosdorf, weiter nach Hürm, Kilb und nach Kirnberg an der Mank; Gemeindeamt Kirnberg (Tel. +43 2755 8217, www.kirnberg.at).
Ausgangspunkt: Parkplatz beim Musikheim (Zufahrt zur Kirche).
Gehzeit: 3.10 Std.
Höhenunterschied: 210 m.
Anforderungen: Einfache Rundtour auf Wanderwegen und Almstraßen.
Kinder: Rund um die Almen weiden Kühe und Jungvieh.
Kinderwagen: Geeignet für geländegängige Kinderwagen auf der gesamten Route; ein kurzes Steilstück beim ersten echten Anstieg.
Gipfelmöglichkeiten: Hochsteinberg, 551 m; auf ihm steht das Almgebäude.
Mountainbike: Raiffeisen-Voralpentour (Ausgangspunkt Texing, ca. 3 km südlich von Kirnberg. Raika Texing – St. Gotthard – Schwabeckkreuz – Weißenburg – Schlagerboden – Burg Plankenstein – Raika Texing; 31,9 km, 950 Hm, ca. 3 Std., rot). Mountainbikerouten dieser Region auf www.niederoesterreich.at/mbike oder www.mostviertel.at/mountainbike.
Winter: Kann als Winterwanderung oder Schneeschuhtour begangen werden. Die Hochsteinbergalm ist aber im Winter geschlossen!
Variante: Verlängerung der Tour über Panholz nach Texing, dann über Großmaierhof, Hinterleiten und Sonnleiten zur Hochsteinbergalm (insgesamt 14 km, 400 Hm, ca. 1.20 Std. länger).

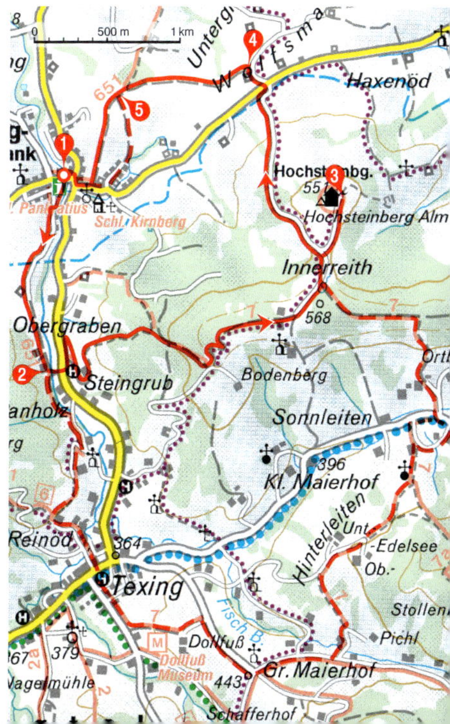

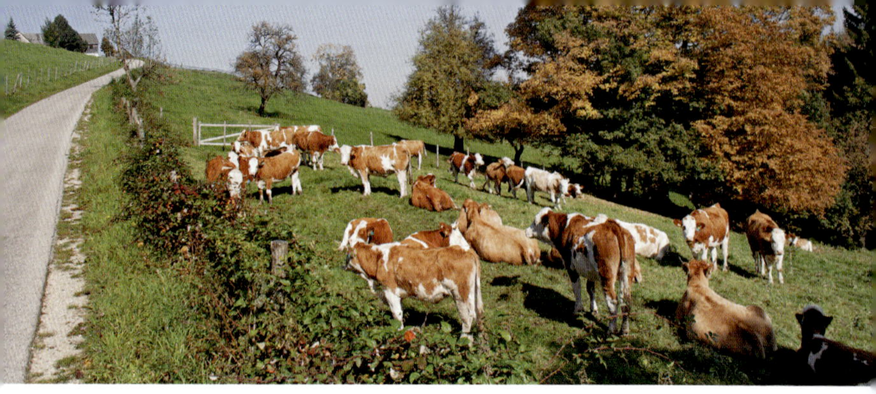

Bis Mitte Oktober ist das Vieh beim Almhaus.

Vom Parkplatz beim Musikheim in **Kirnberg an der Mank (1)** über die Straße und rechts Richtung Ortskern. Dann entweder auf dem Steg oder später über die Brücke den Bach überqueren. In der Folge wiederum links am Güterweg und mit der blau-gelben bzw. rot-weiß-roten Markierung durch Wiesen nach Süden zu einem Gehöft. Links daran vorbei (Wegweiser Römerweg, Weg Nr. 651) und auf Karrenweg weiter, bis linker Hand eine **Brücke (2)** erreicht wird. Diese überqueren, hinauf zur Landstraße, auf ihr ca. 200 Meter nach links und dann auf den rechts abzweigenden Güterweg (Wegweiser Almhaus Hochsteinberg, Fußweg). Diesem Weg geradeaus folgen, rechts an einem Gehöft vorbei und weiter auf einem Wiesenweg hinauf zum Waldrand. Man folgt dem Weg mit gelber Markierung nun in den Wald hinein, stößt nach einiger Zeit auf einen Karrenweg (Wegweiser Hochsteinberg; gelbe und blau-weiße Markierung) und folgt diesem nach rechts, bis man den Wald wieder verlässt. Rechts sieht man das Gehöft Bodenberg; man hält sich jedoch links und wandert gemütlich durch den schönen Laubwald bis zu einem Schuppen am Waldrand. Hier blickt man schon auf den Hochsteinberg. Man wandert nur mehr gemütlich der gelben bzw. blau-weißen Markierung folgend den Güterweg hinunter zur Zufahrtsstraße und folgt dieser ungefähr 400 Meter rechts hinauf zur **Hochsteinbergalm (3)**.

Zurück an der Kreuzung mit dem Güterweg jetzt rechts die Zufahrtsstraße hinab zur Landstraße. Diese überqueren und hinter dem kommenden **Gehöft (4)** links auf den Feldweg abbiegen. Nun immer geradeaus ostwärts am Waldrand entlang über die **Wolfsmath (5)**, die Kreuzungen nicht beachten, dann in großem Linksschwenk südlich wieder nach Kirnberg hinunter. An der Straße schräg links über die Brücke hinauf zur Kirche; rechts durch das Kirchenareal hindurch gelangt man wieder zum Parkplatz beim Musikheim in **Kirnberg an der Mank (1)**.

EINKEHR

Hochsteinbergalm, 551 m: Privates Almhaus am Hochsteinberg. Kleine Speisekarte und diverse Getränke (Natursäfte), Produkte aus der Region. Bewirtschaftet in der Zeit von 1. April bis 31. Oktober, Montag und Dienstag Ruhetag, Mittwoch bis Freitag ab 14 Uhr, Samstag und Sonntag ab 10 Uhr geöffnet. Nächtigung möglich. Tel. +43 2755 8769, www.almhaus-hochsteinberg.at.

Eibeck Almhütte, 794 m

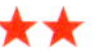

Die Eibeckrunde

★★

Almhütte zwischen den Rotten

Im Großraum des Pielachtales begegnet einem oft die Bezeichnung Rotte, bei dieser Tour die Grasserrotte rechter Hand und die Markenschlagrotte linker Hand des Fischbaches beim Abstieg von der Eibeck Almhütte. Was bedeutet »Rotte« eigentlich? Gemäß Definition im Österreichischen Amtskalender und der Statistik Austria werden einer topografisch-lexikalischen Tradition folgend in Österreich mit Weiler »3 bis 9 Gebäude in engerer Lage« beschrieben und mit Rotte »Gebäude in lockerer Anordnung ohne Rücksicht auf die Anzahl« bezeichnet. Rotte kommt vom mittelalterlichen »rupta«, was »versprengte Schar« bedeutet, und findet sich auch in der Waidmannssprache als Wildschweinrudel oder als eine Gruppe von Nadelbäumen im Schutzwald wieder.

In der Nähe der Tour liegt auch die Nixhöhle, die man besichtigen kann, und um die sich eine Sage rankt. Ein armer Bauer war auf seinem Feld unweit der Nixhöhle am Arbeiten. Auf einmal hörte er eine Stimme aus der Nixhöhle rufen: »Hol' Brot, hol' Brot!« Als er Nachschau hielt, gelangte er in eine große Halle. Dort sah er viele kleine Zwerge und Nixen, die emsig damit beschäftigt waren, Brot zu backen. Ein Zwerg kam auf den Bauern zu, gab ihm einen Laib Brot in die Hand und sagte: »Schneide von dem Brot ab und du wirst sehen, der Laib wird nicht weniger. Aber hab' Acht, erzähle niemandem von dem Geheimnis!« Und wahrhaftig, das Brot wurde nicht weniger. Nach einiger Zeit wurde es im Dorf bekannt, dass der Bauer und seine Frau nie Not litten und immer genug Brot im Hause hatten. Sie fragten des Bauers Frau nach dem Grund. Da sie keine Ausrede parat hatte, erzählte sie die Geschichte. Doch von diesem Moment an wurde der wundersame Brotlaib weniger. Nach kurzer Zeit war er aufgegessen. Der Bauer und seine Frau hatten »nix« mehr davon über. Der Name Nixhöhle geht aber auf die laut der Sage dort lebenden Nixen zurück.

Im Tal der Gsollhof, links der Ötschergipfel.

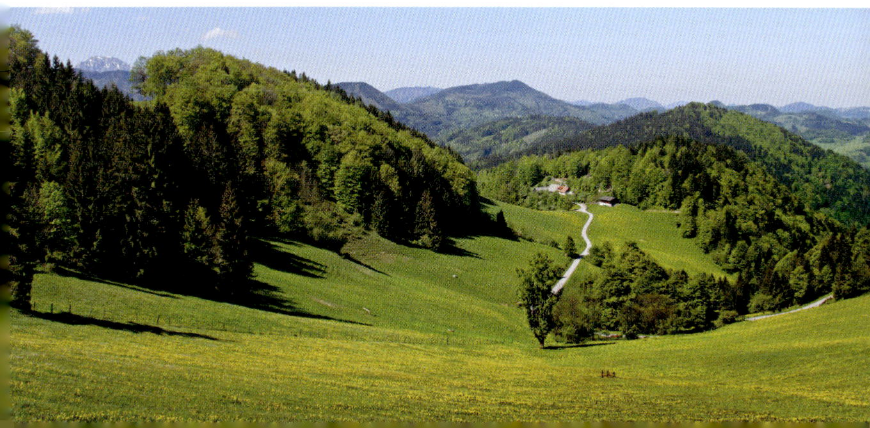

KURZINFO

   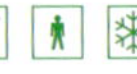

Talort: Frankenfels, 464 m; von der A 1 Abfahrt St. Pölten Süd über Kirchberg an der Pielach nach Frankenfels (www.frankenfels.at, Tel. +43 2725 245).

Ausgangspunkt: Ehemaliger Liftparkplatz gleich links nach der östlichen Ortseinfahrt.

Gehzeit: 4.45 Std.

Höhenunterschied: 615 m.

Anforderungen: Einfache Wanderung auf Wegen und Steigen.

Kinder: Fahrt mit der Mariazellerbahn (www.mariazellerbahn.at); Besichtigung der Nixhöhle: einstündige Führungen von Juni bis September (Uhrzeiten und Eintrittspreise auf www.frankenfels.at/die-nixhoehle). Höhleneingang ca. 20 Minuten vom Parkplatz.

Kinderwagen: Geeignet für geländegängige Kinderwagen am Abstiegsweg zur Eibeck Almhütte (ca. 1.45 Std. im Anstieg).

Mountainbike: Eibeckrunde: Bis auf kurze Passagen entspricht die MTB-Tour der Wanderung. Die Abfahrt erfolgt über das Gehöft Gsoll, trifft aber beim Gehöft Fischbach wieder auf die Wanderroute (Info und GPS-Download unter www.pielachtal.mostviertel.at/a-eibeckrunde).

Gipfelmöglichkeit: Gromann, 1076 m (45 Minuten auf Steig hin und zurück, rot, Trittsicherheit und etwas Orientierungssinn von Vorteil).

Winter: Kombinierte Winterwanderung/Schneeschuhtour (ohne Gromann).

Variante: Überschreitung des Gromann und über das Gehöft Gsoll hinauf zur Eibeck Almhütte (5,3 km, 170 Hm, ca. 1.40 Std. länger).

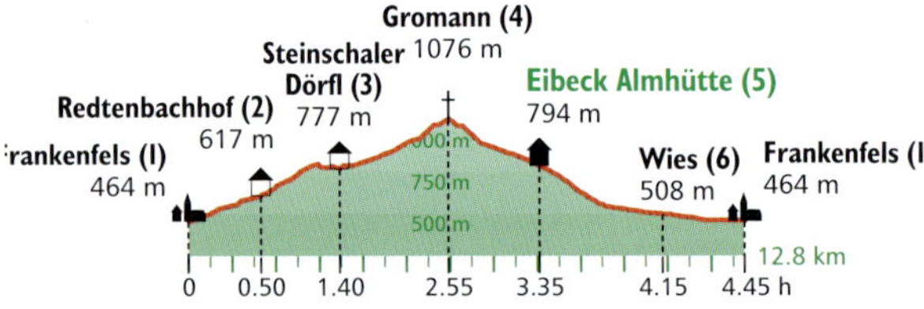

Vom Parkplatz in **Frankenfels (1)** ins Ortszentrum und beim Amtshaus links hinauf zu einer Straßengabelung. Hier links Richtung Steinscharler Dörfl auf Weg Nr. 652 (rot-weiß-rote Markierung), vorbei am Kindergarten den Güterweg immer geradeaus bis zur alten Redtenbachmühle. Weiter am Güterweg zu einer kleinen Kapelle, an der dortigen Kreuzung weiter geradeaus (Weg Nr. 652; Weg Nr. 8/11 zum Gromann) bis zur Abzweigung zum **Redtenbachhof (2)**. Hier geradeaus am Fahrweg in ein Wäldchen (Wegweiser) und hinauf in einen Wiesensattel zu einem Gehöft mit einem überdachten Marterl samt Rastbänken. Davor rechts den Wiesenweg bergauf, bei den ersten Bäumen links über die Wiese (Fahr- und Steigspuren) hinauf zu einer Baumzeile. An deren Ende erreicht man einen Wegweiser (Nr. 652) und kommt nun eben in ein Waldstück. Leicht bergab erreicht man einen Fahrweg, dem man kurz folgt. Ein Wegweiser (Nr. 652) weist plötzlich rechts steil bergauf und führt über einen schmalen Steig zu einer Forststraße, der man rechts folgt und auf der man oberhalb vom Naturhotel **Steinschaler Dörfl (3)** schlussendlich zu einem Haus kommt.

Dort rechts dem Fahrweg in den Wald folgen (Wegweiser, Weg Nr. 652) und ab nun vorläufig den Wegweisern »Nixhöhle über Eibeck« nach. Nach einem Weidedurchstieg erreicht man eine romantische Wiese mit einem Rastbankerl. Hier entweder links am Waldrand dem Steig bis zum Gipfel des **Gromann (4)** folgen (Weg Nr. 8/11; Abstieg wie Anstieg bzw. Variante) oder dem Fahrweg entlang bis zur Kreuzung und dort schräg rechts zurück Richtung Eibeck über Wiesen (mit schöner Aussicht hinunter zum Gehöft Gsoll) bis zur **Eibeck Almhütte (5)**. Dem Wegweiser nach Frankenfels folgend geht es nun auf der Almstraße bergab über den südlichen Hang, dann schwenkt der Weg nach Westen und kommt durch lichten Wald zu den ersten Häusern, wo man nur mehr auf dem Güterweg talauswärts Richtung **Wies (6)** wandert. Dort dem Wegweiser Frankenfels Ort folgen und auf der linken oder rechten Seite des Nattersbaches hinein nach **Frankenfels (1)**.

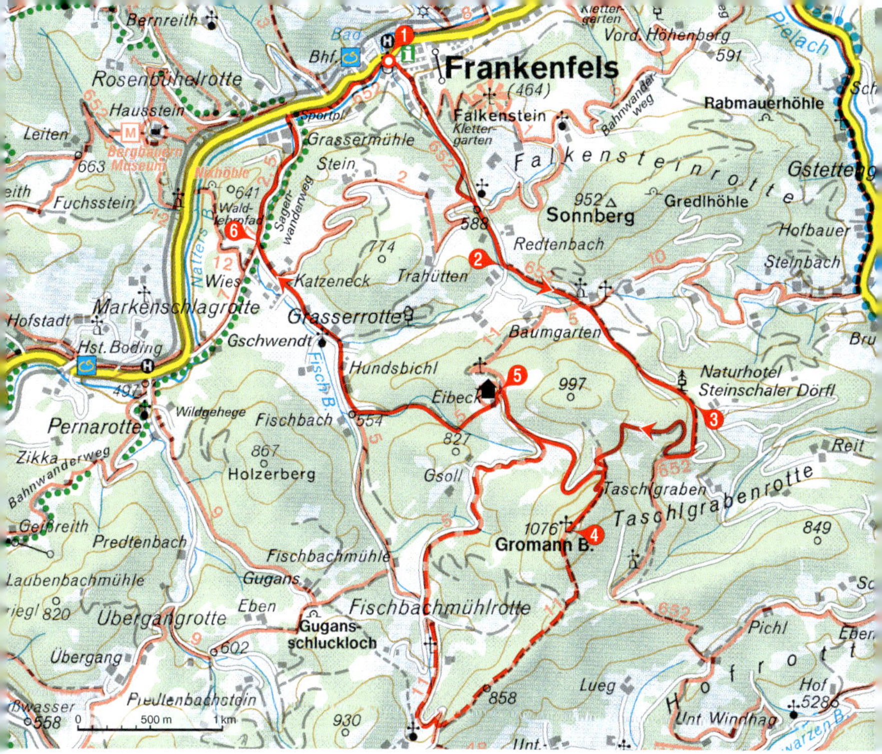

EINKEHR

Eibeck Almhütte, 794 m: Almhütte, die bodenständige Kost serviert. Im Sommer kirchliche und musikalische Feste auf der Alm. Im Juni Sonnwendfeuer. Jedes Jahr findet der nationale Eibeck-Berglauf statt. Geöffnet Mittwoch bis Sonntag von 11 bis 20 Uhr während der Bewirtschaftungszeit. Keine Nächtigung. Tel. +43 664 8725911.

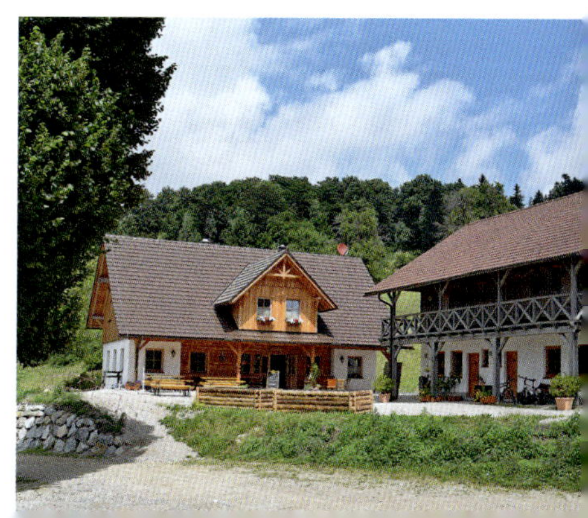

Die neue Eibeck Almhütte.

15 Schutzhaus Eibl-Teichhütte, 1002 m

Durch die Weidenau- und Schildbachrotte ★

Das Eibl – früher Skiberg, heute ruhiger Wanderberg

Veränderungen an Gebirgen brauchen Jahrmillionen, Veränderungen durch den Menschen sind daher nur ein Wimpernschlag der Zeit. Seit der Einstellung des Sessellifts von Türnitz auf das Eibl hat der einst bekannte Skiberg für den Wintersport alle Bedeutung verloren, für den Wanderer ist er dadurch aber wieder interessant geworden. Eine einsam vor sich hin rostende Liftanlage und eine nutzlos gewordene Beschneiungsanlage sind zwar kein erfreulicher Anblick, tun aber dem Reiz dieser Tour keinen Abbruch. Und auf dem kleinen Gipfelplateau gibt es neben einer schönen Aussicht auf Türnitz einen funktionslos gewordenen künstlichen Teich, den man seinerzeit für die Erzeugung des Kunstschnees benötigte. Das ist schon wieder etwas Besonderes, denn wo sonst findet man noch einen künstlichen See am höchsten Punkt, gleich neben einem Gipfelkreuz? Vorher erreicht man auf der Karnerhofspitze eine Region mit reizvollem Blick zu Gippel, Göller, Türnitzer Höger, Eisenstein, Muckenkogel, Paulmauer und Kloster-Hinteralm. Schon die botanisch interessanten alten Bergahorne in der Gipfelregion der Karnerhofspitze sind den Aufstieg wert, besonders im Herbst. Normalerweise wird die Karnerhofspitze nur bei einer Überschreitung vom Tirolerkogel zum Eibl betreten, sie bleibt also relativ einsam. Daher finden sich auch in den Karten kaum Hinweise oder Markierungen, etwas Orientierungssinn ist hier gefragt. Aber keine Angst, die Tour wird nicht zum Survivalunternehmen. Jedoch ist es in diesem Wegabschnitt mit GPS-Navigation viel einfacher, man braucht nur dem Trackverlauf zu folgen.

KURZINFO

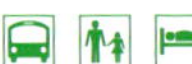
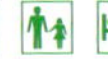
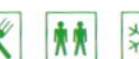

Talort: Türnitz, 466 m; von der A 1 Abfahrt St. Pölten Süd über Lilienfeld nach Türnitz; Marktgemeinde Türnitz (Tel. +43 2769 8204, www.tuernitz.gv.at).

Ausgangspunkt: Parkplatz bei der Sommerrodelbahn Eibl Jet.

Gehzeit: 5.10 Std.

Höhenunterschied: 645 m.

Anforderungen: Einfache Wanderung, die aber speziell zwischen den Karnerhöfen und der Österleinbrunnhütte (Bergrettung) Orientierungssinn verlangt, da keine Markierungen vorhanden sind.

Kinder: Allwetterrodelbahn Eibl Jet, Bummelzug der Marktgemeinde, Naturerlebnisbad Scharbachbad, Spielplatz am Eibl Schutzhaus.

Kinderwagen: Geeignet für geländegängige Kinderwagen auf Güterweg Schildbachrotte und Schotterstraße über die Wichtlalm bis zum Schutzhaus Eibl-Teichhütte (insgesamt ca. 4 km, 500 Hm, ca. 1.45 Std. im Anstieg).

Gipfelmöglichkeiten: Unterwegs die Karnerhofspitze, 1124 m. Abstecher zum Tirolerkogel, 1377 m, und dem Annaberger Haus von der Österleinbrunnhütte möglich (ca. 1.45 Std. im An- und Abstieg zusätzlich, blau).

Winter: Als Schneeschuhtour möglich, jedoch gilt es zu bedenken, dass die Tour sehr lange ist und sich im Winter die Orientierungsschwierigkeiten erhöhen und die Tageslichtdauer sehr verkürzt ist!

Tipp: Überschreitung von Annaberg über Tirolerkogel und Eibl bis nach Türnitz (4.45 bis 5 Std., im Aufstieg 500 Hm, im Abstieg 900 Hm).

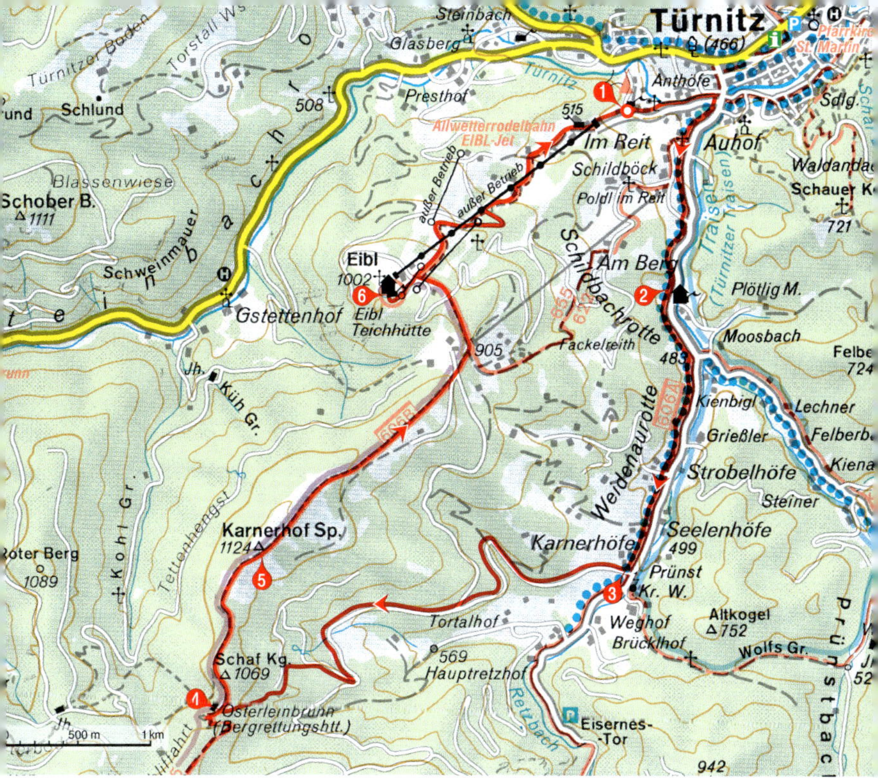

Vom Parkplatz bei der Sommerrodelbahn Eibl Jet bei **Im Reit (1)** vorerst zurück am Anfahrtsweg zur Traisenbachstraße. Hier rechts und auf der wenig befahrenen Straße, die gleichzeitig auch der Weitwanderweg (Mariazellerweg) 06 A ist, gemütlich eben entlang der Traisen taleinwärts. Vorbei am **Gasthof Plöttigmühle (2)**, bei der kommenden Brücke geradeaus weiter (Wegweiser Richtung Falkenschlucht) bis zu den **Karnerhöfen (3)**. Dort steht links ein Wegweiser zu den Höfen

EINKEHR

Gasthof Plöttigmühle, 482 m: Gasthaus an der Traisen zu Beginn der Tour. Tel. +43 2769 8393.

Schutzhaus Eibl-Teichhütte, 1002 m: Geöffnet im Sommer von Anfang Mai bis Ende Oktober, Montag und Dienstag Ruhetag (außer Feiertag). Im Winter von Mitte November bis Ende April Donnerstag bis Sonntag, in den Weihnachts- und Semesterferien sowie bei ausreichend Schnee täglich, ansonsten Samstag, Sonntag und Feiertag geöffnet. Nächtigung möglich. Tel. +43 676 4768246, www.troestl.info.

Durch eine Allee aus alten Baumriesen führt der Abstiegsweg.

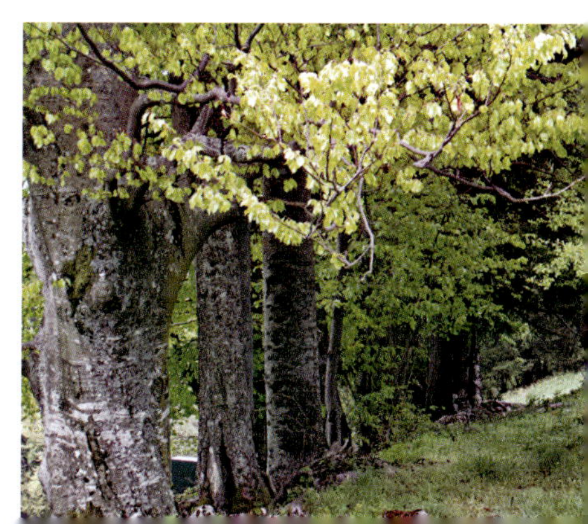

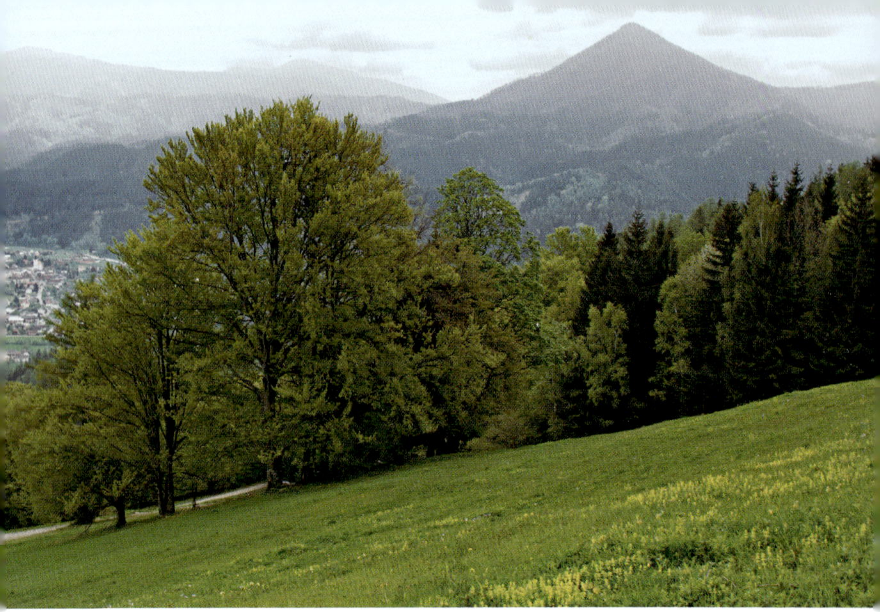

Imposant erhebt sich der Türnitzer Höger über die namensgebende Ortschaft.

»Weidenau 13–16«, rechts ein altes Wirtschaftsgebäude, ca. 50 m voraus eine Trafostation. An diesem Punkt rechts auf den Schotterweg abzweigen, vorbei an einem Wegkreuz mit Bankerl und einem gelben Gehöft zu einem Schranken. Hierdurch kommt man in Kürze an einem rechter Hand liegenden Rotwild- und einem Mufflongehege vorbei. Nun vorerst dem Verlauf der Forststraße nach über eine 180-Grad-Linkskurve (Wirtschaftsgebäude rechts im Scheitelpunkt) und anschließende lange Gerade bis zu einer 90-Grad-Linkskurve (von Kurve zu Kurve ca. 1,6 km).

Nun hat man zwei Möglichkeiten: entweder im Scheitelpunkt der Kurve den Steigspuren nach durch einen Graben aufwärts bis zur querenden Forststraße und dann links, oder der Forststraße weiter folgen bis zur nächsten Kreuzung und dort rechts abbiegen. Nun in beiden Fällen bis zu einem bergwärts (!) abzweigenden, deutlich erkennbaren Steig. Diesem folgen, er führt westwärts hinauf zu einer Forststraße. Dort links halten bis zu einer kleinen Lichtung. Hier den rechts bergwärts in den Wald führenden Weg etwas steiler hinauf, wobei der Weg bei Erreichen einer großen Lichtung deut-

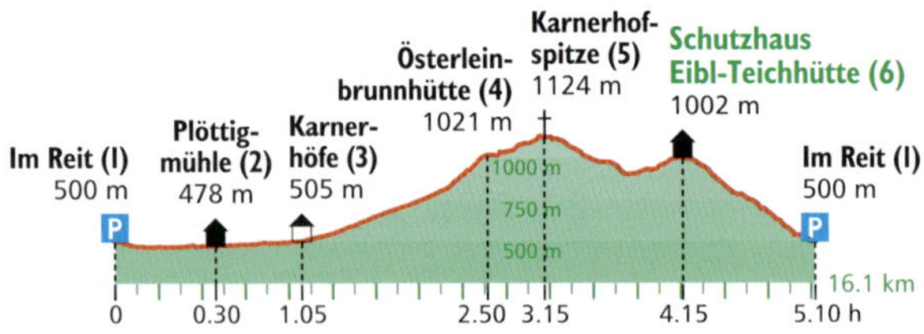

lich verflacht. Kurz darauf gelangt man zur rechts stehenden **Österleinbrunnhütte (4)** der österreichischen Bergrettung.

Von nun an wird es deutlich einfacher die Orientierung betreffend, denn rechts von der Hütte zeigen ein Wegweiser und rot-weiß-rote Markierungen den Weiterweg auf dem Steig Nr. 68 Richtung Türnitz an. Über Almwiesen geht es etwas unterhalb der **Karnerhofspitze (5)** aussichtsreich längere Zeit zuerst leicht bergauf, dann eben, schließlich leicht absteigend, gute 3 km bis zu einer Schotterstraße. Dieser wenige Meter folgen und im Scheitelpunkt der kommenden Rechtskurve wieder auf einen Steig links bis zur verfallenen Bergstation einer alten Materialseilbahn.

Nun verlässt man den Weg Nr. 68 und folgt links dem Steig in den Wald, geht durch ein Weidetor und gelangt kurz danach auf eine Lichtung. Man orientiert sich nun an den beiden Wegweisern links unten an der Forststraße, überquert diese dort und quert die Wiese nach rechts hinauf zur bereits sichtbaren **Hermann-Kanzler-Hütte**, welche sich im Besitz der Polizei-Sportvereinigung St. Pölten befindet und nicht bewirtschaftet ist. Durch das neben der Hütte befindliche Weidetor hindurch auf die Bergweiden des Eibl zur Zufahrtsstraße links hinauf zum **Schutzhaus Eibl-Teichhütte (6)**.

Für den Abstieg geht man zunächst zurück zur Hermann-Kanzler-Hütte und folgt dem links der Hütte abwärtsführenden Steig am Waldrand auf einem unscheinbaren Weg mit blauer Markierung über die ehemalige Skipiste talwärts. Dabei besonders auf die Markierungen achten, die nicht immer gut zu sehen sind. Nach einem Zaunüberstieg links über eine Wiese zum Hubert-Wawra-Gedenkkreuz und hinunter zu einem querenden Karrenweg. Dort links und gleich wieder rechts bis zum asphaltierten Güterweg Schildbachrotte. Auf diesem in wenigen Minuten zurück bis zum Ausgangspunkt bei **Im Reit (1)**.

Blick vom Eibl auf die Wichtlalm.

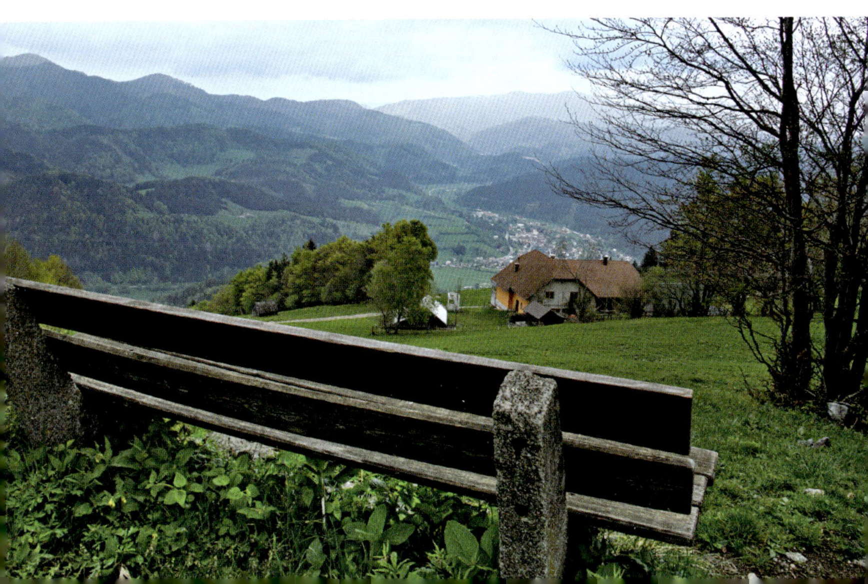

16 Zdarskyhütte, 1082 m

Aufstieg am Wancurasteig

Die Erfindung des Skifahrens

Mathias Zdarsky, der Namensgeber der Hütte, wurde am 25. Februar 1856 in Südmähren geboren. Er war erst Lehrer, dann Maler und Bildhauer. Nach Studienreisen in Nordafrika, Italien und Bosnien zog Zdarsky auf seinen Bergbauernhof Habernreith im Gemeindegebiet Lilienfeld in Niederösterreich. Aufmerksam geworden durch das Buch von Fridtjof Nansen »Auf Schneeschuhen durch Grönland« und neugierig geworden durch die damals aus Norwegen eingeführten Schneeschuhe »erforschte« er, wie er es selbst bezeichnete, die »Alpine Skifahrtechnik« und führte mit dem von ihm gegründeten »Alpen-Ski-Verein« die ersten drei Torläufe der alpinen Skigeschichte in Lilienfeld durch. Am Muckenkogel veranstaltete er den ersten Slalomlauf. Damals wurde der Stemmbogen eingeführt und noch in Einstocktechnik gefahren. Zdarsky wurde bald trotz seines Alters von 40 Jahren der beste Fahrer seiner Zeit. Sein Ziel war aber nicht Spitzensport, sondern Bewegung und Sport für die Bevölkerung. Die heute noch am meisten bekannte und geschätzte Erfindung war aber sein lebensrettendes Zelt, das vor dem Erfrieren schützte. Etwa 2x2 Meter groß, aus Batist, für zwei Personen zum Liegen oder für vier Personen zum Sitzen, bei ca. 1 kg Gewicht. Hieraus wurde der heute gebräuchliche Biwaksack entwickelt. Im Ersten Weltkrieg wurde der einäugige 60-jährige Mann an die Kärntner Front als Helfer und Lawinenbeauftragter gerufen. Bei einer Bergung im Gailtal am 28. Februar 1916 machte eine Nassschneelawine den vollkommen gesunden Zdarsky durch viele Knochenbrüche zum dauerhaften Krüppel. Bis zu seinem Lebensende am 20. Juni 1940 peinigten ihn Nervenschmerzen.

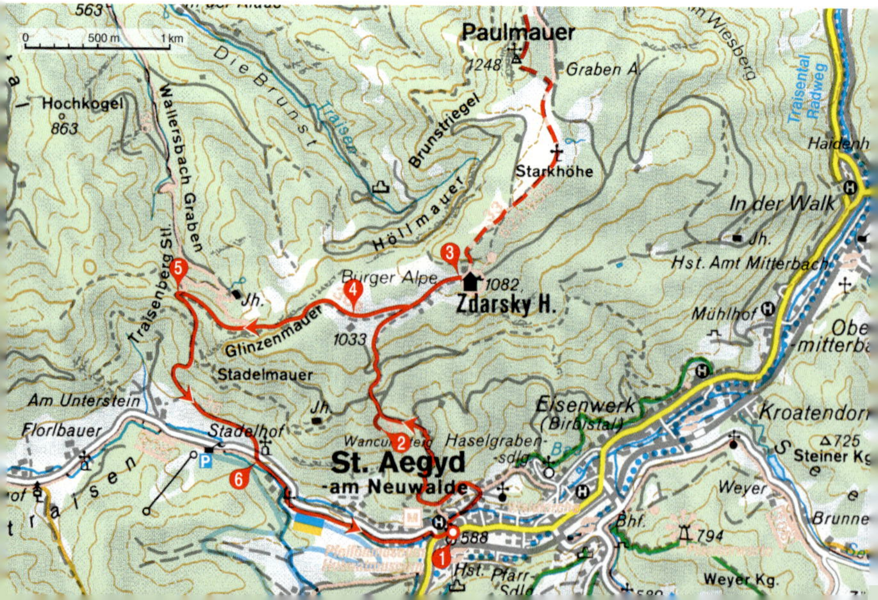

KURZINFO

Talort: St. Aegyd am Neuwalde, 588 m; von der A 1 Abfahrt St. Pölten Süd über Wilhelmsburg nach Lilienfeld, weiter über Freiland nach Hohenberg und St. Aegyd; Marktgemeinde St. Aegyd am Neuwalde (Tel. +43 2768 2290, www.staegyd.at).
Ausgangspunkt: Parkplätze im Ortszentrum beim Postamt.
Gehzeit: 4 Std.
Höhenunterschied: 500 m.
Anforderungen: Einfache Wanderung, die aber Trittsicherheit, besonders im Abstieg, verlangt.
Kinder: Große überschaubare Spielwiese vor der Hütte.
Winter: Im beschriebenen Anstieg als Winter-/Schneeschuhwanderung machbar. Aufstieg weiter bis zur Paulmauer möglich, 1248 m (1 Std. ab Hütte, hin und retour ca. 4.30 Std., blau). Abstieg wie Anstieg, da der Abstieg vom Traisensattel bei Schneelage gefährlich ist!
Tipp: Über Paulmauer und Gschwendthütte zum Gipfel des Türnitzer Höger und seiner Hütte (1080 Hm; 3 Std. ab Zdarskyhütte, rot), anschließend Abstieg nach Furthof. Eventuell als Zweitagestour planen.

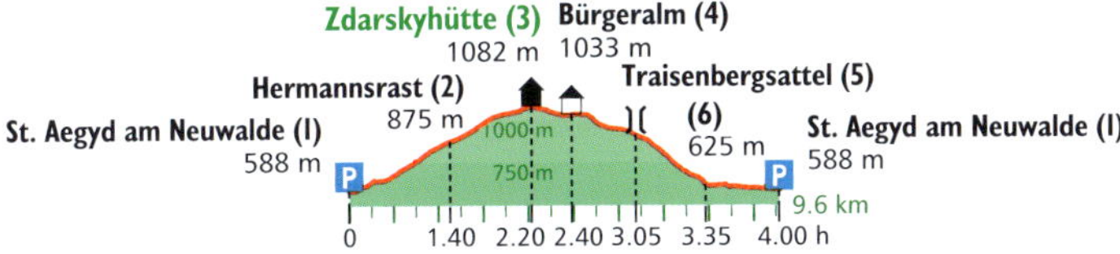

Ausgangspunkt ist das Postamt im Ortszentrum von **St. Aegyd am Neuwalde (1)**. Auf der Hauptstraße nach Westen zur Raiffeisenbank mit einem Wanderwegweiser. Rechts in die Berggasse einbiegen und in Folge den an Kreuzungspunkten befindlichen Wegweisern auf Weg Nr. 655, 622 (rot-weiß-rote bzw. rote Markierung) bzw. 58, 54 folgen. Dabei kommt man beim neuen Feuerwehrhaus, der Rot-Kreuz-Stelle und der Bergrettungsstelle von St. Aegyd vorbei. Nach der Bergrettungsstelle, beim Haus Berggasse 7, rechts einbiegen und über einen Hohlweg hinauf zur Straße Osterkogel (Wegweiser). Links der Straße nach bis zum nächsten Wegweiser. Wieder links, nun auf Schotterweg hinauf zur Wiese mit der Kapelle des Heiligen Aegydius (Rastplatz mit schöner Aussicht auf den Ort). Ab hier problemlos weiter auf dem Hans-Wancura-Steig, schattig und mit gelegentlicher Aussicht, der von den Naturfreunden St. Aegyd 2011 anlässlich des 100-jährigen Bestehens zu einem Naturerlebnisweg mit interessanten Stationen ausgebaut wurde. Beim Erreichen einer Forststraße links halten und hinauf zur **Hermannsrast (2)**, Schild, eine Minute links des Weges mit Rastbänken und herrlicher Aussicht vom Schwarzauer Gippel bis zum Göller.

Die Zdarskyhütte liegt inmitten einer ruhigen Waldlichtung.

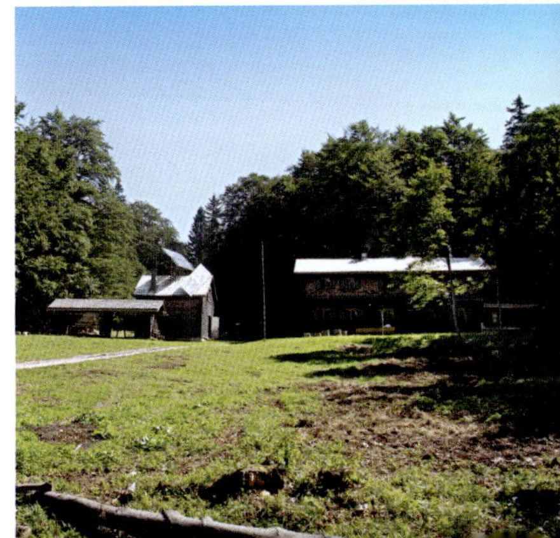

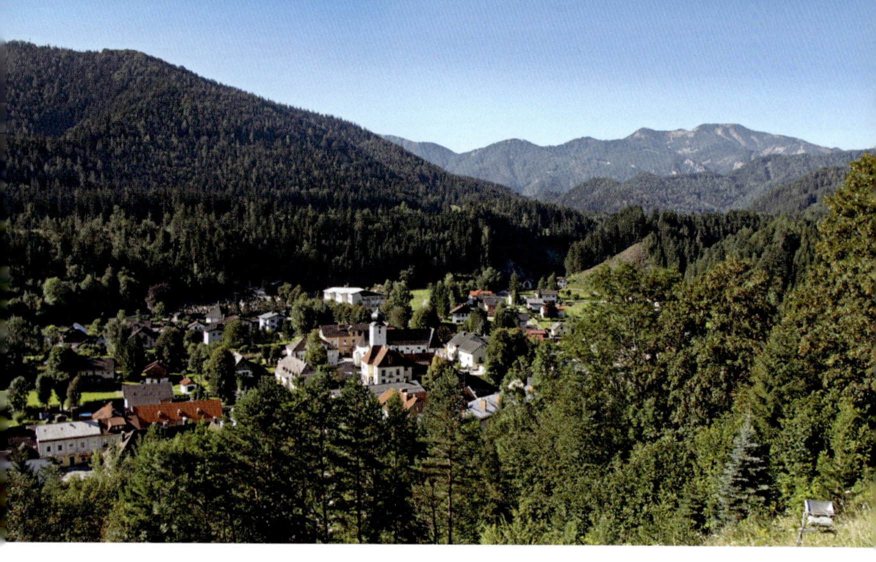

Der Göller hinter St. Aegyd am Neuwalde.

Zurück am Weg weiter auf der Forststraße, bis links ein Steig abzweigt (Wegweiser). Diesen nehmen, eine Forststraße überqueren und weiter bis zu einer zweiten. Auf dieser links bis zu einem rechts abzweigenden Steig (Rastplatz Franzl Blick). Auf diesem nun der bekannten rot-weiß-roten Markierung auf ein Almplateau folgen, wo links auf einer kleinen Erhebung die Halterhütte der Bürgeralpe zu sehen ist. Steigspuren führen zu einem alten Vogelbeerbaum, auf dem ein Wegweiser nach rechts über eine Wiese zeigt und wo die Steigspuren zu einer Schotterstraße führen. Auf dieser durch ein Weidetor bis zur **Zdarskyhütte (3)**. Zurück auf der Schotterstraße bis kurz vor die Halterhütte auf der **Bürgeralm (4)**. Dort rechts hinauf, vorbei an einer Tränklacke, zur Hütte, wo an der rechten äußersten Ecke des die Hütte umgebenden Zaunes eine rot-weiß-rote Markierung ist. Nun geradeaus über die Wiese zu einem Weidetor und dem dahinterliegenden Waldweg folgen. Bei einer Lichtung rechts auf einen Steig abzweigen (auf Pfeil auf einem Baum achten!) und weiter den Wegweisern und der Markierung (nun auch der blauen vom Rundwanderweg) bis zum **Traisenbergsattel (5)** mit seinen sieben Wegweisern folgen. Hier links abzweigen und etwas steiler bergab, teilweise steile Wiesenhänge querend, einfach den bekannten Markierungen nach, bis der Steig bei einem **Bildstock (6)** auf eine Straße trifft (Wegweiser). Hier links und in weniger als einer halben Stunde auf der Straße mit Namen Unrechttraisen zurück zur Hauptstraße und dann links ins Zentrum von **St. Aegyd am Neuwalde (1)**.

EINKEHR

Zdarskyhütte, 1082 m: Hütte der Naturfreunde. Ganzjährig an allen Wochenenden und Feiertagen geöffnet (auch während der Ferienzeit!), an anderen Tagen nur auf Anfrage. Warme Speisen und Getränke, Mehlspeisen. Nächtigung möglich. Tel. +43 664 9021268.

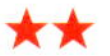

Anna-Alm am Hennesteck, 1294 m

Genusswanderung zur Genussalm

★★

Schöne Sommertour – trotz der Lage in einem Skigebiet

Vergleicht man die Skigebiete Österreichs, so gibt es einerseits die, die allein auf Wintertourismus setzen und wo folglich die Landschaft im Sommer nicht anzusehen ist. Andererseits gibt es solche, die sich des Wertes der Landschaft und der Natur bewusst sind. Die die Schönheit der Berge und Wiesen, der Weiden sowie die Wildtiere im Bergwald noch achten und mit ihnen leben möchten. Annaberg ist so ein Ort. Die Liftanlagen und Schneekanonen liegen versteckt im Wald. Man vergisst sie schnell, wenn man an gemütlichen oder romantischen Plätzen am Weg zur Anna-Alm vorbeikommt. Die Alm selbst ist ein urig-romantisches Erlebnis mit einem Panoramastüberl in Gestalt einer Glas-Holz-Konstruktion und mit vielen kulinarischen Höhepunkten. Ein Muss für alle, der Wert auf gute Küche und Aussicht legen.

KURZINFO

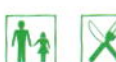  

Talort: Annaberg, 976 m; von Wien auf der A 1 bis St. Pölten Süd, weiter auf der B 20 bis über Wilhelmsburg nach Traisen, dann über Lilienfeld und Türnitz nach Annaberg (Tel. +43 2728 8245; www.annaberg.gv.at); Tourismusinformation Annaberg (Tel. +43 2728 77000, www.annaberg.info).
Ausgangspunkt: Großer Parkplatz beim Pfarrbodenstüberl (bevor die Serpentinen nach Annaberg beginnen).
Gehzeit: 5.20 Std.
Höhenunterschied: 670 m.
Anforderungen: Mittelschwere Wanderung auf Güterwegen, Almstraßen und Steigen mit drei kürzeren anstrengenden Anstiegen am Weg zum Hennesteck, im Schlussteil auch Wanderweg. Anstrengender steiler Abstieg von der Anna-Alm! Vorsicht bei Nässe auf dem Abstieg vom Hennesteck und von der Anna-Alm!
Winter: Als Schneeschuhtour machbar (ca. 6–7 Std., rot). Abstieg nur am Anstiegsweg wegen Skipisten. Gutes Orientierungsvermögen im Winter nötig.
Variante: Die Hauptroute verläuft teils auf dem Herzerlweg, der aber von der Anna-Alm weiter in großem Bogen nach Westen führt und die Hauptroute wieder nahe des Bauernhauses/WP11 erreicht; offizieller Startpunkt: Lift Reidl IV/WP12; Markierung: rote Herzen! (11,46 km, 410 Hm, 1.30 Std.länger, rot).

EINKEHR

Anna-Alm, 1294 m: Private Almhütte. Geöffnet von Anfang Mai bis Oktober Donnerstag bis Sonntag 9 bis 17 Uhr, Montag bis Mittwoch Ruhetag. Im Winter täglich bei Liftbetrieb von 10 bis 16 Uhr geöffnet, April/November geschlossen. Selbst gemachte Hausmannskost, frische Mehlspeisen und Getränke. Keine Nächtigung. Panoramastüberl mit Blick zum Annaberger Haus. Tel. +43 680 2336565 oder +43 2728 8477, www.anna-alm.at.

Erst 50 m nach dem Gipfelkreuz eröffnet sich der Blick auf den Ötscher.

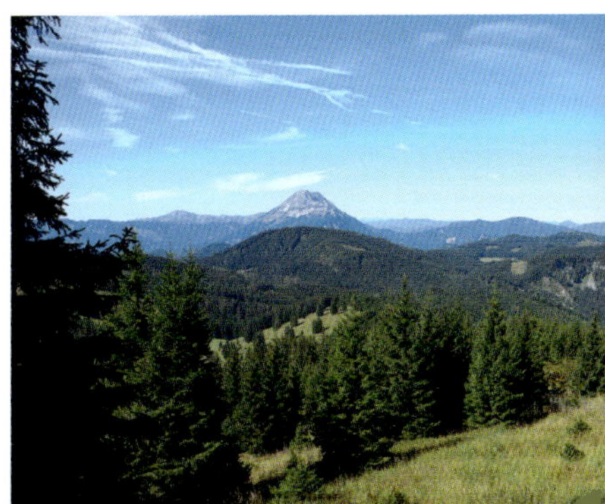

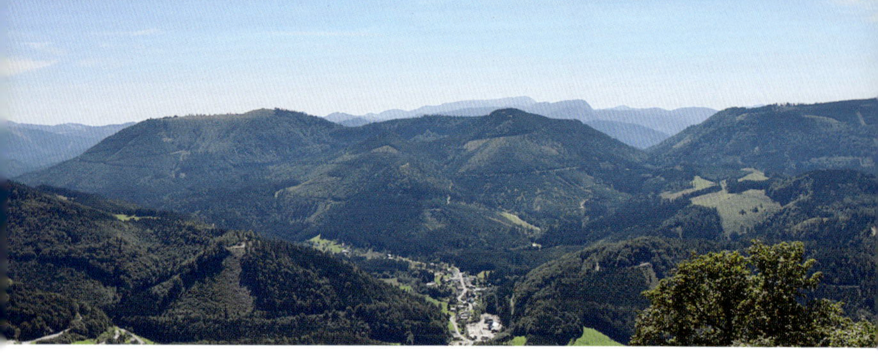

Vom großen **Parkplatz Pfarrbodenstüberl (1)** rechts am Pfarrbodenstüberl vorbei bis zur nächsten Straßenkreuzung. Nun folgen wir dem Güterweg berg- und nordostwärts bis zur Hofzufahrt **Kreuzung Weishof (2)** in einer Kurve. Nun westwärts bis zu einem Weidetor, welches wir durchschreiten. Dahinter liegt das Almidyll des **Gehöfts Krickl (3)**, wo oberhalb am Waldrand in einer Kurve ein Bankerl mit herrlichem Ausblick zum Verweilen einlädt. Dann dem Forstweg weiter gegen Nordwesten folgend erreicht man kurz darauf die **Kreuzung Reidlhütte (4)**. Hier trifft nun auch der Herzerlweg aus Annaberg auf unsere Route, von nun an markieren rote Herzen den Weg bis zur Anna-Alm. Vorbei an einem Wegkreuz zur Rechten, erreicht man dann gleich die **Jausenstation Waldbauer (5)**. Schön gelegen auf einem Plateau gibt sie den Blick auf die Bergwelt rund um die Gemeindealpe frei. Noch ein Stück über Almwiesen bis zu einem Weidetor. Nun geht es leicht bergauf durch den Wald bis zum **Weißen Kreuz (6)**. Kurios ist die Fichte neben dem Kreuz, an dem nicht nur ein christlicher Spruch und zwei Holzkreuze, sondern auch etliche Paar (Wander-) Schuhe und ein Wanderstock hängen. Weiter am Weg kommen wir in Kürze wieder zu einem Weidetor, dem gegenüber ein Wegweiser steht. Links haltend an der Nadelbaumreihe entlang über die Wiese. Im rechten Eck der Wiese beginnt unser nun steiler Steig. Schattig durch den Bergwald bergauf, bis der Weg ebener verläuft und uns eine kurze Verschnaufpause gönnt. Über einen Windwurf noch einmal kurz steil bergauf wandert man dann einfach den Steig entlang, bis man Sicht auf den künstlich angelegten Speichersee hat. Hier rechts auf Steigspuren achten, sie bringen uns zwar steil, aber in kurzer Zeit auf das **Hennesteck (7)**, den höchsten Punkt der Tour. Folgt man den Steigspuren vom Gipfelkreuz ca. 50 m nach Nordwesten, öffnet sich ein herrlicher Blick auf den Ötscher.

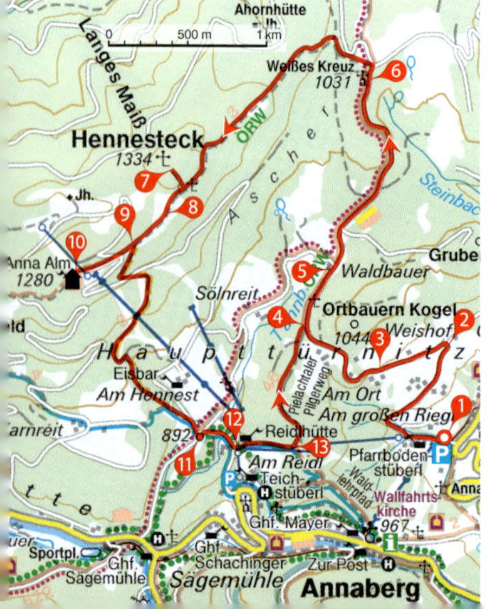

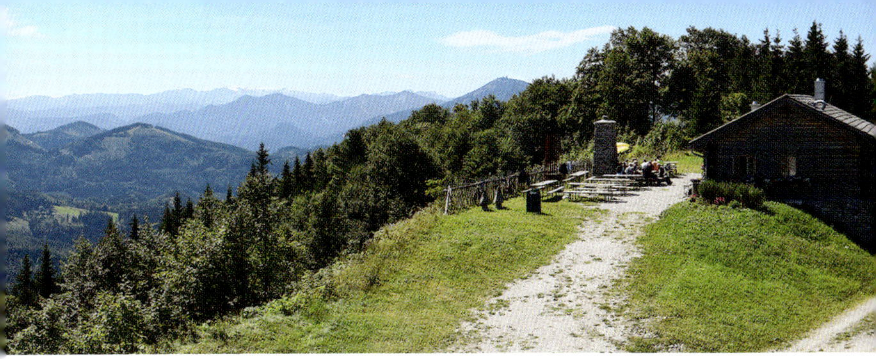

Panoramablick von der Anna-Alm aus. Unten im Tal liegt Annaberg.

Vorsichtig wieder zurück zum Weg und nach rechts weiter zum **Speichersee (8)**. Dieser kann auf beiden Seiten umrundet werden, die Wege laufen am Südostende zusammen. Dort leicht bergab zu einer **Kreuzung (9)**. Wenige Meter danach kommt man auf die Zufahrtsstraße zur Almhütte, von hier in 5 Minuten leicht bergauf zur **Anna-Alm (10)** mit ihren kulinarischen Köstlichkeiten wie Szegediner Gulasch ... und mit herrlichem Panoramablick. Hier endet auch für uns der Herzerlweg.

Nach erholsamer Rast geht man leicht bergab zur vorher genannten **Kreuzung (9)** und biegt rechts auf einen steilen Waldsteig mit gelber Markierung ab. Wer es nicht so abenteuerlich haben will, kann auch auf der Zufahrtsstraße der Almhütte bergab wandern. Wo beide Wege wieder aufeinandertreffen, rechts halten und auf dem sehr steilen Schotterweg der gelben Markierung folgend abwärts. Wo der Weg abflacht, trifft man auf einen Wegweiser nach rechts Richtung Annaberg. Diesem folgen wir nun auf einem Waldweg immer geradeaus bis ins Tal. Bei einer Kreuzung vorher im Wald trifft man auch wieder auf den von rechts kommenden Herzerlweg. Im Tal kommen wir auf eine Straßenkreuzung, linker Hand ein **Bauernhaus (11)**. Schräg rechts über der Straße wartet ein Bankerl, wo man sich von den Abstiegsstrapazen erholen kann. Dieser Straße folgen wir ein paar Minuten bis zu einem Parkplatz (Wegweiser »Hennesteck über Weißes Kreuz 46/3«) und der Talstation vom **Lift Reidl IV (12)**, dessen Trasse wir nun queren und einem Weg durch einen kleinen Fichtenwald folgen. Der rot-weiß-roten Markierung folgend hält man sich bei zwei **Kreuzungen (13)** zweimal links und folgt dem Herzerlweg bis zur **Kreuzung Reidlhütte (4)**. Hier rechts und über das **Gehöft Krickl (3)** und vorbei an der **Kreuzung Weishof (2)** am Anstiegsweg zurück zum **Parkplatz Pfarrbodenstüberl (1)**.

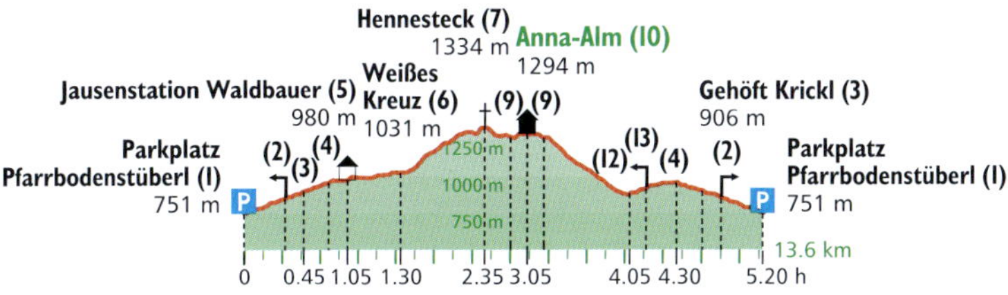

18 Annaberger Haus, 1377 m

Durch die Falkenschlucht 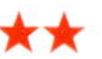

Enzian und Tränklacken

Zu den Klassikern der Familientouren zählt unweigerlich die Wanderung von Annaberg im Mostviertel auf den Tirolerkogel. Sie ist abwechslungsreich und landschaftlich sehr schön. Aber auch die hier beschriebene Tour durch die Falkenschlucht ist erlebenswert. Und dann, vom höchsten Punkt des Tirolerkogels, bietet sich ein imposanter Rundblick auf Ötscher, Dürrenstein und Gemeindealpe, Gippel und Göller, Schneeberg und die Hochschwabgipfel. Vor allem im Herbst hat man da oben eine herrliche Fernsicht. Sehenswert ist auch die üppige Alpenflora. Reich blühender Enzian, verschiedenste Alpenblumen und der Bestand an Bergahorn und Buchen auf den Bergwiesen verleihen der Landschaft, die aber ein Problem mit der Wasserversorgung hat, ihren eigenen Reiz. Zur Wasserversorgung legte man für die Almtiere kleine Teiche (»Tränklacken«) an. Mit Laubbäumen bestandene Geländemulden wurden vertieft, damit sie sich mit dem Oberflächenwasser oder durch Regen füllten. Damit es nicht versickert, wurden Lehm in die Mulden eingebracht, die Fläche eingezäunt und darin ein paar Kühe oder Pferde längere Zeit gehalten, damit die Hufe und Klauen der schweren Tiere den Boden verdichten und wasserundurchlässig machen. Tränklacken sind auf dieser Tour um die Halterhütte im Bereich der Kalten Kuchl zu sehen.

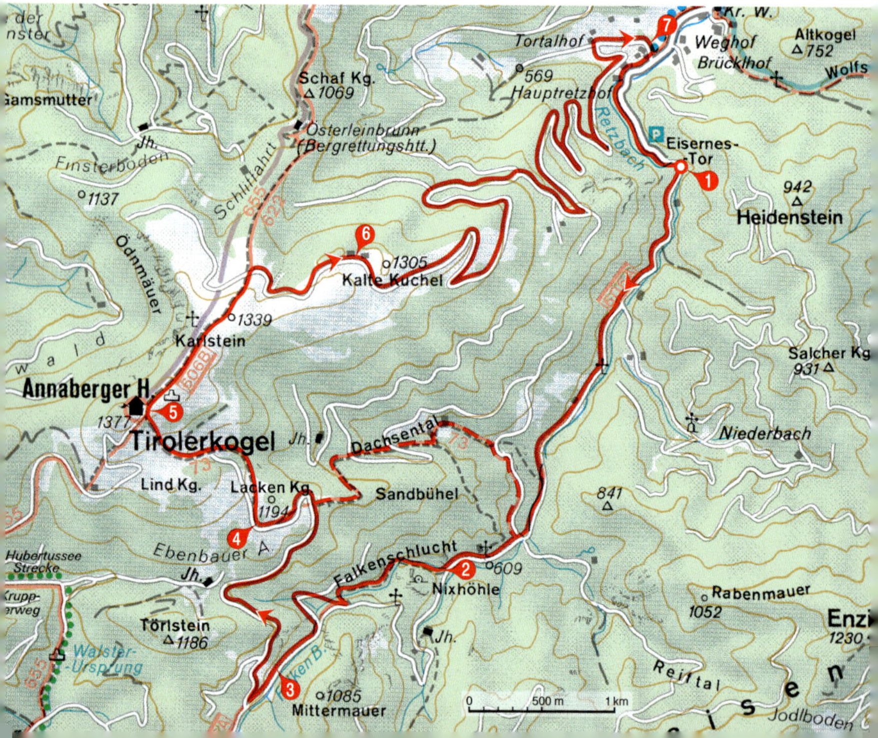

KURZINFO

Talort: Türnitz, 466 m; von der A 1 Abfahrt St. Pölten Süd über Lilienfeld nach Türnitz; Marktgemeinde Türnitz (Tel. +43 2769 8204, www.tuernitz.gv.at).
Ausgangspunkt: Südlich von Türnitz in die Weidenaurotte bis zum Parkplatz »Eisernes Tor«, 533 m.
Gehzeit: 6.30 Std.
Höhenunterschied: 860 m.
Anforderungen: Wanderung auf Wanderwegen, Steigen und Forststraßen. Trittsicherheit in der Falkenschlucht, Stege und Brücken nur einzeln begehen. Orientierungssinn im Abstieg notwendig, da kaum Markierungen vorhanden sind.
Kinder: Aufgrund der Länge erst ab 10 Jahren geeignet.
Mountainbike: a) Walsterursprung-Strecke von Annaberg Passhöhe – Walsterursprung – Schmelz, Sägemühle – Reidlhütte – Annaberg Passhöhe (13,5 km, 405 Hm, ca. 1 Stunde, rot). b) Hubertusseerunde Annaberg Passhöhe – Walsterursprung – Ulreichsberg – Hubertussee – Fadental – Mitterbach – Josefsberg – Joachimsberg – Annaberg Passhöhe (40,45 km, 870 Hm, ca. 2.15 Stunde, rot).
Winter: Winter- oder Schneeschuhwanderung Annaberg – Am Gscheid – Tirolerkogel – eventuell bis zum Karlstein und zurück (ca. 4 Std., blau).
Variante: Aufstieg oder Abstieg durch das Dachsental (ca. 30 bis 45 Min. kürzer).

Vom Parkplatz **Eisernes Tor (1)** geht es zwischen bewaldeten Berghängen auf der Forststraße taleinwärts (Niederösterreichischen Wallfahrerweg Nr. 606 A, rot-weiß-rot markiert) den Wegweisern folgend vorbei an zwei Forsthäusern problemlos bis zur Brücke in die **Falkenschlucht (2)**. Wir folgen dem Schluchtsteig durch die naturbelassene Welt über Brücken und Stege, über Felsen und Blockwerk zu einer Forststraße – ebenfalls besinnlicher Teil des Wallfahrerweges. An der Forststraße rechts halten (Holzwegweiser Annabergerhaus); vorbei am **Franz-Wagner-Kreuz (3)** unter dem Westhang der Mittermauer geht es leicht bergwärts voran, immer rechts haltend den Wegweisern nach bis zur Baumgrenze. Bei einem Holztor, wo der Steig aus dem Dachsental heraufkommt, verlässt man die Forststraße links bergauf (rot-weiß-rot markiert) und wandert den Steigspuren nach zu einem Fahrweg, der westwärts zu einer überdachten und eingefassten **Quelle (4)** am Südhang des Lackenkogels führt mit Blick auf den

EINKEHR

Annaberger Haus, 1377 m: Hütte des Österreichischen Alpenvereins. Geöffnet ganzjährig Mittwoch bis Sonntag, außer während des Betriebsurlaubs (siehe Website), 15. August bis 15. November täglich ohne Ruhetage geöffnet. Die Hütte bietet eine reichhaltige Hausmannskost. Nächtigung möglich. Rodelbahn im Winter. Tel. +43 2728 20459 oder +43 664 5231076, www.alpenverein.at/annabergerhaus.

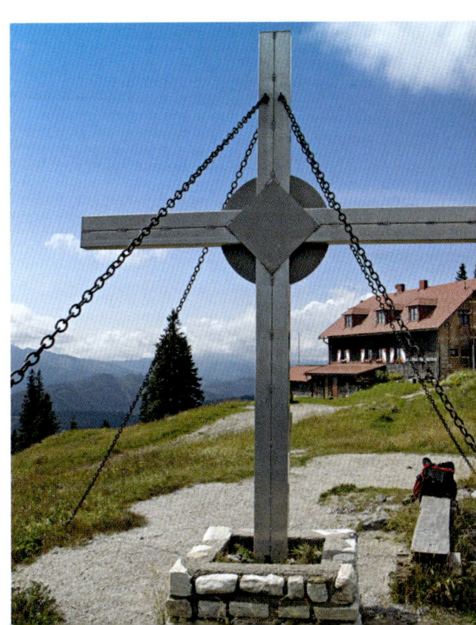

Das Gipfelkreuz am Tirolerkogel, gleich neben dem Annaberger Haus.

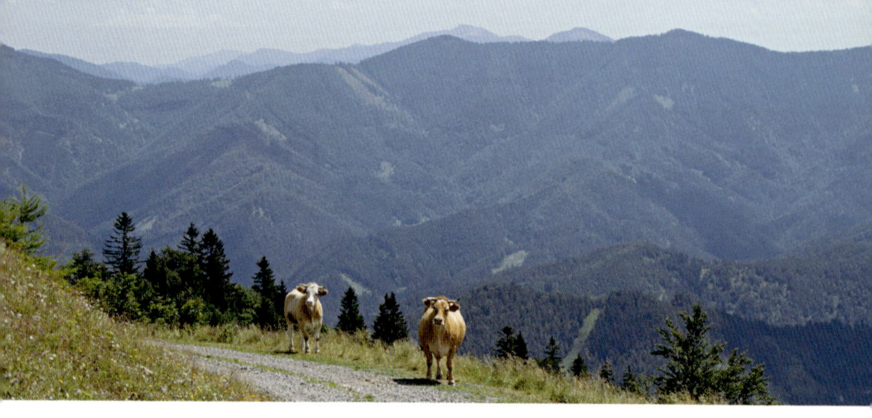

Vorsicht vor den Mutterkühen, vor allem, wenn man in Hundebegleitung ist.

Großen Sulzberg, die Gemeindealpe und in die steirische Bergwelt.

Der Fahrweg dreht nun nach rechts gegen Norden und führt zuerst bergauf, dann bergab in einen kleinen Kessel. Hier links (westwärts) über eine Wiese den Steigspuren nach (auf rot-weiß-rote Markierungen achten!) zu einer Tränklacke und weiter bergauf, wieder in einem Bogen rechts (nordwärts) durch lichten Bergwaldbestand und über die Almwiesen bis zum **Annaberger Haus (5)**. Von hier überblickt man die Gipfel von Schneeberg, Rax, Gippel, Göller, Schober, Ötscher in Niederösterreich, aber auch Wildalpe, Hohe Veitsch und Hochschwab in der Steiermark.

Rechts vor dem Haus führt ein Steig hinunter zur Almstraße, der man nun in östlicher Richtung folgt. Diese geht in einen Wiesenweg über, wo man wieder gut auf die rot-weiß-roten Markierungen auf Steinen achten muss. Bei einem Zaun den Überstieg (Wegweiser) benutzen und dem Fahrweg immer rechts haltend folgen. (Alternativ am Zaun entlang gehen, hinauf auf den Rücken des Karlsteins mit Blick hinüber zum nächsten Zwischenziel, einer Halterhütte.) Am Bergrücken dem weiß-roten Wegweiser auf einem Zaunpfosten nach links über den Zaun hinunter zu zwei Tränklacken und ein paar Meter weiter zum oben genannten Fahrweg folgen. Dort rechts in wenigen Minuten zur **Halterhütte Kuchlalm (6)** auf der Kalten Kuchl. Ab hier folgt man ohne Markierungen der Almzufahrtsstraße hinunter ins Tal zum Tortalhof. Dort rechts eben zum **Hauptretzhof (7)**, vor dem eine Straße verläuft. Dieser wieder nach rechts folgend erreicht man nach knapp einem Kilometer wieder den Parkplatz **Eisernes Tor (1)**.

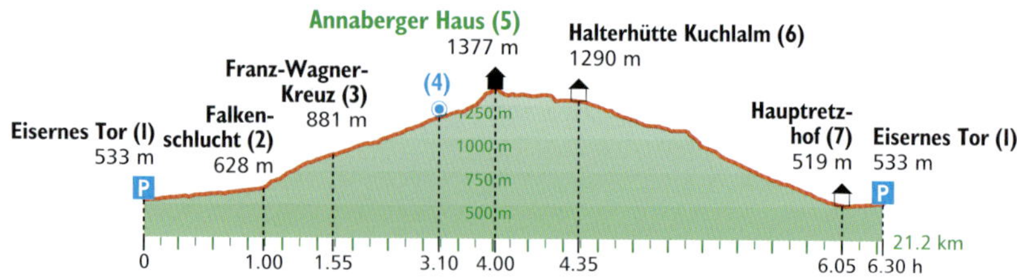

Schutzhaus Vorderötscher, 888 m

Über die Gemeindealpe und durch die Ötschergräben 

Der Naturpark Ötscher-Tormäuer

Rund um den weithin sichtbaren Ötscher, das Wahrzeichen des Mostviertels, entstand 1970 der Naturpark Ötscher-Tormäuer. Er ist 170 km² groß, das entspricht etwa der Landesfläche des Fürstentums Liechtenstein, und damit der größte Naturpark Niederösterreichs. Mit 1893 Metern ist der Ötscher auch der höchste Gipfel im Mostviertel. Das Wort »Ötscher« ist slawischen Ursprungs und bedeutet »Vaterberg«. Außergewöhnlich und charakteristisch für die Ötscherregion sind die tiefen Taleinschnitte der Erlauf (die Vorderen und Hinteren Tormäuer) und besonders jene des Ötscherbaches in den Ötschergräben, die auch als »Grand Canyon Österreichs« bezeichnet werden. Mit der Einwanderung eines Bärenmännchens, dem sogenannten Ötscherbären, aus Slowenien in das Ötschergebiet Anfang der 1970er-Jahre und mit einem WWF-Projekt, bei dem drei weitere Bären nach Österreich gebracht wurden, wurde der Mitte des 19. Jahrhunderts ausgerottete Braunbär wieder heimisch. Durch illegale Bejagung wurde der Bestand aber bis heute wieder deutlich dezimiert. Etwas Besonderes ist auch das Ötscherhöhlensystem, ein gewaltiges Labyrinth aus schrägen Klüften, Tunnels mit bis zu 15 Meter Durchmesser, Verstürzen und riesigen Hallen. Der Sage nach soll eine Schar Teufel zur Strafe für ihre absonderliche Bösartigkeit hinein verbannt worden sein und es gehe ihnen dort so schlecht, dass sie sich nach ihrer Hölle zurücksehnten.

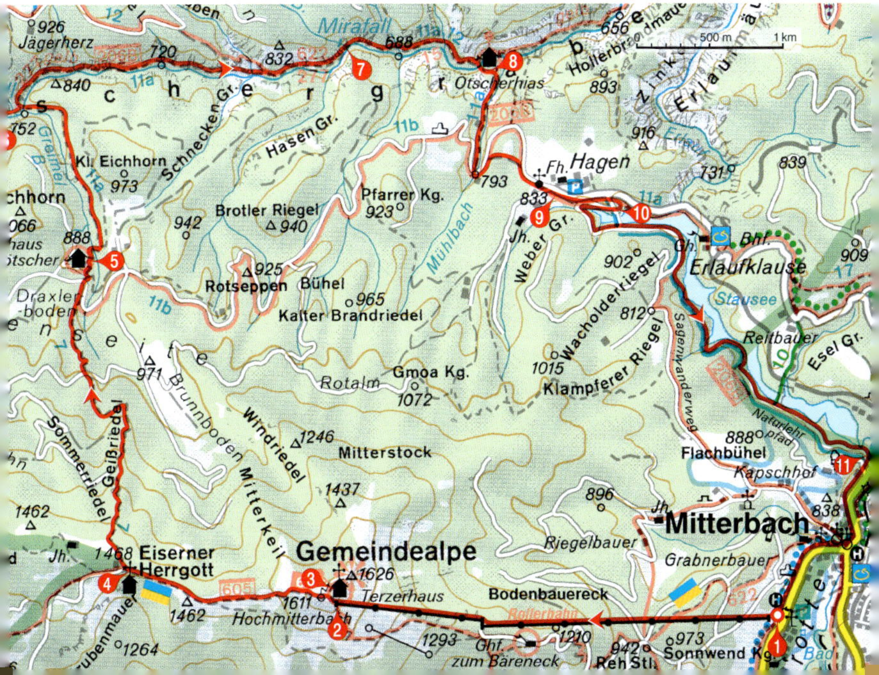

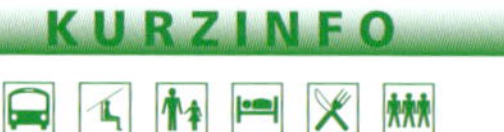

Talort: Mitterbach am Erlaufsee, 789 m; auf der Südautobahn A 2 bis Abfahrt Mürzzuschlag, weiter über die B 23 und B 21 nach Neuberg an der Mürz und Mariazell, dann auf der B 20 nach Mitterbach am Erlaufsee; Tourismusverein Mitterbach (Tel. +43 3882 4211, www.mitterbach.at).

Ausgangspunkt: Parkplatz der Bergbahnen Mitterbach bzw. Bergstation des Sesselliftes auf der Gemeindealpe.

Bergbahn: Sommersaison von Ende April/Mai bis Ende Oktober. Betriebszeiten 9 bis 17 Uhr. Weitere Auskünfte zu Tarifen, Anreise mit öffentlichen Verkehrsmitteln u. a. unter www.noevog.at (Bergbahnen) oder Tel. +43 3882 41720.

Gehzeit: 5.15 Std. ab der Bergstation, 5.40 Std. mit Sessellift.

Höhenunterschied: 170 m im Anstieg, 990 m im Abstieg.

Anforderungen: Lange Wanderung mit steilerem Abstieg von der Brachalm zum Schutzhaus Vorderötscher auf Steigen, Wanderwegen und Almstraßen. In den Ötschergräben Trittsicherheit und Schwindelfreiheit (kein Geländer an den Stegen!).

Kinder: Aufgrund der Länge und Anforderungen ab 8 Jahren.

Gipfelmöglichkeit: Ötscher, 1893 m, vom Schutzhaus Vorderötscher entweder über Geld-, Taubenloch und Rauer Kamm (ca. 5 Std., schwarz; alpine Erfahrung, Trittsicherheit und Schwindelfreiheit nötig) oder über Ötscher Schutzhaus (ca. 4 Std., rot).

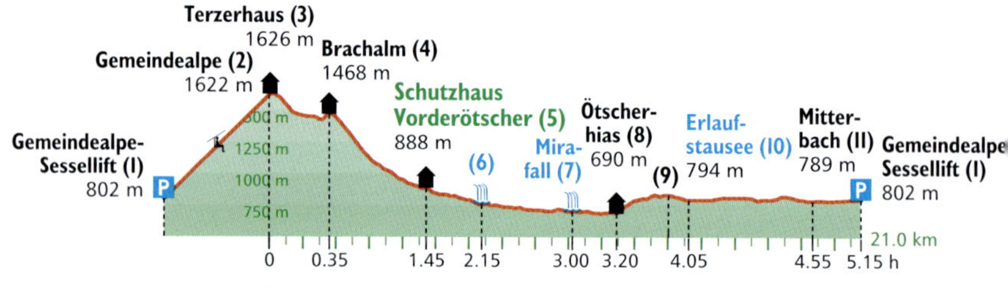

Von der Talstation des **Gemeindealpe-Sessellifts (1)** mit einem Umstieg auf die **Gemeindealpe (2)**. Von der Bergstation geht man kaum 5 Minuten zum nahen **Terzerhaus (3)**. Herrlich ist der Blick auf Erlaufsee und zum Ötscher. Man geht hinüber zum Sender, der Wegweiser davor zeigt den Weg Nr. 05 zum Eisernen Herrgott und zum Schutzhaus Vorderötscher als den richtigen (rot-weiß-rote Markierung). Durch Latschen geht es dann in den grasigen Westhang der Gemeindealpe über Serpentinen hinunter, unten eben weiter hinüber zur **Brachalm (4)** und dem Eisernen Herrgott. Zwischen dem Wegkreuz und der Hütte führt der Weg über eine Kuppe zu einem kleinen Durchgang, wo der Steig zuerst länger und steil über den Geißriedel, dann flacher werdend bis zum **Schutzhaus Vorderötscher (5)** führt (mehrere Wegweiser). Hier rechts auf dem Weg Nr. 11a über eine Wiese zum Greimelbach hinunter und diesem bis zur Brücke mit der Kreuzung Schleierfall/Ötschergräben entlang. Nach links in drei Minuten zum **Schleierfall (6)**, den man sich nicht entgehen lassen sollte. Zurück zur Kreuzung und nun der gelben Markierung folgend in die Ötschergräben hinein, immer dem Ötscherbach entlang nach Osten. Ein guter Rastplatz ist beim **Mirafall (7)**, dort hat man nicht nur Rastbänke, sondern kann sich auch im Ötscherbach oder beim Wasserfall mit eiskaltem Wasser erfrischen. Weiter geht es durch die Ötschergräben bis zur Brücke, deren Überquerung nach rechts den Wanderer zur **Jausenstation Ötscherhias (8)** bringt. An der Hütte vorbei in den Wald hinein, bis man eine Forststraße erreicht. Links die Kurve ausgehen und gleich rechts unmarkiert auf einen versteckten Steig. Wer diesen nicht findet, geht einfach die Forststraße entlang, in die der Steig weiter oben wieder einmündet. Diese bringt den Wanderer dann zu einer Kapelle und dem Forsthaus **Hagengut (9)**. Die Straße hinunter bis zur nächsten Kreuzung, hier rechts abzweigen (Wegweiser) und den Weg Nr. 15c Richtung Mitterbach nehmen. Auf ihm erreicht man den **Erlaufstausee (10)**.

EINKEHR

Terzerhaus, 1626 m: Private Hütte. Geöffnet im Mai/Juni und Oktober an Wochenenden und Feiertagen, von Ende Juni bis September täglich geöffnet. Bodenständige Hausmannskost. Nächtigung möglich. Tel. +43 699 12043852, www.terzerhaus.at.

Brachalm, 1468 m: Auch Brunnsteinalpe; private Almhütte. Geöffnet von Mitte Juni bis Ende September. Jausen, Getränke, warmes Bratl usw. auf Bestellung. Nächtigung möglich. Tel. +43 664 4448629.

Schutzhaus Vorderötscher, 888 m: Private Schutzhütte. Geöffnet von Anfang Mai bis 26. Oktober von 10 bis 22 Uhr, in den Sommerferien von 9 bis 22 Uhr; April, Mai, September, Oktober Montag Ruhetag (keine Nächtigung von Sonntag auf Montag und Montag auf Dienstag möglich). Nächtigung nur gegen Voranmeldung unter Tel. +43 2728 21100, www.naturpark-oetscher.at/vorderoetscher.

Ötscherhias, 690 m: Private Jausenstation seit 1937. Geöffnet vom 1. Mai bis 26. Oktober von 9 bis 17 Uhr, kein Ruhetag. Kalte und warme Speisen, Getränke. Keine Nächtigung. Tel. +43 664 2759888.

Nun muss man einen Umweg von 600 Metern in Kauf nehmen, da man die Nordwestspitze des Erlaufstausees nicht mehr über die alte Eisenbahnbrücke überqueren darf (Betreten verboten wegen Einsturzgefahr!), sondern den Weg am Ufer außen herum nehmen muss.

Auf Weg Nr. 9a geht es nun am südseitigen Ufer des Sees bis zu einem Buffet an der Straße beim Sägewerk, wo wir uns nach rechts wenden und nach **Mitterbach (11)** gelangen. Von der Hauptstraße des Orts biegen wir dann rechts in die Seestraße ein und gehen zum Ausgangspunkt an der Talstation des **Gemeindealpe-Sessellifts (1)** zurück.

Schmale Stege über unüberwindliche Stellen, hinten der Mirafall.

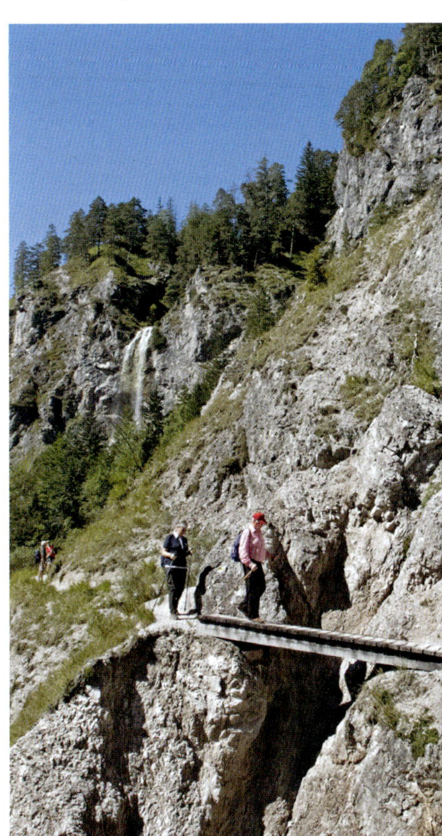

20 Ochsenburgalm, 1004 m

Über Maisbuder und Dachsenwiese 

Geheimtipp mit Ötscherblick

Diese Tour kennen eigentlich nur die Jäger. Ist doch auch die Hütte eher ein Forsthaus und die »Sennerin« die Frau vom Förster. Aber ein sehr nettes Paar, das ein paar gute Geschichten auf Lager hat über das Waidwerk, den Wald, die Hunde und das Brauchtum. Und der Blumengarten neben dem Gastgarten mit dem Blick zum Ötscher sucht seinesgleichen. Die Tour zeigt in der ersten Hälfte viel vom Wald. Zuerst leichte Nutzung, dann, im Bereich vom Maisbuder unberührten Schutzwald in Steilhängen, am letzten Teilstück zur Ochsenburgalm den Nutzwald. Im zweiten Teil über Bodenwiese und Dachsenwiese viel Aussicht und mehr Alm- und Wiesencharakter. Beginn und Ende der Tour ist beim geschichtsträchtigen Alpenhotel Gösing, das in einsamer und spektakulärer Lage von zahlreichen prominenten Gästen besucht wird. Das Hotel wurde 1922 aus einem Gasthof zu einem Luxushotel vom Typus eines klassischen Eisenbahnhotels erweitert, das, obwohl kleiner und geografisch isoliert, den Vergleich mit den Hotels der Semmeringregion nicht zu scheuen brauchte.

Rastplatz auf der Dachsenwiese, im Hintergrund die Gemeindealpe.

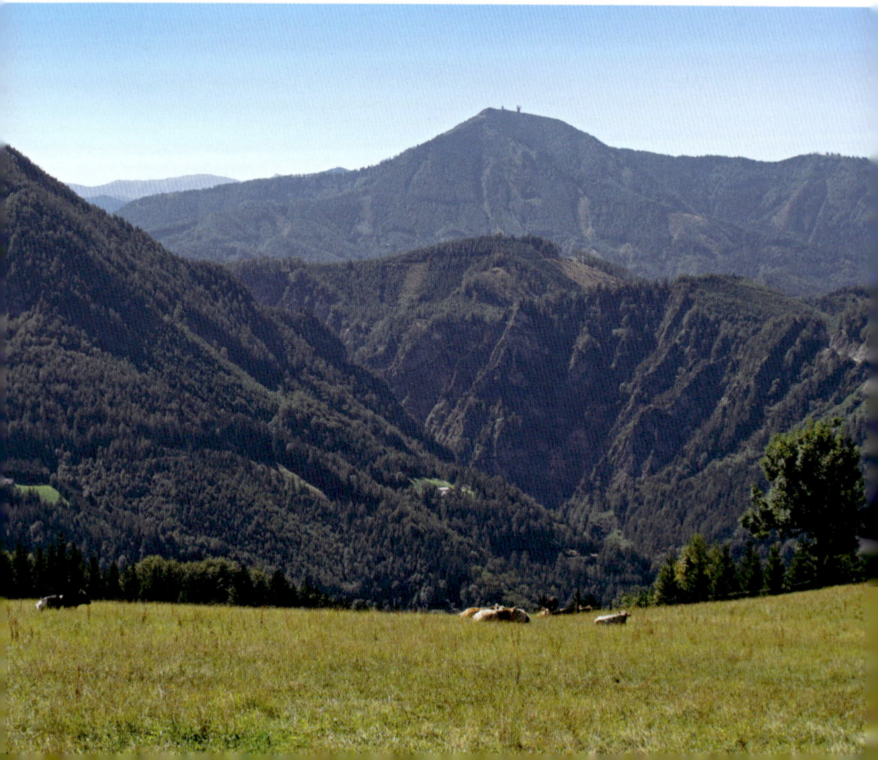

EINKEHR

Ochsenburgalm, 1004 m: Private Forst- und Almhütte der Gutsverwaltung Gösing. Geöffnet ganzjährig ohne Ruhetag. Ist niemand da, muss man sich gedulden, dann ist der Förster im Wald oder die Dame des Hauses einkaufen. Kleine Jausen und Getränke. Keine Nächtigung. Tel. +43 2728 2660.

Alpenhotel Gösing, 891 m: Hotel mit Restaurant in absoluter Ruhelage. Gartenterrasse mit Ötscherblick. Speisekarte mit saisonalen Spezialitäten. Tel. +43 2728 217, www.goesing.at.

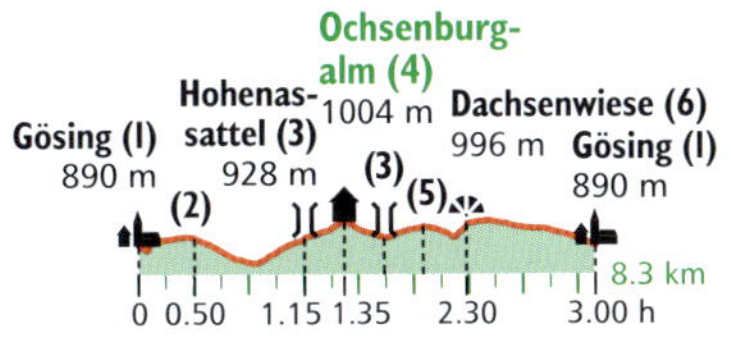

KURZINFO

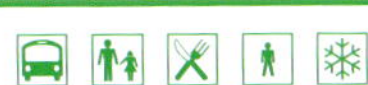

Talort: Gösing an der Mariazellerbahn, 890 m, Ort der Gemeinde Puchenstuben; von der Westautobahn A 1 bis zur Abfahrt St. Pölten Süd, weiter über Kirchberg an der Pielach, Frankenfels und Puchenstuben nach Gösing; Gemeindeamt Puchenstuben (Tel. +43 2726 2380, www.puchenstuben.at).

Ausgangspunkt: Parkplatz beim Alpenhotel Gösing oder oberhalb des Hotels am Bahnhof.

Gehzeit: 3 Std.

Höhenunterschied: 250 m.

Anforderungen: Einfache Rundtour auf Wanderwegen und Almstraßen. Im Bereich des Steiges und der Steganlage beim Maisbuder Trittsicherheit und Schwindelfreiheit nötig (nicht bei Nässe).

Kinder: Wegen der Anforderungen ab 8 Jahren, ohne Maisbuder keine Altersbegrenzung. Naturpark Ötscher Tormäuer (www.naturpark-oetscher.at). Erlebnisdorf Puchenstuben: sieben neu erbaute Stelzenhäuser mit Schlafplätzen für bis zu insgesamt 36 Personen mit Erlebnisspielplatz und Wasserspielgeräten vom 1. Mai bis 31. Oktober (Kontakt über www.naturpark-oetscher.at/erlebnisdorf-sulzbichl). Ötschis Bahnorama, ein Bummelzug zwischen Puchenstuben und dem Naturpark Ötscher-Tormäuer (Samstag, Sonn- und Feiertag vom 1. Mai bis 26. Oktober).

Kinderwagen: Geeignet für geländegängige Wagen ohne Maisbuder und Molterkogel; kann über die Bodenwiese auch im Hinweg umgangen werden.

Winter: Als Winterwanderung oder Schneeschuhwanderung machbar. Vorsicht (Steilheit, potenzielle Schneebrettgefahr) im Bereich Maisbuder.

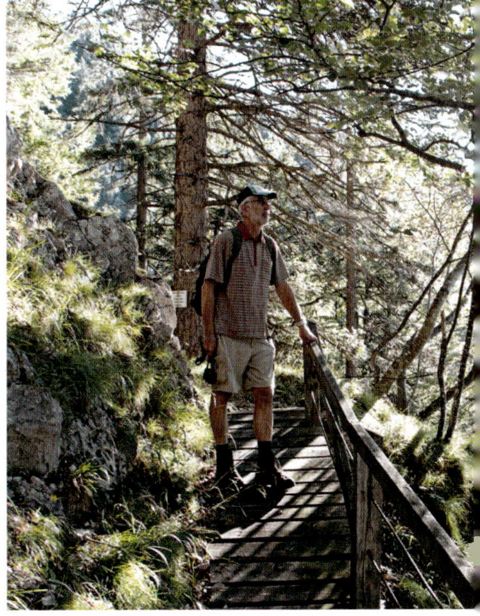

Stege in den Steilhängen zwischen Bodenwiese und Maisbuder.

Vom Bahnhof in **Gösing (1)** geht man in wenigen Minuten über den Bahnübergang hinunter zum darunterliegenden Alpenhotel Gösing. An der Nordecke des Parkplatzes steht eine Laterne mit zwei Wegweisern, wobei man nun dem Weg Nr. 10/17 nach Norden Richtung Ochsenburg in den Wald hinein folgt. Am Bahnumspannwerk von Gösing links der

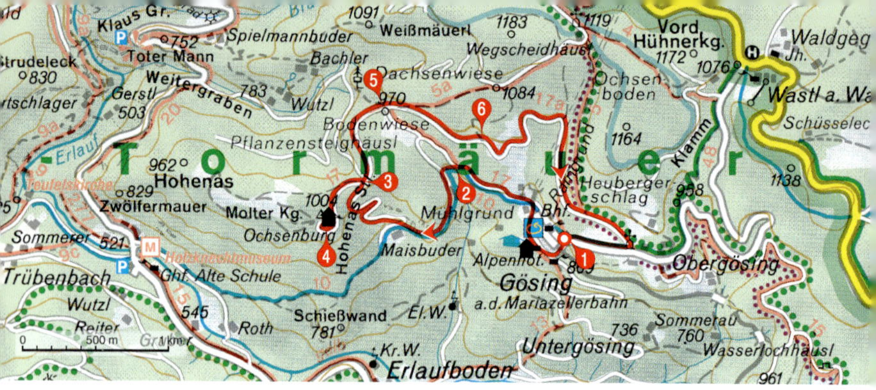

Forststraße und der blauen Markierung entlang. Bei einem Holzwegweiser an der **Kreuzung Maisbuder (2)** dem Steig Nr. 10 links abwärts folgen, über einen Steg ein Bächlein nach links queren und entlang der Steganlage durch die steile Wand des Maisbuder. Nach der Anlage über einen Fahrweg zu einer Forststraße. Dort nun rechts (!) bergauf unmarkiert in den **Hohenassattel (3)**, wo fünf Wege aufeinandertreffen. Der erste links führt zur **Ochsenburgalm (4)**. Den Weg wieder zurück zum **Hohenassattel (3)**. Geradeaus unter der Stromleitung hindurch der Forststraße nach zur großen **Bodenwiese (5)**, Rastplatz mit Bänken. Hier links auf Weg Nr. 17a bis zu den Weideflächen der **Dachsenwiese (6)**, Rastplatz mit Bänken, mit Blick auf Ötscher und Gemeindealpe. Nachdem man sich bei zwei Kreuzungen rechts gehalten hat (Wegweiser Gösing Weg Nr. 5), kommt man schließlich bei einem Bildstock und einem Haus rechts hinunter auf der asphaltierten Zufahrtsstraße zum Bahnhof in **Gösing (1)** zurück.

Rastbank vor der Ochsenburgalm mit Ötscherblick.

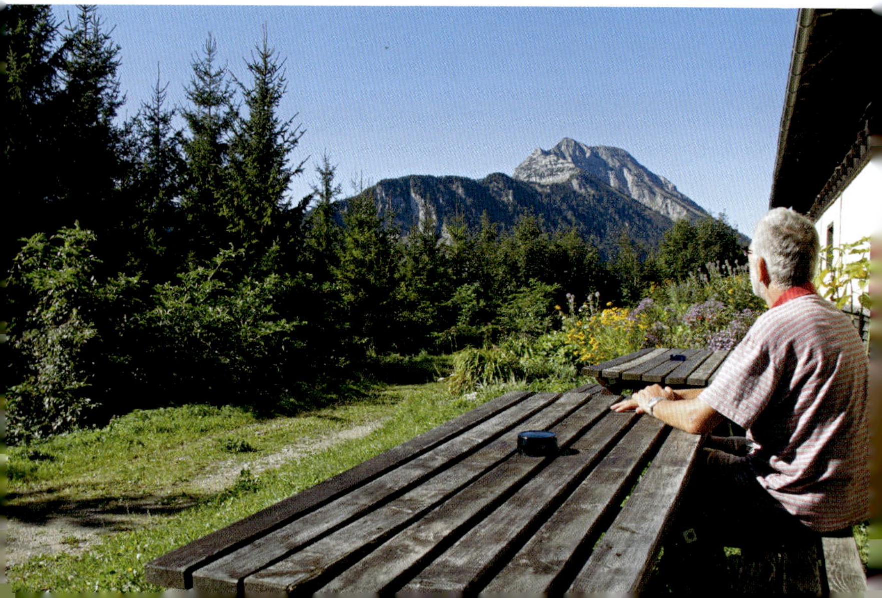

Hochbärneckhütte, 915 m

Durch die schöne Toreckklamm

★★

Wanderung durch die Natur zu den Sternen

Das Hochbärneck ist ein Bergrücken und eine Alm in den Niederösterreichischen Kalkalpen und ein Teil des 1130 m hohen Turmkogels. Von der Hochbärneckhütte und der benachbarten Aussichtswarte hat man einen hervorragenden Blick direkt auf den Ötscher und die Tormäuer im Naturpark Ötscher-Tormäuer. Seit Mai 2004 gibt es ein paar hundert Meter von der Almhütte entfernt eine Astrostation, welche vom Astronomischen Arbeitskreis Amstetten betrieben wird. In ca. 900 m Seehöhe und fernab störender Lichtquellen präsentiert sich der Sternenhimmel in voller Pracht. Seit der Eröffnung ist die Astrostation für Interessierte, Naturliebhaber, Wanderer, Schulen, Jugend und Hobbyastronomen geöffnet und bereitet so manchen Gästen eine unvergessliche Sternennacht. Beobachtungen werden durch qualitativ hochwertige Vorträge und Diashows der dortigen Astrofotografien ergänzt.

KURZINFO

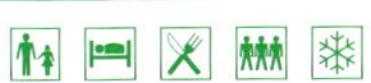

Talort: Puchenstuben, 868 m; auf der Westautobahn A1 bis Abfahrt Ybbs, weiter über die B25 nach Wieselburg und Scheibbs, dann auf der B28 nach Puchenstuben; Gemeindeamt Puchenstuben (Tel. +43 2726 2380, www.puchenstuben.at).

Ausgangspunkt: Parkplatz beim Erlebnisdorf Puchenstuben im Sulzbichl.

Gehzeit: 3.50 Std.

Höhenunterschied: 500 m.

Anforderungen: In der Toreckklamm Trittsicherheit und Schwindelfreiheit (Vorsicht mit Kindern und bei Nässe!), sonst einfach mit Anstiegen auf Steigen, Wanderwegen und Almstraßen.

Kinder: Verein Astro-Station-Hochbärneck (astrostation.hochbaerneck@gmail.com, www.astrostation.at). Naturpark Ötscher-Tormäuer (www.naturpark-oetscher.at); Erlebnisdorf Puchenstuben: 7 neu erbaute Stelzenhäuser mit Schlafplätzen für bis zu insgesamt 36 Personen mit Erlebnisspielplatz und Wasserspielgeräten vom 1. Mai bis 31. Oktober (Kontakt über www.naturpark-oetscher.at/erlebnisdorf-sulzbichl). Ötschis Bahnorama, ein Bummelzug zwischen Puchenstuben und dem Naturpark Ötscher-Tormäuer (Samstag, Sonn- und Feiertag vom 1. Mai bis Ende September oder Ende Oktober; Nachfrage am Gemeindeamt).

Kinderwagen: Geeignet für geländegängige Kinderwagen nur am Abstiegsweg bis zur Hochbärneckhütte (insgesamt ca. 2 Std. im Anstieg).

Mountainbike: Die bekannten Touren aufs Hochbärneck sind teilweise gesperrt. Alternativ gibt es die Mariazellerbahn-Strecke: Winterbach – Puchenstuben – Annaberg/Reith – Fadental – Mariazell – Erlaufklause (64,8 km, 2175 Hm; ca. 16 Std. hin und retour, schwarz).

Tipp: Rund um die Hochbärneckhütte gibt es drei Tut-gut-Wanderrouten in der Länge von ca. 1 bis 2 Std., die besonders für Kinder und Senioren geeignet sind. Tut-gut-Wandern ist eine Initiative des Bundeslandes Niederösterreich mit 70 Wandergebieten (Stand März 2021) und dem Zweck, Gesundheit, Wohlbefinden sowie die gute Ernährung der Bevölkerung zu fördern (Routen unter www.noetutgut.at/gemeinde/tut-gut-wanderweg).

Winter: Die drei Tut-gut-Wanderrouten können im Winter als Schneeschuhtouren für Anfänger oder als Winterwanderungen vom Almhausparkplatz weg begangen werden (blau). Für die Zufahrt zum Almhaus sind im Winter Schneeketten empfehlenswert.

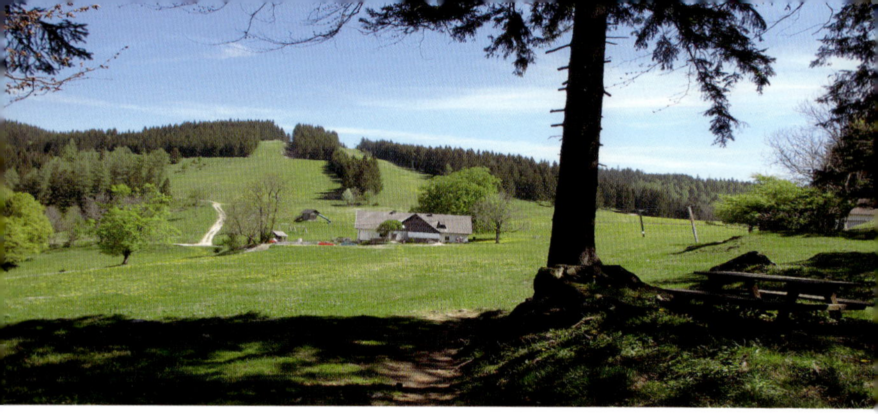

Eingebettet zwischen den Almwiesen liegt die Hochbärneckhütte.

EINKEHR

Hochbärneckhütte, 915 m: Privates Alm- und Schutzhaus. Ganzjährig geöffnet, Montag und Dienstag Ruhetag. Warme und kalte Speisen im Schatten der über 150 Jahre alten Linden im Gastgarten mit dem großen Abenteuerspielplatz. Der nahe Aussichtsturm vermittelt einen Panoramablick über den Naturpark und den Ötscher. Ein bunt blühender Voralpengarten, eine Ausstellung über heimische Pflanzen, Pilze und Vogelarten und eine originelle Holzknechthütte ergänzen das Naturerlebnis. Nächtigung möglich. Tel. +43 7482 48464, www.hochbaerneck.com.

Trefflingtalerhaus, 620 m: Ausflugsgasthaus am Eingang Naturpark Ötscher-Tormäuer. Gutbürgerliche Küche, teils mit einem Hauch Exotik, hausgemachte Mehlspeisen. Geöffnet von Mai bis November von 9 bis 19 Uhr, Montag und Dienstag (außer Feiertag) sind Ruhetage, von Dezember bis April von Freitag bis Sonntag sowie Feiertag 10 bis 18 Uhr. Tel. +43 2726 231, www.trefflingtalerhaus.at.

Neben dem Erlebnisdorf Puchenstuben überquert man die Brücke in nordwestlicher Richtung. Gleich links danach befindet man sich am Eingang Naturpark Ötscher-Tormäuer (1). Dem Weg Nr. 3 und rot-weiß-roter Markierung folgend geht es nun einige Zeit eben auf breitem Weg am nördlichen Ufer des Trefflingbaches durch romantischen Laubwald dahin. Nach einem leichten Anstieg steht man plötzlich vor einem Geländeabbruch, über den ein Steig in Serpentinen, vorbei an kleineren Wasserfällen, zu einer Steiganlage führt. Durch Metallgeländer gesichert und über Stufen führt der Weg steil hinab zu einer schmalen Brücke, auf der man den oberen Bereich vom Trefflingfall (2) gut einsehen kann. Weiter auf einem schmalen Steig wandert man entlang der Fallstufen des Trefflingfalles hinunter bis zu einer Holzbrücke. Nach Überquerung derselben

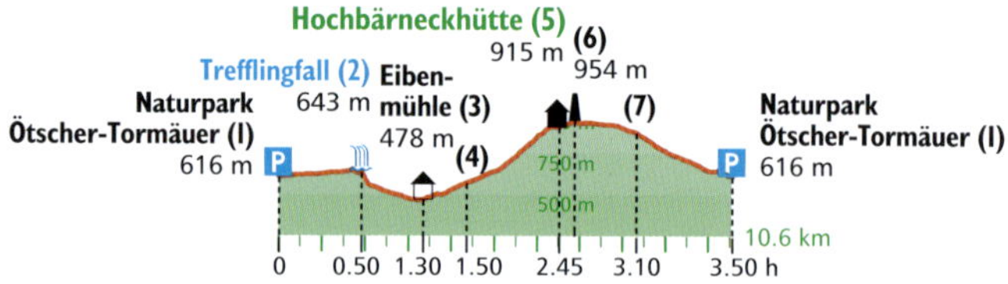

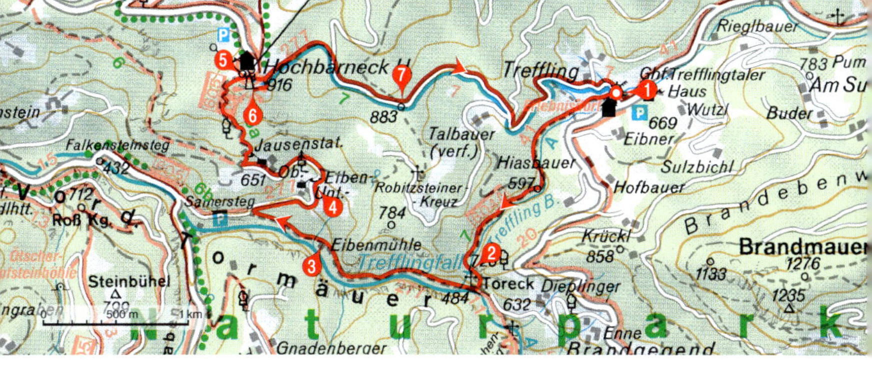

dem Wegweiser Richtung Eibenboden (Weg Nr. 15) am Schluchtgrund nunmehr eben der Erlauf auf der rechten Uferseite folgen. Nach Erreichen der **Eibenmühle (3)** der Forststraße nach links folgen bis zu einem Güterweg (Wegweiser). Hier rechts auf Weg Nr. 6, 6a aufwärts mit ersten nahen Blicken auf den Ötscher bis zum Gehöft **Untereiben (4)**.

Rechts neben dem Wirtschaftsgebäude am Straßenrand zeigt ein Holzwegweiser Richtung Hochbärneck, dem man nun bis zum Gehöft Obereiben bergwärts folgt. Dort links den Schranken umgehen und kurz auf der Forststraße, dann rechts den Steig hinauf. Bei der folgenden Kreuzung mit einer Forststraße (Holzwegweiser) rechts dieser bis ans Ende folgen, dann weiter mit rot-weiß-roten Markierungen über einen steileren Wurzelsteig. Zweimal eine Forststraße queren und an einem Brunnenhaus (mit Rastplatz) vorbei zu einer großen Wiese, in deren Mitte das Tagesziel, die **Hochbärneckhütte (5)**, liegt.

Circa 150 Meter hinter der Hütte erreicht man den Voralpengarten, hinter dem ein breiter Weg in wenigen Minuten zu einer Holzknechthütte und dem **Aussichtsturm (6)** mit 360-Grad-Ausblick führt. Zurück beim Voralpengarten nimmt man den Weg Nr. 7 nach Puchenstuben. Er führt über die Almwiese leicht bergan in den Wald und danach stetig bergab auf Waldwegen über die **Höhe 882 m (7)** zum Eingang **Naturpark Ötscher-Tormäuer (1)** und dem Erlebnisdorf Puchenstuben.

Einfacher Wanderweg durch die Toreckklamm der Erlauf.

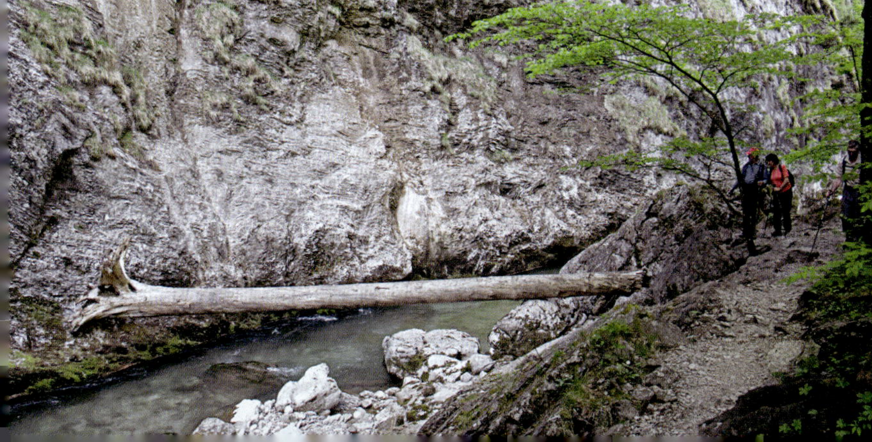

22 Gföhler Alm, 1110 m

Durch das Ebertal zur ruhigen Alm

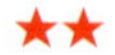

Einsamer Rainstock

Abgesehen von der Almsaison ist der Rainstock bei Gaming ein sehr einsamer Gipfel, auf den sich nur gelegentlich Wanderer verirren. In der alpinen Literatur findet der eher versteckte und unscheinbare Berg nur selten Erwähnung, er gehört, wenn man so will, zu den Mauerblümchen der Ostalpenausläufer. Gerade die Einsamkeit, Stille und Weltabgeschiedenheit machen aber den Reiz der Erhebung aus. Wegbeschreibungen gibt es bekannterweise nur bis zur Gföhler Alm, erst in den neueren Karten sind eher schlecht markierte, aber nicht zu verfehlende Routen zum Gipfel eingezeichnet. Der höchste Punkt liegt auf einem größeren Plateau und wird durch ein wuchtiges Kreuz markiert, in dessen Umgebung selten einmal das Almvieh weidet. Der Ötscher beherrscht das Panorama, von einigen Stellen der Tour schaut man zum Hochschwab und zu einem Teil des Gesäuses.

KURZINFO

 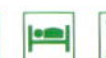 

Talort: Gaming, 431 m; auf der Westautobahn A 1 bis Abfahrt Ybbs, weiter über die B 25 über Wieselburg und Scheibbs nach Gaming; Marktgemeinde Gaming (Tel. +43 7485 973080, www.gaming.gv.at), Ötscher Tourismusverband (Tel. +43 7484 93049, www.ybbstaler-alpen.at/lackenhof-gaming).

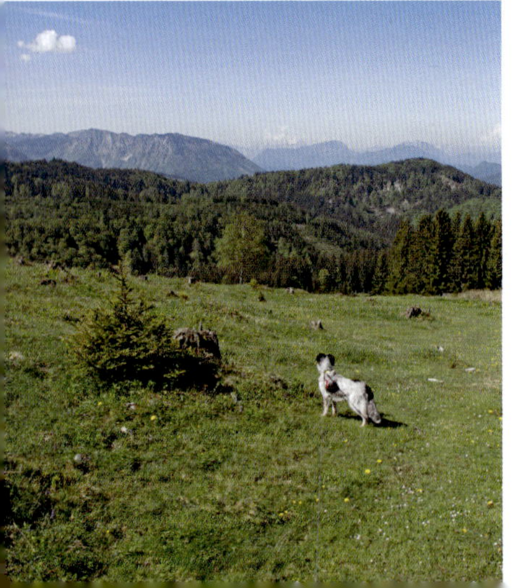

Im Abstieg vom Rainstock mit Blick auf die Berge der Eisenwurzen.

Ausgangspunkt: Parkplatz gegenüber vom Roten Kreuz Gaming.
Gehzeit: 5.30 Std. (ohne Rainstock 4.20 Std.).
Höhenunterschied: 865 m (ohne Rainstock 680 m).
Anforderungen: Einfache Wanderung mit zwei kurzen steileren Anstiegen auf Wanderwegen, Almstraßen und Güterwegen, die aber Orientierungsvermögen verlangt.
Kinderwagen: Geeignet für geländegängige Kinderwagen am Abstiegsweg, jedoch nicht über den Brunnenweg oder den Bärengraben. Diese müssen über die Almzufahrtsstraße (Weg Nr. 19) großräumig umgangen werden (insgesamt ca. 11,7 km im Anstieg vom Ausgangspunkt). Alternative Parkmöglichkeit am Straßenrand kurz nach der Brücke bei der Abzweigung Gamingrotte Unterleiten (Postkästen), wodurch die Strecke verkürzt wird (ca. 8,2 km im Anstieg).
Gipfelmöglichkeit: Während der Tour wird der Rainstock, 1296 m, bestiegen.
Winter: Als Schneeschuhtour im Winter wäre diese Tour zu lang, aber man kann von Lackenhof aus über den Kesselgraben und das Steingrabenkreuz auf den Rainstock gehen. Der Abstieg erfolgt dann durch den Leitnerwald zurück nach Lackenhof (rot, ca. 4.30 Std.).

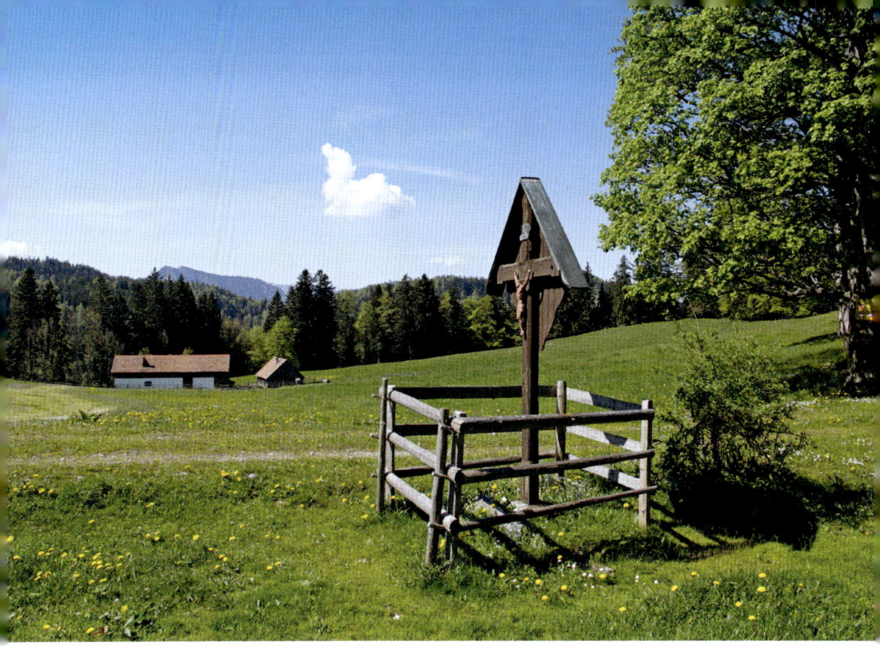

Almromantik Gföhler Alm.

Vom Ausgangspunkt in **Gaming (1)** zuerst über den Fluss, dann rechts die Tormäuerstraße hinauf, unter dem Aquädukt hindurch und bei der kommenden Kreuzung Richtung Urmannsau. Nach Verlassen der Ortschaft Gaming bis zu einer Fahne der Österreichischen Bundesforste, dort rechts hinein, am **Forsthaus (2)** vorbei über breiten Fahrweg sanft ansteigend durch die Wiesen zu einem Gehöft. An der linken Ecke des Wirtschaftsgebäudes vorbei (Wegweiser; Weg Nr. 14 Gföhleralm bzw. Weg Nr. 20a Ebertal) den Steigspuren folgend in den Wald. Dort den Steig (Nr. 14/20a; spärliche weiß-rot-weiße Markierung) länger und gelegentlich etwas steiler durch das Ebertal bergan bis zu einem Weidezaun. Den Überstieg benutzend nun über Almweiden der bekannten Wegnummer und Markierung folgen durch zwei Weidetore (ab dem ersten Weidetor wird aus Weg Nr. 20a nurmehr 20). Nach wenigen Minuten durch lichten Wald erreicht man den **Gföhlsattel (3)** mit einem Jagdhaus. Dem Wegweiser auf der Forststraße nach rechts folgend und kurz darauf wieder rechts hinauf, erreicht man eine 90-Grad-Kurve, wo

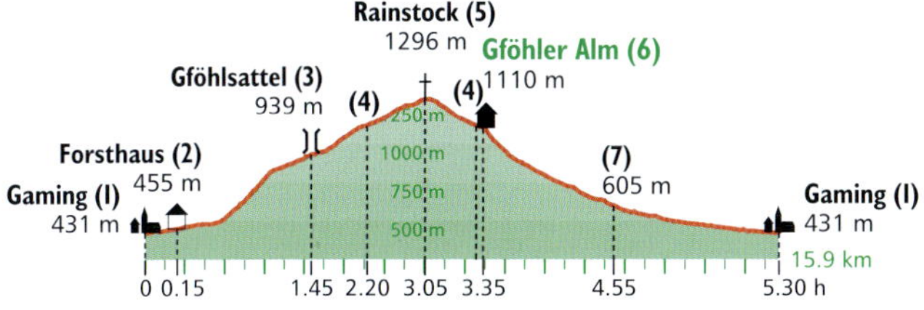

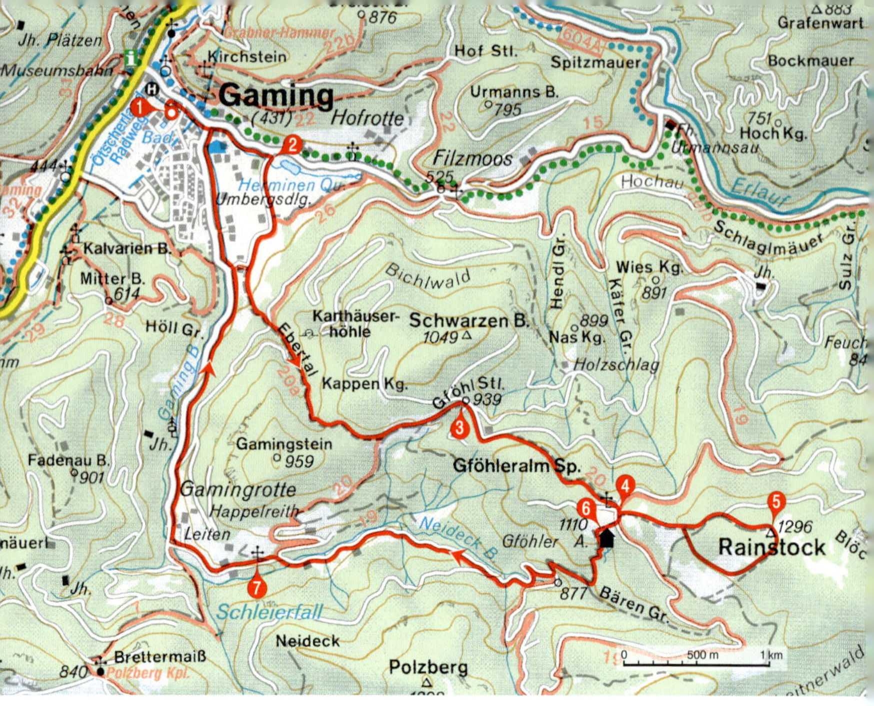

nach ca. 100 Metern rechts ein Steig abzweigt. Diesen durch schönen Bergwald hinauf zu einem **Wegkreuz (4)**, knapp 200 Meter nördlich der Gföhler Alm.

Um den Rainstock zu besteigen, geht man nun von hier links hinauf zur Almzufahrtsstraße Weg Nr. 19 (Holzwegweiser »Rainstock«). Man überquert diese und folgt dem Wiesenweg (weiß-rot-weiße Markierung) oder ab dem Wildgürtel nach rechts den Steigspuren erst in südöstlicher, dann in nordöstlicher Richtung durch den Wald hinauf zum Plateau des **Rainstock (5)** mit Gipfelkreuz und Ötscherblick.

Abstieg zum **Wegkreuz (4)** wie Anstieg. Von dort weiter zur **Gföhler Alm (6)**. Vor der Gföhler Alm führt entlang eines Zaunes ein Steig (Brunnenweg) über die Wiese zu einem Zaunüberstieg. Nun den Steig in Serpentinen hinunter in den Talgrund, wo man auf eine Forststraße trifft. Dieser als Weg Nr. 14 mit der bekannten weiß-rot-weißen Markierung folgen, bei der nächsten Kreuzung rechts halten, talaus bis zu einem Schranken. Hinter diesem erreicht man auf einem Güterweg gleich das erste Haus, Schleierfallstraße 63. Vorbei an weiteren Häusern folgt man der Schleierfallstraße, kommt zum **Wegkreuz Oberleiten (7)** und später zur Straßenmeisterei. Die Straße weiter hinunter bis zur Schule, bei der Kreuzung links, dann unter dem Aquädukt hindurch bis zum Parkplatz gegenüber der Rettungsstelle in **Gaming (1)**.

EINKEHR

Gföhler Alm, 1110 m: Geöffnet von Ende Mai / Anfang Juni bis Mitte September. Dienstag und Mittwoch Ruhetag. Almprodukte und kleine Jausen. Nächtigung möglich. Im August Almmesse und Almfest. Hüttenwirte: Fam. Scharner, Tel. +43 676 7577890.

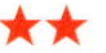

Prochenberghütte, 1123 m

Achterschleife am Prochenberg

★★

Maria Seesal und Tannhäuser im Prochenberg

In der 2. Hälfte des 19. Jahrhunderts entstand der Wallfahrtsort Maria Seesal. Die Geschichte des Ortes geht auf einen Traum der leidgeprüften Frau Wochner zurück. Der Legende nach soll ihr im Traum der Bau der Kirche und der Name erschienen sein. 1864 ließ Frau Wochner eine Holzhütte errichten, 1869 baute man eine gemauerte Kapelle. Frau Wochners Urenkel Peter Lehner baute in den Jahren 1903 bis 1906 schließlich die Wallfahrtskirche. Südwestlich von Ybbsitz erheben sich die steilen Hänge des Prochenberges, den die Fantasie der Bevölkerung zum Domizil von Berggeistern gemacht und mit allerlei Sagen umgeben hat. So wird erzählt, dass bei längerem Starkregen aus dem Fuß des Berges Quellen hervorsprudeln. Darin schwimmen schwarze Fische, die aber blind sind und erst nach dem Erblicken von Tageslicht sehend werden.

Blick von der Warte auf die Prochenberghütte, die Eisenwurzen und die Oberösterreichischen Voralpen.

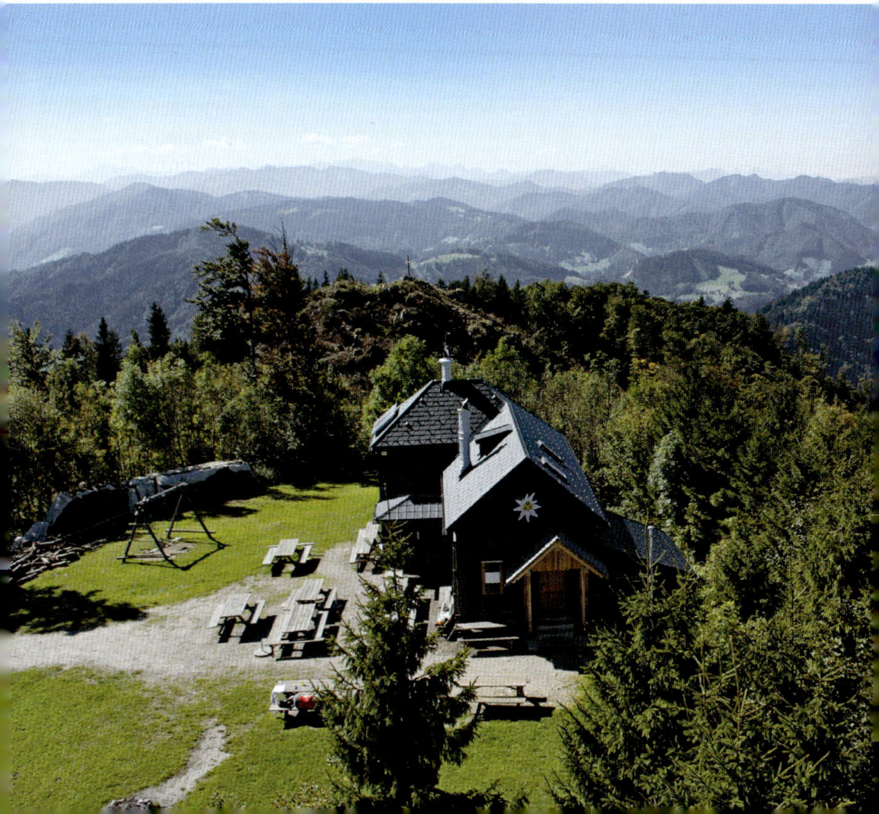

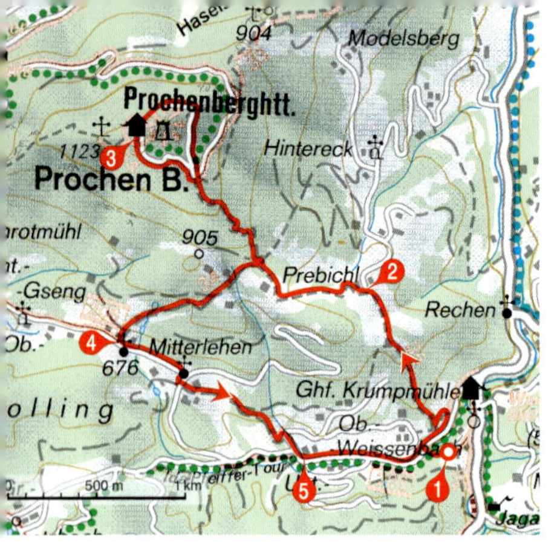

EINKEHR

Prochenberghütte, 1123 m: Hütte des Österreichischen Alpenvereins, Sektion Waidhofen/Ybbs. Geöffnet Sonn- und Feiertag von Mai bis Oktober, an Samstagen, Sonn- und Feiertagen im Juli, August und September. Nächtigung möglich. Tel. +43 7443 87562 oder +43 681 10367156, www.alpenverein.at/prochenberghuette.

Gasthof Krumpmühle, 524 m: Etwa 500 Meter vom Ausgangspunkt, nördlich der Wallfahrtskirche. Tel. +43 7443 88318.

KURZINFO

Talort: Maria Seesal, 524 m; von Wien auf der A1 bis Amstetten West, weiter auf der B121 bis Waidhofen an der Ybbs. Dann auf der B31 und B22 nach Ybbsitz und auf Landstraße nach Maria Seesal. Tourismusregion Ybbstaler Alpen (Tel. +43 7484 93049, www.ybbstaler-alpen.at).

Ausgangspunkt: Parkplatz bei der Wallfahrtskirche Maria Seesal.

Gehzeit: 4.15 Std.

Höhenunterschied: 600 m.

Anforderungen: Einfache Wanderung mit einem längeren steilen Anstieg auf Steigen, Wegen und Almstraßen.

Kinder: Kleiner Kinderspielplatz neben der Prochenberghütte.

Kinderwagen: Geeignet für geländegängige Kinderwagen am Abstiegsweg bis Mitterlehen, keine Einkehrmöglichkeit.

Mountainbike: Prochenbergstrecke: Ybbsitz – Prochenberg – Ybbsitz (14,3 km, 740 Hm, ca. 1.45 Std., schwarz).

Winter: Tour im Winter als Schneeschuhwanderung, bei wenig Schnee auch als Winterwanderung machbar.

Von der Wallfahrtskirche **Maria Seesal (1)** geht man zuerst wieder die Zufahrtsstraße hinunter, zweigt rechts ab, um dann links vom Bach entlangzugehen, bis man kurz vor der Krumpmühle rechts zu einem Holzsteg und einem Marterl gelangt. Auf der anderen Straßenseite führt nun ein Steig etwas steiler aufwärts (Weg Nr. 35) bis zu einer Viehtränke; dort links in einem weiten Rechtsbogen zu einer Forststraße mit Wegweiser. Dieser kurz rechts folgen, um dann links sehr steil über eine Wiese, später im Wald, weiter aufzusteigen. Wenn der Weg verflacht, tritt man kurz darauf aus dem Wald und kommt wieder auf eine Wiese. Man hält sich schräg rechts auf dem sanften Hang und erreicht kurz darauf eine weiße Rohrmarkierung (rot-weiß-rote Tafel mit Nr. 35) mitten auf der Wiese. Dahinter sieht man das Gehöft **Prebichl (2)**, dessen Zufahrtsweg man über die Wiese am kürzesten Weg erreichen soll. Dort links zum Gehöft und dem links davon beginnenden Wiesenweg folgen. Dem gut sichtbaren Verlauf des Wiesenweges folgt man durch einige Weidetore bis zu einem Weidedurchgang an einem Fahrweg (Wegweiser). Hier rechts dem Weg Nr. 34 zur Prochenberghütte folgen. Der Weg wird zu einem blockigen Steig und führt zuerst durch dichteren Wald, bald aber über aussichtsreiche Lichtungen zu einer Weg-

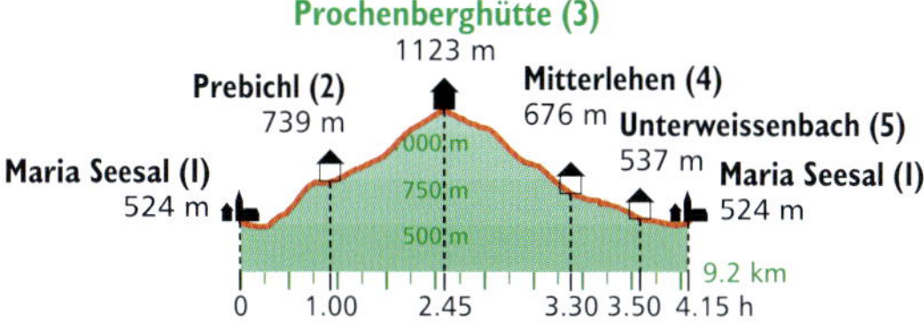

kreuzung (Rohrstange, rot-weiß-rote Tafel mit Nr. 34). Hier dem linken Weg folgen bis zu einer Forststraße, auf dieser wieder links in kurzer Zeit zur **Prochenberghütte (3)** mit ihrer Aussichtswarte.

Am östlichen Ende der Warte führt ein Steig hinunter zu einem verwachsenen Fahrweg. Diesem rechts folgen zur Wegkreuzung mit der Rohrstange (rot-weiß-rote Tafel mit Nr. 34). Am Anstiegsweg zurück bis zum Weidedurchgang an einem Fahrweg mit Wegweiser. Nun nicht über die Wiesen zurück, sondern der Forststraße (Weg Nr. 34) Richtung Mitterlehen folgen. Nach knapp 300 Metern an einem Waldeck links auf einen unscheinbaren Steig abzweigen (auf rot-weiß-rote Markierungen an den Bäumen achten!) und auf diesem, an einer Quelle und einem Fischteich mit Forellen vorbei, hinunter zum Gehöft **Mitterlehen (4)**.

Vor zur Kapelle (Wegweiser), am Güterweg links zu den Bauernhäusern, zwischen diesen hindurch am Fahrweg bis zu dessen Ende. Dann rechts am Waldrand über die Wiese, die in einer Linkskurve in den Wald hinein, kurz darauf nach einer Rechtskurve wieder aus dem Wald hinaus und zu einem Wirtschaftsgebäude am linken Wegrand nach **Unterweissenbach (5)** führt. Links auf einem Güterweg (Weg Nr. 06) zurück zur Wallfahrtskirche **Maria Seesal (1)**.

Ein kurzer Besuch in dem in herrlicher Umgebung gelegenen Gotteshaus für eine stille Andacht zum Dank für eine gesunde Rückkehr rundet die Tour ab.

Aussichtsreicher Schlussanstieg zur Prochenberghütte.

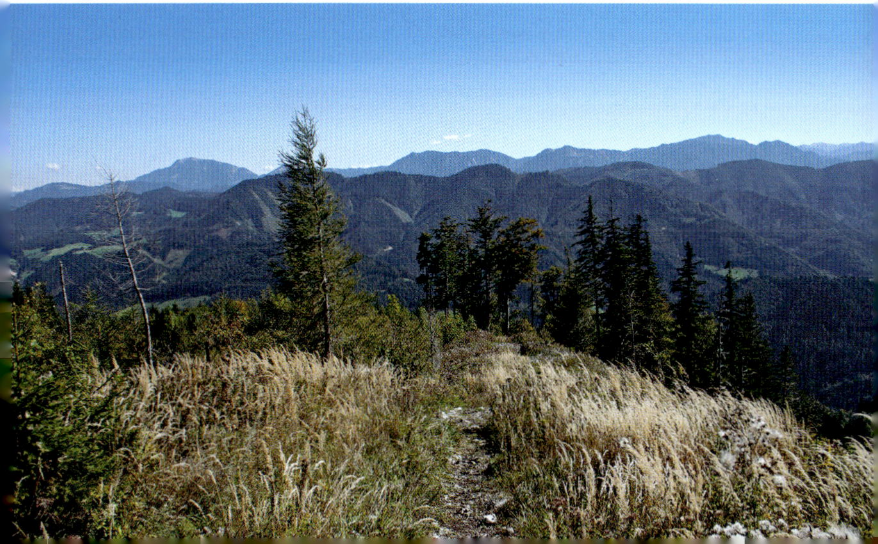

24 Kapler Alm, 740 m, und Hochschlag, 853 m

Von der Schnalle zur Schranke

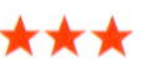

Wanderung an der alten »Drei-Märkte-Straße«

Der Grenz- und Mautwanderweg Reinsberg mit seinen Infotafeln wurde als Eisenstraße-Themenweg 1996 eröffnet und führt durch das schöne Gebiet der Ybbstaler Voralpen und der Eisenwurzen. Das Thema »Von der Schnalle zur Schranke« soll an den »Schnallenspörrer« erinnern, der zur Hochblüte der Eisenwurzen die Transporte an der alten »Drei-Märkte-Straße« (Scheibbs, Purgstall, Gresten) kontrollierte und bei der »Schranke« die Maut kassierte. Um die Maut zu umgehen, hatten Schmuggler Hochkonjunktur. Die auf dem Weg liegende »Karnerhöhle« war ein beliebtes Schmugglerversteck. Die Burg Reinsberg bewachte zwischen Erzberg und Donau einst den Eisen- und Provianthandel. Da zwischen Gaming und Scheibbs der Felsen in Peutenburg umgangen werden musste, führte der Hauptweg über den Buchberg durch Reinsberg nach Scheibbs und Purgstall. Erst mit der Erfindung des Schießpulvers (Sprengung des Felsens in Peutenburg 1561) verlor dieser wichtige Verkehrsweg an Bedeutung. Diese Tour hält sich zwar nicht zur Gänze an den Themenweg (der an der Kapleralm nicht vorbeiführt) und wird in entgegengesetzter Richtung beschrieben, ist so aber schöner und vermittelt trotzdem viel Geschichtliches und Kulturelles.

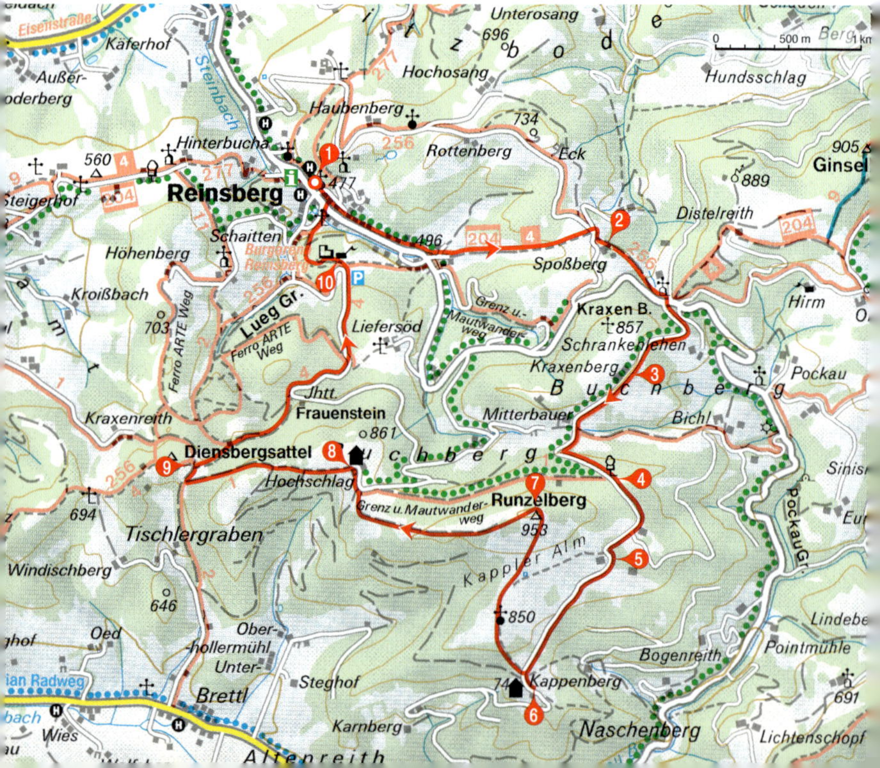

KURZINFO

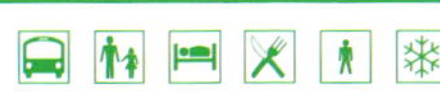

Talort: Reinsberg, 477 m; von der A 1, Abfahrt Ybbs, über Wieselburg und Purgstall nach Reinsberg; Gemeinde Reinsberg (Tel. +43 7487 2351, www.reinsberg.at).
Ausgangspunkt: Parkplätze im Bereich der Kirche.
Gehzeit: 4.40 Std.
Höhenunterschied: 500 m.
Anforderungen: Einfache Wanderung mit viel Aussicht.
Kinder: Streichelzoo auf der Kapler Alm. Besichtigung der Ruine Reinsberg (www.burgarena.reinsberg.at). Im Winter Rodelspaß bei den Einkehrmöglichkeiten.
Kinderwagen: Mit Geschick und Kraft geeignet für geländegängige Kinderwagen. Nur das Stück zwischen Kapleralm und der Kapelle ist zu steil zum Fahren. Hier Kind und Wagen tragen oder zurück zum Wirtschaftsgebäude Kapleralm und links am Fahrweg zur Abzweigung auf den Runzelberg.
Mountainbike: Ruinentour Gresten – Ruine Reinsberg – Hochschlag – Kraxenberg – Reinsberg – Gresten (22,6 km, 780 Hm, 1.40 Std., rot).
Gipfelmöglichkeit: Unterwegs auf den Runzelberg, 953 m.
Winter: Als Winterwanderung oder Schneeschuhtour möglich. Beide Einkehren haben auch im Winter geöffnet.

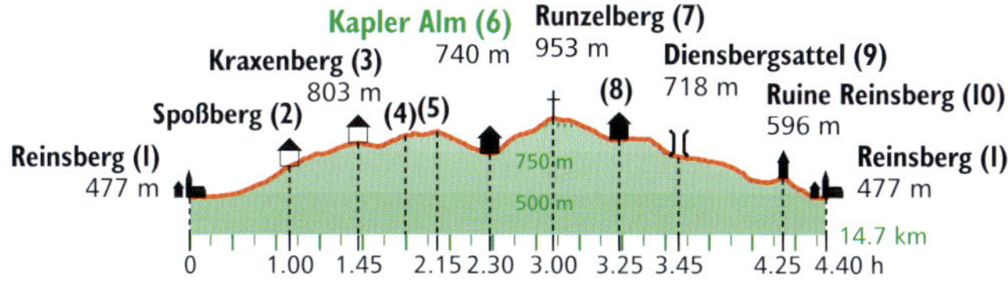

EINKEHR

Kapler Alm, 740 m: Schutzhaus in aussichtsreicher Lage. Kleine Speisekarte mit bäuerlichen Gerichten und Getränken. Ganzjährig geöffnet, Mittwoch bis Freitag 14 bis 20 Uhr, Samstag 13 bis 21 Uhr, Sonn- und Feiertage 11 bis 20 Uhr, Montag und Dienstag Ruhetag. Nächtigung möglich. Tel. +49 0670 2066292, www.reinsberg.at > Naturerlebnis > Wanderrouten, www.kapler-alm.at.
Wanderrast und Biobauernhof Hochschlag, 853 m: 400 Jahre alter Bauernhof, traditionell bäuerliche Köstlichkeiten aus eigener biologischer Landwirtschaft (Schafskäse, frisches Gemüse, Blut- und Leberwurst, Sulz, Bratl, Bauernkrapfen). Theateraufführungen und Brauchtumsfeste. Land-Art-Projekt »SCLAVINIA« 5 Minuten vom Hof (Kunst von Metallkünstlern in der Landschaft). Ladenkegelbahn, Schausägewerk. Ganzjährig geöffnet, Dienstag und Mittwoch Ruhetag. Nächtigung möglich. Tel. +43 7487 2722.

Die Weiden der Kapler Alm vor den Göstlinger Alpen.

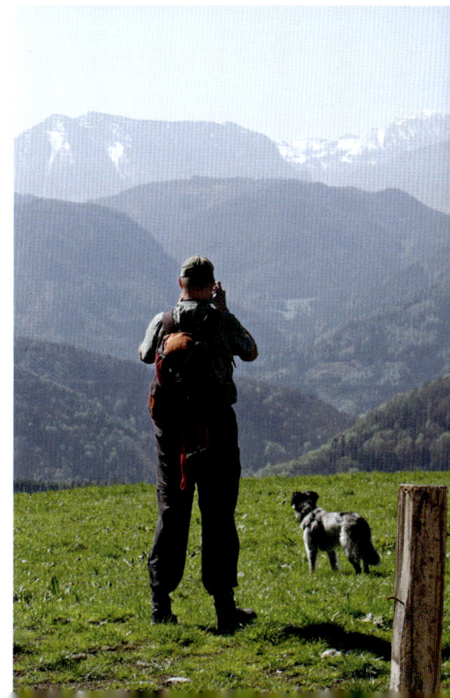

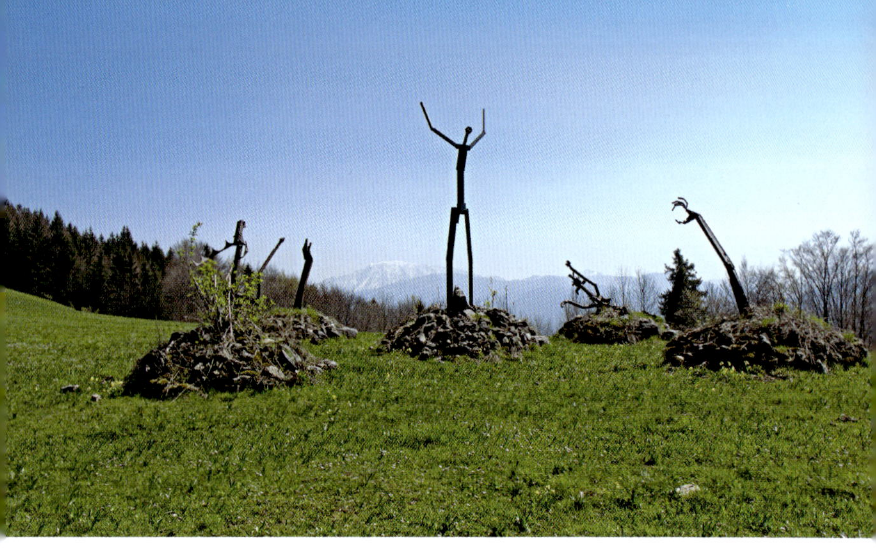

Das Land-Art-Projekt »SCLAVINIA«.

Von der Kirche in **Reinsberg (1)** rechts durch den engen Straßenverlauf am Gasthaus Stadler vorbei, dann bei der Bäckerei links halten und der Straße folgen. Vorbei an Feuerwehr und der Hofmühle gelangt man zu einer Brücke; nach dieser sofort links und über einen Fahrweg. Dann auf Steigspuren leicht bergauf über Wiesen am Waldrand entlang (rot-weiß-rote und weiß-grün-weiße Markierungen). Links von einer Baumzeile geht der Weg wieder in einen Fahrweg über und führt hinauf zum Gehöft **Spoßberg (2)**. Links vor dem Hof den Markierungen folgen. Nach einem kurzen Waldstück über eine Wiese, dann am Waldrand entlang den Steig leicht bergan bis zu einer Straße wandern. Diese queren und dem Forstweg kurz folgen bis zur »Schranke« (Infotafel) – eine Geländebezeichnung, da hier in früherer Zeit ein Mautschranken den Weg sperrte. Ein Holzwegweiser weist rechts zur Kapler Alm, dem Güterweg Kraxenberg mit nunmehr rot-weiß-roten und gelb-blauen Markierungen folgend. Mit ersten Blicken auf den Ötscher, 1893 m, wird das Gehöft **Kraxenberg (3)** erreicht.

Links am Stall vorbei auf einer Schotterstraße hinunter zu einer Kreuzung, hier geradeaus weiter und am Gegenhang in den Wald hinein. Weiter der Forststraße folgen. Bei der **Kreuzung (4)** mit dem Rundwanderweg folgt man geradeaus dem Holzwegweiser Kapler Alm. In der Folge erreicht man eine Lichtung mit einer Hütte links und einer Kreuzung mit einem Holzmarterl, an der man wieder einen herrlichen Blick auf den Ötschergipfel hat. Wiederum geht es geradeaus weiter bis zu einem **Almwirtschaftsgebäude (5)** an einer Kreuzung. Hier links ab und auf einem Fahrweg in 15 Minuten, vorbei an einem Wegweiser, zum Schutzhaus **Kapler Alm (6)**.

Nun ca. 170 Meter zurück auf dem Fahrweg zum erwähnten Wegweiser. Links über die Wiese auf Steigspuren steil hinauf zum Wald, dem Steig nach weiter zu einer Wiese, auf deren Kuppe eine kleine Kapelle steht (Rastmöglichkeit). Rechts daran vorbei orientiert man sich an den Tränktrögen oberhalb an einem Fahrweg. Durch einen Weidedurchstieg über den Fahrweg hinweg geht man nun leicht bergauf an einem Zaun entlang zum Gipfelkreuz am **Runzelberg (7)**, 953 m. Ötscher, Scheiblingstein, Dürrenstein, Stumpfmauer und Hochkogel zeigen sich in schönem Panorama.

Weiter westwärts den Weg abwärts zu einer Wiese mit Eisenskulpturen (»SCLAVINIA«), von wo man bereits die Jausenstation **Hochschlag (8)** sieht, die man 5 Minuten später erreicht. Hinter den Gebäuden steht ein Wegweiser, der nun weiter westwärts problemlos zum **Diensbergsattel (9)** leitet; man folgt einfach den rot-weiß-roten und gelb-blauen Markierungen. Der Sattel selber stellt sich als große Wiese mit schöner Aussicht dar. Nun rechts hinunter zum tiefsten Punkt in den Sattel, dort wieder rechts auf einem Steig in den Wald hinein, der sich zu einem Fahrweg erweitert und schlussendlich als Forststraße mehrere Kreuzungen mit Wegweisern passierend die **Ruine Reinsberg (10)** erreicht. Auf einer Straße gelangt man hinauf zu den Burggebäuden und kann diese besichtigen. Zurück auf der Straße zweigt man auf den Reinsbergsteig ab und kommt in Kürze wieder zur Kirche in **Reinsberg (1)**.

Die Kapler Alm, dahinter der Ötscher.

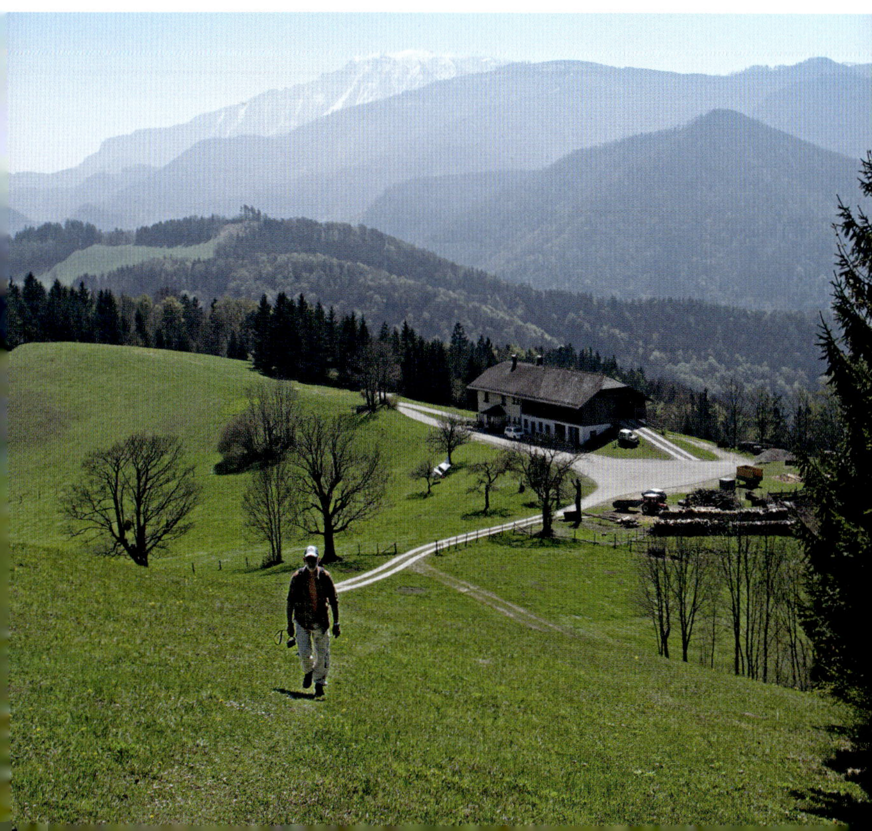

25 Siebenhüttenalm, 1297 m, Kitzhütte, 1266 m

Von Ebnerbrand zur Kitzhütte 

Die Göstlinger Alpen und wie die Hollensteiner Kirche erbaut wurde

Die Göstlinger Alpen sind eine etwa 25 km lange und 15 km breite Bergkette im Südwesten von Niederösterreich. Sie haben ihren Namen nach Göstling, dem im Oberlauf der Ybbs gelegenen Ort, und erreichen im bekannten Skigebiet des Hochkar eine Höhe von 1808 Metern und am östlicher gelegenen Dürrenstein 1878 Meter. Einer der Gipfel ist auch der Königsberg (südlich der Orte Hollenstein an der Ybbs und Göstling). Der Königsberg ist ein lang gezogener Bergrücken der Göstlinger Alpen nahe der oberösterreichischen Grenze. Er stellt den westlichsten Ausläufer der Ybbstaler Alpen gegen die anschließenden Ennstaler Alpen dar und erreicht am Schwarzkogel 1452 Meter Höhe. Für Bergwanderer gibt es einige Schutzhütten, für den Wintersport ein kleines Skigebiet bei Hollenstein.

Die Hollensteiner Kirche sollte anno dazumal zuerst auf dem Kalvarienberg erbaut werden. Es wurde dort auch schon das Baumaterial gelagert. Als nun die Zimmerleute Balken anfertigten, verletzte sich einer von ihnen an der Hand, und das Blut färbte die dort herumliegenden Holzspäne. Da kam ein Kreuzschnabel angeflogen, nahm einen blutigen Span in den Schnabel und trug ihn auf einen naheliegenden Hügel. Die Bevölkerung fasste diese Begebenheit als ein Zeichen auf und erbaute die Kirche an dieser Stelle, wo sie nun in drei Täler hinabblickt.

Almidylle vor dem Großen Buchstein.

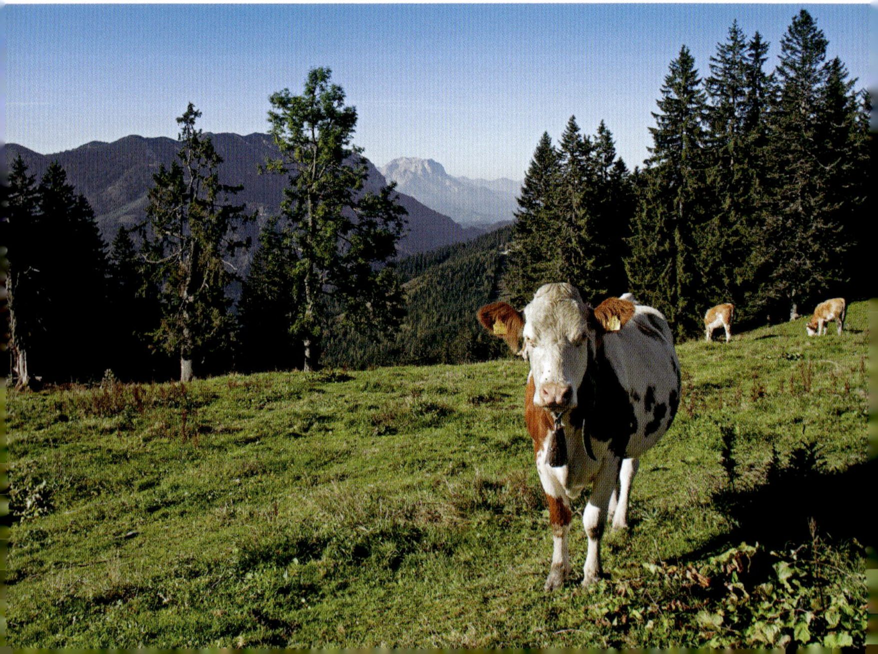

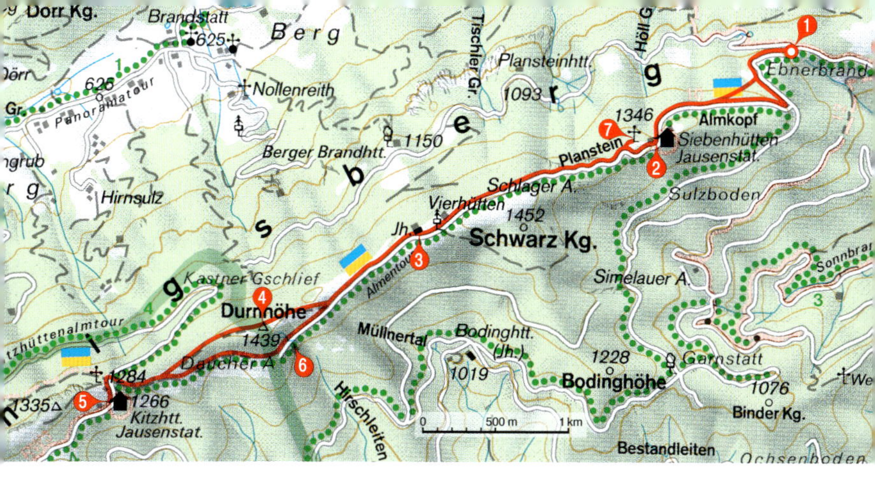

KURZINFO

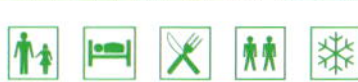

Talorte: Hollenstein a. d. Ybbs, 497 m, und Göstling a. d. Ybbs, 532 m; von Wien auf der A 1 bis Abfahrt Ybbs, weiter auf der B 25 über Wieselburg, Purgstall, Scheibbs, Gaming, Lunz am See nach Göstling a. d. Ybbs; Richtung Lassing bis zur Einfahrt Göstling-Süd. Hier rechts abzweigen und auf einer Bergstraße Richtung Siebenhütten ca. 5 km bis zum Bauernhof Kurzeck, dem höchstgelegenen Bauernhof Niederösterreichs, 1022 m, und weiter zum Parkplatz Ebnerbrand vor dem Almgebiet Königsberg. Tourismusregion Ybbstaler Alpen (Tel. +43 7484 93049, www.ybbstaler-alpen.at).

Ausgangspunkt: Parkplatz Ebnerbrand, 1089 m.

Gehzeit: 4.20 Std.

Höhenunterschied: 470 m.

Anforderungen: Sehr einfache Wanderung mit einem kurzen steileren Anstieg auf die Durnhöhe auf Steigen, Wanderwegen und Almstraßen. Großteils auf einem Abschnitt des Niederösterreichischen Rundwanderweges, weshalb die gelb-blauen Markierungen bzw. die Abkürzung LRW häufig vorzufinden sind. Trittsicherheit am Planstein (unebene Almwiese).

Kinder: Rund um die Almen weiden Kühe und Jungvieh. Kleiner Spielplatz auf der Siebenhüttenalm.

Kinderwagen: Geeignet für geländegängige Kinderwagen auf der Almstraße bis zur Siebenhüttenalm bzw. weiter bis zur Daucheralmquelle. Dann folgt ein ca. 750 m langer Steig mit häufigen Trageetappen. Dann wieder Almstraße bis zur Kitzhütte. Mit Geschick und Kraft möglich. Sonst sollte bei der Quelle wieder gewendet werden.

Mountainbike: Sieben-Hütten-Tour Göstling – Siebenhütten/Königsberg – Göstling (18,1 km, Summe aller Anstiege 760 Hm, rot). Weitere Touren über den Tourismusverein Göstlinger Alpen.

Gipfelmöglichkeiten: Die Durnhöhe, 1439 m, am Weg (blau; unmarkiert!).

Winter: Ab Bauernhof Kurzeck als Schneeschuhtour möglich. Im Winter wenig Parkmöglichkeit, wenn nicht geräumt. Nicht auf Privatgrund parken!

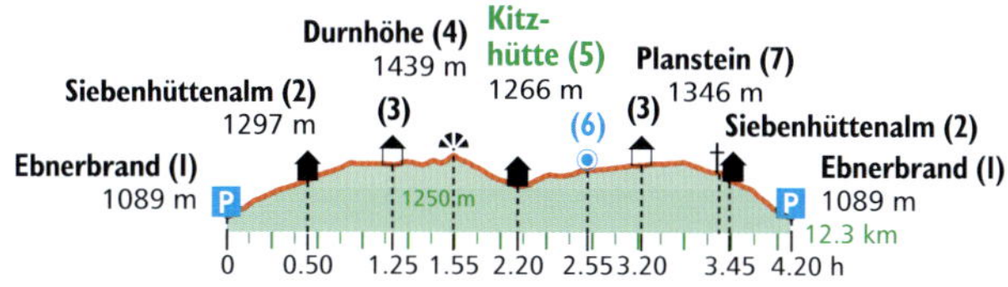

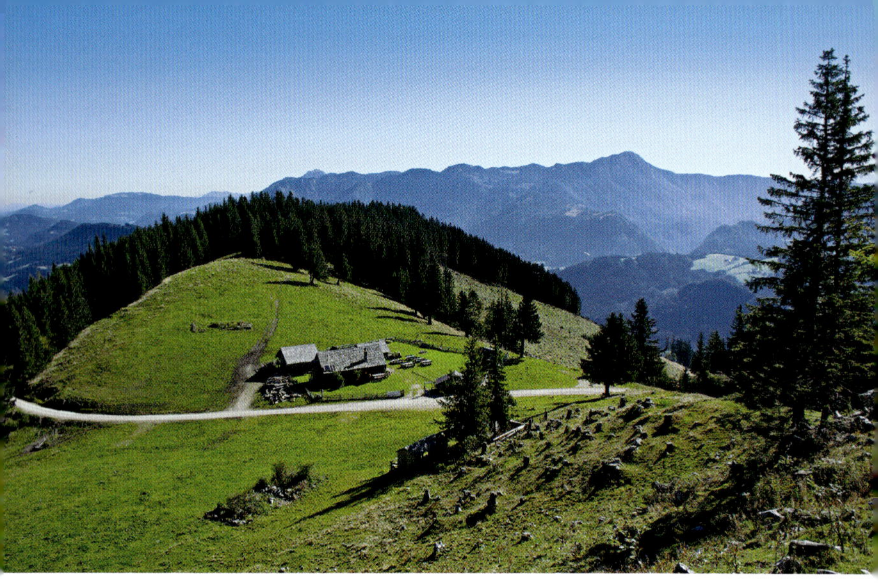

Die Siebenhüttenalm, rechts der Dürrenstein.

Vom Parkplatz **Ebnerbrand (1)** gleich hinter der Schranke links bergauf und die Almstraße entlang. Diese führt gemütlich nach ca. 50 Minuten Gehzeit zur bewirtschafteten **Siebenhüttenalm (2)**. Wer möchte, kann auch vorher dem Holzwegweiser »Abkürzung 7-Hütten« durch den Wald auf einem schönen Steig folgen und erspart sich so ca. 20 Minuten Gehzeit, aber der Weg ist deutlich steiler.

Es geht weiter (Wegweiser) auf dem bequemen Wanderweg über die Schlageralm zur **Jagdhütte Vierhütten (3)**. Dort beim Bildbaum mit dem Wegweiser (Kitzhütte Kammweg) links am Tümpel vorbei, geht es rechts hinauf zur **Durnhöhe (4)**, rot-weiß-rote Markierungen auf diesem Streckenabschnitt, mit ihrer 360-Grad-Rundumsicht. Über den westlichen Bergrücken absteigen und bei der Forststraße rechts bis zur bewirtschafteten **Kitzhütte (5)**.

Zurück am Herweg bis zum Abstiegsweg von der Durnhöhe, dort nun rechts halten (Wegweiser) und über einen Steig in eine Senke der Daucheralm und wieder hinauf bis zur **Daucheralmquelle (6)**, Wegweiser. Auf der Almstraße bis zur **Jagdhütte Vierhütten (3)**. Wer möchte, kann noch in wenigen Minuten einen Abstecher links hinauf zum Gipfelkreuz des **Planstein (7)** machen, der Erhebung über der Siebenhüttenalm. Sonst wie im Anstieg über die **Siebenhüttenalm (2)** zurück zum Parkplatz **Ebnerbrand (1)**.

EINKEHR

Siebenhüttenalm, 1297 m: Private Hütte. Almjause und Getränke. Bewirtschaftet von Ende Mai bis September, bei guter Witterung bis Ende Oktober, Donnerstag Ruhetag. Keine Nächtigung. Tel. +43 664 4950401 oder +43 664 4719939.

Kitzhütte, 1266 m: Private Hütte. Treffpunkt für Wanderer und Mountainbiker. Bodenständige Jause. Von Ende Mai bis Ende Oktober durchgehend bewirtschaftet. Übernachtung im Matratzenlager für bis zu 15 Personen möglich. Tel. +43 680 2311636.

Kräuterinalm, 1394 m

Vom Almdorf zur Alm

★

Unbekannte Kräuterin

Die Kräuterin ist ein untergeordnetes ca. 120 km² großes Bergmassiv in den Ybbstaler Alpen, dessen höchster Gipfel der Hochstadl mit einer Höhe von 1919 m ist. Der Gebirgsstock befindet sich im Norden der Steiermark, nahe der Grenze zu Niederösterreich. Angrenzend liegen im Nordwesten die Göstlinger Alpen (speziell der Dürrenstein), im Osten die Mariazeller Berge und im Süden die Salza. Dieses tief eingeschnittene, kurvenreiche Salzatal trennt die Kräuterin von der Hochschwabgruppe und in ihm verläuft die Zweite Wiener Hochquellenleitung, die den Großraum Wien täglich mit bis zu 217.000 m³ Wasser versorgt. Sie wurde 1910 von Kaiser Franz Joseph eröffnet und hat ausreichend Gefälle bis Wien, sodass keine Pumpen notwendig sind. Wie bei der ersten Hochquellenleitung sind bereits im Quellgebiet große Höhenunterschiede vorhanden. Das Wasser benötigt ca. 36 Stunden für die Strecke aus dem Quellengebiet bis Wien. Etwas entlegen ist das Gebiet der Kräuterin, aber gerade diese Abgeschiedenheit erhöht den Reiz, da man mit keinerlei touristischem Rummel zu rechnen braucht. Man findet eine intakte alpine Pflanzenwelt vor; mit Glück bekommt man sogar einen Steinadler zu Gesicht, der in den Wänden des Hochschwab seinen Horst hat. Dass sich in dieser Einsamkeit mitunter auch ein Bär aufhält, verwundert nicht. Ihn bekommt man allerdings kaum zu sehen, denn er trollt sich, sobald er mit seinem überaus empfindlichen Gehör den Wanderer und Bergsteiger bemerkt hat.

Morgenstimmung beim Almdorf Dürradmer.

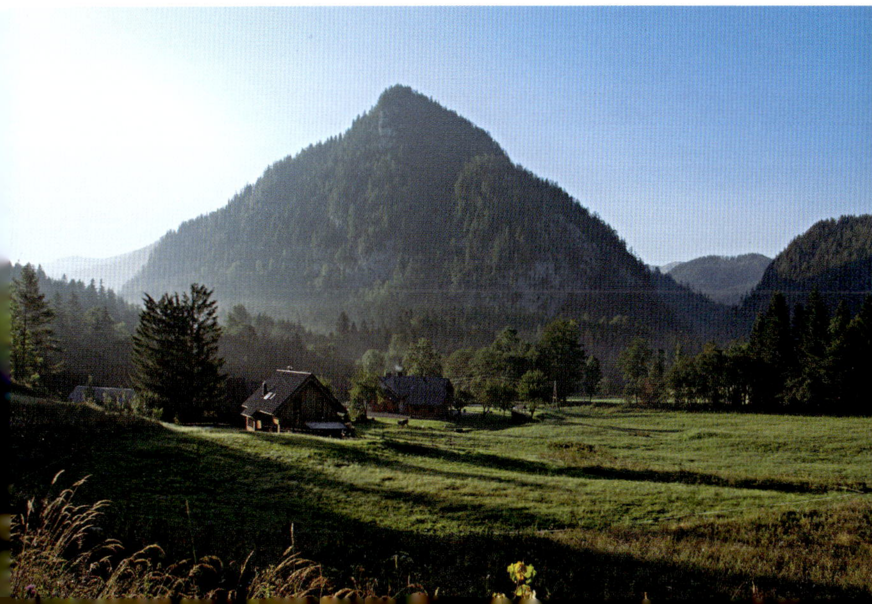

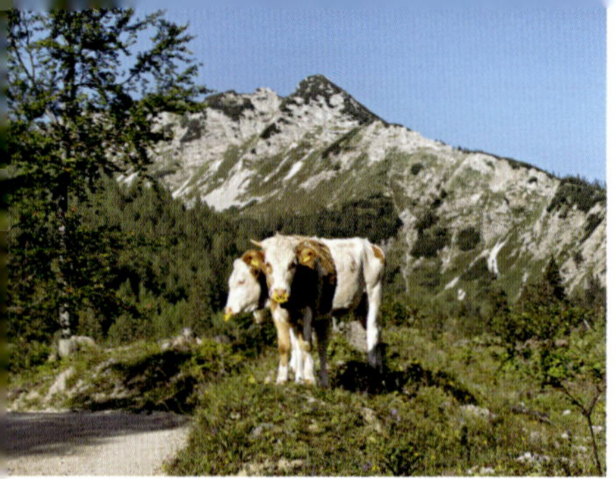

Der Hochstadel von der Nappenbachklause aus.

KURZINFO

 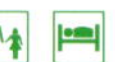 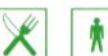

Talort: Greith, 737 m, in der Gemeinde Gußwerk, 747 m; von Wien oder Graz auf der A 2 bis Knoten Seebenstein, weiter auf der S 6 bis Abfahrt Mürzzuschlag Ost, dann über Mürzsteg und Wegscheid nach Gußwerk, dort ins Salzatal nach Greith; Tourismusregionalverband Hochsteiermark (Tel. +43 3862 550200, www.hochsteiermark.at); Tourismusverband Mariazeller Land (Tel. +43 3882 2366, www.mariazell-info.at).

Ausgangspunkt: a) Parkplatz Fangbrücke im Almdorf Dürradmer. Vom Gasthof Leitner in Greith zur Brücke des Ramsaubaches, vor der Brücke rechts entlang des Baches zum Almdorf. b) 2. Schranken bei der Nappenbachklause. Mautgenehmigung erhältlich beim Gasthaus Leitner in Greith (Tel. +43 3885 203; Montag und Dienstag Ruhetag) oder beim Gasthaus Franzbauer im Salzatal (Tel. +43 3885 209; Mittwoch und Donnerstag Ruhetag); 15 Euro pro Pkw (wird an die Bundesforste abgeliefert). Vorsicht, der Zustand der Forststraße ist teilweise ziemlich schlecht.

Gehzeit: 4 Std. ab Dürradmer bzw. 1.30 Std. ab Nappenbachklause.

Höhenunterschied: 590 m, ab Nappenbächklause 225 m.

Anforderungen: Der Anstieg ist ca. 6,5 km lang, aber nicht schwierig. Man hat ein gutes Stück auf einer Forststraße zu absolvieren; wenn man dann aber oberhalb der Nappenbachklause und der Kräuterinhütte durch eine wunderbare Naturlandschaft am Fuße des Fadenkamps wandert, wird man reichlich für den vergleichsweise eintönigen Beginn entschädigt. An allen Kreuzungen Wegweiser, verirren nicht möglich.

Kinder: Rund um die Alm weiden Kühe und Jungvieh. Der Nappenbach zwischen der Nappenbachklause und der Almhütte zum Erfrischen und Spielen.

Kinderwagen: Geeignet für geländegängige Kinderwagen; auf Forststraße bis zur Alm.

Gipfelmöglichkeit: Auf den Hochstadl, 1919 m (2 Std. im Anstieg von der Kräuterinalm, schwarz, Trittsicherheit nötig).

Variante: Als Rundtour Fangbrücke – Kräuterinalm – Hochstadl – Gresserthütte – Rotmoos – Fangbrücke (ca. 6 bis 7 Std., rot).

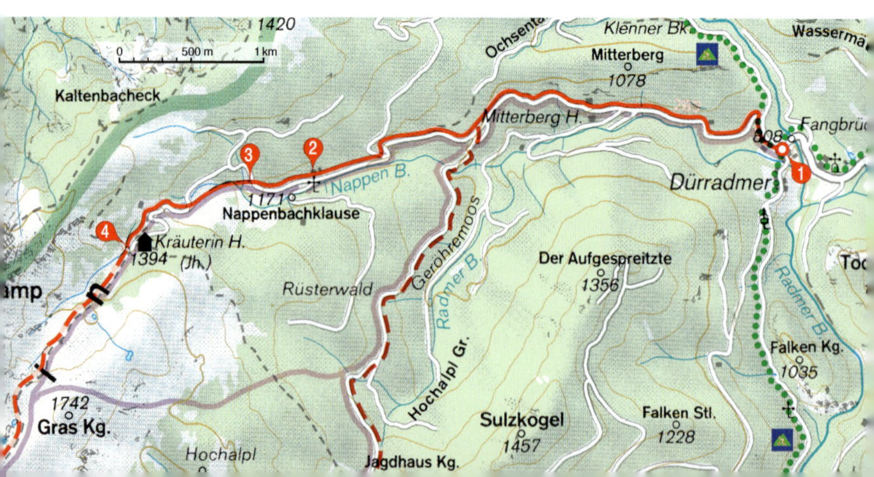

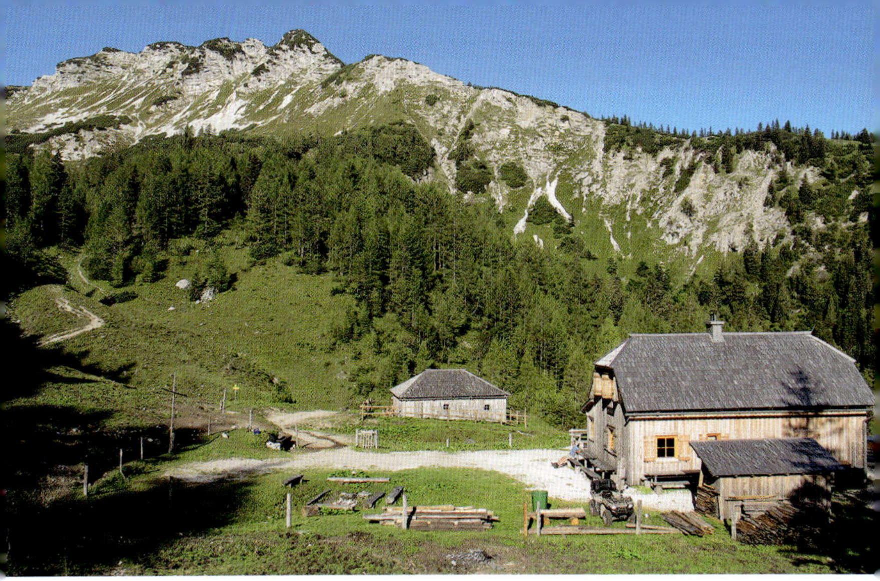

Die romantisch gelegene Kräuterinalm.

Von der **Fangbrücke (1)** beim Almdorf Dürradmer durch den ersten Schranken und auf der Forststraße im Wald taleinwärts. Bei der ersten Kreuzung links, bei der zweiten und dritten rechts auf Weg Nr. 289 (jeweils Wegweiser; bei der dritten Kreuzung auch hölzerne Gedenktafel an die Windwurfkatastrophe 1966). Bei der vierten Kreuzung wieder links (Wegweiser); 500 Meter weiter erreicht man den zweiten Schranken beim Forsthaus an der **Nappenbachklause (2)**, Parkmöglichkeit vor dem Schranken für Mautzahler.

Ab hier beginnt das Almgebiet, der Wald zieht sich zurück. Weiter auf der Almstraße, bei der kommenden Kreuzung rechts und bis zu einem einzeln stehenden **Bildbaum (3)**. Hier dem Wegweiser nach links folgen und auf einem Steig wildromantisch am Nappenbach entlang wandern (rot-weiß-rote Markierung). Wo der Steig auf eine Almstraße trifft, einfach der Markierung bis zur **Kräuterinalm (4)** folgen.

Der Abstieg folgt dem Anstieg.

EINKEHR

Kräuterinalm, 1394 m: Private Almhütte. Geöffnet von Anfang Juni bis Mitte September, Donnerstag Ruhetag. Nächtigung möglich. Tel. +43 676 9696496.

Gasthof Leitner, 737 m: Hier ist die Maut zu bezahlen wenn man am Schranken startet. Gutbürgerliche Küche. Montag, Dienstag Ruhetag. Nächtigung möglich. Tel. +43 3885 203.

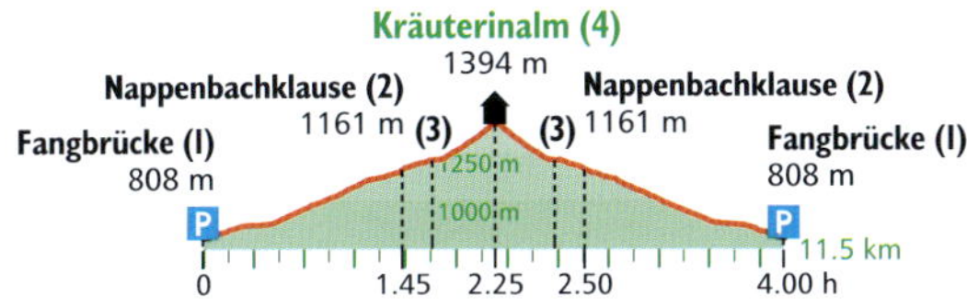

27 Alpintour Niederösterreich light

Hochkar Schutzhaus, Ybbstaler Hütte, Ötscher 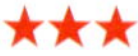

Aufbruch ins Ungewisse

Die Alpintour Niederösterreich dauert 3 Tage, sollte nie alleine in Angriff genommen werden und nur von Bergsteigern, die folgende Anforderungen unbedingt erfüllen: Kraft, Kondition, Ausdauer, Trittsicherheit, Orientierungssinn, Hilfsbereitschaft, Teamgeist. Während der Aufstieg zum Hochkar noch eine familienfreundliche Aufwärmtour für den ersten Tag darstellt, verlangt dem Bergsteiger die zweite Etappe zwischen Hochkar Schutzhaus und Ybbstaler Hütte alles ab. Die in den Prospekten und auf den einschlägigen Internetseiten angegebenen Zeiten und Anforderungen stimmen mit den tatsächlichen Anfordernissen nicht überein. Statt der 9 bis 11 Stunden sind es tatsächlich gute 14 Stunden Minimum mit mehreren kurzen Pausen, das sagte im Jahr 2010 auch der alte Hüttenwirt der Ybbstaler Hütte, der Bergretter war. Und der musste es wissen! Gepäck für drei Tage, dazu mindestens 6 Liter zu trinken am zweiten Tag, da es keine Einkehrmöglichkeit bis zum Etappenziel gibt, knapp 20 Kilometer Entfernung, knapp 1600 Höhenmeter in stetigem und zeitweise steilem Auf und Ab sowie zeitweiser Handeinsatz im Schlussanstieg auf den Dürrenstein kennzeichnen diese Etappe. Der dritte Tag zum Ötscher dauert nicht mehr so lange, fordert aber trotz allem noch einmal alle verfügbaren Reserven. Aber für diese Entbehrungen bekommt man auch etwas zurück. Eine unvergleichliche Landschaft, viele 360-Grad-Aussichten, einsame und gut markierte Steige, einen Naturpark und ein Abenteuer der besonderen Art. Besonders im Dürrensteingebiet findet man noch eine fast unversehrte Landschaft mit urigen Bergwäldern und einsam gelegenen Almwiesen. Ziel dieses Buches sind Hütten und Almen, deswegen wird hier eine kürzere, wenn auch nicht leichtere Version vorgestellt, die Vollversion ist hier nur Variante.

Abendlicher Blick vom Dürrenstein zum Ötscher.

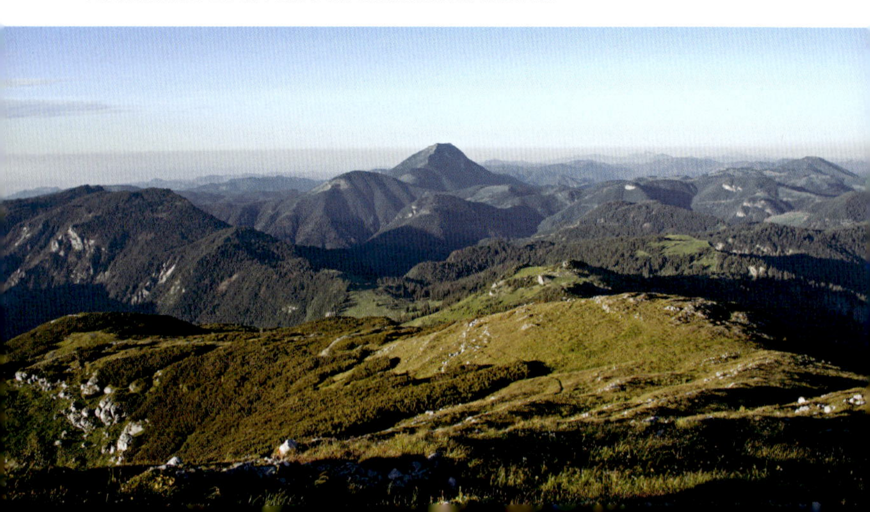

Sonnenuntergang am Ötscher Schutzhaus.

KURZINFO

Talorte: Lackenhof, 809 m; Lunz am See, 601 m; Göstling a. d. Ybbs, 532 m; Lassing, 684 m; von Wien und Salzburg über die A 1 Westautobahn zur Abfahrt Ybbs, über Wieselburg, Purgstall, Scheibbs und Gaming nach Lackenhof oder Lunz am See; von Graz über A9 Phyrnautobahn bis Abfahrt Traboch, über Trofaiach, Eisenerz, Hieflau, Palfau, Lassing und Göstling/Ybbs nach Lackenhof (Tel. +43 7484 93049, www.ybbstaler-alpen.at/lackenhof-gaming).

Ausgangspunkt: Parkplatz Talstation Doppelsessellift »Großer Ötscher« in Lackenhof. Empfehlung: Mit dem Auto oder Taxi von Lackenhof über Göstling, Lassing und die Mautstraße zum Hochkar Schutzhaus.

Sessellifte: 4er-Sessellift Hochkar-Vorgipfel, Sommerliftbetrieb bei Schönwetter täglich außer Montag zu den Betriebszeiten (Tel. +43 7484 2122-0 oder 7214, skisport.com/Hochkar/de/Bergsommer-am-Hochkar). Doppelsessellift »Großer Ötscher«, im Sommer bei Schönwetter täglich von Ende Mai bis Ende Oktober (Tel. +43 7480 5354, skisport.com/Otscher/de/Bergsommer-am-Oetscher). In der Vorsaison beide Anlagen nur am Wochenende in Betrieb.

Gehzeit: 21.20 Stunden in 3 Tagen (1. Tag: 1.40 bzw. 2.30 Std.; 2. Tag: 13.30 Std.; 3. Tag: 6 Std.).

Höhenunterschied: 2740 m im Anstieg, 3400 m im Abstieg.

Anforderungen: 1. Tag (Hochkar, rot) und 3. Tag (Ötscher Normalweg, blau) erfordern etwas Trittsicherheit, sonst keine nennenswerte Anforderungen. Am 2. Tag sehr anspruchsvolle und sehr lange Wanderung auf schmalen Steigen (schwarz), die viel Kraft, Kondition, Ausdauer, Trittsicherheit und guten Orientierungssinn erfordert. Im Schlussanstieg zum Dürrenstein leichte Kletterei (I).

Kinder: 2. Etappe für Kinder absolut nicht geeignet. Ab 14 Jahren mit Bergerfahrung, viel Kraft, Kondition, Ausdauer, Trittsicherheit.

Gipfelmöglichkeiten: Hochkar, 1808 m, Ringkogel, 1668 m, Hochkirch, 1468 m, Dürrenstein, 1878 m, Ötscher, 1893 m.

Tipp: Als Original-XXXL-Tour führt die Route am 1. Tag vom Hochkar Schutzhaus ohne Liftbenützung über den Scheinecksattel zum Hochkargipfel und über die Häsing und Leckerplan zurück zum Schutzhaus (ca. 4 Std.). Am 2. Tag geht es zum Dürrenstein und hinunter zur Ybbstaler Hütte (ca. 14 Std.), am 3. Tag wieder hinauf Richtung Dürrenstein, vorher aber nordostwärts hinunter zur Herrenalm und ins Oistal, hinauf zum Ötscher Schutzhaus und auf den Ötscher, abschließend hinunter nach Lackenhof (ca. 11.30 Std.). Aufteilung auf 4 Tage sehr empfehlenswert (3. Tag nur bis zum Ötscher Schutzhaus, ca. 8 Std.; 4. Tag Ötscher und Abstieg nach Lackenhof, ca. 3.30 Std.). Länge: 59,3 km bis Lackenhof.

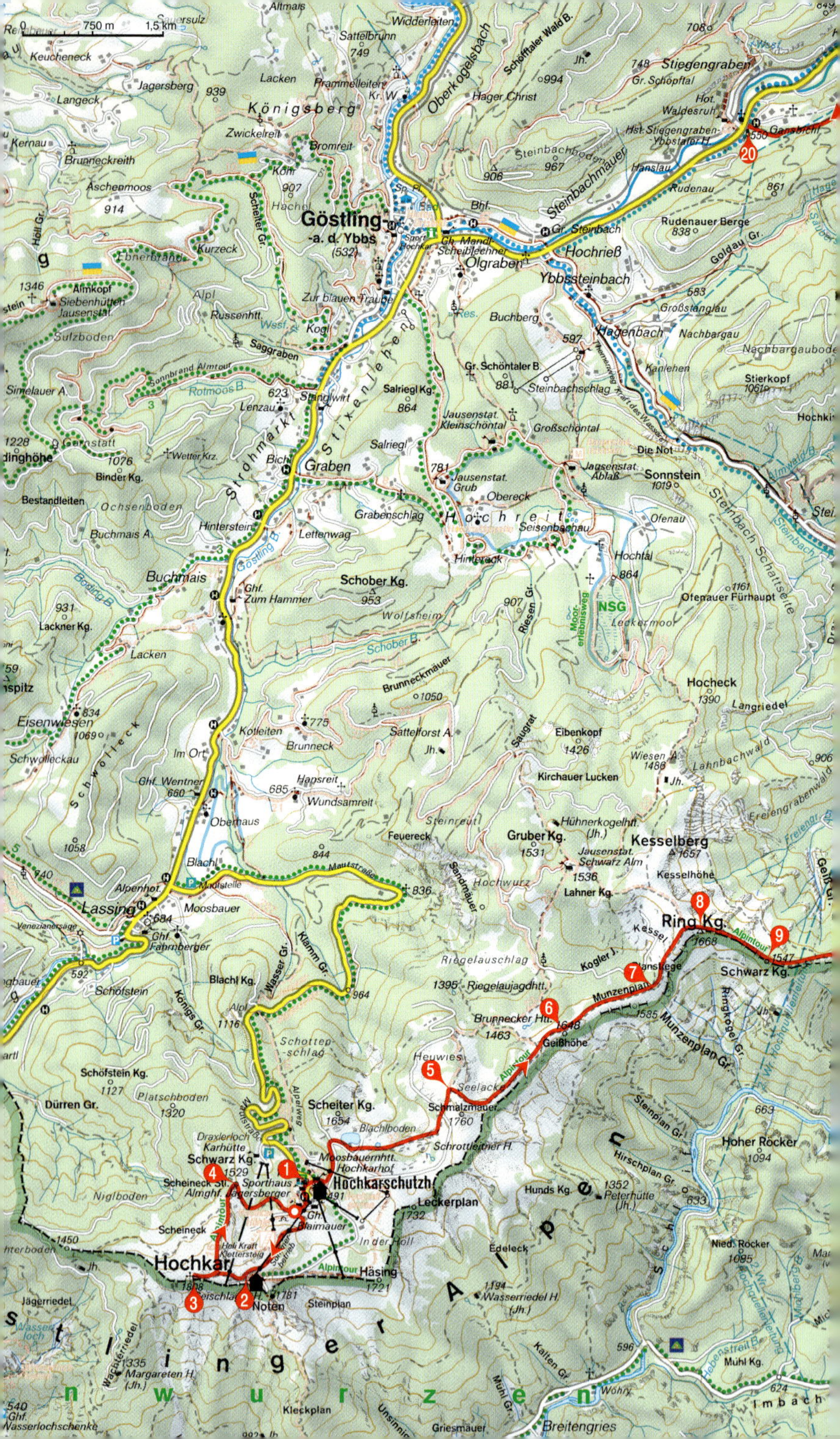

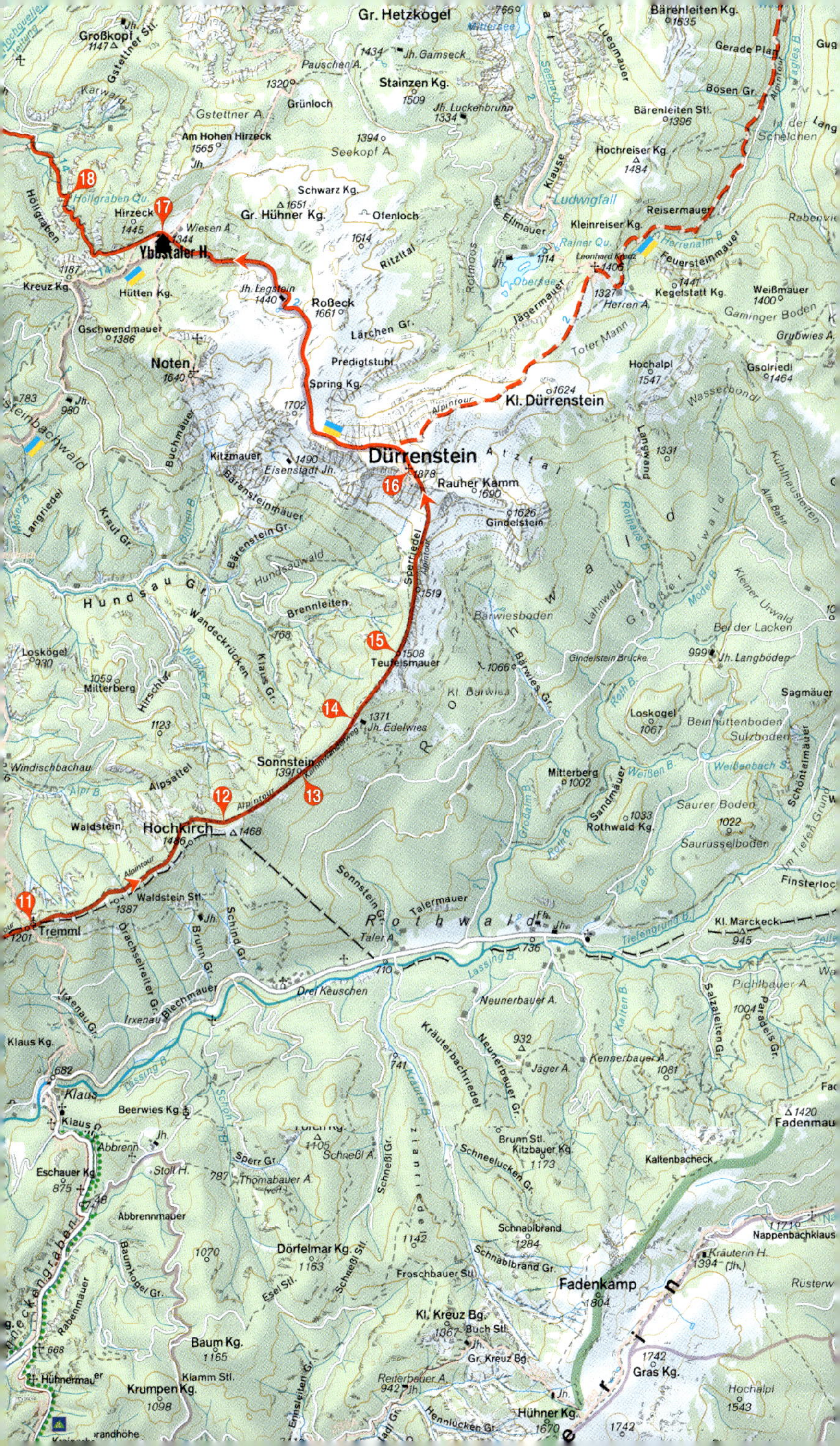

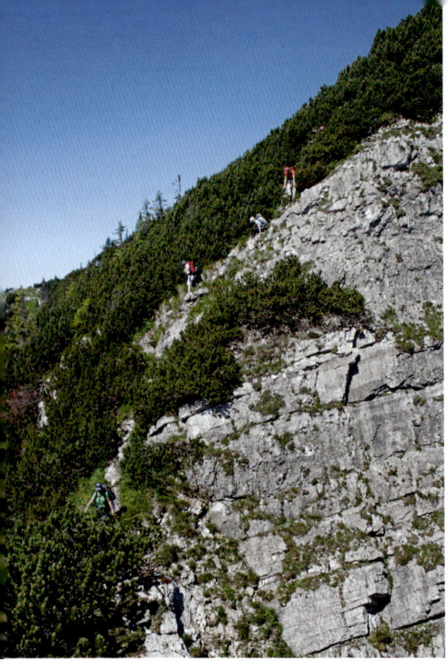

Die Schlüsselstelle zwischen Ringkogel und Schwarzkogel.

1. Tag: Gemütlicher Eingehtag ohne großartige Anstrengungen: Vom **Hochkar Schutzhaus (1)** hinunter zum 4er-Sessellift »Hochkar Vorgipfel« und unter oder mit diesem auf den Hochkar-Vorgipfel, 1769 m, mit dem **JoSchi Berghaus (2)**. Von hier nach Westen auf breit angelegtem, gut gehbarem Weg; zuerst über einen Sattel hinunter, dann auf einem etwas steinigen Weg unter einem Sessellift hindurch und an einer Kreuzung geradeaus weiter in insgesamt 20 Minuten hinauf zum Gipfelkreuz des **Hochkar (3)**, 1808 m. Zurück an der Kreuzung biegt man nun links ab und folgt der blauen Markierung zuerst flacher, dann steiler, teilweise durch Latschengassen (Trittsicherheit) hinunter zum **Scheinecksattel (4)**, 1529 m. Dort scharf rechts ab, dem Wegweiser und der blauen Markierung folgend hinunter, dann kurz eine Kuppe empor und auf einem Karrenweg schlussendlich wieder hinunter zu den Gebäuden und dem **Hochkar Schutzhaus (1)**.

2. Tag: Man folgt der rot-weiß-roten Markierung mit dem Schriftzug »Alpinweg« bis zum Dürrenstein. Vom **Hochkar Schutzhaus (1)**, 1491 m, auf einem Fahrweg nordöstlich hinauf zum Blachlboden, eben in einer Karmulde vorbei an der Schrotleitnerhütte und schräg links über Wiesen hinauf zum **Sattel (5)** nördlich der Schmalzmauer. Vom Sattel ein kurzes Stück steil auf schmalem Steig hinunter Richtung Seelacke, dann auf halber Hanghöhe über Schuttfelder eben unterhalb von Felswänden nach rechts zu Grasbändern queren. Durch Latschengassen über die **Geißhöhe (6)** und die steindurchsetzten Bergwiesen des **Munzenplan (7)** geht es hinauf zum **Ringkogel (8)**, 1668 m; Notabstieg zur Schwarzalm möglich.

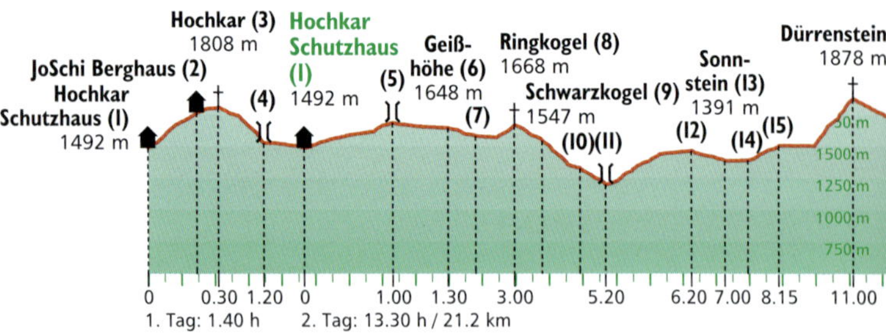

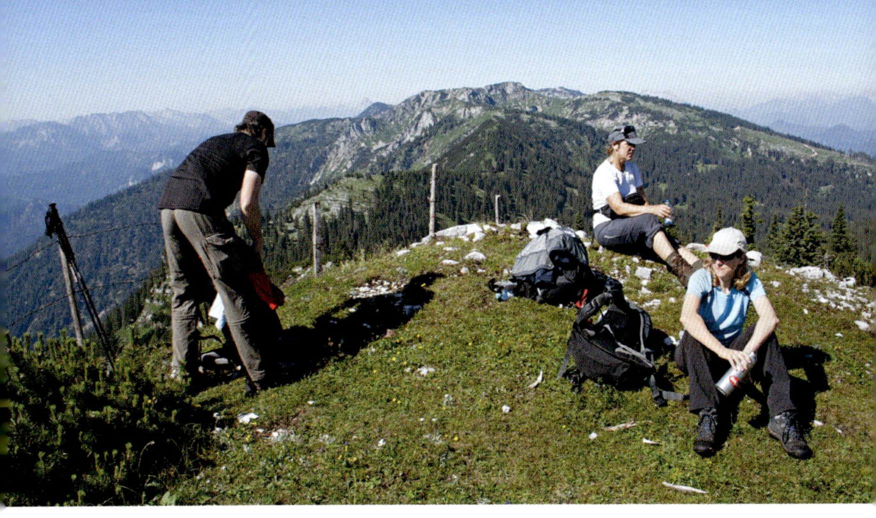

Blick zurück zum Hochkar vom Ringkogel.

Danach folgt der Abstieg über einen ausgesetzten, mit Latschen bewachsenen Grat über den **Schwarzkogel (9)** hinüber zum **Gamskogel (10)**, ab hier durch schönen Mischwald hinunter zum **Tremelsattel (11)**, 1201 m; Ausweichmöglichkeiten auf bezeichneten Wegen nach Steinbach und Göstling. Vom Sattel steil hinauf zum Gipfel des Hochkirch sind 300 Höhenmeter Anstieg zu bewältigen. Zuerst geht man den schütter bewaldeten Gratrücken nach Osten, teilweise auf steinigen Steigen, die steil nach Süden abfallen. Nach Überschreitung des Waldsteinsattels wird der Grat flacher, dafür aber immer felsiger. Ein fast undurchdringbarer Waldstreifen von Wetterfichten und Latschen zwingt den Bergwanderer auf die Südseite des schmalen Kammes. Nach Querung eines Karrenfeldes erreicht man entlang von Waldschneisen den freien Gipfel **Hochkirch (12)**, 1468 m, schöner Aussichtspunkt.

Dann quert man weiter südseitig, aber leicht fallend, über steiniges Gelände unterhalb von Latschenfeldern hinüber zum zweiten Vermessungspunkt des Hochkirch. Über steile Bergwiesen mit schönen Ausblicken zum Dürrenstein steigt man zu flacheren Wiesenböden hinunter, durchquert im Gebiet des **Sonnsteins (13)** alte Kampfwaldzonen, erreicht einen alten Grenzstein, der an die Grenzstreitigkeiten zwischen den Herrschaften Admont und Gaming erinnert, und folgt einem felsigen Grat zur kleinen Wiesenmulde der **Edelwies (14)**. Der Anstieg zum **Bstattkopf (15)** führt mäßig steil durch Waldschneisen zu weiten Wiesenböden, rechts die Abbrüche der Teufelsmäuer. Eben durch Latschengassen und Kampfwald weiter zum

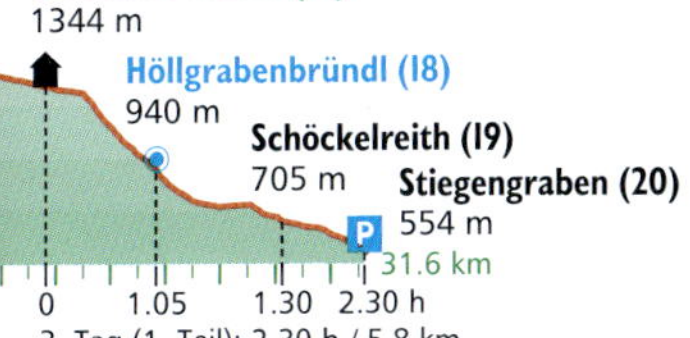

EINKEHR

JoSchi Berghaus, 1769 m: Das höchstgelegene Haus der Voralpen (ehemals Geischlägerhaus) bietet einen herrlichen Panoramablick (Sonnenterrasse); Selbstbedienungsrestaurant. Im Winter täglich geöffnet, im Sommer Öffnungszeiten erfragen. Keine Nächtigung. Tel. +43 7484 7212, www.jo-schi.at.

Hochkar Schutzhaus, 1492 m: Hütte des Österreichischen Touristenklubs. In der Skisaison täglich geöffnet, von Juli bis Oktober täglich außer Donnerstag und Freitag; Mai, Juni, Oktober, November auf telefonische Anfrage. Warme und kalte Küche, Nächtigung möglich. Tel. +43 7484 7203, www.oetk.at oder www.schutzhaus-hochkar.at.

Ybbstaler Hütte, 1344 m: Hütte des Österreichischen Alpenvereins. Geöffnet von Ende Mai bis Mitte Oktober. Gute bodenständige Küche. Nächtigung möglich. Tel. +43 664 9886801, www.alpenverein.at/ybbstalerhuette oder ybbstalerhuette.info.

Hotel Waldesruh, 565 m: 4-Sterne-Schloss-Hotel in Göstling direkt am Weg. Guter Standort für einen Rasttag. Tel. +43 7484 2275-0, www.hotel-waldesruh.at.

Ötscher Schutzhaus, 1418 m: Hütte des Österreichischen Touristenklubs. Im Juli und August mit Liftbetrieb durchgehend geöffnet, ab Mitte September am Donnerstag und Freitag ab 10 Uhr, Samstag und Sonntag ab 9.30 Uhr. Im Winter mit Liftbetrieb durchgehend geöffnet. Ganztags warme Küche. Nächtigung in Zwei- oder Mehrbettzimmern. Zimmer unbedingt reservieren. Tel. +43 7480 5249 oder +43 660 1272057, www.alpenverein.at > Hütten.

letzten Sattel vor dem Steilaufschwung des Sperrriedels. Hier müssen viele Bergsteiger die letzten Kraftreserven aktivieren, um den letzten Anstieg mit fast 400 Höhenmetern bewältigen zu können. Sehr steil, unter Zuhilfenahme der Hände (Kletterei I) über einen von Felsen durchsetzten Wiesenrücken und über Schutt neben einem Latschenfeld in Richtung Rauhen Kamm hinauf. Schlussendlich links Richtung Nordwesten haltend über einen Felsrücken und den flacher werdenden Grat zum Gipfelkreuz des **Dürrenstein (16)**, 1878 m.

Von dort auf Weg Nr. 2 zuerst über den felsigen Hang direkt nach Norden zu einer lang gestreckten Mulde (mehrere Trichterdolinen!) hinunter und dann in westlicher Richtung in den latschenbewachsenen Steilhang bis zu einer Einsattelung im schmalen Gratrücken des Westkammes hinüber. Nun über flache Wiesenböden nach Norden (weiter links die Felsnase des nach Süden abbrechenden Notengipfels), vielfach durch Krummholz und über Blockgestein. Zuletzt etwas steiler, leicht rechts haltend in den weiten Kessel der Legsteinalm hinab (links vom Weg eine Quelle!). Ein flaches, großteils bewaldetes Tal leitet fast eben bis zur **Ybbstaler Hütte (17)**, 1344 m.

3. Tag: Von der **Ybbstaler Hütte (17)** folgt man auf Steig Nr. 2 der rot-weiß-roten bzw. roten Markierung zu einem steilen Schuttfeld und über das **Höllgrabenbründl (18)** in den Talkessel des Hagenbaches. Auf einer Forststraße über **Schöckelreith (19)** zu Bauernhöfen und hinab zur Bahnhaltestelle, dem **Parkplatz Stiegengraben (20)** und dem Hotel Waldesruh.

Von hier mit dem Taxi zur **Talstation des Doppelsesselliftes (21)** »Großer Ötscher« in Lackenhof (24 km). Mit dem Sessellift direkt hinauf zum **Ötscher Schutzhaus (22)**, 1418 m. Links hinter dem Schutzhaus (Wegweiser) führt ein Weg in einen Grashang und in Serpentinen nach Süd-

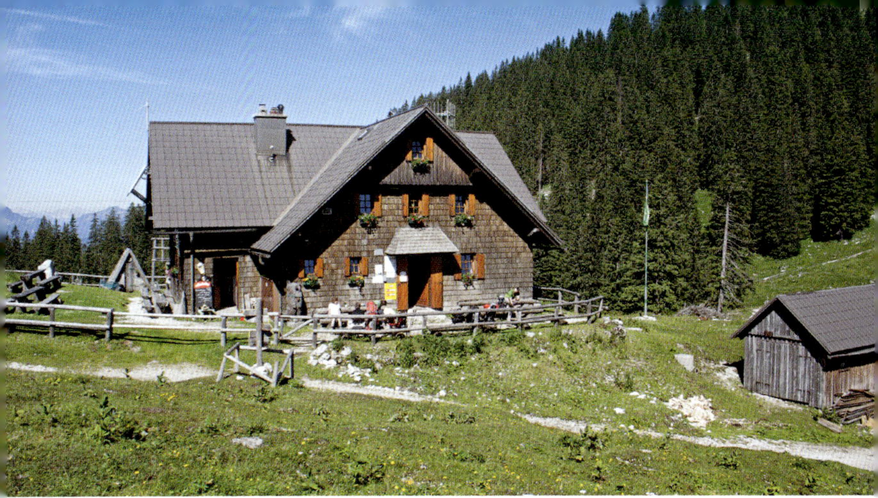

Die zweite Nächtigung erfolgt auf der Ybbstaler Hütte.

osten hinauf zu einer Kreuzung. Rechts geht es zum Aussichtsplatz des Hüttenkogel, vorerst hält man sich aber links hinauf auf den Südwestrücken des Ötscher. Durch Latschengassen und über Felsstufen hinauf zum begrünten Rücken, vorbei an den Felsen des Weißen Mäuerl und hinauf zum Gipfelkreuz des **Ötscher (23)**, 1893 m.

Zurück an der Kreuzung besucht man nun links abzweigend in wenigen Minuten den erwähnten Aussichtsplatz des **Hüttenkogel (24)**, 1526 m; Panoramafernrohr, bevor man zum bereits sichtbaren Ötscherlift und dem unterhalb stehenden **Ötscher Schutzhaus (22)** zurückkehrt.

Hier kann, wer will, noch einmal nächtigen oder auf Weg Nr. 4/605 abwärts in den **Riffelsattel (25)**, 1284 m, gehen. Auf Fußweg Nr. 6/277 und 605 ein Stück in die bewaldete Nordseite des Kleinen Ötscher, dann in Kehren abwärts in den Riffelgraben und nach rechts zur Straße. Von ihr bald links abbiegen und auf einem Steig wieder hinunter in den Graben. Dort abwärts zur Waldlichtung, wo man am Wegkreuz beim Riffelboden auf 1050 m eine Forststraße erreicht. Diese kurz nach rechts, dann links ab und den Karrenweg Nr. 5A durch einen Waldgraben nach Norden hinunter zu den Weiden im Weitental und zu einer Asphaltstraße. Auf ihr nach Nordwesten abwärts und eben zum Parkplatz an der **Talstation des Sessellifts (21)** in Lackenhof.

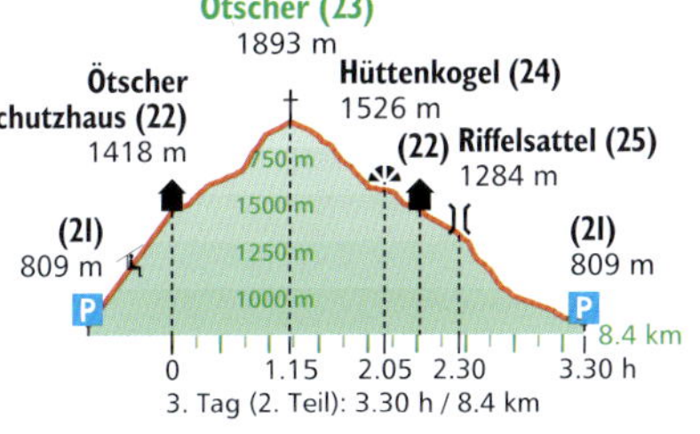

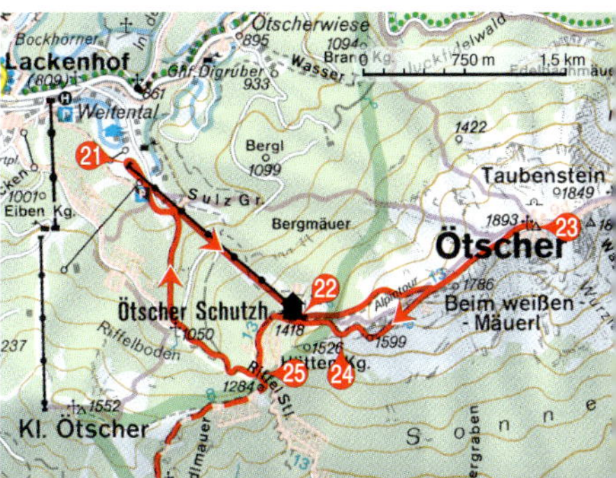

28 Schwarzalm, 1536 m

Vom Moor zur Alm

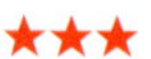

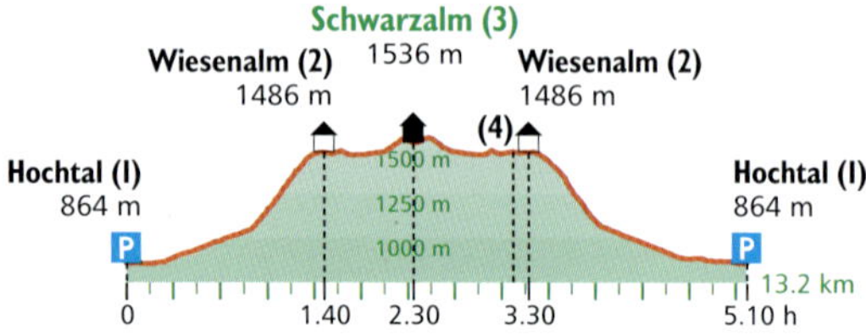

Geheimtipp neben dem Dürrenstein

Das Naturschutzgebiet Leckermoos liegt südlich von Göstling an der Ybbs auf ca. 860 Meter Seehöhe nur ca. 7,5 km Luftlinie westlich vom Dürrenstein entfernt. Diese Region in den Nördlichen Kalkalpen zählt zu den niederschlagreichsten Gegenden Österreichs. Der Ortsteil Hochtal selbst ist ein durch Temperaturextreme charakterisiertes Kälteloch. Die Jahresdurchschnittstemperatur in diesem Gebiet beträgt nur rund 3,7 °C. Durch naturkundliche Erhebungen wurde eine Reihe von sehr interessanten und teilweise stark gefährdeten Tier- und Pflanzenarten nachgewiesen. Darunter die Schmetterlingsarten Hochmoor-Perlmuttfalter, für den in Niederösterreich nur vier aktuelle Nachweise vorliegen, und Randring-Perlmuttfalter, ein Relikt aus der Eiszeit. Es werden sieben Libellenarten nachgewiesen, die auf der roten Liste gefährdeter Tierarten Niederösterreichs stehen, darunter die hoch bedrohten Arten Speer-Azurjungfrau und Hochmoor-Mosaikjungfer. Neben Torfmoosen sind alle charakteristischen Pflanzenarten von Hochmooren vorhanden. Entsprechend der Schutzwürdigkeit des Gebietes wurde das Leckermoor im Jahr 1984 zum Naturschutzgebiet erklärt. Der Moorpfad Leckermoor im Naturschutzgebiet empfängt Eltern und Kinder mit einem überlebensgroßen Holzschmetterling, der die Familien den Weg über begleitet. Insgesamt elf Stationen rund um das Leckermoor und den Schwebsteg gibt es auf dem Lehrpfad zu entdecken.

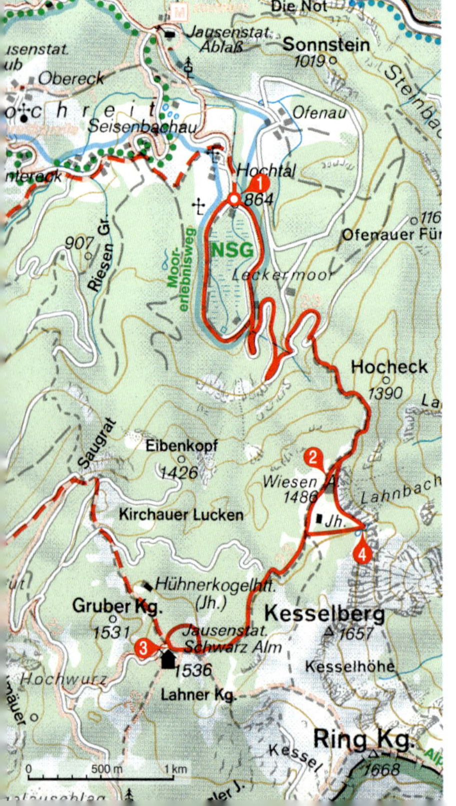

KURZINFO

Talort: Göstling a. d. Ybbs, 532 m; von Wien auf der A1 bis Abfahrt Ybbs, weiter auf der B25 über Wieselburg, Purgstall, Scheibbs, Gaming, Lunz am See nach Göstling a. d. Ybbs; weiter nach Süden in den Ortsteil Hochtal und hinauf zum Parkplatz Leckermoos. Tourismusregion Ybbstaler Alpen (Tel. +43 7484 93049; www.ybbstaler-alpen.at).
Ausgangspunkt: Parkplatz Hochtal beim Leckermoos.
Gehzeit: 5.10 Std.
Höhenunterschied: 670 m.
Anforderungen: Breiter Weg rund um das Leckermoos. Steiler Steig bis zur Wiesenalm (Vorsicht bei Nässe!). Almsteig zur Hütte ohne Probleme.
Kinder: Rund um die Almen weiden Kühe und Jungvieh. Lehrpfad Leckermoos.
Gipfel: Ringkogel, 1668 m (ca. 1 Std. im Anstieg von der Schwarzalm, rot).
Variante: Rundwanderung mit Abstieg von der Schwarzalm am Steig entlang des Osthanges vom Gruberkogel zum Saugrat, dann auf der Forststraße um die Brunneckmäuer und über Hintereck und Seisenbachau nach Hochtal und Leckermoos zurück (7 bis 7.30 Std., rot).

Vom Parkplatz **Hochtal (1)** beim Leckermoos dem Fahrweg Richtung Süden folgen (Holzwegweiser zur Schwarzalm, Weg Nr. 23, rot-weiß-rote Markierung), vorbei an einem Schranken, bis zu einer Hütte linker Hand. Dort die linke Abzweigung (Wegweiser) nehmen und die Forststraße bergauf. Im Scheitelpunkt der fünften Serpentine rechts dem Wegweiser (Weg Nr. 23 zur Schwarzalm) folgen und auf einem schmalen Steig teilweise steil durch Bergwald hinauf zur **Wiesenalm (2)**, deren Almwiesen frei und aussichtsreich auf einem Plateau liegen. Nun den rot-weiß-roten Markierungen auf Steinen und Pflöcken quer nach Südwesten über die Wiesen folgen bis zu einem Jagdstand. Rechts den Hang hinunter zu einem Tümpel, an diesem rechts vorbei und nun leicht bergauf bis zur Abzweigung Ringkogel. Dort rechts in wenigen Minuten leicht bergab zur **Schwarzalm (3)**.
Beim Abstieg lohnt sich auf jeden Fall beim Jagdstand ein Abstecher zur rechts bei drei hohen Fichten stehenden **Jagdhütte (4)**, ca. 300 Meter, mit traumhafter Aussicht zum Dürrenstein. Von der Jagdhütte gelangt man problemlos ohne Orientierungsschwierigkeiten in wenigen Minuten zur sichtbaren **Wiesenalm (2)** zurück.
Rückweg wie Anstieg.

EINKEHR

Schwarzalm, 1536 m: Urige private Almhütte. Geöffnet von Anfang/Mitte Juni bis Mitte September (Mittwoch Ruhetag). Gute Almjausen, Getränke. Nächtigung im neu ausgebauten Dachlager möglich. Tel. Hütte +43 664 3135706 oder +43 7484 26060, Sennerin +43 664 3338980.

Sonnenplätze bietet die hübsche Schwarzalm.

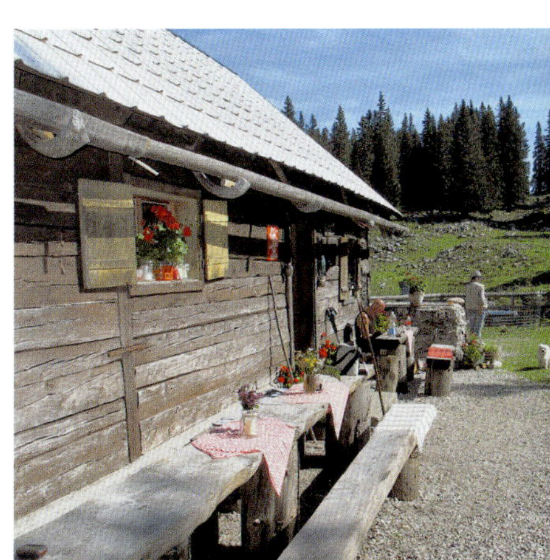

29 Voisthalerhütte, 1654 m

Über die Fölzalmhütten

»Da Jaga Mandl« – Erfinder des Jägerlateins?

Anton Mandl, Spitzname »Jaga Mandl«, war um die Wende zum 20. Jahrhundert eine legendäre Persönlichkeit der damaligen Jägerschaft. Für das Wild ein aufmerksamer Heger, für die meist adeligen Jagdgäste ein amüsanter und berufener Hochmeister des »Jägerlateins«. Sogar auf Postkarten waren Geschichten verewigt, seine »Abenteuer« illustriert abgebildet. 1834 in Weichselboden, nördlich des Hochschwabmassivs im Salzatal, zur Welt gekommen, trat er als ausgebildeter Jäger in die Dienste des Grafen Meran (Sohn von Erzherzog Johann und Revierbesitzer), wo er schon bald, nicht nur wegen seiner Jagdgeschichten, hohes Ansehen in seinem Beruf erlangte. Der »Jaga Mandl« war ein untersetzter Mann mit struppigem Vollbart und Schalk in den Augen. Tierliebe, das richtige Gespür zur Kreatur, innige Verbundenheit zur Heimat, ein gesunder Hausverstand und das Talent, spannende Jagderlebnisse zu erfinden, machten seine Persönlichkeit aus. Berühmtheit erlangte er mit einem Foto aus dem Jahre 1910, wo ihm der Hirsch Hoiserle (was übrigens vorher als reine Lügengeschichte bezeichnet worden war) eine Rosskastanie aus dem Mund fraß. Ein Beweis, wie zutraulich das ansonsten äußerst scheue Rotwild seinem Heger begegnete. Oft erzählte er die Geschichte vom Bärfisch, einem seltsamen Tier, das den Oberkörper eines Braunbären und den Unterleib eines Fisches hatte. Sprechen hätte er auch gekonnt, der Bärfisch. Oder wie er bei den Hirschkühen als Hebamme diente, mit Braunbären um die Wette auf Bäume kletterte und mit seinem Stachelstecken (Holzstab mit Eisenspitze) wie eine Hexe über Schluchten und Abgründe ritt. Meldete die Zuhörerschaft Zweifel an, dann meinte er nur lakonisch: »Braucht's es eh net glauben!«

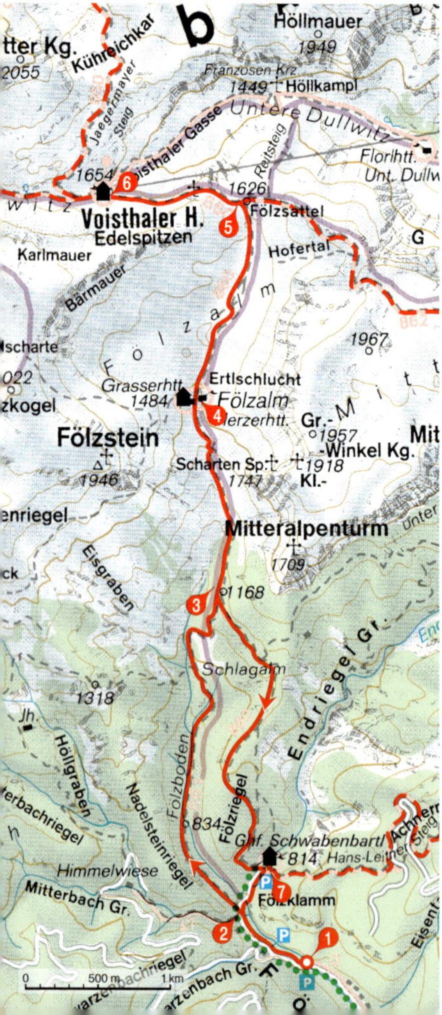

EINKEHR

Fölzalm Grasserhütte, 1484 m: Private Almhütte. Geöffnet von Mai bis Oktober. Almjausen und Getränke. Nächtigung möglich. Tel. +43 3861 3622 oder +43 3861 2697, grasserhuette.jimdosite.com.

Fölzalm Herzerhütte, 1484 m: Private Almhütte; seit 2019 leider geschlossen, eine Wiedereröffnung ist derzeit nicht absehbar.

Voisthalerhütte, 1654 m: Schutzhütte des Alpenvereins Austria gemeinsam mit dem Alpenverein Voisthaler. Geöffnet von Anfang Mai bis Ende Oktober. Beheizbarer Winterraum. Nächtigung möglich. Tel. +43 3861 24184, www.voisthalerhuette.com. Die Maßnahmen im Rahmen des Hüttenneubaus sollen 2021 abgeschlossen werden.

Alpengasthof Schwabenbartl, 814 m: Gasthof im Talschluss. Mittwoch Ruhetag. Parkplatz nur für Gäste. Keine Nächtigung. Tel. +43 3861 3334.

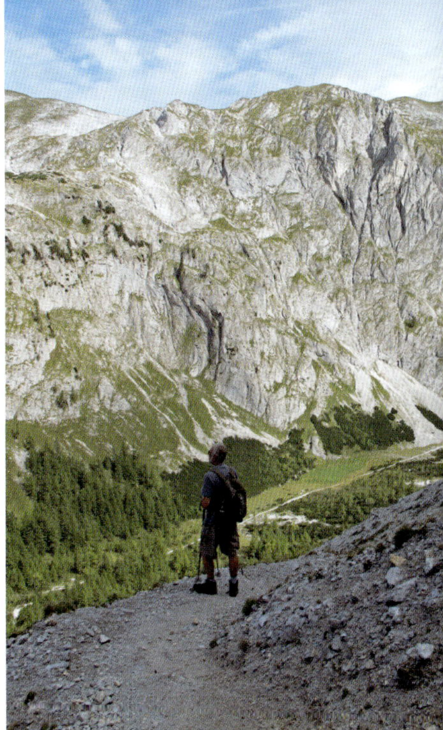

Blick in die Höllmauer.

KURZINFO

Talort: Aflenz Kurort, 763 m; von Wien auf der A 2 bis Knoten Seebenstein, weiter auf der S 6 bis Abfahrt Kapfenberg, weiter auf der B 20 nach Aflenz Kurort; Marktgemeinde Aflenz Kurort (Tel. +43 3861 2206, www.aflenz.gv.at); Tourismusverband Hochschwab (Tel. +43 3861 3700, www.regionhochschwab.at); Tourismusverband Hochsteiermark (Tel. +43 3862 55020, www.hochsteiermark.at).

Ausgangspunkt: Zwei große gebührenpflichtige Parkplätze (liegen ca. 350 m auseinander) nach dem Gasthof Jagawirt hinten im Fölzgraben. Automat für den Parkschein nur auf Parkplatz 1 (nur Kleingeld).

Gehzeit: 6 Std.

Höhenunterschied: 880 m.

Anforderungen: Anspruchsvolle Wanderung auf Steigen, Wanderwegen und Almstraßen. Zwischen Fölzsattel und Voisthalerhütte eine Stelle versichert. Trittsicherheit und Schwindelfreiheit notwendig.

Kinder: Ab 10 Jahren geeignet. Eventuell kurzes Sicherungsseil an der versicherten Stelle.

Gipfelmöglichkeiten: Fölzstein, 1946 m (ca. 2 Std. für An- und Abstieg, rot). Hochschwab, 2277 m (ca. 2.30 Std. im Anstieg von der Voisthalerhütte über das Schiestlhaus, rot; übers Ghackte als Klettersteig, schwarz).

Tipp: Es besteht die Möglichkeit einer Zweitagesrundtour mit Nächtigung entweder am Schiestlhaus oder auf der Voisthalerhütte. Die Route führt im Anstieg wie beschrieben bis zur Voisthalerhütte, weiter am Graf-Meran-Steig über das Schiestlhaus auf den Hochschwab. Abstieg über den Jägermeyersteig zur Voisthalerhütte, vom Fölzsattel über den Endriegel zur Windgrube. Abstieg zur Bürgeralm und am Hans-Leitner-Alpinsteig zum Schwabenbartl und dem Parkplatz im Fölzgraben.

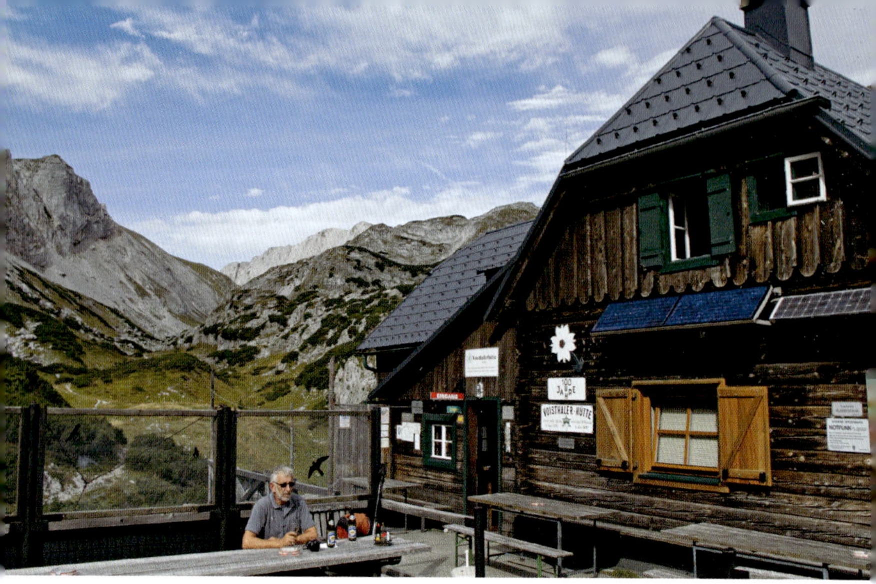

Die Voisthalerhütte, links die Burgmauer, rechts hinten der Hochschwab.

Vom **Parkplatz (1)** auf Weg Nr. 860/861 taleinwärts bis zur Abzweigung **Fölzklamm (2)**. Links über Holzstege am 861er (rot-weiß-rote Markierung) in die Klamm und über den Fölzboden. Zuerst eben am Bach entlang, diesen bald überqueren und dann vorerst mäßig bergauf weiter ins Tal hinein. Mit freiem Blick links auf den Fölzstein wird der Weg immer steiler und beschwerlicher bis zur Wegkreuzung samt Wegweiser auf **Höhe 1168 m (3)**. Hier trifft man wieder auf Weg Nr. 860, der nun weniger steil und problemlos zur **Fölzalm (4)** mit der Grasser- und Herzerhütte führt.

Zwischen den Hütten führt ein Fahrweg eben in die Fölz. Kurz vor dem **Fölzsattel (5)** ist noch ein Hügel zu erklimmen. Jetzt links auf einem schottrigen Alpinsteig Richtung Westen, dabei einmal über eine kurze versicherte Stelle, bis zur **Voisthalerhütte (6)**.
Abstieg bis zur **Höhe 1168 m (3)** wie im Anstieg. Nun aber links auf Steig Nr. 860 abbiegen und mit beeindruckenden Blicken in den Endriegelgraben auf einem Grat zum Fölzriegel und über diesen hinab zum **Gasthof Schwabenbartl (7)**. Vorbei am Eingang zur Fölzklamm zurück zum **Parkplatz (1)**.

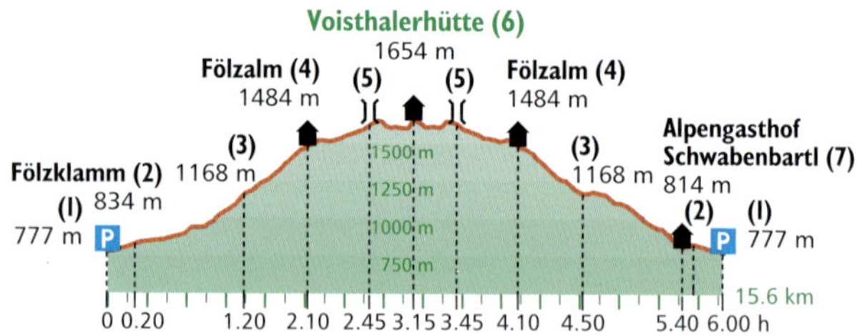

Göriacher Alm – Stroblhütte, 1433 m

Familienwanderung durch das Lappental

Das steirische Heiligenblut und der Brandhof

Seewiesen, der Talort dieser Tour, liegt auf der Südseite des Steirischen Seeberg. Der Ort bietet ein einzigartiges Bergpanorama. Das »Tor zum Hochschwab«, so bezeichnet man Seewiesen, ist einer der besten Ausgangspunkte für Wanderungen auf den Hochschwab mit seinen verschiedenen Tourenmöglichkeiten. In der Festschrift anlässlich der Markterhebung von Turnau schrieb der Autor über dieses Dorf: »Das Dörfchen Seewiesen ist eine eigenartige Erscheinung in der Steiermark. Schon die Lage im Anblick wild zerspaltener und emporragender Felsmassen des Hochschwabstockes ist einmalig. Es liegt zauberhaft schön zwischen Felswänden und Wäldern, als wäre es vom Himmel gefallen just auf eine grüne Matte.« Seewiesen wird deswegen oft auch als das »Steirische Heiligenblut« bezeichnet. Sehenswert ist auch der Brandhof, wenige Kilometer nordöstlich von Seewiesen. Er ist ein uraltes Bauerngut am Seeberg, das seit seiner ersten namentlichen Erwähnung im Jahre 1390 ununterbrochen bewirtschaftet war. Seine Bekanntheit erhielt der Brandhof jedoch erst durch Erzherzog Johann, der das Gut im Jahr 1818 erwarb. Nach dem Erwerb folgten der Umbau und die Erweiterung der Gebäude, bis Gut und Schloss das heutige Aussehen erhielten. Ab diesem Zeitpunkt wechselte Erzherzog Johann seinen Aufenthalt zwischen seinem Herrschaftssitz in Stainz und dem Schloss Brandhof, welches er vor allem im Sommer und zur herbstlichen Jagdsaison bevorzugte. Heute noch befindet sich der Brandhof im Besitz der Nachfahren des Erzherzogs, der Familie Meran.

Die Stroblhütte auf der Göriacher Alm.

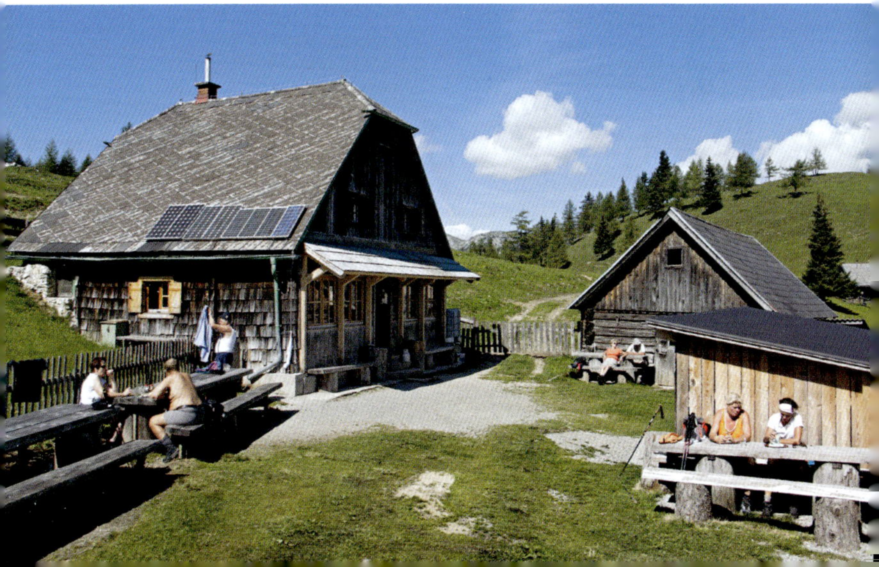

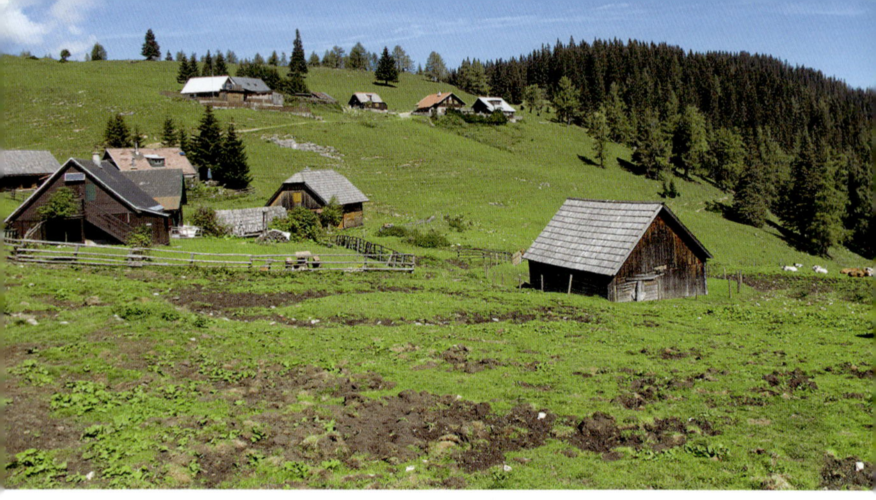

Ausblick von der Stroblhütte Richtung Osten auf die Hohe Veitsch.

KURZINFO

 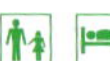 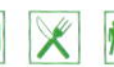 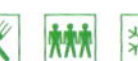

Talort: Seewiesen, 974 m, Ort der Gemeinde Turnau; von Wien auf der A 2 bis Knoten Seebenstein, weiter auf der S 6 bis Abfahrt Mürzhofen/Allerheiligen; weiter auf der L 123 über den Pogusch nach Turnau und dann auf der B 20 bis Seewiesen; zum Ausgangspunkt noch über den Seebergsattel zur Seebergalm; Tourismusverband Turnau (Tel. +43 664 3548485, www.turnau.gv.at).
Ausgangspunkt: Reichlich Parkplätze auf der Seebergalm.
Gehzeit: 2.10 Std.
Höhenunterschied: 290 m.
Anforderungen: Einfache Wanderung mit ebenem Zustieg auf Almstraße und mäßig steilem Anstieg über etwas blockigen Steig. Bestens geeignet für Familien mit Kindern ab 4 Jahren.
Kinder: Rund um die Almen weiden Kühe und Jungvieh. Kleiner Teich beim Lappentaleingang (den aber auch die Rinder für sich beanspruchen), Bach in einer Wiese links im unteren Lappental.
Kinderwagen: Geeignet für geländegängige Kinderwagen, wenn man bereit ist, den Kinderwagen über eine Strecke von ca. 500 m und auf 100 Hm zwischen der Talstation der Materialseilbahn und dem Hüttendorf der Göriacher Alm stellenweise kurz zu tragen. Sonst bleibt nur der 3,2 km lange Umweg über eine Forststraße durch den Lappenwald zur Stroblhütte.
Gipfelmöglichkeit: Hochanger, 1682 m (ca. 1.30 Std. im An- und Abstieg von der Stroblhütte, blau).
Winter: Als Schneeschuhtour, auch auf den Hochanger, möglich.
Varianten: a) Überschreitung nach Turnau über Hochanger, Ostereralm und Turnauer Berg (ca. 3 Std. ab Stroblhütte, rot). b) Tourverlängerung über den Hochanger zur Ostereralm und zurück (ab Stroblhütte ca. 2.20 Std., blau). c) Übergang zur Turnauer Alm und zurück (3 bis 4 Std. ab Stroblhütte, rot).

Vom Parkplatz auf der **Seebergalm (1)** vor zum gleichnamigen Gasthof, beim Wegweiser mit der roten Markierung links hinter den Gasthof abbiegen und vorbei an einem Schranken. Entlang der Schotterstraße eben taleinwärts ins Lappental, direkt zwischen dem Felsfuß des Rosenkogel links und einem kleinen **Teich (2)** rechts hindurch. Hier mündet eine neue Forststraße von links ein, man hält sich jedoch rechts,

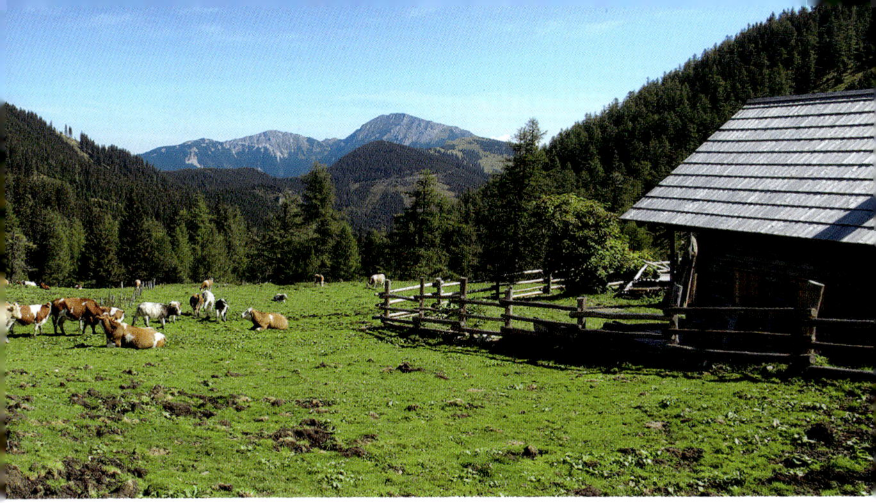

weiter eben taleinwärts am Fahrweg über Almwiesen und einzelne Bächlein bis zu einem großen Platz, wo die Schotterstraße eine Linkskurve macht.

Hier geradeaus weiter auf einem Karrenweg, nun stetig bergauf, der dann in einen breiten blockigen Steig übergeht. Der Weg wird später flacher und kommt dann rasch auf die Almwiesen der Göriacher Alm. Linker Hand leuchtet ein goldener Herrgott auf einem Wegkreuz in der Sonne und verleitet auf aussichtsreichem Platz zu kurzer Rast, auch wenn rechts, nur ein paar Minuten entfernt, bereits das Almdorf in der Sonne liegt. Dort, wo der Karrenweg endet, ist die **Stroblhütte (3)**.

Abstieg wie Anstieg.

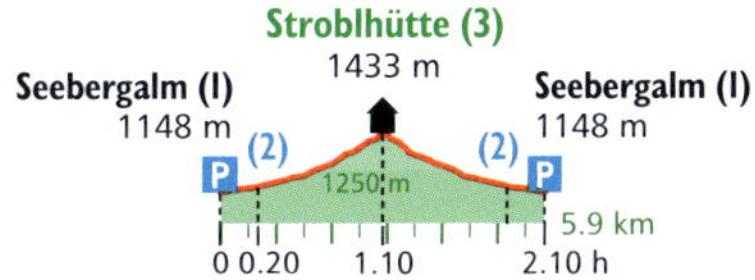

EINKEHR

Stroblhütte auf der Göriacher Alm, 1433 m: Geöffnet von Anfang Juni bis Mitte September, im Mai sowie von Mitte September bis Ende Oktober an Wochenenden. Serviert werden Almjausen und Getränke. Nächtigung möglich. Tel. +43 3863 2192 oder +43 650 8272834.

Gasthaus Seebergalm, 1148 m: Rustikal-deftig-hausgemachte Eintöpfe und Bauernkuchenspezialitäten. Nächtigung möglich. Tel. +43 3863 24114 oder +43 664 4951593, seebergalm.blogspot.com.

Weiter gibt es noch das Almgasthaus Seeberg Pass, den Alpengasthof Schuster und den Seeberghof entlang des Seebergsattels Richtung Turnau.

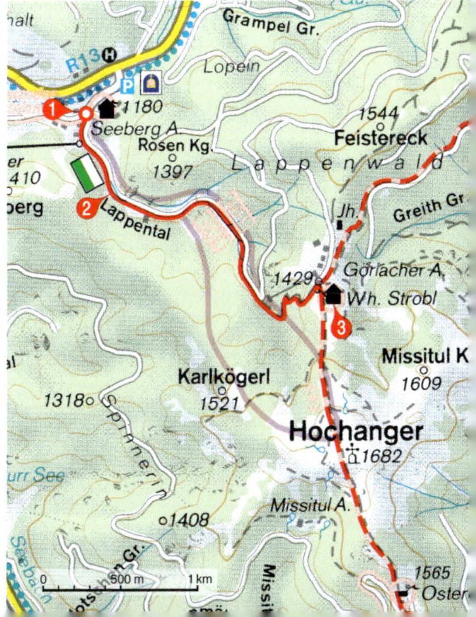

31 Wetterinalm, 1340 m, und Weißalm, 1429 m

Familienwanderung zu zwei Almen 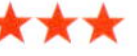

Die Habergais auf der Weißalm

Die Wetterin ist einer der höheren Gipfel in den Mürzsteger Alpen. Am Fuß des Ostkammes liegen der Ort Niederalpl und die Wetterinalm, im Westen Wegscheid und die tiefe Furche der Mariazeller Straße über den Steirischen Seeberg, die das Mariazeller Land – vorbei am Hochschwabmassiv – mit dem Murtal verbindet. Auf der Wetterinalm soll der Sage nach eine Habergais ihr Unwesen treiben. Die Habergais (mundartlich auch Håbergoaß) ist eine Dämonengestalt in Form einer Ziege mit Pferdehufen oder ein Vogel, der entweder die Stimme einer Ziege hat oder in einer anderen Weise verunstaltet ist. Ein übermütiger Bursche ging eines Abends spät von der Weißalm nach Hause und stieß aus Langeweile allerhand Rufe aus; so schrie er auch »mäh, mäh, mäh«. Da ertönte der gleiche Ruf, jedoch in unheimlicher Weise, aus dem nahen Wald. Der Bursche, welcher den Widerruf für ein Echo hielt, amüsierte sich darüber und wiederholte den Ruf. Abermals folgte die Antwort; als er aber das dritte Mal den Ruf ausstieß, kam ein gespenstisches Tier mit einem riesengroßen gehörnten Ziegenkopf und befiedertem Vogelleib auf drei Füßen daher gehüpft und verprügelte den Burschen so sehr, dass dieser halb tot nach Hause kam. Dies war die Rache der Habergais, die jedem, der sie verspottet, Schreckliches antut. Die Habergais kommt trotz ihres riesengroßen Kopfes oft durch das Schlüsselloch, geistert in der Nacht in den Häusern umher und drückt die Schlafenden, indem sie ihnen den schweren Kopf auf die Brust legt.

Ankunft bei der Wetterinalm.

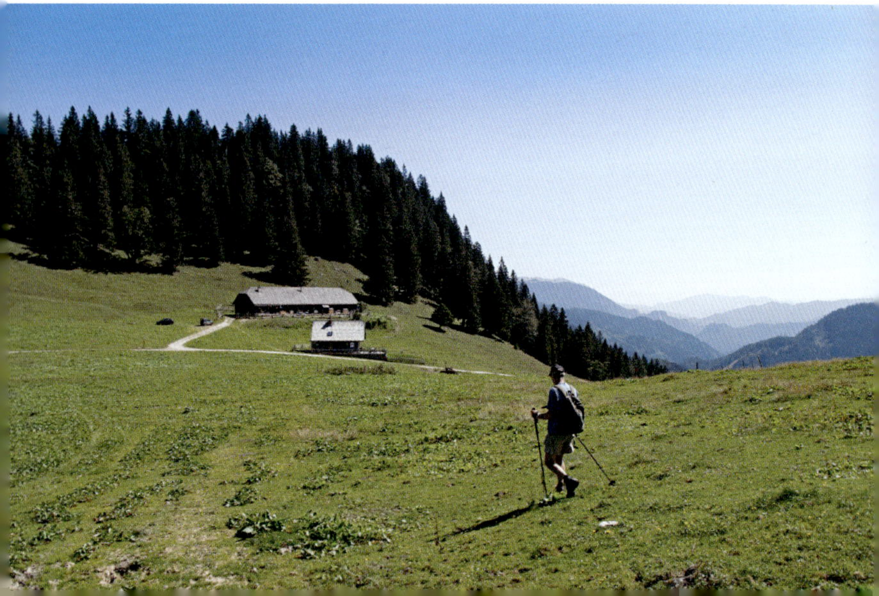

KURZINFO

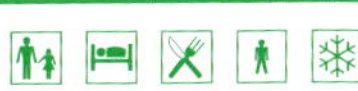

Talort: Mürzsteg, 782 m; von Wien oder Graz auf der A 2 bis Knoten Seebenstein, weiter auf der S 6 bis Abfahrt Mürzzuschlag Ost, dann über Mürzsteg auf die Passhöhe Niederalpl, 1221 m; Naturparkgemeinde Mürzsteg (Tel. +43 3857 8202, www.neuberg-muerz.gv.at).

Ausgangspunkt: Viele Parkplätze auf der Passhöhe.

Gehzeit: 3 Std.

Höhenunterschied: 410 m.

Anforderungen: Einfache Wanderung auf Wanderwegen und Almstraßen.

Kinder: Rund um die Almen weiden Kühe und Jungvieh. Vorsicht auf der Wetterin beim Gipfelkreuz, Absturzgefahr über die Südwand.

Kinderwagen: Geeignet für geländegängige Kinderwagen – bis auf die Passage zur Wetterin.

Gipfelmöglichkeiten: Wetterin, 1530 m (45 Min. im Anstieg von der Wetterinalm, blau). Sehr einfach zu erreichen über einen Fahrweg bis kurz unter den Gipfel, deswegen auch in der Tour schon beschrieben. Herrliche 360°-Sicht vom Gipfelkreuz. Tonion, 1699 m (von der Almenrunde Tonion aus, ca. 6 Std. von Niederalpl hin und retour, schwarz; siehe Variante).

Mountainbike: Die Wetterinalm liegt nahe der ALPENTOUR-BERGRADL WALLFAHRT von Mürzzuschlag nach Mariazell (72,7 km, 8.30 Std. rot/schwarz, www.steiermark.com). Die bekannte Alpentour und die Romantiktour wurden eingestellt.

Winter: Als Schneeschuhtour oder Winterwanderung machbar. Übergang von der Wetterin zum Kaiserstein möglich. Vorsicht am Grat bei Wechtenbildung.

Variante: Almenrunde Tonion (20,1 km, ca. 7 bis 8 Std. von Niederalpl hin und retour; 1270 Hm im An- und Abstieg, schwarz), von der Passhöhe zur Wetterin- und Weißalm, zum Herrenboden und auf die Tonion, Abstieg zur Tonionhütte und weiter zum Lechnerbauer. Durch den Lieglergraben und den Molterboden wieder bergauf zur Wetterinalm und zurück zur Passhöhe Niederalpl.

EINKEHR

Wetterinalm, 1340 m: Private Almhütte in schöner Lage mit einem herrlichen Ausblick über das Almgebiet. Geöffnet von Anfang Mai bis Ende Oktober, Dienstag und Mittwoch Ruhetag. Getränke, Almjausen und Mehlspeisen. Nächtigung auf Anfrage. Tel. +43 664 1561664.

Weißalm, 1429 m: Private Almhütte. Geöffnet von Anfang Juni bis Mitte September. Getränke, Almjausen und Mehlspeisen. Keine Nächtigung. Tel. +43 3882 3236 oder +43 676 7245037.

Berggasthof Plodererhof, 1221 m: Auf der Passhöhe Niederalpl beim Ausgangspunkt. Restaurantbetrieb ganztägig, warme Küche (à la carte mit verschiedenen Spezialitäten und Schwerpunkten). Nächtigung möglich. Tel. +43 3859 2390 oder +43 676 5018584, www.plodererhof.at.

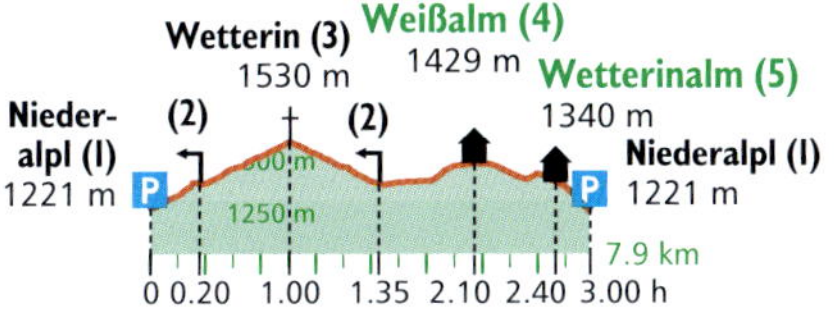

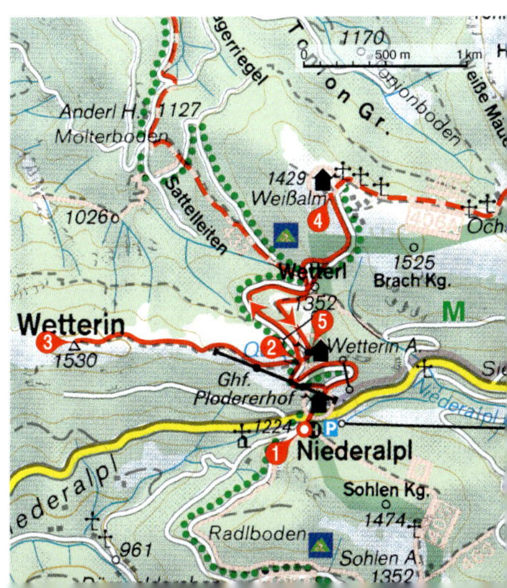

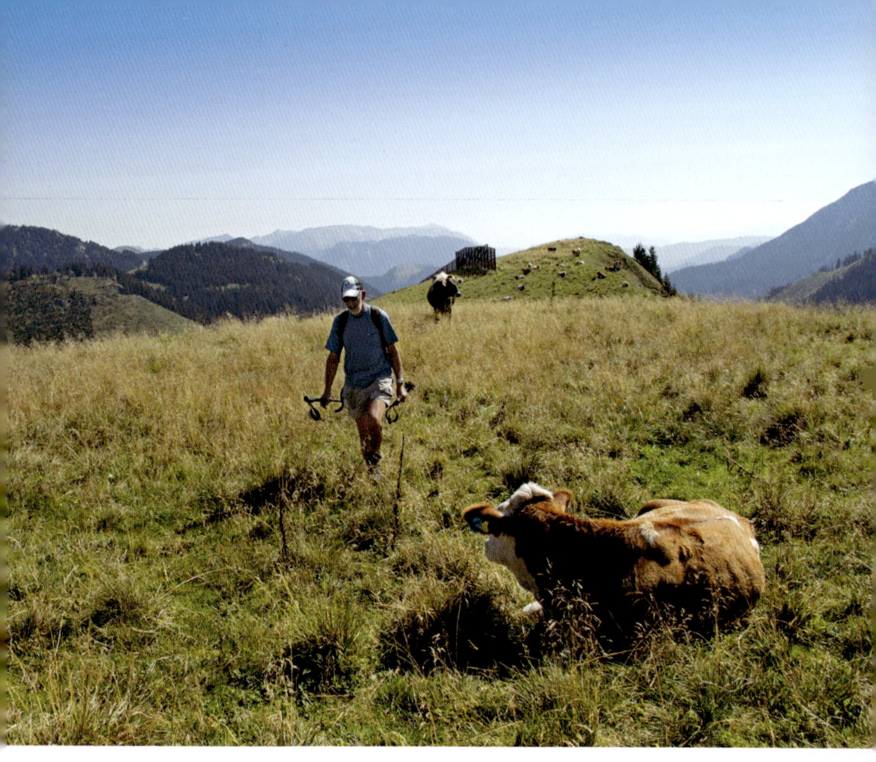

Kurz vor dem Gipfel der Wetterin.

Vom Parkplatz der Passhöhe **Niederalpl (1)** zum Schranken der Passstraße. Dort rechts auf einen Güterweg ab und diesem mäßig bergauf und ohne Probleme in nicht einmal 20 Minuten bis zu einer **Kreuzung (2)** mit Holzwegweiser folgen (Zur Wetterinalm sind es kaum 100 Meter). An der Kreuzung wendet man sich nach Westen, folgt den Trittspuren über die Wiese und biegt auf den kommenden Fahrweg rechts ein. Diesem nun, an Lawinenschutzbauten vorbei, bis zum Gipfelbereich folgen und dort links über Almwiesen zum Gipfelkreuz der **Wetterin (3)**.

Nach ausreichendem Genuss der 360°-Sicht am Anstiegsweg zurück zur **Kreuzung (2)**, wo man sich nach Norden wendet und dem Güterweg taleinwärts folgt (Nr. 05/06A, rot-weiß-rote Markierung) bis zu einem Weidetor. Bei der Kreuzung hält man sich rechts und wandert zunächst dem direkten Steig und später dem Güterweg folgend zur **Weißalm (4)**, der zweiten Hütte am Weg vor einer Rechtskurve.

Zurück auf dem Güterweg bis zum Weidetor, nun jedoch im Scheitelpunkt der Rechtskurve links den Steig hinauf in ein lichtes Bergwäldchen, dann eben über eine Lichtung und weiter bergab bis zur **Wetterinalm (5)**.

Von dort zur **Kreuzung (2)** mit dem Wegweiser und links auf den bekannten Güterweg. Im Bereich der ersten Linkskurve dann aber rechts und über einen Steig hinunter zum Ausgangspunkt auf der Passhöhe **Niederalpl (1)**.

Graf-Meran-Haus, 1836 m

Vom Scheikl zur Hohen Veitsch

Eine adelige Hütte

Erzherzog Johann von Österreich (20. Januar 1782 in Florenz, † 11. Mai 1859 in Graz) war ein Mitglied des Hauses Habsburg. In der Steiermark war er ein halbes Jahrhundert lang Förderer und Modernisierer von Industrie, Landwirtschaft und Eisenbahnwesen sowie im Kultur- und Bildungsbereich. Die Volks- und Naturverbundenheit Erzherzog Johanns wird auch daraus deutlich, dass er als Alpinist zur Erschließung der Alpen beitrug. Handwerk, Gewerbe und Industrie lagen ihm ebenso am Herzen, sah er in ihnen doch einen Grundstock für den allgemeinen Wohlstand des Volkes. Am 18. Februar 1829 heiratete er zu mitternächtlicher Stunde in der hauseigenen Kapelle auf dem Brandhof in Gußwerk bei Mariazell die Ausseer Postmeisterstochter Anna Plochl. Wegen der Ehe mit einer Bürgerlichen wurde Johann von der Thronfolge ausgeschlossen und seine Nachkommen durften keinen Adelstitel tragen. Im Jahr 1834 zeigte sich Kaiser Franz I. gnädig und erhob Anna in einen niedrigen Adelsstand. Der einzige Sohn aus dieser Ehe, Franz, wurde 1839 geboren und war der eigentliche Namensgeber der Hütte. Johann gelang es, bei Fürst Metternich 1845 für den Sohn den vererbbaren Titel »Graf von Meran« durchzusetzen. Die Grafen sind noch heute Grundeigentümer der Veitschalpe.*

Über die Hochwiese, im Hintergrund die Hohe Veitsch.

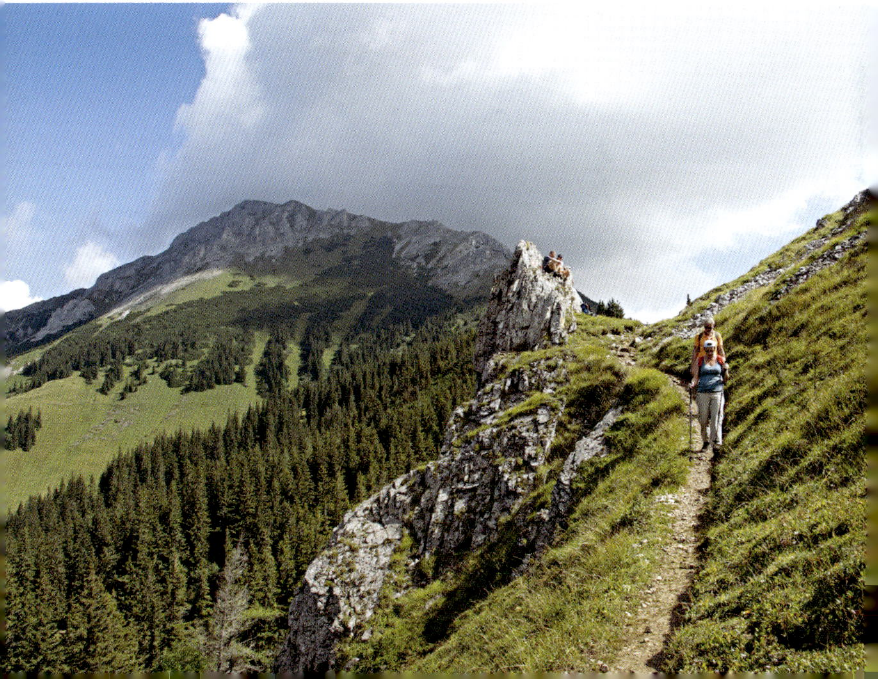

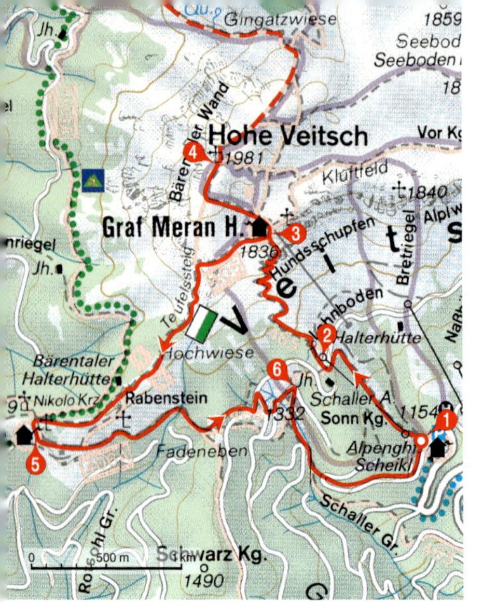

EINKEHR

Graf-Meran-Haus, 1836 m: Hütte des Österreichischen Touristenklubs. Von Mitte Mai bis Mitte Oktober durchgehend, den Rest des Jahres (auch im Winter) von Freitag bis Sonntag bei entsprechender Witterung geöffnet. Sicherheitshalber telefonisch beim Hüttenwirt nachfragen. Nächtigung möglich. Offener Winterraum (keine Heiz- und Kochgelegenheit). Tel. +43 664 1513220, www.oetk.at.

Alpengasthof Scheikl, 1154 m: Direkt am Fuße der Hohen Veitsch und neben dem Skilift gelegener Alpengasthof. Im Sommer Montag, Dienstag, Mittwoch Ruhetag. Tel. +43 3856 2349 oder +43 676 3957362, www.gasthof-scheikl.at.

KURZINFO

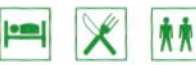

Talort: Veitsch, 669 m; von Wien auf der A2 bis Knoten Seebenstein, weiter auf der S6 bis Abfahrt Mitterdorf im Mürztal, dann ca. 1 km über St. Barbara im Mürztal ins Großveitschtal und weiter in den Brunnbauergraben bis zum Gasthof Scheikl; Gemeindeamt St. Barbara i. M./Tourismusverband (Tel. +43 3852 2556, www.st-barbara.gv.at oder www.semmering-waldheimat-veitsch.com) und Tourismusverband Hochsteiermark (Tel. +43 3862 55020, www.hochsteiermark.at).

Ausgangspunkt: Parkplatz bei der Brandalm oder hinter dem Gasthof Scheikl. Nicht am Parkplatz des Gasthofes parken.

Gehzeit: 5.30 Std.

Höhenunterschied: 840 m.

Anforderungen: Wanderung mit langem südseitigem Anstieg auf Alpinsteig. Langer Abstieg in steilem Wiesengelände über den Teufelssteig zur Rotsohlalm. Trittsicherheit notwendig.

Kinder: Ab 10 Jahren geeignet.

Mountainbike: Mountainbikestrecke »Bergbau« (9,4 km; 340 Hm; 1 Std., blau).

Gipfelmöglichkeiten: Hohe Veitsch (1981 m; 30 Min., blau).

Winter: Lange Schneeschuhwanderung vom Rotsohltal zur Hohen Veitsch über das Bärental und die Gingatzwiese möglich (ca. 7 Std. für Auf- und Abstieg, rot).

Variante: Veitschüberschreitung über die Gingatzwiese und die Sohlenalm nach Niederalpl (ca. 2.30 Std. im Abstieg von der Hohen Veitsch, rot; mit Überschreitung Großer und Kleiner Wildkamm ca. 3 Std., Kletterstellen I, schwarz).

Gipfelkreuz auf der Hohen Veitsch.

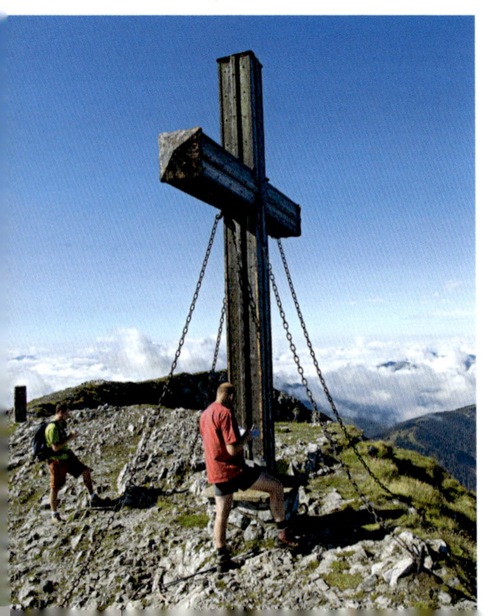

Vom Parkplatz hinter dem **Gasthof Scheikl (1)** links dem Wegweiser auf Weg Nr. 65 steiler bergan folgen und links am Waldrand entlang auf der Skipiste hinauf. Kurz vor der Bergstation des Sesselliftes links dem Steig quer über die Bergwiese hinauf zu einem Fahrweg folgen, der zu einem Weidetor bei der **Bergstation des Sonnkogelliftes (2)** führt. Durch das Weidetor und gleich rechts (Wegweiser) bergan über eine Wiese zum Peter-Hafenscherer-Gedenkkreuz; oberhalb des Kreuzes ein Rastbankerl mit herrlicher Aussicht. Von dort nun auf einem breiten Steig mit rot-weiß-roter Markierung (Weg Nr. 465) in elf, teilweise weiter auseinanderliegenden Kehren bis zum **Graf-Meran-Haus (3)**. Wer schon hier oben ist, sollte den Gipfel der **Hohen Veitsch (4)**, der einfach und in nur einer halben Stunde zu erwandern ist, auf jeden Fall ersteigen.

Zurück beim **Graf-Meran-Haus (3)** nun auf Weg Nr. 405 (Wegweiser) Richtung Westen zur Rotsohlalm nehmen. Erst eben dahin bis zu einem nach Südwesten abfallenden Steilhang, durch den der Teufelssteig zur Hochwiese führt. Ab hier einfacher und flacher dem Steig folgen. Bei einer Kreuzung mit einem anderen Steig unbedingt rechts gehen (auf großen Stein mit rotem Pfeil achten!). Weiter am Steig bis zum Nikolokreuz. Beim Wegweiser links auf Weg Nr. 464 und in Sicht-

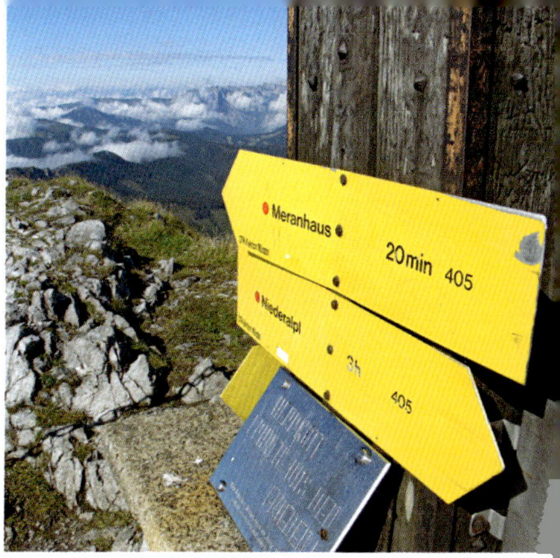

Gipfelblick Hohe Veitsch gegen Westen zum Hochschwab.

weite der **Rotsohlalm (5)** Richtung Brunnalm eben den rot-weiß-roten Markierungen folgen. Bei der Wegkreuzung Faden eben weiter links am 464er, ab hier den Wegweisern und der bekannten Markierung über Steige und Forststraßen bis zur gemütlichen **Schalleralm (6)** folgen. Nun den Steig vor der Hütte südwärts hinunter zu einem Bach, diesen überqueren und am rechten Ufer zu einer Forststraße. Nach wenigen Metern links ab und wieder auf einem Steig zum Bach und über eine Holzbrücke auf die andere Seite. Dem Weg nach, beim kommenden Wegweiser schräg links hinauf zu einer Forststraße. Dem dortigen Wegweiser nun rechts Richtung Brunnalm folgend, wird in Kürze wieder der **Gasthof Scheikl (1)** erreicht.

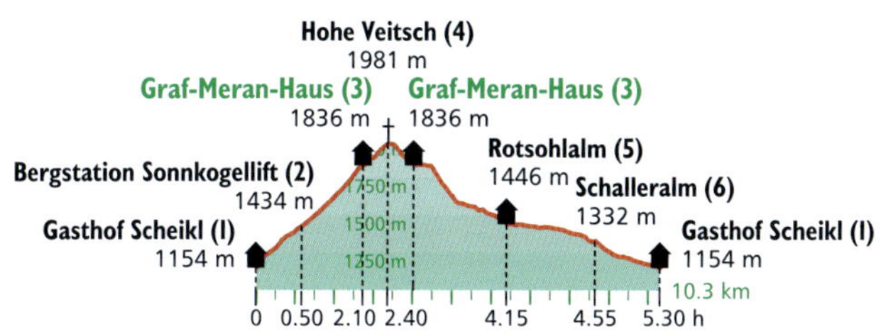

33 Malleistenalm, 1265 m

Vom Poarbauer zur Alm 

Geheimtipp unweit von Mürzzuschlag

Nur ein bisschen mehr als eine Autostunde von Wien entfernt befinden sich die Mürzsteger Alpen. Die auch Mürztaler Alpen genannte kleine Gebirgsgruppe der Ostalpen liegt in der Steiermark mit kleinen Anteilen in Niederösterreich. Höchster Berg ist die Hohe Veitsch, 1981 m, im Zentrum der Gruppe, das ausgedehnteste Massiv ist jedoch die Schneealpe, 1903 m, im Nordwesten nahe der Rax. Almen sind in der Steiermark in allen Landesteilen anzutreffen. Das Mur-Mürztal und das Steirische Randgebirge sind geprägt von kleinen Privatalmen in der Waldstufe. Eine davon ist die schön gelegene Malleistenalm, deren Weideflächen eingerahmt von Schatten spendenden Waldflächen unschwer in knapp zwei Stunden von Neuberg a. d. Mürz erreicht werden. In der Gegend gibt es auch eine Sage über die wilde Jagd. Zu den seltsamsten Naturerscheinungen gehören die sogenannten Luftstimmen. Schon in alten Zeiten wurden in diversen Gegenden sonderbare Töne gehört, welche durch die Luft getragen werden und aus verschiedenen Richtungen zu kommen scheinen, oft von der Höhe herab, zuweilen aber auch vom Erdboden aufwärts steigend. Diese seltsamen Luftstimmen werden gewöhnlich mit dem Namen »die wilde Jagd« bezeichnet. Wem unterwegs die wilde Jagd begegnet, der soll sich schnell bekreuzen und sich in die rechte Spur eines Wagenrades legen, denn sonst wird er erfasst, mit in die Lüfte gezogen und dann von den bösen Geistern zerrissen werden. Um ein gutes Werk zu tun, hacken die Leute oft dort, wo die wilde Jagd darüber hinwegsaust, einen Baum um und dann drei Kreuze in den Stamm; da können nun die wilden Jäger rasten, und die bösen Geister, welche dieselben rastlos jagen, haben dann keine Macht.

Beginn der Tour beim Poarbauer.

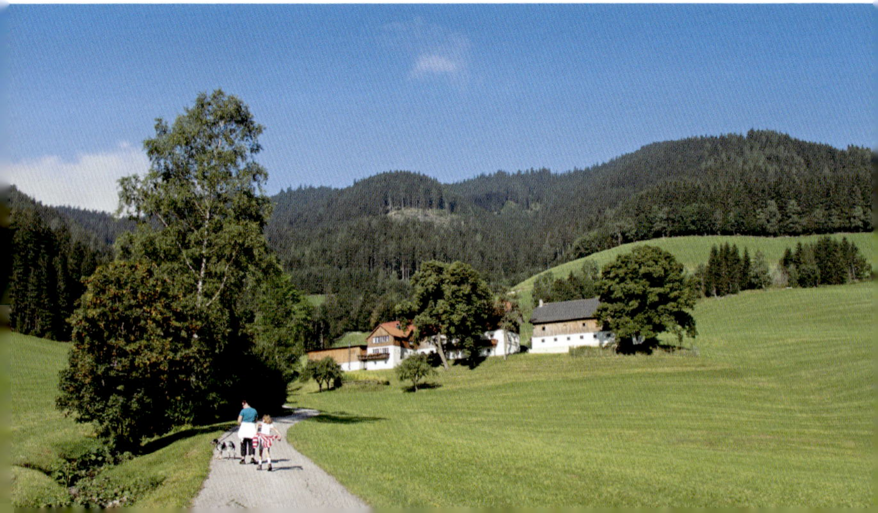

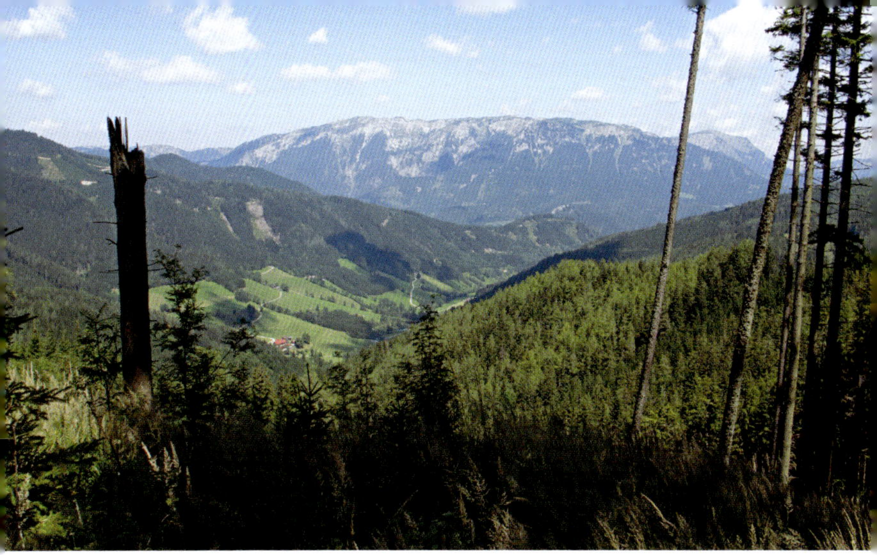

Die Schneealpe, links unten das rote Dach vom Poarbauer.

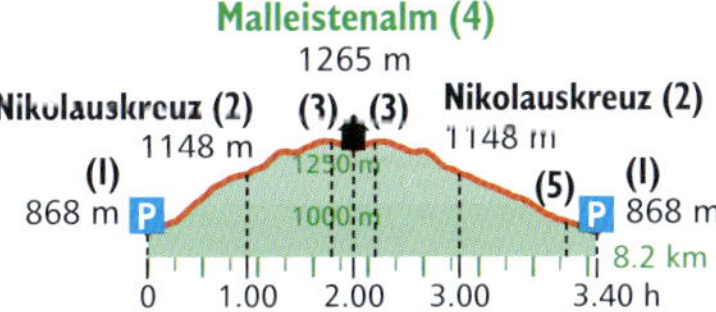

KURZINFO

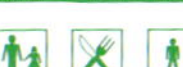

Talort: Neuberg an der Mürz, 730 m; von Wien auf der A 2 bis Knoten Seebenstein, weiter auf der S 6 bis Abfahrt Mürzzuschlag Ost; ins Zentrum, dort Richtung Kapellen und weiter nach Neuberg an der Mürz. Am Ortsanfang links ins Arzbachtal. Gemeindeamt Neuberg an der Mürz (Tel. +43 3857 8202, www.neuberg-muerz.gv.at) und Tourismusverband Hochsteiermark (Tel. +43 3862 55020, www.hochsteiermark.at).
Ausgangspunkt: Ende des Arzbachtales; an der Kreuzung mit der Hofzufahrt zum Poarbauer steht eine Fahrverbotstafel. Neben dieser am Bach einige wenige Parkplätze. Autos nicht in die Wiesen stellen, parken wird nur geduldet. Bei Entzug der Parkerlaubnis parken nur in Neuberg möglich (dann insgesamt 8 km bzw. 2 Std. länger).

EINKEHR

Malleistenalm, 1265 m: Geöffnet von Ende April bis Anfang Oktober. Almprodukte, Almjause und Getränke erhältlich. Keine Nächtigung. Tel. +43 664 7879432.

Gehzeit: 3.40 Std.
Höhenunterschied: 470 m.
Anforderungen: Einfache Wanderung mit kurzer Steilhangquerung im Greuth auf Steigen, Wanderwegen und Forststraßen.
Kinder: Rund um die Almen weiden Kühe und Jungvieh.
Mountainbike: Mountainbikestrecke Malleistenalm von Krieglach: Lastenstraße – vorbei am Freizeitsee – in die Malleisten. Dort auf der Asphaltstraße auf den Malleisten »Berg«. Sie mündet schließlich in eine Schotterstraße ein und führt direkt auf die Malleistenalm (9,6 km, 725 Hm, 2 Std., rot).
Varianten: Überschreitung von der Malleistenalm entweder über die Kaarlalm auf Weg Nr. 489 nach Mürzzuschlag oder über die Hönigsberger Alm auf Weg Nr. 491 nach Langenwang. Beide Routen haben eine Länge von ca. 10 km und einen Zeitaufwand von ca. 2.30 Std.

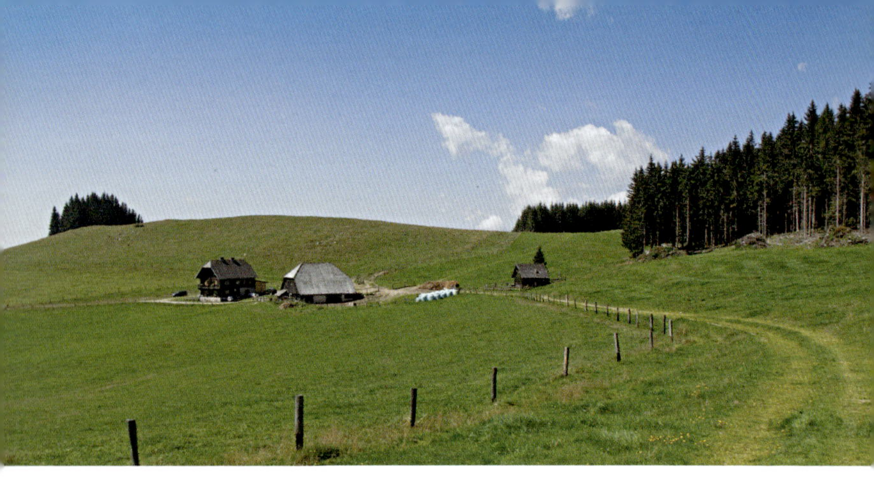

Die Almweiden der Malleistenalm.

Vom **Parkplatz unterhalb des Poarbauer (1)** geht man am Bach entlang zum Poarbauer hinauf. Zwischen den Häusern hält man sich links und folgt der Forststraße bis zur ersten Kurve. Dort gleich links über schattigen Steig (auf Markierungen achten!) mit Nr. 483 und rot-weiß-roter Markierung durch Wald hinauf. Man sollte nicht dem Hohlweg folgen (Nässe), sondern am linken Rand hinauf (Steigspuren) bis zur nächsten Forststraße gehen. Die Markierungen sind vom Hohlweg teilweise nicht zu sehen. Der Forststraße folgt man dann rechts bis zum **Nikolauskreuz (2)**. Dort rechts neben dem Bildstock dem Steig Nr. 484 und den Markierungen weiter durch den Wald folgen (Vorsicht: Einmal mündet der Steig in eine Forststraße – dieser nicht folgen, sondern auf roten Markierungspfeil auf Baum nach links achten und diesem Weg folgen). Ab hier wird der Steig steiler, dann wieder flacher und er quert eben einen licht bewaldeten Steilhang im Greuth (Vorsicht bei Nässe). Noch einmal kurz durch den Wald steiler aufwärts, bis man auf eine Kuppe mit freier Fläche, die **Höhe 1303 m (3)**, mit schöner Aussicht auf Rauschkogel, Veitsch, Aflenzer und Zeller Staritzen sowie die Schneealpe kommt. Zurück zum Weg; diesem folgend sieht man gleich linker Hand die **Malleistenalm (4)** mit ihren Wirtschaftsgebäuden. Hinunter zur Alm.

Abstieg wie Anstieg bis zur Abzweigung nach dem **Nikolauskreuz (2)** in den Hohlweg. Die Forststraße weiter geradeaus benutzen und über die **Forsthäuser (5)**, dort links abbiegen und zum **Parkplatz unterhalb des Poarbauer (1)** zurückwandern.

Lurgbauerhütte und Schneealpenhaus

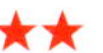

Vom Ameisbühel zum Schauerkogel

★★

Wasserfall der verbotenen Liebe

Unweit der Schneealpe liegt die Ortschaft Frein an der Mürz. In deren Nähe fließt ein Bach aus einer Grotte und stürzt als Wasserfall gut 50 Meter tief über steil abfallendes Felsgelände. Das Wasser rinnt permanent aus der Grotte und stürzt in Kaskaden zu Tal, ein herrliches Naturschauspiel. Früher vom Auto aus direkt zu bewundern, ist das Naturdenkmal seit dem Bau des Straßentunnels 1996 über einen Geh- und Radweg erreichbar. Zur Zeit der Monarchie konnte man über eine Holzstiege bis zum Grotteneingang und darüber hinaufsteigen. Die alte Straße, wie sie heute als Geh- und Radweg besteht, war erst ab 1884 befahrbar. Sie wurde nur deshalb erbaut, weil Kaiserin Elisabeth mitsamt ihrem Pferd durch eine morsche Brückenplanke brach. Am Fuß des Wasserfalls liegt ein großer Felsbrocken, auf dem ein eisernes Kreuz steht für eine Eremitage, die 1876 von einer Schneelawine zerstört wurde. Rund um den Wasserfall rankt sich auch die Sage vom Toten Weib. Zwei Raubritterbrüder, der Frankensteiner und der Rabensteiner, sollen dort in der Gegend ihr Unwesen getrieben und reisende reiche Kaufleute ausgeraubt haben. Der Frankensteiner war mit einer wunderschönen Frau verheiratet, der Rabensteiner hatte einen jungen Burschen als Junker in seinen Diensten. Zwischen Edelfrau und Junker war eines Tages Liebe entstanden und die Frau betrog ihren Mann mit dem Stallburschen. Daraufhin stürzte der Raubritter wutentbrannt seine untreue Frau über einen Felsen beim Wasserfall. Die Frau überlebte den Sturz auf wundersame Weise und flüchtete schwerverletzt in die Grotte, in der sie sich versteckt hielt und sich mit Kräutern wieder heilte. Jahre später wurde der Raubritter Frankensteiner bei einem Überfall auf das Geleit eines reichen Grazer Kaufmannes schwer verletzt. Er rettete sich ebenfalls in die Grotte mit dem Wasserfall. Dort fand ihn seine Frau bewusstlos liegend und pflegte ihn gesund, ohne dass der Mann wusste, wer die Frau war.

Breite Wege führen über das Plateau der Schneealpe zum Haus.

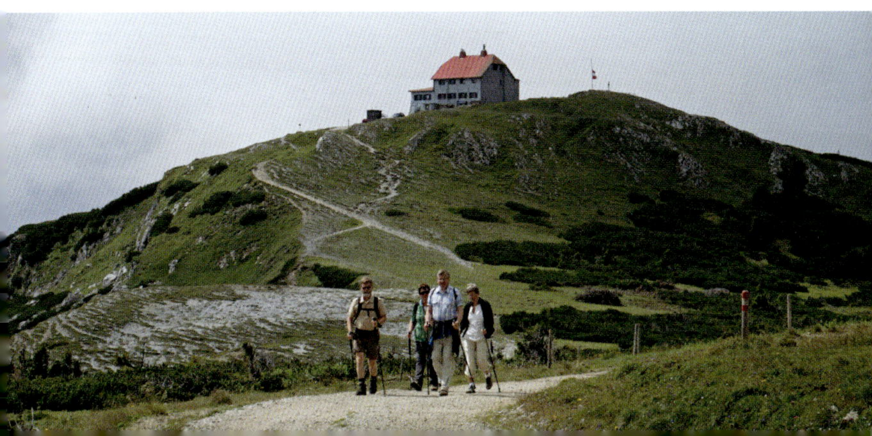

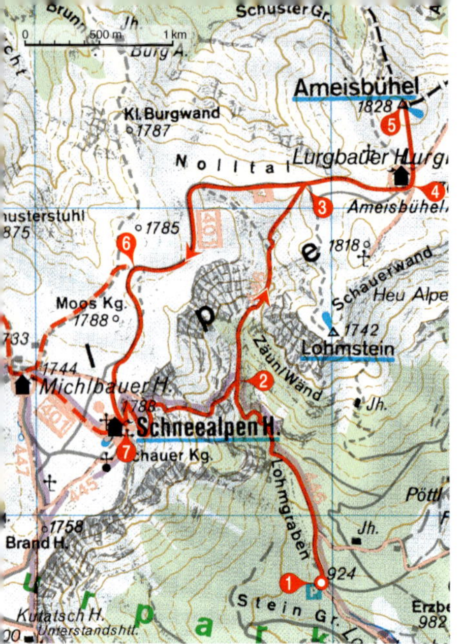

EINKEHR

Lurgbauerhütte, 1764 m: Die private Almhütte ist geöffnet von Mai bis Oktober. Ganztägig warme Küche, viele Produkte aus eigener Bio-Landwirtschaft. Nächtigung möglich. Tel. +43 676 6335456, www.lurgikas.at.
Michlbauerhütte, 1744 m: Private Almhütte auf der Variante. Geöffnet von Ende Mai bis Oktober. Jausen von Almprodukten und vom Styria Beef. Nächtigung möglich. Tel. +43 664 9235900.
Schneealpenhaus, 1784 m: Hütte des Österreichischen Alpenvereins. Geöffnet von Anfang Mai bis Ende Oktober. Nächtigung möglich. Der Winterraum mit 10 Plätzen ist immer geöffnet. Tel. +43 3857 2190, +43 664 3882525 oder +43 660 1606425, www.schneealpenhaus.com.

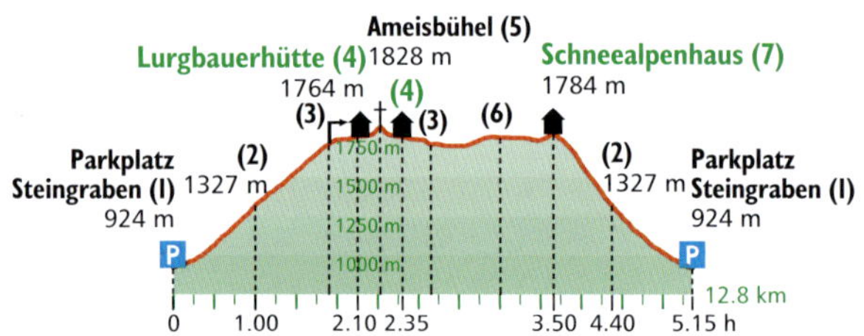

KURZINFO

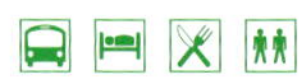

Talort: Altenberg an der Rax, 782 m, Ortsteil von Neuberg a. d. Mürz; von Wien auf der A2 bis Knoten Seebenstein, weiter auf der S6 bis Abfahrt Mürzzuschlag Ost, dann ca. 15 km über Kapellen nach Altenberg; Gemeindeamt Neuberg a. d. Mürz (Tel. +43 3857 8202, www.neuberg-muerz.gv.at).
Ausgangspunkt: Parkplatz nach der Brücke im hinteren Lohmgraben.
Gehzeit: 5.15 Std.
Höhenunterschied: 910 m.
Anforderungen: Anspruchsvolle Wanderung auf Steigen, Wanderwegen und Almstraßen. Steiler Abstieg über den Blarergrabenweg, eine Steilstufe wird auf einer Eisenleiter überwunden. Schwindelfreiheit und Trittsicherheit unbedingt nötig. Nicht bei Nässe. Die Tour in Gegenrichtung zu gehen ist kraftraubend und heiß (Südseite!), dafür im Abstieg leichter.
Kinder: Ab 12 Jahren.
Mountainbike: »Naturpark BergRadl-Runde Moassa«: Kapellen – Gasthof Moassa – Altenberg a. d. Rax – Kapellen; (17,1 km, 540 Hm, ca. 2.30 Std., schwarz).
Gipfelmöglichkeiten: Ameisbühel, 1828 m (25 Min. hin und zurück von der Lurgbauerhütte, blau; Steigspuren); Windberg, 1903 m (1 Std. im Anstieg vom Schneealpenhaus, rot).
Variante: Zwischen Mooskogel und Schusterstuhl zur Michlbauerhütte und von dort westwärts weiter auf den Windberg (ca. 1.15 Std. länger, rot).

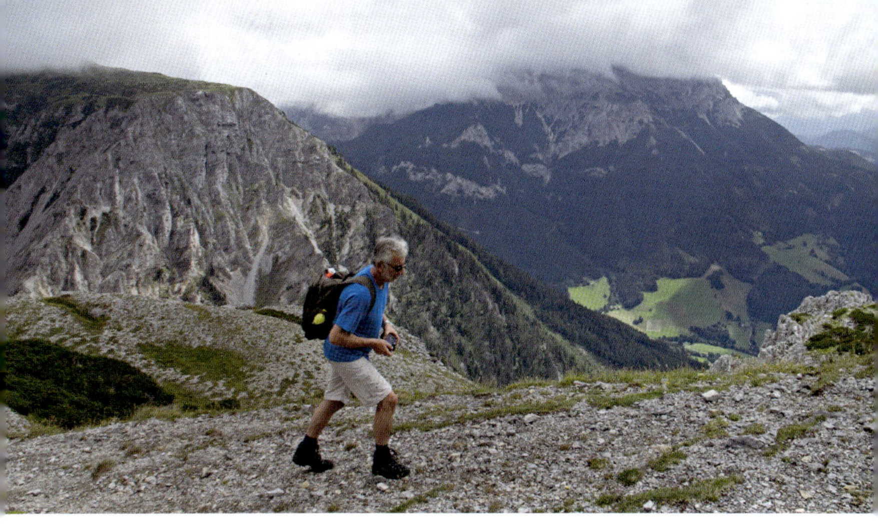

Links der Lohmstein mit der Zäunlwand, dahinter die Heukuppe der Rax.

Vom **Parkplatz Steingraben (1)** zum Scheitelpunkt der Kurve und dem Wegweiser nach Richtung Schneealpe und Lurgbauerhütte. Rot weißrote Markierung begleitet über einen Fahrweg (Weg Nr. 446) durch lichten Wald zu einem Steig. Hier lichtet sich auch der Wald und man überquert ein trockenes Bachbett. Aussichtsreich geht es nun gegenüber der Zäunlwand des Lohnstein bergwärts bis zur **Kreuzung Blarergrabenweg (2)**. Hier rechts halten und weiter über einen Schotterweg, mäßig steil durch eine Schlucht aus Felswänden, die sich aber bald wieder in sanfte Almhänge verwandelt. Es wird flacher und man erreicht eine Kreuzung am Plateau (Rastbankerl), den **Almgraben (3)**. Nun rechts über den Steig (gelbe Markierung) oder rechts über die Almstraße zur **Lurgbauerhütte (4)**, beide Weg Nr. 401. Gleich hinter der Hütte bietet sich der **Ameisbühel (5)** als Aussichtspunkt an.

Zurück zur **Lurgbauerhütte (4)** und zum **Almgraben (3)**. Dort folgt man nun der Almstraße mit Tiefblicken in die Steiermark bis zum **Abzweig zum Mooskogel (6)** sowie zur Michlbauerhütte und zum dahinterliegenden Windberg. Die Variante führt hier rechts auf einen Steig ab (Wegweiser, Weg Nr. 401a).

Die Hauptroute leitet weiter der Almstraße entlang, man sieht schon in der Ferne das Schneealpenhaus. Bei dem kommenden Wegweiser links abbiegen und über die Wiese den markierten Pflöcken nach zu einem weiteren Wegweiser; dann links durch Latschen zu einem Schottersteig (3. Wegweiser), der in wenigen Minuten hinauf zum **Schneealpenhaus (7)** führt. Der Abstieg führt zurück zum 3. Wegweiser am Beginn des Schottersteiges. Dort rechts hinunter, teilweise sehr steil und schottrig, rot-weiß-rote Markierungen helfen, den besten Weg zu finden. Eine Steilstufe überwindet man mittels Eisenleiter, der darauffolgende Steg führt sicher über eine Abbruchkante. Kurz darauf gelangt man wieder zur **Kreuzung Blarergrabenweg (2)**. Nun am bekannten Aufstiegsweg zurück zum **Parkplatz Steingraben (1)**.

35 Göllerhütte und Kohlröserlhütte, 1485 m

Zwischen Göller und Gippel 

Skisport am Zwillingsberg vom Gippel

Markant erhebt sich der Göller in den Steirisch-Niederösterreichischen Kalkalpen nordöstlich von Mariazell. Er und sein Massiv sind wie ein Spiegelbild zum nur 6 km entfernten Gippel mit seinen Ausläufern, die nur der 1270 m hohe Waldhüttsattel trennt. Alpinistisch ist der Göller etwas schwerer zu erklimmen als der Gippel, beide können aber von Bergsteigern mit guter Kondition an einem Tag erstiegen werden. Der Göller ist einer der historisch bedeutendsten Skiberge in Niederösterreich. Anfang des 20. Jahrhunderts gab es immer mehr Skirennen auf teils verwegenen und unpräparierten Abfahrten: in Lilienfeld das Zdarsky-Rennen vom Muckenkogel über Klosteralm, vorbei an der Gschwendt-Hütte zur Schneise mit waghalsigen Sprüngen Richtung Ziel im Spitalgraben – oft auch im Rettungsschlitten. In Türnitz das Eibl-Rennen, in Rabenstein das Gaisbühel-Rennen und im Frühjahr das Göller-Rennen im Wurzboden bis zur Turmmauer. Ab 1935 bis in die späten 1970er wurde das sogenannte Göllerrennen als Riesentorlauf im Wurzengraben veranstaltet.

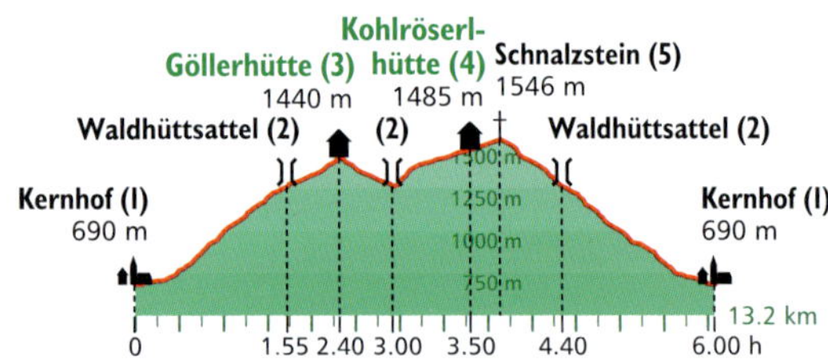

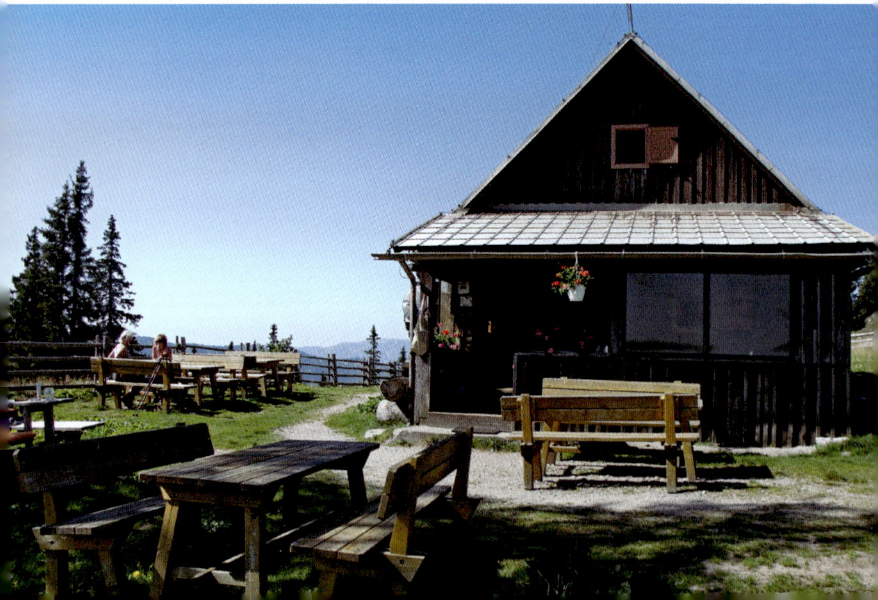

KURZINFO

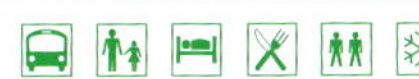

Talort: Kernhof, 690 m; von der A 1, Abfahrt St. Pölten Süd, über Wilhelmsburg nach Lilienfeld, weiter über Freiland nach Hohenberg und St. Aegyd bis Kernhof; Marktgemeinde St. Aegyd am Neuwalde (www.staegyd.at, Tel. +43 2768 2290).
Ausgangspunkt: Großer Parkplatz gegenüber dem ehemaligen Gasthof Gnedt im Ort (Tel. +43 2768 87169).
Gehzeit: 6 Std.
Höhenunterschied: 1030 m.
Anforderungen: Im unteren Bereich auf Güter-, Fahr- und Wanderweg problemlos. Oben anspruchsvoller auf etwas abwärts hängendem Steig in steilerem Gelände. Nach dem Waldhüttsattel ohne Schwierigkeiten bis zur Alm. Vorsicht bei Nässe. Wenige Markierungen.
Kinder: Übernachtung auf der Kohlröserlhütte. Ab 8 Jahren. Weißer Zoo und Kameltheater Kernhof (Info-Telefon: +43 664 1111012, www.weisserzoo.at).
Gipfelmöglichkeit: Von der Göllerhütte zum Göller (325 Hm; ca. 1.15 Std. im Anstieg, rot; Trittsicherheit nötig).
Winter: Als Schneeschuhtour oder Winterwanderung vom Lahnsattel aus zur Göllerhütte (2 Std., rot). Eine Wintertour auf den Göller ist Routiniers vorbehalten (4 Std. im Aufstieg, schwarz; wegen Wechten nicht ungefährlich!).
Tipp: Zweitagestour, zunächst wie beschrieben bis zur Kohlröserlhütte (Hofalm), dort Nächtigung. Am zweiten Tag Überschreitung zum Gippel, Einkehr auf der Gippelalm und Abstieg hinunter nach St. Aegyd am Neuwalde. Aus logistischen Gründen sollten Anreise und Rückfahrt mit zwei Autos geplant werden.

In **Kernhof (1)** steht links vom ehemaligen Gasthof Gnedt ein Holzwegweiser zur »Hofalm Göller«, der auf den Weg mit den Nummern 8, 9, 10 und 51 nach rechts weist. Man folgt dem Weg am Gasthof vorbei zu einem alten Haus mit einem hohen Baum; dort links und dann wieder rechts (Wegweiser) in eine kurze Allee. Weiter der Straße entlang an Häusern vorbei, bis links ein Fahrweg abzweigt (Holzwegweiser). Nun auf diesem mit den Wegnummern 10, 51, 52 zu einem rechts abzweigenden Waldweg. Nach 50 Metern, bei der nächsten Kreuzung, kann man jetzt oder beim Abstieg rechts in das kleine Seitental in wenigen Minuten zum Trenkwasserfall wandern.
Links geht es auf einem Steig zum eigentlichen Tourenziel (rote Markierung) im Wald hinauf bis zu einer Forststraße. Kurz links auf dieser, dann wieder nach rechts auf den Steig wechseln und durch lichten Bergwald, ab hier mit mehr Aussicht. Der Steig erreicht schlussendlich den **Waldhüttsattel (2)** mit einer Rastbank und einem Wegweiser. Nun rechts leicht bergauf auf einer Forststraße (Weg Nr. 622, 655), dann auf einem Steig in Kürze zur **Göllerhütte (3)**.

EINKEHR

Göllerhütte, 1440 m: Hütte der Naturfreunde, Ortsgruppe St. Pölten. Geöffnet von Ende Mai bis Ende Oktober, im Winter geschlossen. Hausmannskost, Mehlspeisen und Getränke. Nächtigung möglich. Tel. +43 664 9882275 (das Hüttentelefon ist nur zu den Hüttenöffnungszeiten aktiviert; sonstige Informationen beim Hüttenwart Christian Tezak, Tel. +43 664 5115474), www.goellerhuette.net.
Kohlröserlhütte auf der Hofalm, 1485 m: Private Almhütte. Geöffnet von Mitte Juni bis Mitte September, Ruhetage Montagabend bis Mittwoch früh. Almjausen und Getränke. Nächtigung möglich. Tel. +43 664 9428128.

Links: Das Tagesziel – die gemütliche Kohlröserlhütte.

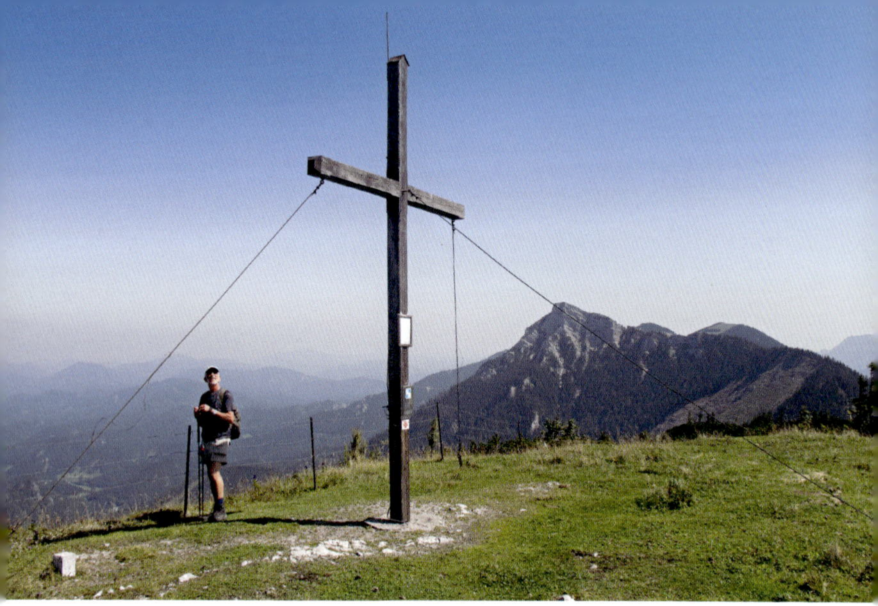

Am Schnalzstein oberhalb der Kohlröserlhütte, im Hintergrund der Gippel.

Zurück am **Waldhüttsattel (2)** hat man zwei Möglichkeiten. Entweder folgt man der Forststraße problemlos Richtung Hofalm mit der Almhütte oder man zweigt links gegenüber der Rastbank auf einen Steig ab. Spärlich markiert führt der Weg Nr. 52 zuerst steil durch Schutzwald, dann etwas flacher aussichtsreich über Almwiesen. Hier besonders auf Steine am Boden mit teilweise verblassender rot-weiß-roter Markierung achten. Ab Beginn der Almwiesen hält man sich immer schräg rechts Richtung Schnalzstein, passiert seinen Westhang über eine Kuppe und hat die gemütlich urige **Kohlröserlhütte (4)** in 300 Meter Entfernung vor sich liegen. Vor dem Abstieg ins Tal sollte man noch zum **Schnalzstein (5)** hinaufgehen, dessen Gipfelkreuz von der Hütte pfadlos in ca. 15 Minuten erreicht wird. Man geht nicht mehr zur Hütte zurück, sondern rechts weglos über den Nordwesthang hinunter zum Weg, der zum **Waldhüttsattel (2)** führt. Dort rechts am Anstiegsweg hinunter nach **Kernhof (1)**.

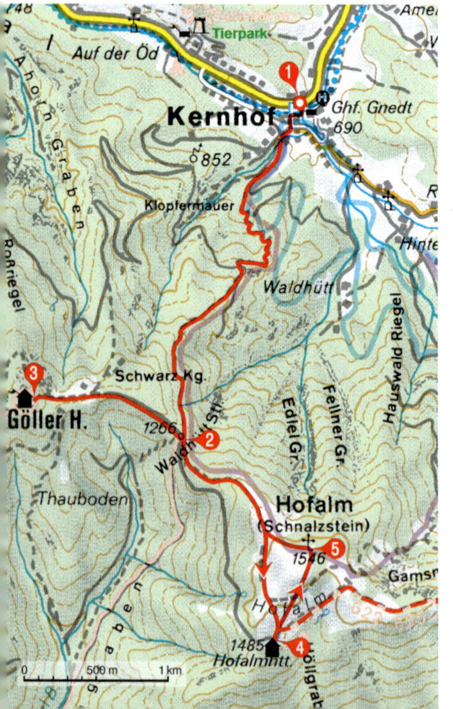

Gippelalm, 1500 m

Am Treibsteig

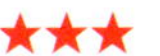

Der gesperrte Berg

Der Gippel – ein sehr markanter, im oberen Drittel felsiger und kahler Bergstock – ist zusammen mit dem westlich liegenden Göller einer der beliebtesten Wander- und Kletterberge im Umkreis Wiens. Blickt man in die Gippel-Nordwand, erinnert er an einen wilden Dreitausender. Und tatsächlich sind wegen der tiefgelegenen Täler je nach Anstieg immer weit mehr als 1000 Höhenmeter zum Gipfel zu überwinden, was mit den Gipfeltouren in den Zentralalpen vergleichbar ist. Deutliche Gegensätze bilden die felsige ca. 300 Meter hohe Nordflanke, die als Gippelmauer bezeichnet wird und sich 3 bis 4 Kilometer nach Osten zum Schwarzauer Gippel zieht, und die Almwiesen der Südseite mir ihrem sanften Charakter. Neben diesen ungleichen Ansichten bietet der Gippel auch viel Bergeinsamkeit und ein eindrucksvolles Panorama auf die Niederösterreichischen Vor- und Kalkalpen. Der »Treibsteig« wurde ca. 1930 als Zugang von St. Aegyd am Neuwalde zur Gippelalm angelegt; vorher musste das Weidevieh beschwerlich über die Felsen aufgetrieben werden. Bis 1963 war der Gippel als Teil eines gräflichen Jagdreviers für Wanderer gesperrt. Die Begehung des markanten Südwestgrates war strengstens verboten. Nur mit einem Passierschein (= Permit) bei der Forstverwaltung in Kernhof, den man aber nicht so leicht bekam, konnte man den Berg besteigen. Nach 1963 wurde der Treibsteig aus dem Weißenbachtal bei St. Aegyd touristisch genutzt und markiert.

Lädt zur gemütlichen Rast ein – die Gippelalm.

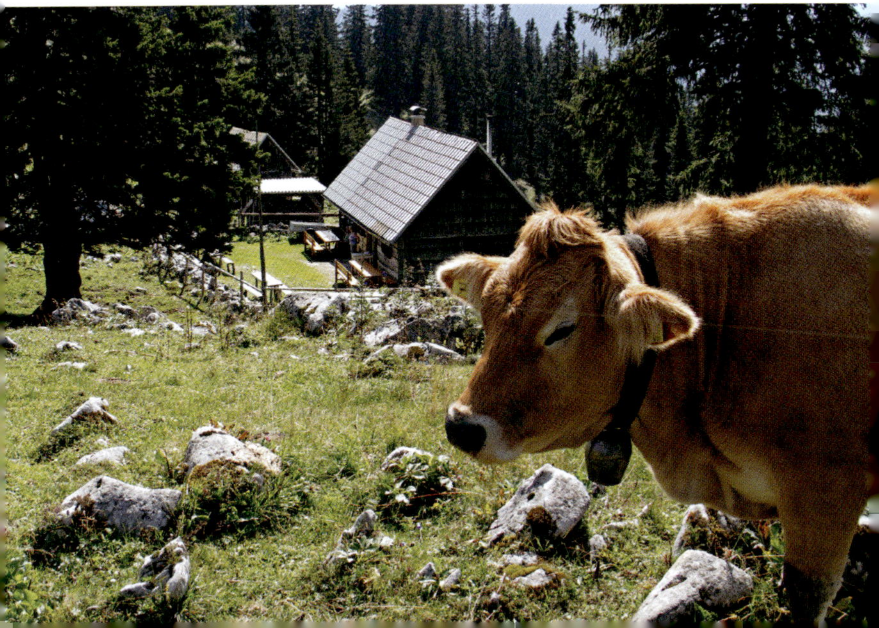

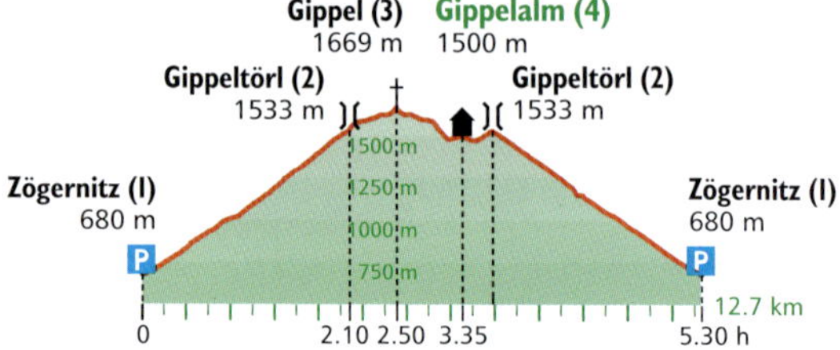

KURZINFO

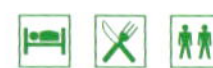

Talort: St. Aegyd am Neuwalde, 588 m; von der A 1 Abfahrt St. Pölten Süd über Wilhelmsburg nach Lilienfeld, weiter über Freiland nach Hohenberg und St. Aegyd; Marktgemeinde St. Aegyd am Neuwalde (Tel. +43 2768 2290, www.staegyd.at).
Ausgangspunkt: Parkplatz für wenige Autos hinter dem Gehöft Zögernitz im hinteren Weißenbachtal.
Gehzeit: 5.30 Std.
Höhenunterschied: 1020 m.
Anforderungen: Im unteren Bereich auf Karren- und Wanderweg problemlos. Anspruchsvolle Wanderung in steilem Gelände nach der 2. Forststraßenquerung auf dem schmalen Treibsteig; Schwindelfreiheit notwendig. Nach dem Gippeltörl bis zur Alm problemlos, zum Gippelgipfel Trittsicherheit notwendig. Nicht bei Nässe.
Kinder: Ab 10 Jahren.
Gipfelmöglichkeit: Auf jeden Fall den Gippel, 1669 m, besteigen, wenn man schon am Gippeltörl ist (nur mehr 135 Hm; ca. 40 Min., rot; Trittsicherheit nötig).

EINKEHR

Gippelalm, 1500 m: Private Almhütte. Geöffnet während der Weidezeit von Mitte Juni bis Mitte September am Samstag und Sonntag. Info bei der Gemeinde St. Aegyd, Tel. +43 2768 2290-0.

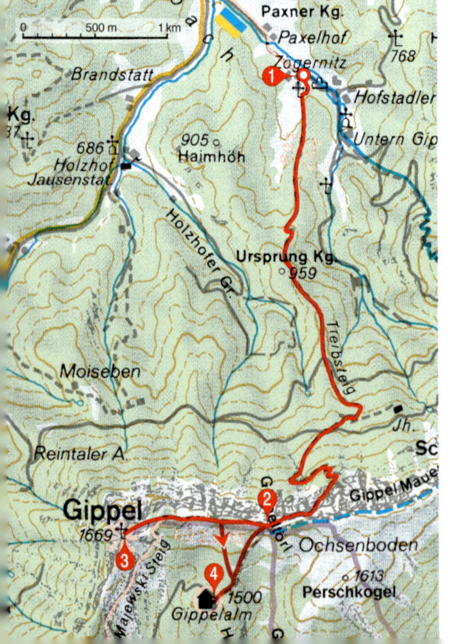

Vom Parkplatz hinter dem Gehöft **Zögernitz (1)** geht man die Forststraße nach Süden taleinwärts, nur leicht bergauf in den Wald hinein. Bei einem Holzwegweiser »Zum Gippel« links auf einen Steig mit der Nr. 52 abbiegen und vorerst gemütlich leicht bergan. Einige Forststraßen querend folgt man immer den Wegweisern, der rot-weiß-roten Markierung oder der Wegnummer 52 in einen steileren Hang, wo ein Kahlschlag eine schöne Halbkreisaussicht gewährt. Immer steiler wird es, man geht vorbei an der Leopold-Hickelsberger-Gedenktafel und in einer langen schrägen Geraden weiter aufwärts. Plötzlich wird der Weg blockig und der Schutzwald gibt keine permanente Frei-

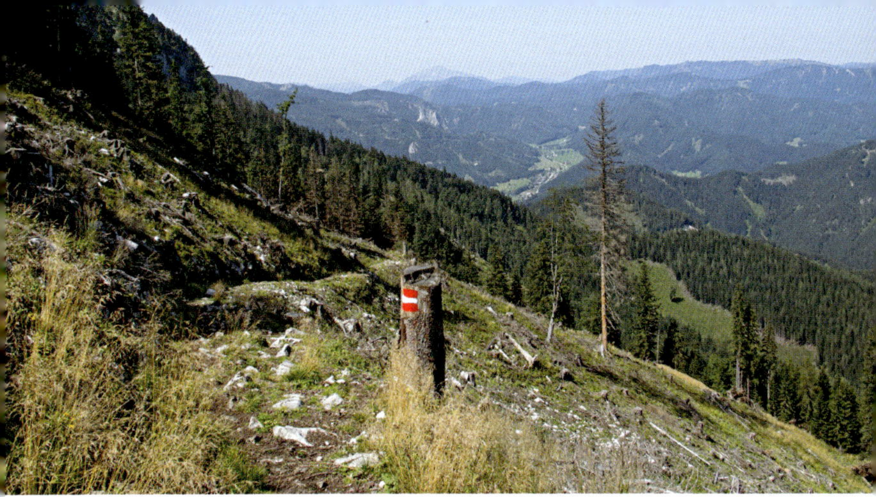

Beim Abstieg hat man vom Treibsteig freie Sicht auf den Ötscher.

sicht mehr her; hier beginnt der Treibsteig. Die Felswand der Gippelmauer wird vereinzelt durch Seilgeländer gesichert, über Holzstege werden Abbrüche im Fels überwunden. Es wird noch einmal etwas steiler, geht um eine Kurve und man steht vor einem kleinen, schmalen Weidetor – dem **Gippeltörl (2)** mit der Leopold-Berger-Gedenktafel. Hinter dem Törl links hängt, man glaubt es kaum, ein Postkasten der Österreichischen Post (ob er entleert wird, entzieht sich der Kenntnis des Autors). Wer müde ist, nimmt nun den gemütlichen Steig schräg links bergab zur Almstraße und rechts zur Alm. Aber wer den Anstieg bis hier geschafft hat, sollte doch rechts hinauf der rot-weiß-roten Markierung folgen, abwechselnd bergauf und dann wieder eben dahin, zum Gipfel des **Gippel (3)**.

Beim Abstieg muss man nicht zurück bis zum Gippeltörl, sondern kann schon vorher rechts den Abschneider über die mit Felsbrocken aller Größen übersäte Wiese nehmen, an deren rechter unterer Ecke ein Holzgebäude an der Almstraße als Orientierungs- und Bezugspunkt dient. Auf der Almstraße rechts erreicht man nach 250 Metern die **Gippelalm (4)**.

Zurück an der felsübersäten Wiese zweigt dort links ein Steig mit der bekannten Markierung ab, ein Wegweiser auf einem Baumstumpf hilft zusätzlich. Vom **Gippeltörl (2)** am Anstiegsweg zurück zum Gehöft **Zögernitz (1)**.

Am Gippel.

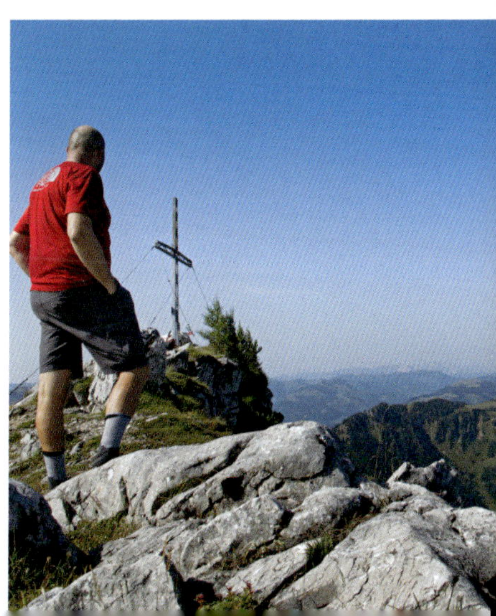

37 Waldfreundehütte am Obersberg, 1464 m

Wanderung auf wenig bekannten Pfaden

Blick auf 35 Ostalpen-Gipfel

Schwarzau ist flächenmäßig mit 190 km² die drittgrößte Gemeinde Niederösterreichs, hat aber weniger als 1000 Einwohner und liegt zwischen Rax und Schneeberg an der Schwarza. Die oberhalb der Ortschaft am Obersberg (auch Ahornsberg genannt) gelegene Waldfreundehütte wurde 1924 erbaut und ist nicht zu verwechseln mit einer Hütte gleichen Namens auf der Hohen Wand, die zu den Gutensteiner Alpen gehört. Der Aufstieg von Schwarzau aus ist recht steil und bewaldet und bietet sich eher für den Abstieg an. Der Gipfel mit dem Gipfelkreuz liegt nur wenige Meter westlich über der Hütte. Von hier hat man einen Rundblick auf 35 Ostalpen-Gipfel wie zum Beispiel Schneeberg, Rax, Gippel, Göller, Schneealpe und den Großen Sonnleitstein. Schwarzau besitzt auch einen 14 ha großen Naturpark am Westabsturz des Falkenstein, der 1972 errichtet wurde. Vom flachen Gebiet am Ufer der Schwarza über leicht ansteigende Hänge bis zu steilen Felsregionen stellt die Gegend ein Schneeberggebiet im Kleinformat dar.

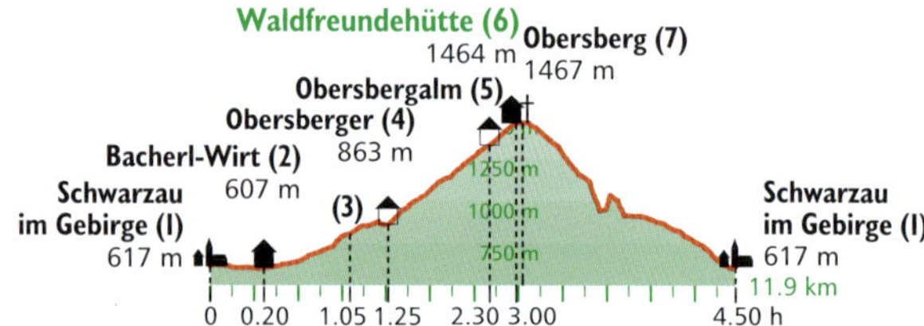

Kapelle zwischen den Höfen Haselecker und Obersberger.

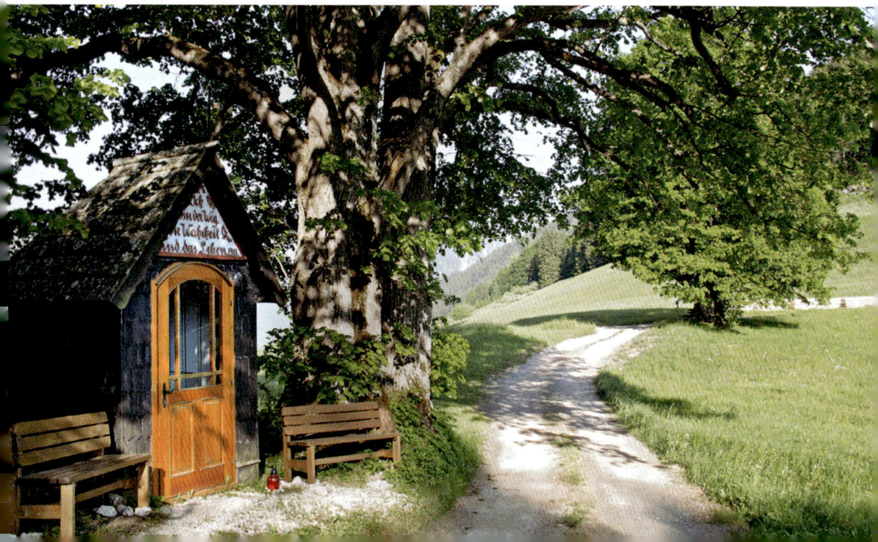

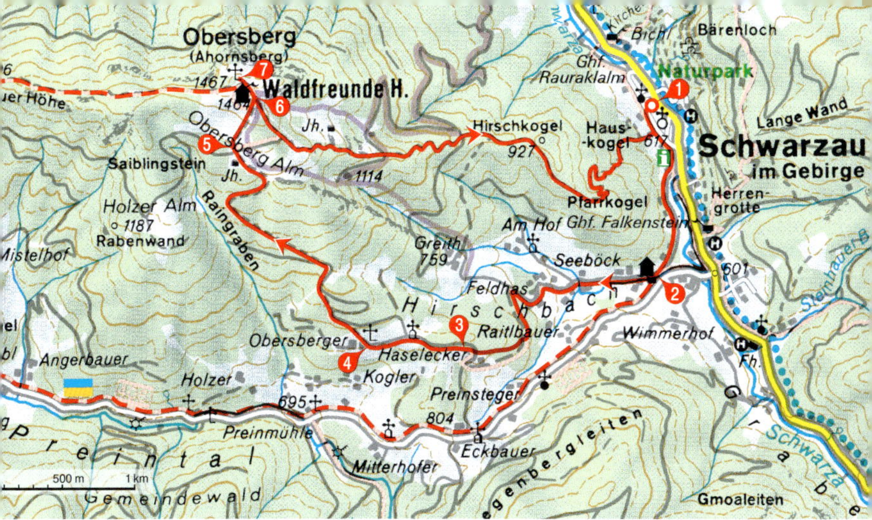

KURZINFO

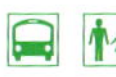 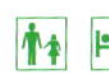  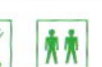

Talort: Schwarzau im Gebirge, 617 m; von Wien auf der A 2 bis Abfahrt Wöllersdorf, weiter auf der B 21 bis Gutenstein, dann auf der L 34 und B 27 nach Schwarzau; Marktgemeinde Schwarzau im Gebirge (Tel. +43 2667 238, www.schwarzau-gebirge.gv.at).

Ausgangspunkt: Parkmöglichkeiten südlich (unterhalb) der Kirche (Bereich Hausnummer Markt 2).

Gehzeit: 4.50 Std.

Höhenunterschied: 860 m.

Anforderungen: Einfache Wanderung auf Steigen, Wanderwegen und Almstraßen.

EINKEHR

Waldfreundehütte am Obersberg, 1464 m: Alpine Gesellschaft »D' Waldfreunde«. Geöffnet von Mitte Mai bis September Samstag, Sonntag und Feiertag (Samstag 9 Uhr bis Sonntag 15 Uhr, feiertags 9 bis 15 Uhr). Nächtigung möglich. Tel. +43 2667 319 oder +43 2667 35047.

Gasthaus Bacherl-Wirt, 607 m: In Schwarzau, mehrere Pilgerwege führen an ihm vorbei. Geöffnet Montag bis Samstag 8 bis 19 Uhr, Sonntag Ruhetag. Tel. +43 2667 251.

Winter: Die Tour ist als Schneeschuhwanderung leicht machbar (ca. 6 Std., blau).

Variante: Übergang vom Obersberg über die Mistelbacher Höhe zum Preineckkogel, 1449 m, Abstieg über Bärenboden und Schlagerbauer ins Preintal und zurück nach Schwarzau (insgesamt ca. 8 Std., rot).

Unterhalb der Waldfreundehütte.

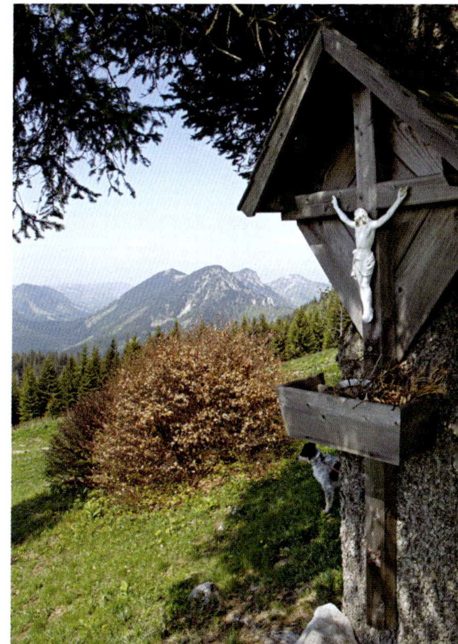

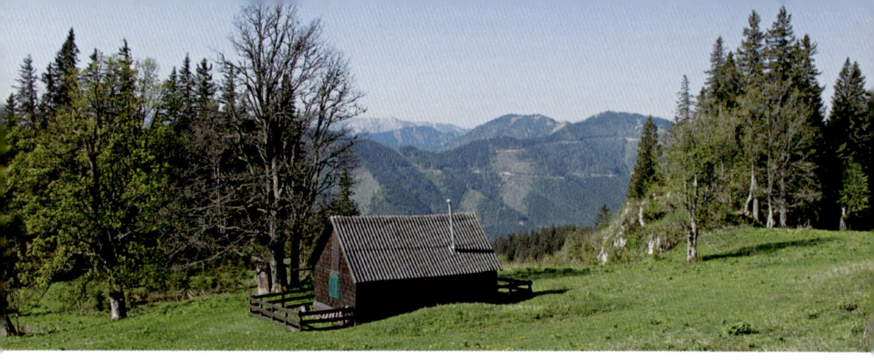

Die Jagdhütte Obersbergalm, dahinter Schneealpe und Mürzsteger Alpen.

In **Schwarzau (1)** vom Ausgangspunkt nördlich der Kirche rechts, an einem Bildstock vorbei, die Straße zur Kirche hinauf. Dann den Hügel auf der anderen Seite, vorbei am Kindergarten, hinunter zur Hauptstraße. Dort rechts und weiter bis vor die Schwarzabrücke. Hier rechts dem Sträßchen entlang der Schwarza folgen bis zur Kreuzung beim Gasthaus **Bacherl-Wirt (2)**. Hier rechts (Wegweiser zum Obersberg) am Güterweg entlang immer geradeaus und leicht bergauf der weiß-rot-weißen Markierung folgen. Dabei verlässt man das dichter besiedelte Gebiet. An der ersten Wegkreuzung nach einer kleinen Brücke sind gut sichtbar die Farbmarkierung und ein Wegweiser angebracht. Hier links halten, immer den Farbmarkierungen nach, wobei der Güterweg kurz darauf in einen Schotterweg übergeht. Vorbei an einem Schranken und an einem Gehöft auf einer Forststraße zum Waldrand hinauf, links abzweigen und in den Wald hinein (Wegweiser). Der weiß-rot-weißen Markierung nach, bis rechts ein Wegweiser auf einen Steig leitet. Diesem und der Markierung folgen, wobei der Wald zurückgeht und schöne Sicht auf den Fegenberg und die Hirschmauer gewährt. Man erreicht einen Güterweg oberhalb vom Gehöft **Haselecker (3)** und folgt diesem geradeaus westwärts zu einer kleinen Kapelle, welche von alten Bäumen umgeben ist. Hier hat man nun zwei Möglichkeiten: Entweder man folgt dem Güterweg weiter geradeaus oder, etwas kürzer, man geht links hinunter zum Gehöft **Obersberger (4)** und dort wiederum rechts den Steig steiler bergwärts, bis man auf den Güterweg trifft. Ab nun führen Wegweiser und die weiß-rot-weißen Markierungen im Wald über Wege und Steige hinauf zu einer großen Wiese, wo man links die Jagdhütte **Obersbergalm (5)** ansteuert. Kurz vor der Hütte rechts dem Steig und Wegweisern folgen. Bei der Kreuzung mit einem querenden Steig diesen links hinauf bis zur **Waldfreundehütte (6)** und dem daneben liegenden **Obersberg (7)** mit Gipfelkreuz.

Den Abstieg beginnt man, indem man zurück zur Kreuzung mit dem Steig geht, diesem aber nun links hinab folgt. Bei der nächsten Kreuzung unmarkiert links halten, dann problemlos auf Steigen, Wegen und Forststraßen der weiß-rot-weißen Markierung nach ins Tal hinunter, wo ein Steig schlussendlich bei der Kirche endet. Hier links auf der Straße den Hügel hinab zum Ausgangspunkt in **Schwarzau im Gebirge (1)**.

Karl-Ludwig-Haus, 1804 m

Über den Gretchensteig

Die Rax und die Habsburger

Die Rax liegt in den Nördlichen Kalkalpen an der steirisch-niederösterreichischen Grenze. Der höchste Gipfel ist die Heukuppe mit 2007 m; dieser liegt in der Steiermark. Die Scheibwaldhöhe ist mit 1943 m die höchste Erhebung auf der niederösterreichischen Seite. Alpinhistorisch von Bedeutung ist das Erscheinen des ersten Raxführers 1894, in welchem der Autor Fritz Benesch mit einer »Vergleichsweisen Rangeinteilung der Steige nach ihrer Schwierigkeit« die erste alpine Schwierigkeitsbewertung vorlegte. Die sogenannte Benesch-Skala hatte sieben Schwierigkeitsstufen, wobei I am schwierigsten, VII am leichtesten war. Die Raxalpe gilt somit als Geburtsstätte der Wiener Alpinschule. Aufgrund eines Lawinenunglücks mit drei Todesopfern im Jahre 1896 wurde der »Alpine Rettungsausschuss Wien« gegründet, der erste Bergrettungsdienst der Welt. 1926 wurde auf der Heukuppe ein Heldendenkmal errichtet, das an die im Ersten Weltkrieg gefallenen Mitglieder des Österreichischen Touristenklubs erinnert. 1956 wurde die Inschrift um die im Zweiten Weltkrieg Gefallenen erweitert. Das Karl-Ludwig-Haus (auch Carl-Ludwig-Haus) ist eine der Schutzhütten auf der Rax, benannt nach Erzherzog Karl Ludwig, dem jüngeren Bruder des Kaisers von Österreich, Kaiser Franz Joseph I., und Vater des Thronfolgers Franz Ferdinand sowie Großvater von Kaiser Karl I., dem letzten Kaiser von Österreich (1916 bis 1918). Karl Ludwig starb 1896 auf einer Reise nach Jordanien, wo er verseuchtes Wasser getrunken hatte.

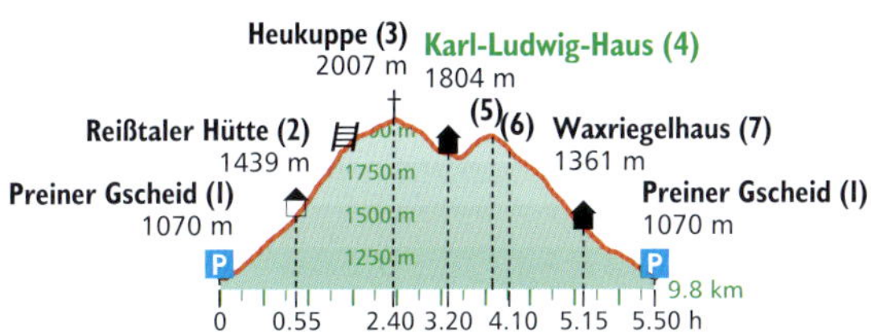

EINKEHR

Karl-Ludwig-Haus, 1804 m: Hütte des Österreichischen Touristenklubs. Geöffnet von Mitte April bis Anfang November. Speisen und Getränke. Nächtigung möglich. Im Nebengebäude ein Winterraum offen. Tel. +43 2665 380, www.karlludwighaus.at.

Waxriegelhaus, 1361 m: Hütte der Naturfreunde. Ganzjährig geöffnet, voll bewirtschaftet. Nächtigung möglich. Tel. +43 2665 237, www.naturfreunde-huetten.at/steiermark/waxriegelhaus.

Mit viel Aussicht führt der Waxriegelsteig zum Waxriegelhaus.

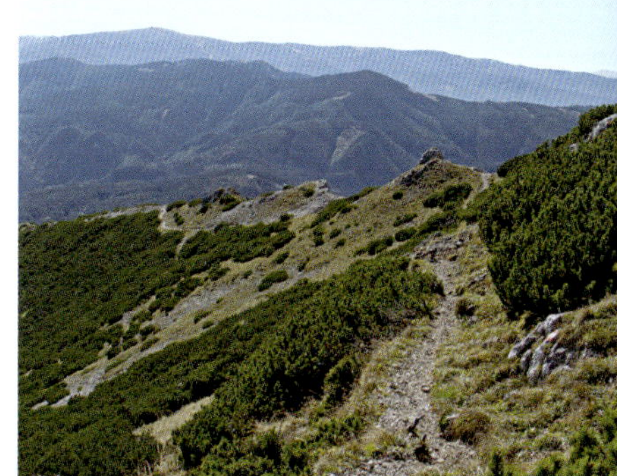

KURZINFO

 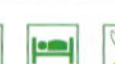 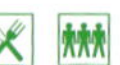

Talort: Prein an der Rax, 680 m; von Wien auf der A2 bis Abfahrt Gloggnitz, weiter auf der B27 über Payerbach und Reichenau an der Rax nach Prein; Verein Weltkulturerbe-Region Semmering-Rax (Tel. +43 2662 42401-41 oder +43 676 81220553, www.region-semmeringrax.at/die-region); Wiener Alpen in Niederösterreich Tourismus GmbH (Tel. +43 2622 78960, www.wieneralpen.at), Tourismusbüro Reichenau an der Rax (Tel. +43 2666 52865 oder +43 2666 52206-25, www.reichenau.at).

Ausgangspunkt: Parkplatz auf der Preiner Gscheid.

Gehzeit: 5.50 Std.

Höhenunterschied: 1035 m.

Anforderungen: Anspruchsvolle Wanderung besonders auf Steigen, teils auch Wanderwegen und Forststraßen. Spezielle Vorsicht ist geboten am Gretchensteig, vor allem im oberen Bereich stellenweise leichte Kletterei (I) bzw. Klettersteig A/B mit durchgehenden Versicherungen über Felsblöcke. Für unerfahrene Wanderer Sicherungsseil oder Klettersteigset zwingend notwendig! Alpine Erfahrung, Trittsicherheit und absolute Schwindelfreiheit sind Grundvoraussetzung. Als Alternative Aufstieg über den Martinsteig (leichter als der Gretchensteig, aber trotzdem zwei gesicherte Stellen Klettersteig A) oder über den Schlangenweg (problemloser Anstieg ohne technische Schwierigkeiten, ca. 30 Min. kürzer, rot).

Gipfelmöglichkeit: Vom Ausstieg Gretchensteig auf die Heukuppe in ca. 40 Min. (blau).

Tipp: Plateaurundwanderung mit fünf Gipfeln und sechs Hütten: Bergstation Raxalpe – Höllentalaussicht – Wolfgang-Dirnbacher-Hütte – Klobentörl – Scheibwaldhöhe – Dreimarkstein – Habsburghaus – Franzlbauernhütte – Heukuppe – Karl-Ludwig-Haus – Predigtstuhl – Raxgmoahütte – Trinksteinsattel – Seehütte – Preinerwand – Kammweg – Jakobskogel – Otto-Schutzhaus – Bergstation Raxalpe (Gehzeit 12 bis 14 Std.; je nach Lust, Laune und Gehtempo sind für Normalwanderer mindestens zwei, maximal drei Tage einzuplanen, ohne Seilbahnbenutzung eventuell ein Tag zusätzlich).

Variante: Über einen Fahrweg vom Karl-Ludwig-Haus zum Schutzhaus Habsburghaus (www.alpenverein.at/habsburghaus oder www.habsburghaus-rax.at) und vorbei am Dreimarkstein zum Waxriegelsteig (ca. 1.50 Std. länger, blau).

Gämse beim Frühstück vor dem Karl-Ludwig-Haus, dahinter der Predigtstuhl.

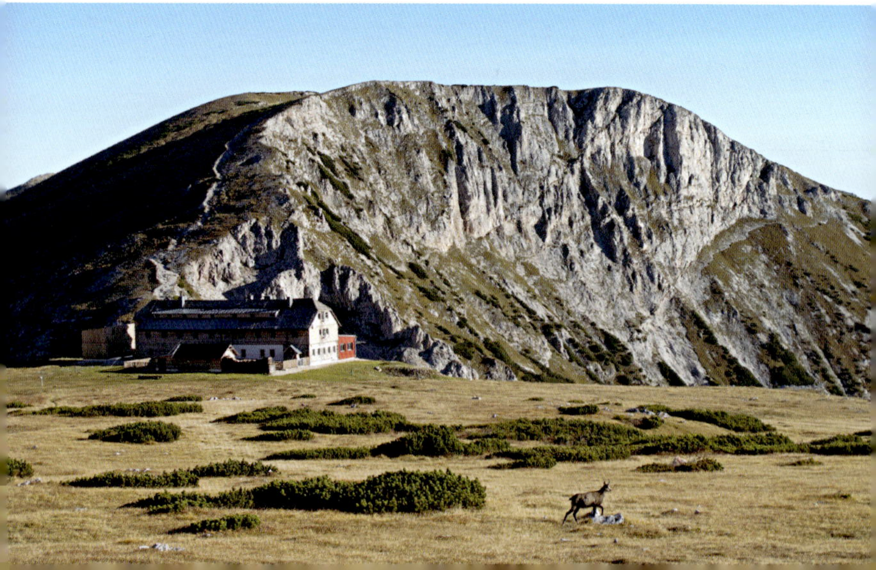

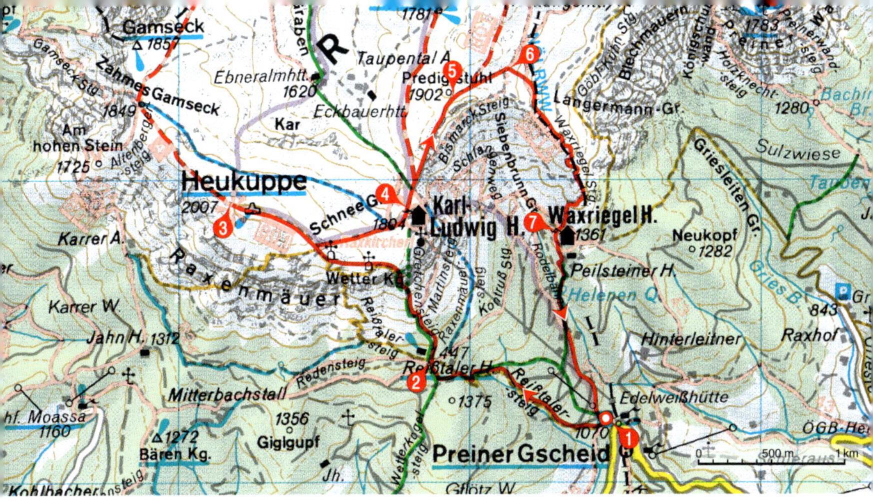

Vom **Preiner Gscheid (1)** schräg links (westwärts, später nach Nordwesten) auf dem Reißtaler Steig (Wegweiser Karl Ludwighaus, gelbe und rote Markierung), eine Forststraße überquerend, bis zu einem Wegweiser. Hier links gelb markiert weiter und einen trockenen Bachlauf auf Holzstämmen überqueren, weiter bis zum nächsten Wegweiser. Hier, kurz vor der **Reißtaler Hütte (2)**, nun rechts den Gretchensteig und grün markiert auf diesem steilen Steig bergwärts. Einmal steiler, einmal flacher, einmal auf schmalem, dann wieder auf breiterem Steig geht es immer bergauf mit schöner Sicht nach Süden in die Mürzsteger und Fischbacher Alpen. Bei der Kreuzung mit dem Martinsteig (Wegweiser) links weiter zum Einstieg in die Felswände der Raxenmäuer (Wegweiser). Nun beginnt der spezielle Teil. Zuerst noch einfacher rechts hinauf über höhere Steinstufen, dann oben bei einem weiteren Wegweiser wieder rechts hinauf, jetzt aber in die Felsen der Raxenmäuer (Umgehungsmöglichkeit über alten Wetterkogelsteig, Wegweiser). Entlang der Sicherungen mit Handeinsatz steil bergauf bis zu einem kurzen luftigen Grat (Sicherung) und über diesen dann auf das Hochplateau der Rax mit Blick nach rechts zum Karl-Ludwig-Haus. Bevor man aber zur verdienten Einkehr hinübergeht, sollte man sich noch eine Stunde Zeit nehmen und wegen der schönen Aussicht problemlos links auf den Gipfel der **Heukuppe (3)** wandern.

Vom **Karl-Ludwig-Haus (4)** links den Weg hinunter zu einer Kreuzung mit Blick auf den Anstieg zum **Predigtstuhl (5)**, hier rechts hinauf zum Gipfel unter dem Siebenbrunnenkessel mit Blick zum Habsburghaus. Weiter am kleinen Gipfelplateau bis zu einer Kreuzung (Holzstange); hier rechts abzweigen und zuerst den Wegspuren, dann den roten Markierungen hinunter zum Wegweiser am **Waxriegel (6)** folgen, dabei die Preinerwand stets voraus im Blick habend. Beim Wegweiser rechts hinunter auf Weg Nr. 801a und mit rot-weiß-roter Markierung dem Waxriegelsteig bis zum **Waxriegelhaus (7)** folgen.

Nach der Kurve vor dem Haus links grün markiert dem Steig Nr. 829 zur Helenenquelle folgen; auf einer Forststraße links weiter zu einer Infotafel. Dort wieder links über einen Fahrweg zurück zur **Preiner Gscheid (1)**.

39 Otto-Schutzhaus und Neue Seehütte

Runde über Preinerwand und Jakobskogel 

Die Sage vom Augenbrünnl

Im Gebiet von Hirschwang an der Rax war einst ein Jäger auf der Pirsch und schoss auf ein Reh, das er aber nur verwundete. Wie es sich für einen guten Waidmann gehört, suchte er nach dem Reh, um ihm den erlösenden Gnadenschuss zu geben. Bald fand er es nass neben einer sprudelnden Quelle liegend. Es suchte Linderung für seine Schmerzen durch das kühle Wasser dieser Quelle. Je länger das Tier trank, desto kleiner wurde die Wunde. Der Jäger sah mit Erstaunen, dass die Schusswunde nicht mehr blutete und das Reh sich langsam erholte. Als es nach einiger Zeit wieder aufstand und davonsprang, da ließ er es ziehen, ohne nochmals zu schießen. Den Jäger ließ dieses Erlebnis nicht mehr los und er erzählte es immer wieder. Nach einigen Jahren wurde bekannt, dass immer wieder Menschen, speziell Bergleute, die von der Arbeit unter Tag oft entzündete Augen hatten, zu der Quelle kamen, um ihre Augen mit dem Quellwasser zu befeuchten. Die Heilkraft der Quelle hatte sich herumgesprochen und viele, die hinkamen, hatten nie mehr Probleme mit ihren Augen. Ein so Geheilter ließ um 1820 aus Dankbarkeit die Quelle fassen und später ein großes Kreuz aufstellen. Schließlich ersetzte man das Kreuz durch eine kleine Kapelle, der man den Namen Augenbrünnl gab. Von Reichenau a. d. Rax kommend fährt man nach Hirschwang a. d. Rax. Kurz nach der Ortstafel kommt man links an einem gelben Wohnhaus vorbei. Hinter dem Wohnhaus befindet sich der Weg zum Augenbrünnl, der dort auch beschildert ist.

Am Preinerwandgipfel.

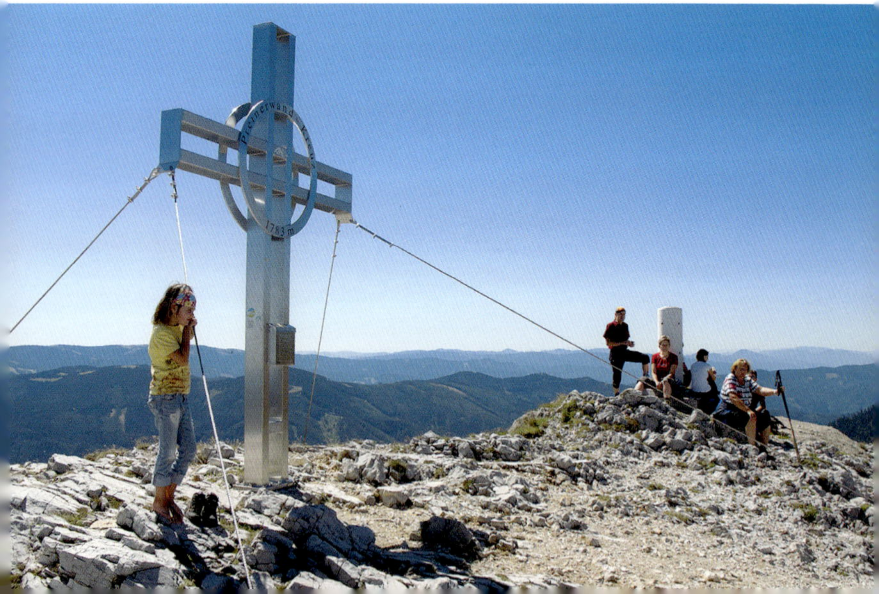

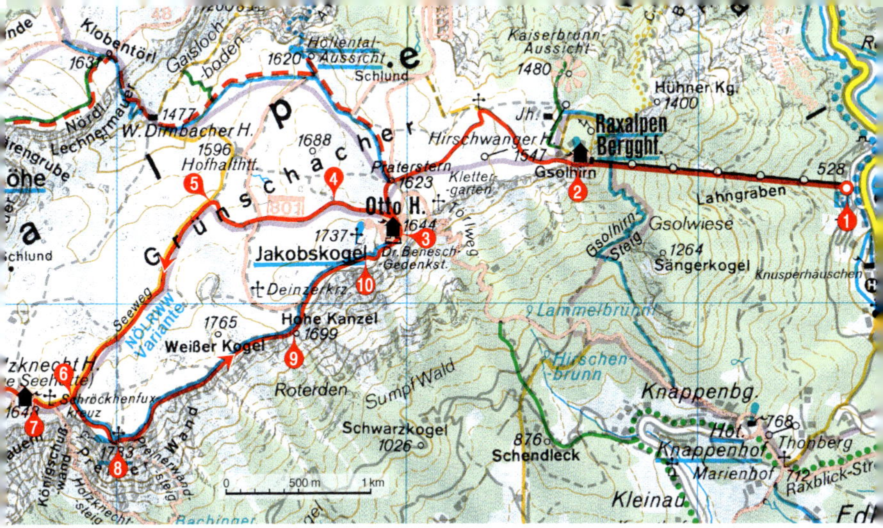

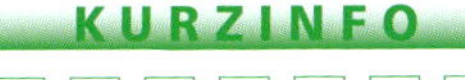

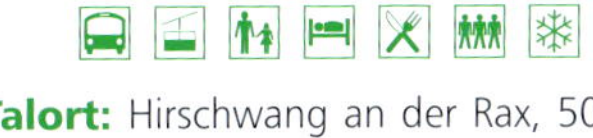

Talort: Hirschwang an der Rax, 500 m; von Wien auf der A 2 bis Abfahrt Gloggnitz, weiter auf der B 27 über Payerbach und Reichenau a. d. Rax nach Hirschwang; Verein Weltkulturerbe-Region Semmering-Rax (Tel. +43 2662 42401-41 oder +43 676 81220553, www.region-semmeringrax.at/die-region); Wiener Alpen in Niederösterreich Tourismus GmbH (Tel. +43 2622 78960, www.wieneralpen.at) oder Tourismusbüro Reichenau a. d. Rax (Tel. +43 2666 52865 oder +43 2666 52206-25, www.reichenau.at).

Ausgangspunkt: Parkplatz bei der Raxseilbahn bzw. Bergstation der Raxseilbahn (Raxalpe Berggasthof), 1547 m. Fahrplan und Tarife der Seilbahn unter Tel. +43 2666 52497, Gruppenanmeldungen/Reservierungen Tel. +43 2666 52295 (www.raxalpe.com). Wichtig: Bei der Talfahrt die Wagennummer für die Gondel beim Automaten rechts neben der Kassa lösen, sonst kann man nicht mit der Gondel mitfahren!

Gehzeit: 3.40 Std., inklusive Berg- und Talfahrt mit der Seilbahn 4 Std.

Höhenunterschied: 385 m; inklusive Seilbahn 1395 m.

Anforderungen: Einfache Wanderung auf Wanderwegen und Steigen mit einem kurzen Steilstück zwischen Seehütte und Preinerwand.

Kinder: Alpengarten beim Ottohaus. Felsen zum Bouldern entlang der Tour. Vorsicht am Kammweg – Absturzgefahr über die Steilwände.

Mountainbike: Wegen des Wasser- und Landschaftsschutzes auf der Raxalpe sind keine Mountainbikes mehr erlaubt und werden somit auch nicht mit der Rax-Seilbahn transportiert.

Kinderwagen: Mit etwas Kraft und Geschick geeignet für geländegängige Kinderwagen bis zur Seehütte. Zurück auf demselben Weg.

Winter: Als Winter- oder Schneeschuhwanderung möglich. Schneeschuhe können beim Raxalpen Berggasthof ausgeliehen werden. Gehzeit ca. 4 bis 4.30 Std.

Tipp: Plateaurundwanderung (Raxrunde) mit fünf Gipfeln und sechs Hütten: Bergstation Raxalpe – Höllentalaussicht – Wolfgang-Dirnbacher-Hütte – Klobentörl – Scheibwaldhöhe – Dreimarkstein – Habsburghaus – Franzlbauernhütte – Heukuppe – Karl-Ludwig-Haus – Predigtstuhl – Raxgmoahütte – Trinksteinsattel – Seehütte – Preinerwand – Kammweg – Jakobskogel – Otto-Schutzhaus – Bergstation Raxalpe (Gehzeit ca. 12 bis 14 Std.; je nach Lust und Gehtempo sollten Normalwanderer mindestens zwei, maximal drei Tage einplanen, ohne Seilbahnnutzung nur ein Tag zusätzlich; www.raxalpe.com oder www.reichenau.at/reiwandern).

Mit der Seilbahn von der Talstation (1) hinauf zur Raxalpe Bergstation (2). Gleich hinter dieser führt ein geschotterter Fahrweg mit roter Markierung leicht bergauf zum Gatterlkreuz (schöner Schneebergblick) und dann links eben weiter über den Praterstern (Wegweiser) zum Otto-Schutzhaus (3). Vor dem Haus rechts dem Fahrweg weiter hinauf auf eine Kuppe (4) südlich vom Praterstern folgen. Jetzt auf dem durch Latschen führenden Seeweg zuerst eben, dann abwärts in die Senke Grünschacher (5). Gemütlich weiter eben mit viel Aussicht dem Fahrweg entlang bis auf die Kuppe (6) vor der Seehütte (Wegweiser) mit Blick in die steilen Kletter(steig)routen der westlichen Preinerwand. Rechts hinunter in 10 Minuten zur Neuen Seehütte (7). Zurück zur Kuppe (6) mit dem Wegweiser. Nun wieder rechts (blaue Markierung) auf einem blockigen Steig kurz etwas steiler bergauf, dann flacher über latschendurchzogene Wiesen auf den steinigen Gipfel der Preinerwand (8).

Neben dem schönen Panorama sieht man bereits die Route des breiten Kammweges über die Hohe Kanzel (9) zum Gipfelkreuz des Jakobskogel (10). Die blaue Markierung leitet dort hin. Vom Jakobskogel entweder durch den Latschenweg nordwestlich hinunter oder zurück vom Jakobskogel auf den Kammweg und links über die Dr.-Benesch-Gedenkstätte zum Otto-Schutzhaus (3). Abschließend auf bekanntem Anstiegsweg zurück zur Raxalpe Bergstation (2). Hier nicht vergessen, die Wagennummer der Gondel für die Fahrt zur Talstation (1) beim Automaten rechts neben der Kassa zu lösen.

EINKEHR

Raxalm-Berggasthof, 1547 m: Ganzjährig geöffnet, ganztags Küchenbetrieb. Jausen und warme Küche. Nächtigung möglich. Tel. +43 2666 52295, www.raxalpe.com/de/berggasthof-rax.

Otto-Schutzhaus, 1644 m: Hütte des ÖAV, Sektion Reichenau. Das Schutzhaus trägt den Namen des Erzherzogs Otto von Österreich, erbaut 1893, erweitert 1909 unter Hans Haid von Haidenburg, nach dem der Haidsteig benannt ist. Geöffnet Anfang Mai bis Anfang November. Im Winter bei Bedarf auch an Wochenenden offen. Nächtigung möglich. Tel. Hütte +43 2666 52402, Gruppenanmeldung/Reservierung Tel. +43 2666 52295.

Neue Seehütte, 1643 m: Hütte des Österreichischen Touristenklubs. Von Mitte Mai bis Anfang November durchgehend bewirtschaftet. Selbst gemachte Mehlspeisen und deftige Hausmannskost, saisonal verfügbare Angebote von regionalen Erzeugern und Produkten aus biologischem Anbau bzw. Zucht. Keine Nächtigung. Tel. +43 676 7488719 oder +43 676 7488718, www.seehütte.at.

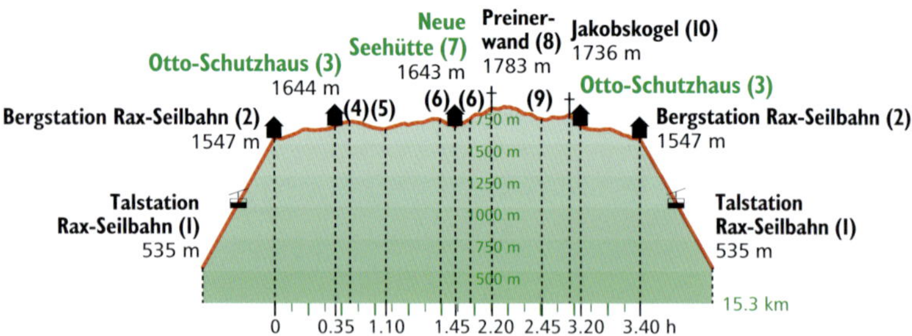

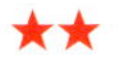

Kienthalerhütte, 1380 m

Klammtour für heiße Tage

★★

Drachenschlund und Blumengrund

Bergwanderungen auf der Südseite des Schneebergs sind immer noch ein scheinbar abenteuerliches Unternehmen, denn die Wege durch die engen, steilen Gräben sind doch etwas anspruchsvoller; sie verlangen jedenfalls Trittsicherheit und speziell eine gute Kondition. Auch wenn man nicht die gesamten 1500 Höhenmeter zum Gipfel der höchsten Erhebung Niederösterreichs steigt, werden die Knie sehr beansprucht. Eine grandiose alpine Landschaft, eine herrliche Flora und wunderschöne Ausblickfenster zur benachbarten Rax sind aber Entschädigung genug. Vor allem von der wildromantischen Weichtalklamm wird hier immer wieder gesprochen, obgleich auch Formulierungen wie »Halb Drachenschlund – halb Blumengrund« zu finden sind und früher am Weganfang eine Tafel stand, die einem einen das Genick brechenden Aufstieg ankündigte. Die Klamm wurde erstmals 1880 touristisch durchstiegen, wobei die Erstbesteiger primitive Versicherungen vorfanden, die wahrscheinlich von Holzfällern stammten. Die Weichtalklamm, der Mittelpunkt dieser Tour, gehört zu den eindrucksvollsten Naturbildungen des Wiener Voralpengebietes.

Durch den schattigen Teil des Turmstein hinter der Kienthalerhütte führt ein kurzer Klettersteig.

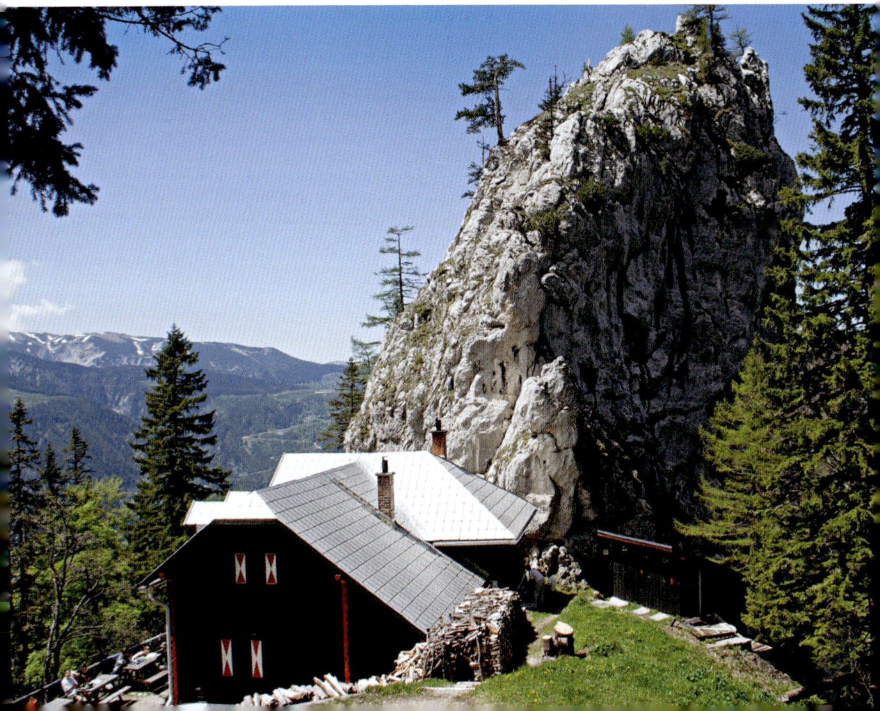

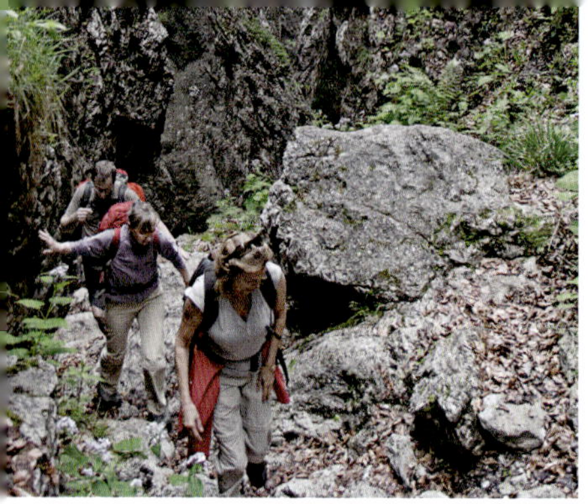

Leichte Kletterei durch die Schlucht der Weichtalklamm.

KURZINFO

  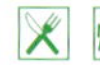 

Talort: Reichenau an der Rax, 484 m; von Wien über die A 2 Südautobahn und die S 6 bis zur Abfahrt Gloggnitz, weiter über Payerbach und Reichenau an der Rax ins Höllental zum Parkplatz beim Weichtalhaus; von Süden aus dem Semmeringgebiet auf der S 6 bis Gloggnitz, dann weiter wie oben (Tel. +43 666 52206, www.reichenau.at).

Ausgangspunkt: Parkplatz beim Weichtalhaus am Südufer der Schwarza.
Gehzeit: 4 Std.
Höhenunterschied: 835 m.
Anforderungen: Anspruchsvolle und anstrengende Tour durch eine wilde Klamm mit Kletterstellen I, Ketten- und Drahtseilsicherungen sowie Leitern. Erste Ausstiegsmöglichkeit aus der Klamm erst am Klammende. Bergsteigerisches Können Voraussetzung. Für Kinder und Ungeübte Seilsicherung empfehlenswert.
Kinder: Abenteuer pur ist der Aufstieg durch die Klamm, empfohlen erst ab 8 Jahren. Für Kinder ab 10 Jahren mit alpiner und Klettersteigerfahrung der Turmstein, 1416 m, hinter der Kienthaler Hütte (Ostkante; Klettersteig Schwierigkeit C bzw. K3; nur mit kompletter Klettersteigausrüstung und Seilsicherung! Schöne Rundumsicht).
Gipfelmöglichkeiten: Klosterwappen, 2076 m (auch als Schneeberg bezeichnet; ca. 3.15 Std. hin und zurück von der Kienthalerhütte, rot); Kaiserstein, 2061 m (ca. 3.30 Std. hin und zurück, rot); Turmstein, 1416 m, neben der Hütte, Klettersteig C (15 Min.).

Beim Pfeiffer-Gedenkkreuz am Ferdinand-Mayr-Weg.

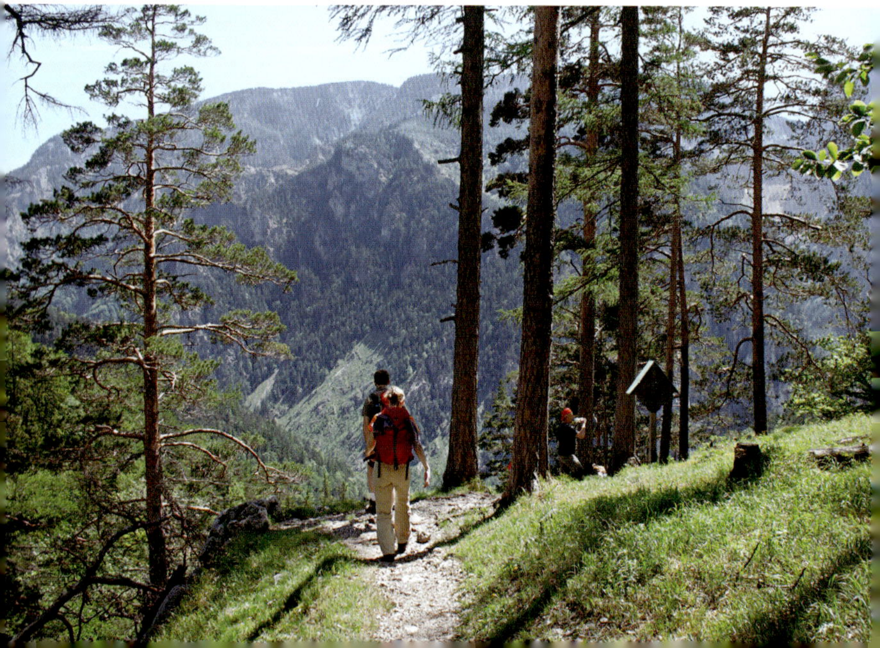

Vom **Parkplatz (1)** im Höllental geht es über die Schwarza-Brücke und in fünf Minuten zuerst schräg rechts zum **Weichtalhaus (2)**. Rechts hinter dem Haus der roten Markierung folgend durchs ausgetrocknete Bachbett aufwärts, geht es in eine wilde Schlucht mit Zacken, Geröll und herabgeschwemmten Holzteilen. Nach einer Verflachung kommt man zu einer ca. 80 Meter hohen Felswand, die durch einen schmalen Spalt mittels Leiter durchstiegen wird.

Nun erreicht man den eigentlichen Beginn und den eindrucksvollsten Teil der Klamm. Über eine Leiter klettert man in einen Schlund; dann öffnet sich ein Graben, bis eine weitere felsige Engstelle folgt. Nun über eine Eisenleiter und Kette in eine höhlenartige Nische. Von hier an über Stufen in Form von eingemeißelten Tritten und mithilfe von Ketten aufwärts. Es folgen abwechselnd Flach- und Steilstücke durch Wald und dunkle Felswinkel zu einer Forststraße und ans Nordende der **Weichtalklamm (3)**.

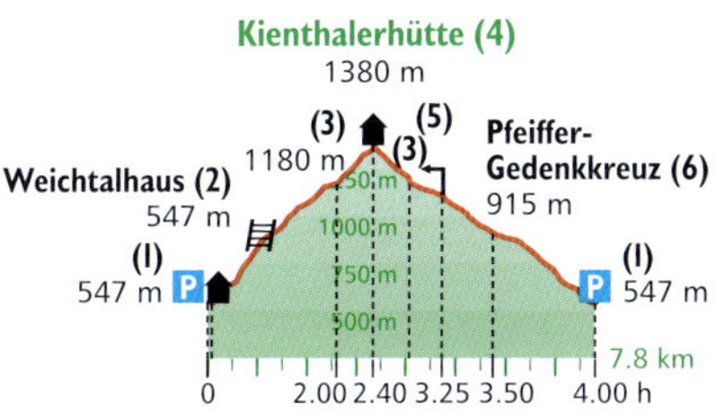

Weiter rechts dem Steig mit der gelben Markierung folgend, vorbei an der Jakobsquelle, problemlos zur **Kienthalerhütte (4)**, 1380 m. Von hier zurück bis zum **Nordende der Weichtalklamm (3)**. Rechts weiter auf dem Ferdinand-Mayr-Weg, der zuerst der Forststraße folgt, dann bei einem **Schild (5)** links abwärts führt (gelbe Markierung). Sanft in Serpentinen, vorbei am **Pfeiffer-Gedenkkreuz (6)**, durch schönen Laubwald und Lichtungen unschwierig zum Ausgangspunkt am **Parkplatz (1)** zurück.

EINKEHR

Kienthalerhütte, 1380 m: Selbstversorgerhütte des Österreichischen Touristenklubs. Geöffnet von Ostern bis Allerheiligen von Samstag 11 Uhr bis Sonntag 16 Uhr sowie an Feiertagen; Winterpause 1. November bis Ostern. Nächtigung möglich (Buchung über www.kienthaler.at).

Weichtalhaus, 547 m: Hütte der Naturfreunde. Speisen und Getränke. Geöffnet Frühling bis Herbst, vorerst Donnerstag bis Montag. Nächtigungen von Sonntag bis Donnerstag sind bei rechtzeitiger Voranmeldung möglich. Umfangreiches Alpin-Ausbildungsprogramm im hauseigenen Klettergarten sowie im eigenen Schulungsraum. Tel. +43 2666 52134, www.naturfreunde-huetten.at, www.weichtalhaus.at.

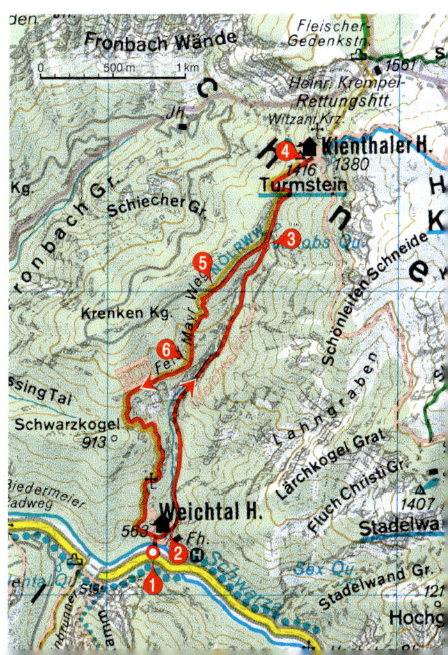

41 Fischerhütte, 2049 m

Aussichtsreich am Fadensteig

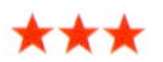

Die Hütte neben dem Klosterwappen

Der Schneeberg, ein Kalksteinmassiv in den Niederösterreichisch-Steirischen Kalkalpen, ist mit einer Höhe von 2076 m der höchste Gipfel Niederösterreichs. Der höchste Punkt des Schneebergs wird auch Klosterwappen genannt. Mit dem Gipfel des Kaiserstein, 2061 m, auf dem auch die Fischerhütte liegt, durch einen sanften Kamm verbunden, bildet der Schneeberg den östlichsten Zweitausender der Alpen. Der Name Klosterwappen kommt vom Wappen der kirchlichen Herrschaft von Reichenau, das im Gipfelfelsen eingeschlagen war. Vorher wurde der Gipfel Hoher Schneeberg oder Alpengipfel genannt. Seine reich gegliederte Karsthochfläche versorgt seit 1873 über die 120 km lange erste Wiener Hochquellenwasserleitung die österreichische Hauptstadt mit dem besten Trinkwasser der Welt. An klaren Tagen ist er von Wien in 65 km Luftlinie sehr gut samt seinen Schneefeldern zu erkennen, die bis in den Sommer weit die Nordflanken hinab reichen. Der Schneeberg ist mit der berühmten Schneebergbahn, einer über 100 Jahre alten Zahnradbahn, bis in eine Höhe von 1795 m erschlossen. Seine beiden Gipfel sind von der Bergstation in ein bis zwei Stunden erreichbar. Der Aufstieg über den Fadensteig befindet sich an der Nordseite des Schneebergs im südlichen Niederösterreich. Für geübte Wanderer mit Steigerfahrung stellt der Aufstieg über den Fadensteig einen lohnenden Weg zum Gipfel dar. Der Fadensteig wird sowohl im Sommer als auch im Winter begangen, wobei der Schwierigkeitsgrad durch Vereisung und Schneefelder im Winter weit höher ist.

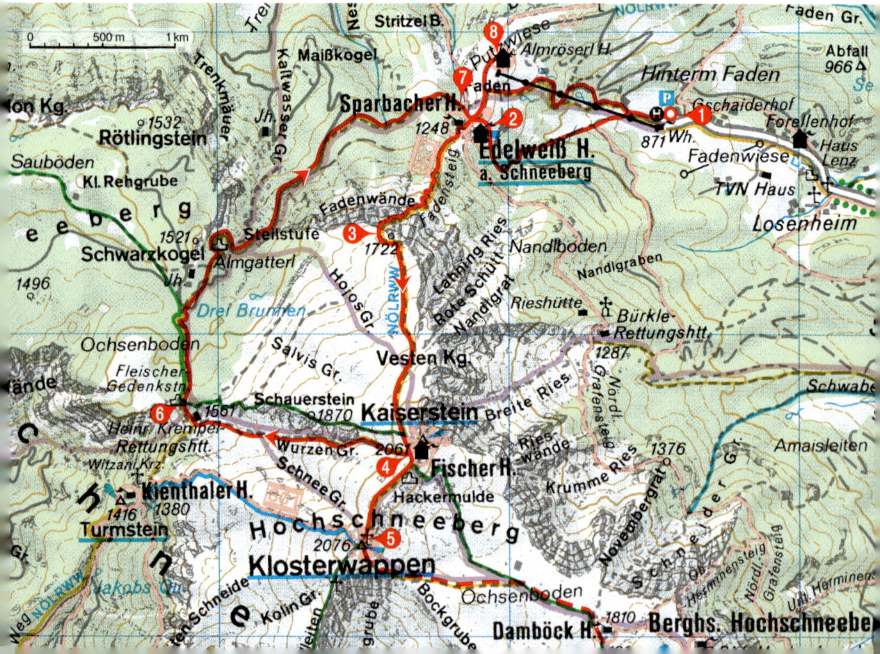

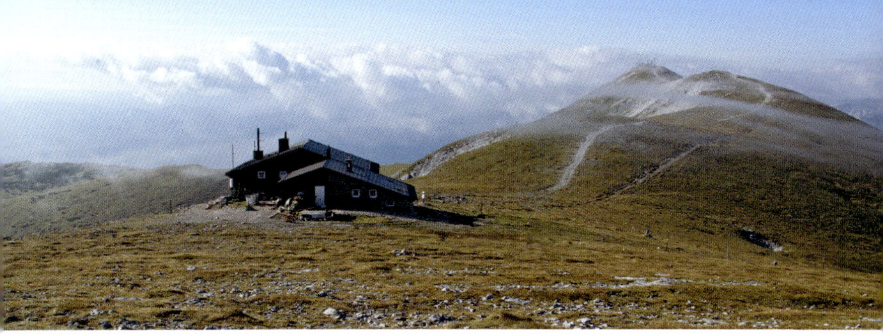

Fischerhütte mit Schneeberggipfel.

KURZINFO

Talort: Puchberg am Schneeberg, 585 m; von Wien über die A 2 Südautobahn und die S 6 bis zur Abfahrt Wiener Neustadt West; dann auf der B 26 über St. Egyden und Willendorf am Steinfelde nach Grünbach und Puchberg am Schneeberg; von Süden und aus dem Semmeringgebiet bis zur Ausfahrt Neunkirchen West, ab dort Richtung Ternitz und auf der Bundesstraße B 26 Richtung Puchberg am Schneeberg (www.puchberg.at, Tourismusbüro Tel. +43 2636 2256).
Ausgangspunkt: Parkplätze in Losenheim bei der Talstation des Sesselliftes Salamanderexpress. Tarife und Fahrpläne unter www.schneebergbahn.at oder Tel. +43 2742 360990-1000.
Gehzeit: 6.30 Std.
Höhenunterschied: 1220 m.
Anforderungen: Anspruchsvolle Wanderung auf Steigen, Wanderwegen und Forststraßen. Besondere Vorsicht ist am Fadensteig geboten, stellenweise leichte Kletterei (I) über Felsblöcke. Alpine Erfahrung, Trittsicherheit und Schwindelfreiheit sind unbedingt notwendig.
Kinder: Für Kinder nicht geeignet. Ab 14 Jahren mit Bergerfahrung, viel Kraft, Kondition, Ausdauer, Trittsicherheit. Für Kinder nur in Verbindung mit einer Fahrt mit der Zahnradbahn (siehe Variante; Tarife und Fahrpläne unter www.schneebergbahn.at). Direkt neben dem neuen Bergbahnhof Hochschneeberg befindet sich der Alpin-Kinderspielplatz und auf dem Rundwanderweg »Paradies der Blicke« erfahren Familien Geschichtliches und Kulturelles über den Schneeberg.
Kinderwagen: Geeignet für geländegängige Kinderwagen auf Almstraße bis zur Fischerhütte, wenn die Auffahrt und Abfahrt mit der Zahnradbahn erfolgt.
Mountainbike: Schneeberg-Strecke Puchberg – Schneebergdörfl – Öhler – Puchberg (34 km, 830 Hm, 2.30 Std., schwarz; www.wieneralpen.at/mountainbiken).
Gipfelmöglichkeiten: Schneeberg (auch als Klosterwappen bezeichnet), 2076 m (20 Min. ab Fischerhütte, blau); Kaiserstein, 2061 m, hinter der Fischerhütte (5 Minuten, blau).
Winter: Kann als Schneeschuhwanderung ohne Fadensteig unternommen werden, ist jedoch sehr lang (5–6 Std. im Auf- und 3–4 Std. im Abstieg, schwarz; schwierig). Nur für Profis!
Variante: Aufstieg zum Schneeberg wie hier beschreiben, Abstieg zum Damböckhaus und dann wie bei Tour 44 nach Puchberg am Schneeberg (15,5 km; gesamt 7.10 Std., 1545 Hm im Anstieg). Zurück zum Ausgangspunkt kommt man mit dem Autobus, der allerdings nur zweimal am Nachmittag von Puchberg zum Sessellift fährt (fahrplan.oebb.at, Fahrplanauskunft, Haltestellen: Puchberg am Schneeberg/Bahnhof, Losenheim/Edelweißhütte, Sparbacherhütte); alternativ: Taxi Fohringer (Tel. +43 2636 2111 oder +43 680 1277488) oder Taxi Weilguni (Tel. +43 2636 2265). Zu Fuß sind es knapp 7 km und 425 Hm über Sonnleiten zurück zum Parkplatz in Losenheim (1.50 Std.).

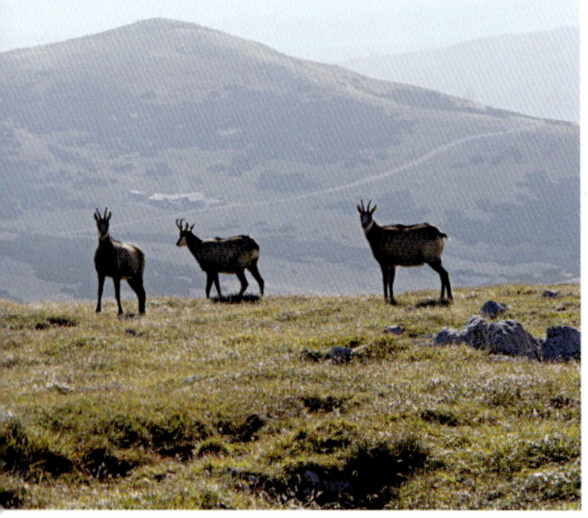

Gämsen am Weg zum Schneeberg, hinten das Damböckhaus.

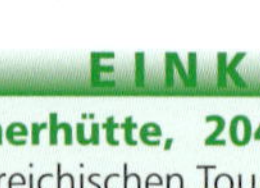

EINKEHR

Fischerhütte, 2049 m: Hütte des Österreichischen Touristenklubs. Geöffnet von Anfang April bis Anfang November. Warme und kalte Speisen, Getränke. Nächtigung möglich. Tel. +43 2636 2313 oder +43 676 5893037, fischerhuette2049.weebly.com.
Edelweißhütte, 1235 m: Hütte des Österreichischen Alpenvereins, Sektion Edelweiß. Ganzjährig geöffnet, in der Neben- und Wintersaison Montag Ruhetag. Hausmannskost und saisonale Schmankerln (spezielle Wildgerichte). Nächtigung möglich. Tel. +43 2636 3616 oder +43 660 5752295, www.edelweisshuette.at. Betriebszeiten der Sesselbahn Losenheim – Edelweißhütte: in der Hauptsaison täglich, sonst Samstag, Sonntag, Feiertag, Fenstertag von 8.30 bis 12 und 12.45 bis 17.30 Uhr; www.puchis-welt.at.
Almreserlhaus, 1222 m: Private Hütte. Ganzjährig geöffnet. Dienstag Ruhetag. Nächtigung möglich. Tel. +43 676 7989811, almreserlhaus.at.
Forellenhof, 750 m: 1 km östlich vom Ausgangspunkt. Gutes Restaurant (Wild, Lamm, Fisch, Spargel) mit Hotelbetrieb. Montag Ruhetag. Tel. +43 2636 3611 oder +43 800 400171406, www.forellenhof-puchberg.at.

Vom Parkplatz an der Talstation des Sessellifts in **Losenheim (1)** links die Straße hinauf (Wegweiser, gelbe Markierung) bis zu einer geschotterten Forststraße. Diese bis zum Scheitelpunkt einer Linkskurve (Wegweiser Breite Ries, Nördlicher Grafensteig), hier aber unbedingt rechts (!) am Fahrweg weiter, dann steiler vorbei an einer kleinen Jagdhütte. Ab hier auf einem Steig zu einer Forststraße. Diese überqueren und weiter dem Steigverlauf folgen bis zur **Edelweißhütte (2)**.
Von der Hütte blickt man hinüber zum Almreserlhaus, schräg links hinauf zur Sparbacherhütte, die man erst beim Abstieg direkt erreichen wird. Beim Wegweiser links am Fadenweg halten (gelbe Markierung), durch einen Weidedurchgang und gleich links hinauf durch den Wald auf blockigem Steig. Oberhalb der Baumgrenze der gelben Markierung weiter am Fadensteig durch die wilde Bergszenerie zwischen den Fadenwänden und der Lahningries folgen, mit herrlichen Ausblicken in die niederösterreichisch-steirische Bergwelt. Unter Zuhilfenahme der Hände ist in leichter Kletterei (I) mancher Felsblock zu überwinden, dann wiederum leichte Gehpassagen. Im oberen Bereich des Steiges kommt ein kurzer Direktanstieg über loses Gestein (links an der Felswand hilft ein Drahtseil, diese Passage zu überwinden), dann helfen Seilsicherungen über schmale Passagen in Steilstücken hinweg. Im Schlussbereich wird, noch einmal in stellenweiser leichter Kletterei (I), über einen felsdurchsetzten Wiesensteilhang der **Ausstieg des Fadensteiges (3)** erreicht. Nun in mäßigem Anstieg einfach dem breiten Weg und den Schneestangen nach. Problemlos erreicht man in knapp einer Stunde, kurz vor dem Ziel vor-

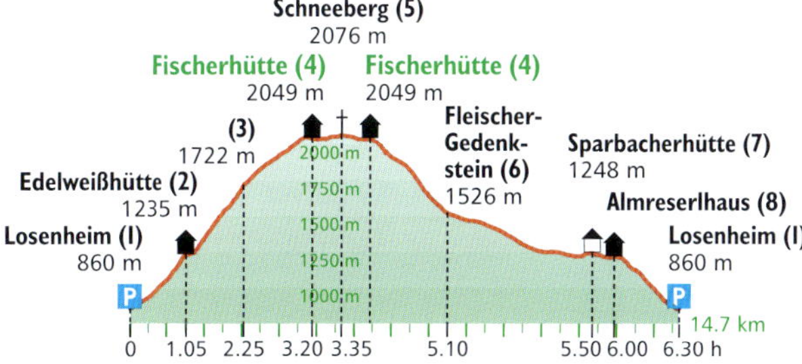

bei an einem Wegweiser (wichtig für den Abstieg), die **Fischerhütte (4)** am Kaiserstein. Nun nach Südwesten in gemütlicher Wanderung hinüber zum Gipfelkreuz und der Sendeanlage am **Schneeberg (5)**, bekannt auch als Klosterwappen.

Zurück zur **Fischerhütte (4)** und dem Wegweiser vom Anstiegsweg. Hier links den Eisenstangen mit grüner Markierung nach, dem Steig entlang über den Schauerstein hinunter zum Ochsenboden mit dem **Fleischer-Gedenkstein (6)**. Bei der ersten und zweiten Kreuzung rechts halten (Wegweiser zur Edelweißhütte) und am Weg weiter bis zu einer Forststraße. Hier rechts talauswärts zu einem Schranken mit dem Berger-Spannring-Gedenkstein. Der Forststraße folgt man flotten Schrittes unter den westlichen Fadenwänden (Vorsicht, Steinschlag!) bis zu einem Wegweiser, der mit gelber Markierung rechts auf einen Weg zur Edelweißhütte zeigt. Er leitet zur **Sparbacherhütte (7)**. Dort an der Hütte vorbei links auf den Fahrweg und – über einen Zaunüberstieg mit Wegweiser – hinüber zum **Almreserlhaus (8)**. Von dort kurz zurück und abschließend nach links ohne Probleme der gelben Markierung zum Parkplatz an der Talstation des Sessellifts in **Losenheim (1)** folgen.

Sonnenaufgang kurz vor der Edelweißhütte.

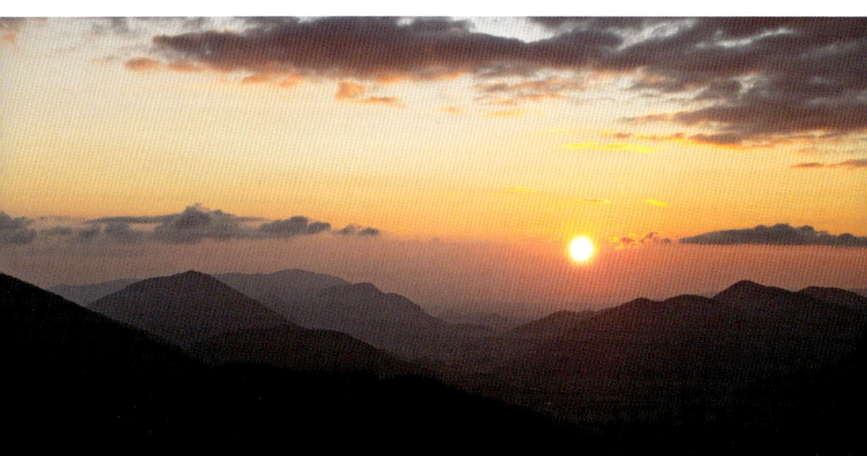

42 Berggasthof Mamauwiese, 957 m

Kindertour mit hohem Erlebniswert ★

Von Elfen und Zwergen auf der Mamaualm

Der Schneeberg, das milde Reizklima und die Landschaft haben schon immer die Menschen angezogen – Kaiser und Wissenschaftler, Dichter und Musiker, Fabrikanten und viele andere – und somit Puchberg schon zur Kaiserzeit als Kur- und Ferienort berühmt gemacht. Viele Familien verbrachten über Generationen ihre Sommertage hier, ließen Villen bauen und förderten somit Puchberg. Zwischen Puchberg und dem Klostertal befindet sich die Mamauwiese, ein optimales Gebiet für beschauliche Almspaziergänge. Die Aussichtsberge Schober und Öhler bieten dazu noch jeweils eine ansprechende Gipfeltour. Der auf dem Weg liegende Sebastianwasserfall wird vom Sebastianbach, der aus der Mamauwiese bei der Sebastianhütte entspringt und dann in Richtung Puchberg am Schneeberg fließt, gespeist. Der Wasserfall ist nicht nur eine Sehenswürdigkeit, sondern dient auch zum Klettern und Eisklettern. Über die nach sagenhaften Bergelfen benannte »Mumenwiese« gibt es auch eine Sage. Auf der Mamaualm beim Schneeberg besaß das Zwergenvolk vor undenklicher Zeit eine große Stadt, die jedoch wegen des verruchten Lebens der Zwerge von der Erde verschlungen wurde. In der Nacht müssen die Zwerge zur Sühne noch immer als Geister umgehen und man sieht sie öfters mit feuerroten Mänteln aus Erdspalten steigen. Wenn sie den Mantel ausziehen, dann schießen hell leuchtende Schwefelfunken aus ihren Leibern in den Himmel.

Das Berggasthaus Mamauwiese.

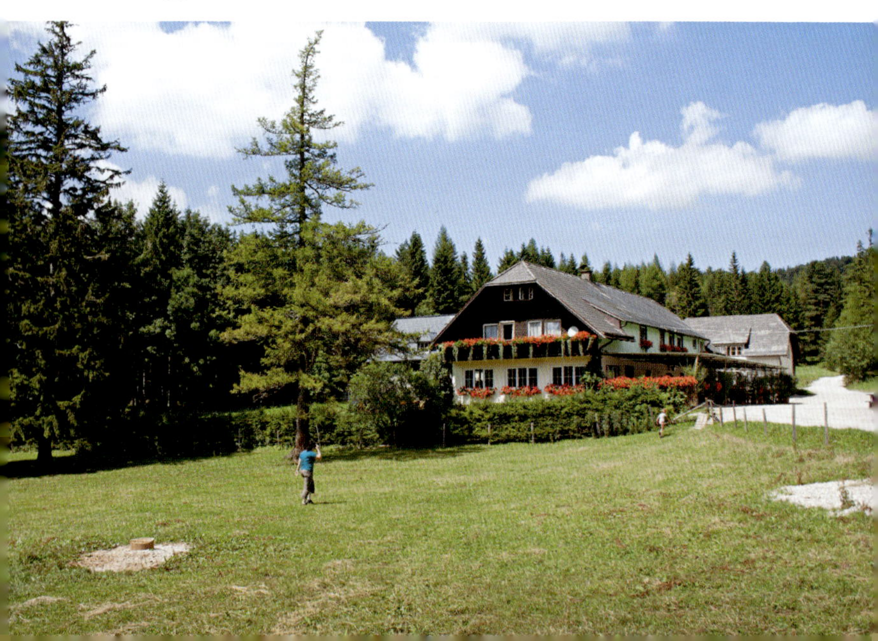

KURZINFO

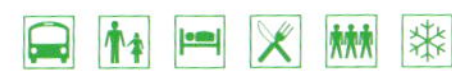

Talort: Puchberg am Schneeberg, 585 m; von Wien über die A 2 Südautobahn zur Abfahrt Wr. Neustadt West, auf der B 26 über Grünbach nach Puchberg; von Süden aus dem Semmeringgebiet auf der S 6 Richtung Wien – Abfahrt Neunkirchen, weiter Richtung Ternitz und Sieding nach Puchberg (www.puchberg.at, Tel. +43 2636 2256).
Ausgangspunkt: Naturparkplatz Sonnleiten an der Zufahrt zur Wasserfallhütte. Parkplatz bei der Wasserfallhütte nur für Gäste.
Gehzeit: 3.15 Std.
Höhenunterschied: 390 m.
Anforderungen: Einfache Wanderung mit einem kurzen steileren Anstieg auf Steigen, Wanderwegen und Almstraßen.
Kinder: Kletterfelsen und Tümpel am Sebastianwasserfall, Spielplätze bei der Wasserfallhütte, Berghaus Mamauwiese und Forellenhof. Bogenpfad beim Forellenhof (Schnupperkurse gegen Voranmeldung).
Kinderwagen: Geeignet für geländegängige Kinderwagen bis zum Sebastianwasserfall oder zum Forellenhof am Abstiegsweg (Wiesenweg; ca. 30 Min.).
Mountainbike: Schneeberg-Strecke Puchberg – Schneebergdörfl – Öhler – Puchberg (34 km, 830 Hm, 2.30 Std., schwarz; www.wieneralpen.at/mountainbiken). Die MTB-Strecke besticht vor allem durch die landschaftlichen Eindrücke entlang der Nordostabbrüche des Schneebergs und ist Anfang Mai zur Zeit der Obstbaumblüte im Puchberger Becken besonders reizvoll. Die Tour folgt zur Hälfte Asphalt und zur anderen Hälfte Forst-/Schotterwegen mit kernigen Anstiegen und rasanten Abfahrten.
Gipfelmöglichkeiten: Schober, 1213 m, und Öhler, 1183 m, als Rundtour mit Überschreitung von der Mamauwiese aus (4.30 Std., blau); Klosterwappen, 2076 m, auch als Schneeberg bezeichnet; von der Mamauwiese über Dürre Leiten und Fadensteig (ca. 5 Std., schwarz).

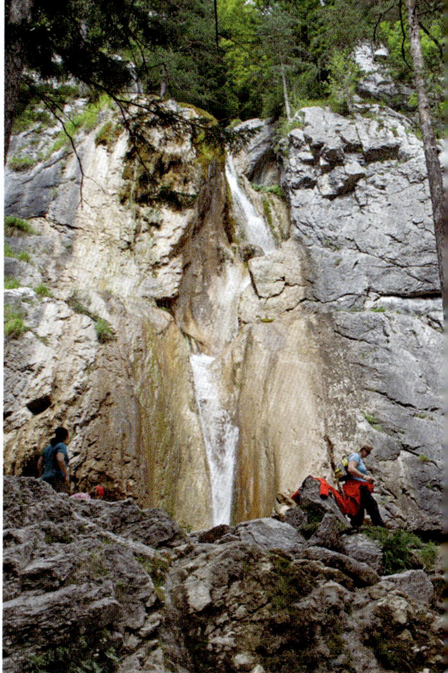

Am Sebastianwasserfall.

Winter: Diese Tour kann als Schneeschuhwanderung ohne Probleme begangen werden.
Variante: Überschreitung der Dürren Leiten zum Almreserlhaus und Rückkehr auf die Hauptroute beim Gschaiderhof (1.45 Std. länger, blau).

EINKEHR

Wasserfallhütte, 720 m: Geöffnet täglich außer Dienstag von 10 bis 18 Uhr, im September und Oktober von Freitag bis Sonntag. Keine Nächtigung. Tel. +43 2636 24034.
Berggasthof Mamauwiese, 957 m: Saisonal unterschiedlich geöffnet. Traditionelle österreichische Küche und Mehlspeisen. Nächtigung möglich. Tel. +43 2636 72088, www.mamauwiese.at.
Forellenhof, 750 m: Gutes Restaurant (Wild, Lamm, Fisch, Spargel) mit Hotelbetrieb. Montag Ruhetag. Tel. +43 2636 3611 oder +43 800 400171406, www.forellenhof-puchberg.at.

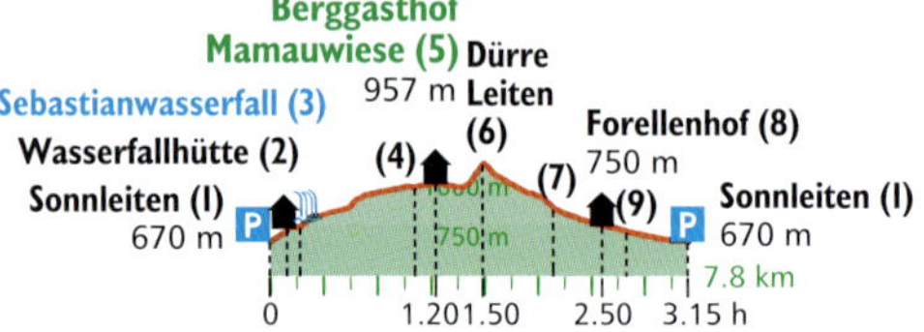

Gleich neben dem Sebastianbach, bei der Zufahrt zur Wasserfallhütte, befindet sich der Parkplatz **Sonnleiten (1)**. Von hier auf asphaltierter Straße der Beschilderung und blauen Markierung hinauf zur **Wasserfallhütte (2)** folgen. Links neben dem Haus setzt sich der breite Wanderweg entlang dem rechts fließenden Sebastianbach fort, quert diesen nach links (Furt und Steg) und führt in den Wald und nach wenigen Metern zum **Sebastianwasserfall (3)** hinauf. Nun links vom Fall weiter im Wald einen steilen Natursteig nordwestlich empor (blaue Markierung). Dieser macht einen Bogen und überquert oberhalb des Wasserfalles den Bach Richtung Nordosten auf einem Steg. Nun mäßig ansteigend dem Bach links hinauf bis zu einer Forststraße, dem Römerweg (Bildbaum »Sebastian Marterl«), entlang wandern. Links abzweigen und leicht aufwärts, weiter blau markiert, dem Wegweiser folgen bis zu einer Infotafel des »Tut-gut-Wanderweges Puchberg«. Hier den Bach über eine seichte Furt nach links queren und gleich wieder nach rechts auf der Almstraße aus dem Wald hinaus (Wegweiser, ab hier rot markiert) auf die Almweiden der Mamauwiese zur rechts des Weges liegenden **Sebastianhütte (4)**. An dieser vorbei, nach der kommenden Rechtskurve erblickt man bereits das Tourenziel. In wenigen Minuten über die Almwiese auf einem Steig (Zaunüberstieg) zum **Berggasthof Mamauwiese (5)**.

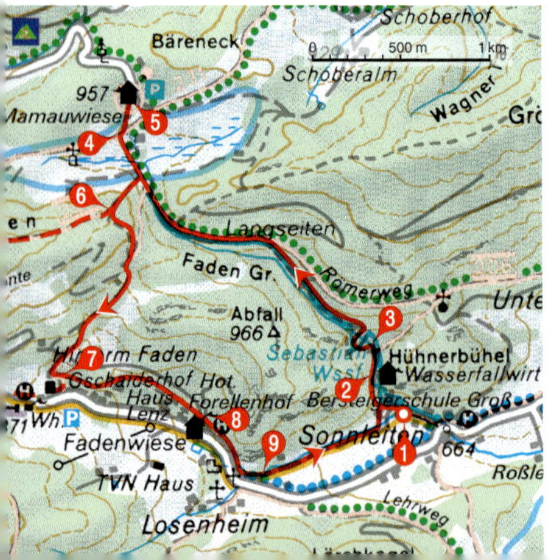

Vom Gasthof zunächst zurück zur **Sebastianhütte (4)** und weiter zum Wegweiser am Waldrand. Dort zieht rechts ein steiler Waldsteig rot markiert über viel Wurzelwerk hinauf zu einer Kreuzung mit Wegweiser auf die **Dürre Leiten (6)**. Links abwärts Richtung Losenheim (rot markiert) führt der Steig zu einem Karrenweg, an dem man nun rechts abbiegt. Nach einer großen Linkskurve rechts ab auf einen Steig, der zu einem Bach mit Steg beim **Gschaiderhof (7)** führt. Man überquert aber nicht den Steg, sondern folgt links hinunter auf der linken Bachseite dem schönen Waldweg bis zum **Forellenhof (8)**. Man folgt nun vorerst der Asphaltstraße Richtung Losenheim für ca. 400 Meter links hinunter (Wegweiser »Wasserfall«; gelbe Markierung), biegt in der Folge dann aber links auf den **Sonnleitenweg (9)**, Wegweiser, gelbe Markierung, ein und erreicht eben und problemlos in 20 Minuten den Parkplatz **Sonnleiten (1)**.

Waldburgangerhütte, 1182 m

Über die Pottschacher Hütte und die Gahns 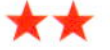

Die Gahns und Bodenwiese

Die Gahns, südöstlich des Schneebergs gelegener Höhenrücken, stand und steht auch heute noch im Schatten des höchsten Berges von Niederösterreich und wird, obwohl ein sehr lohnendes Ziel für Bergwanderungen, sehr selten begangen. Früher gab es dafür einen maßgebenden Grund, denn in der Anfangszeit der Alpinisten durfte der steil ins Tal der Schwarza abfallende Bergrücken von »Normalbergsteigern« grundsätzlich nicht betreten werden, da er als bedeutendes Jagdgebiet hohen und höchsten Autoritäten vorbehalten war. Der Kaiser selbst ging dort zur Jagd. Noch viel früher, im Jahre 1573, nahm der Hofbotaniker Charles de l'Écluse (lat. Carolus Clusius) – der Erste, von dem man weiß, dass er auf dem Schneeberg war – den Weg zum höchsten Punkt des damaligen Herzogtums über die Gahns, weil er dort eine komfortable Jagdhütte für die Übernachtung vorfand. Als Nachfolger dieser Hütte existiert heute noch der Pürschhof. Unter Botanikern ist die Gahns wegen der vielen seltenen Pflanzen ein floristisches Eldorado. »An einem Sommermorgen, da nimm den Wanderstab, es fallen deine Sorgen wie Nebel von dir ab.« So schrieb einst Theodor Fontane über seine Eindrücke in der Natur. In einem weiteren Abschnitt schrieb er: »Rings Blüten nur und Triebe, und Halme von Segen schwer, dir ist als zöge die Liebe des Weges nebenher.« Die Bodenwiese ist mit über 90 Hektar die größte Alm weit und breit, die einst – so berichtet es die Sage – von einem Knecht an einem Tag mit der Sense gemäht worden ist, um sie wegen einer Wette mit dem reichen Grundbesitzer von diesem zu gewinnen, obwohl dieser eiserne Nägel in die Erde gesteckt hatte, um die Sense zu demolieren.

Entlang der Gahnsleiten zur Waldburgangerhütte.

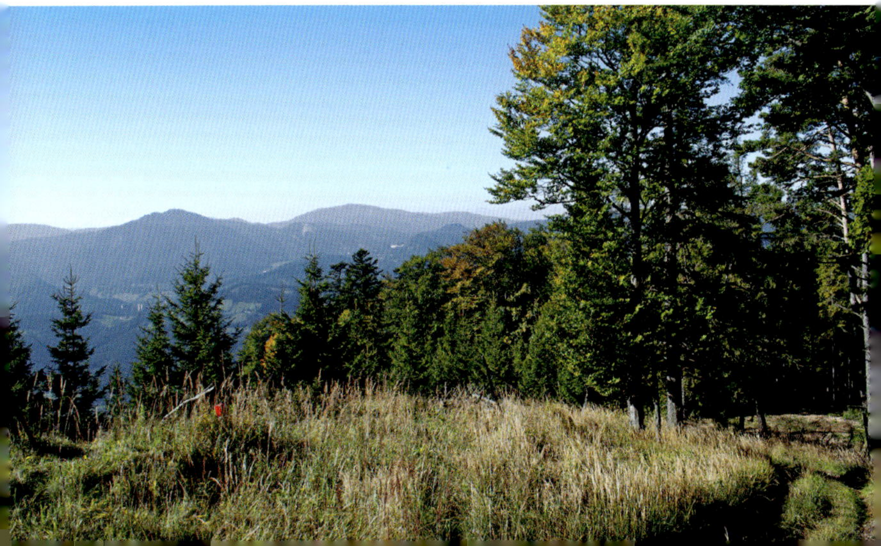

KURZINFO

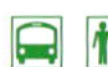 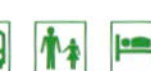 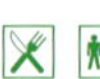

Talort: Prigglitz, 635 m; von Wien auf der A 2 bis Knoten Seebenstein, weiter auf der S 6 bis Abfahrt Gloggnitz, dann über den Stuppachgraben nach Prigglitz; Gemeindeamt Prigglitz (Tel. +43 2662 43516, www.prigglitz.at).

Ausgangspunkt: Parkplatz bei der Kirche.

Gehzeit: 4.30 Std.

Höhenunterschied: 620 m.

Anforderungen: Einfache Wanderung auf Wanderwegen, Steigen, Forst- und Almstraßen, die vereinzelt etwas Orientierungssinn verlangt.

Kinder: Kleiner Spielplatz auf der Pottschacher Hütte.

Kinderwagen: Geeignet für geländegängige Kinderwagen bis zur Pottschacher Hütte.

Mountainbike: a) Kapellenrunde von Prigglitz – Kapelle – Pottschacher Hütte – Hofdurchfahrt – Prigglitz (11,7 km; 450 Hm, ca. 1.05 Std., rot). b) Silbersberg-Strecke von Prigglitz – Raxbankerl – Gloggnitz – Stuppach Kirche – »Kunst in der Landschaft« – Prigglitz (18,8 km, 630 Hm, ca. 1.45 Std., schwer). Weitere Infos unter www.niederoesterreich.at.

Winter: Mit Schneeschuhen möglich (ca. 5.30 Std., rot). Keine Einkehr!

Variante: Über die Jagdhütte Kaiserwiese nach »Beim alten Wirtshaus« am Nordende der Bodenwiese, dann nach Süden über die Bodenwiese zur Waldburgangerhütte (ca. 1 Std. länger).

EINKEHR

Pottschacher Hütte, 914 m: Hütte der Naturfreunde Pottschach. Hausmannskost, regionale und saisonale Gerichte wie Herrenpilz- und Eierschwammerlgerichte, frisches Wild aus angrenzenden Jagdgebieten und spezielle Gerichte für Vegetarier. Öffnungszeiten von Anfang April bis 31. Dezember, Mittwoch bis Sonntag und Feiertag 9 bis 18 Uhr oder nach Vereinbarung. Nächtigung möglich. Tel. +43 676 5103750, www.pottschacherhuette.at.

Waldburgangerhütte, 1182 m: Im Besitz des Hüttenerhaltungsvereins »Die Waldburganger«. Geöffnet vom 1. Mai bis 30. Juni und 1. September bis 26. Oktober an Samstagen, Sonntagen und Feiertagen. Juli und August geschlossen. Die Hütte wurde 1981 von Franz Zottel erbaut. Er erfüllte sich damit einen Kindheitstraum, weil er von dieser Stelle in seiner Jugend oft den Blick auf das Schwarzatal und den Semmering genoss. Hausspezialität ist Schöberl, eine Süßspeise. Nächtigung möglich. Tel. +43 688 8682827.

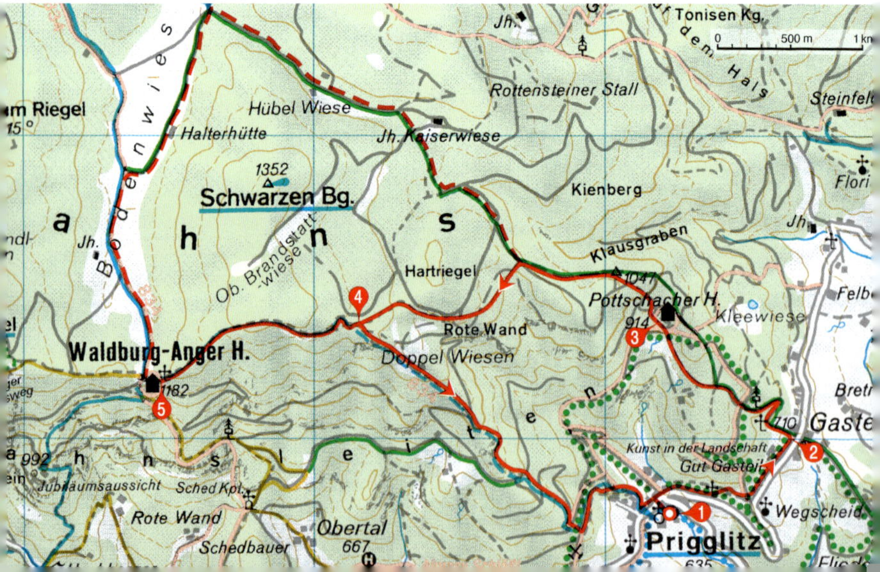

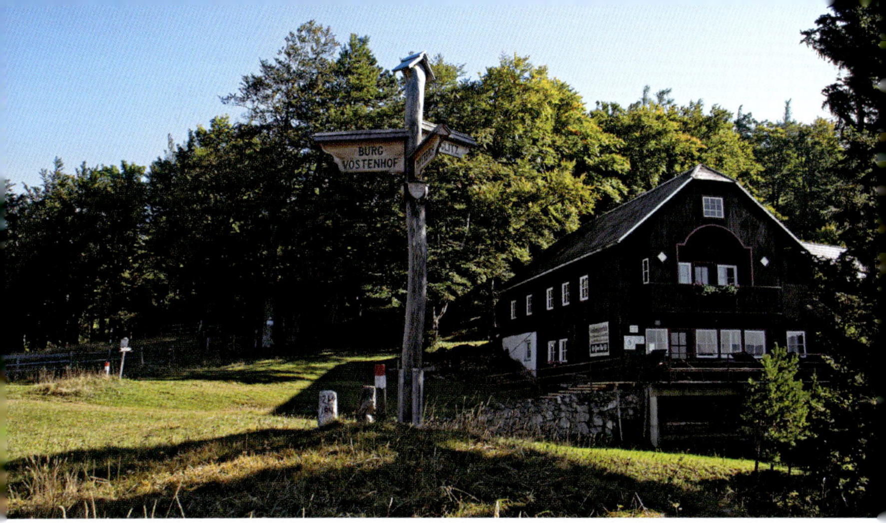

Die Waldburgangerhütte.

Von der Kirche in **Prigglitz (1)** vor zur Straße, dort rechts. Die Straße mündet bei der Volksschule in eine Kurve, dort links ca. 300 Meter hinauf zum Haberler-Wand-Weitblick. Links abbiegen auf den Karrenweg (Holzwegweiser Fußweg Gasteil) und darauf durch Wald und Wiesen hinauf zur Straße mit der Kreuzwegkapelle Gasteil und der Wiese »Kunst in der Landschaft«. Die Straße links eine schöne Allee entlang, vorbei am Gut Gasteil bis zu den ersten Häusern von **Gasteil (2)**. Links den Karrenweg hinauf (Wegweiser, Weg Nr. 8) und der grünen bzw. roten Markierung sowie den hilfreichen Wegweisern durch den Wald, vorbei an einer Jagdhütte, bis zur **Pottschacher Hütte (3)** folgen.

In der Kurve vor der Hütte den Steig hinauf zu einer Forststraße, diese überqueren und über die Lichtung leicht aufwärts den Steigspuren folgen bis zur nächsten Forststraße. Diese überqueren und weiter hinauf bis zur Kuppe, auf deren Lichtung ein einzelner Baum steht (rot-grüne Markierung auf der Rückseite!). Hier auf dem Steig eben weiter zur **Kreuzung Gahns (4)** und am Weg Nr. 9, später Nr. 11, diversen Wegweisern nach auf das Gahnsplateau mit Schneebergblick. Weiter am Weg wieder in den Wald hinein und nun abwärts, vorbei an der Schöberlwarte, hinunter zur **Waldburgangerhütte (5)**.

Am Rückweg zuerst bergauf wieder den bekannten Weg bis zur **Kreuzung Gahns (4)**. Hier rechts halten und am Weg Nr. 11 mit der blauen Markierung problemlos hinunter ins Tal zur Kirche in **Prigglitz (1)**.

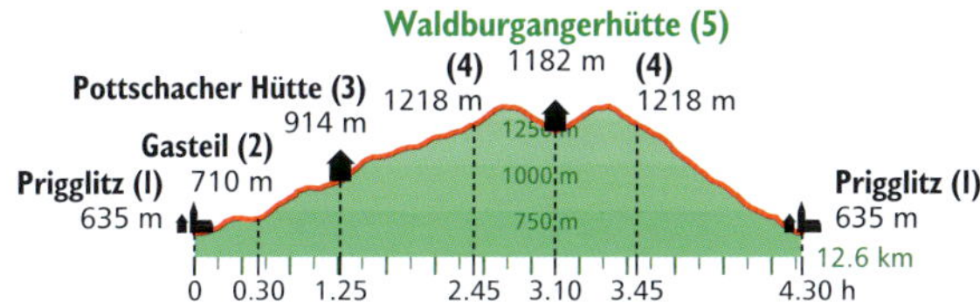

44 Vom Hochschneeberg abwärts

Bahnwanderweg – ein Hotel, vier Hütten, ein Gasthaus 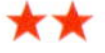

Die Zahnradbahn am Hochschneeberg

Bereits seit 1897 ist der Schneeberg, mit 2076 m Höhe Niederösterreichs höchster Berg, durch eine Zahnradbahn erschlossen. Sie hat eine Spurweite von einem Meter und ist mit 9,7 km die längste Zahnradbahn Österreichs. Außerdem hat sie mit dem auf 1795 Metern gelegenen Endbahnhof Hochschneeberg den höchstgelegenen Bahnhof Österreichs. Die Talstation selbst liegt nur auf 577 Meter Höhe. Damit überwindet die Bahn einen Höhenunterschied von 1218 Metern, die maximale Steigung beträgt 19,7 %. Faszinierend ist die einzigartige Kombination von Eisenbahnromantik und alpiner Bergwelt. Jeden Sommer fährt die Zahnradbahn vom Tal auf den Berg hinauf. Im Jahr 1999 hat der »Salamander« (so genannt wegen seiner Sprenkelung), eine moderne Zahnradbahn, diese Aufgabe übernommen. Grüne Wiesen, dichter Nadelwald und ein wunderschönes Panorama der umliegenden Bergwelt ziehen während der Fahrt in gemütlichem Tempo am Fenster vorbei. Ein besonderes Erlebnis, speziell für Kinder, ist der Nostalgie-Dampfzug der Schneebergbahn, der im Juli und August immer an Sonntagen zum Einsatz kommt. Der Bergbahnhof der Schneebergbahn ist Ausgangspunkt für die zwei Wanderwege. Eine großflächige Panoramakarte im Bereich des Bergbahnhofs Hochschneeberg dient als Orientierungshilfe. Auf der gewählten Wanderroute führt eine ausführliche Beschilderung an das gewählte Ziel.

Am Bahnhof Hochschneeberg, rechts das Elisabethkirchlein.

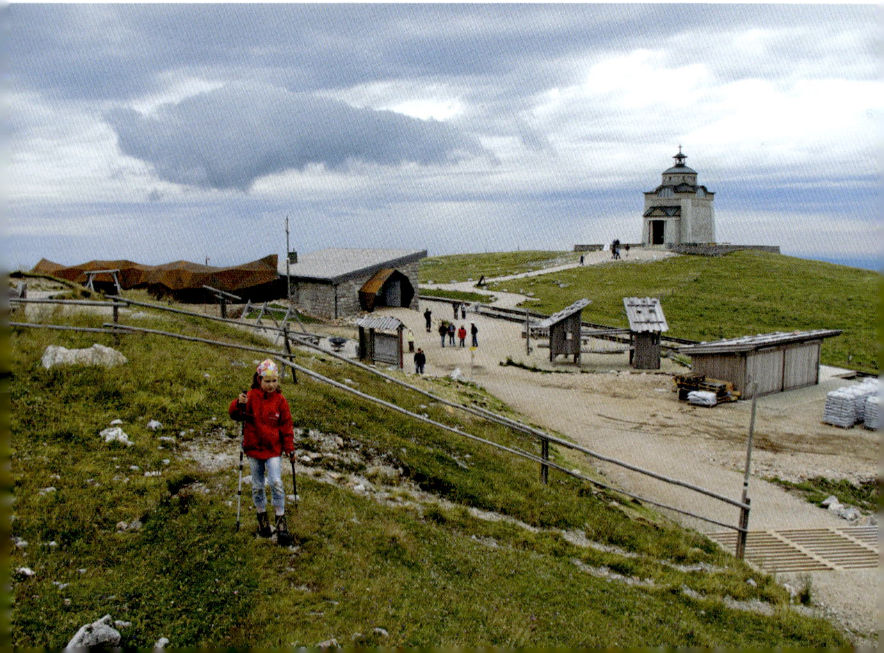

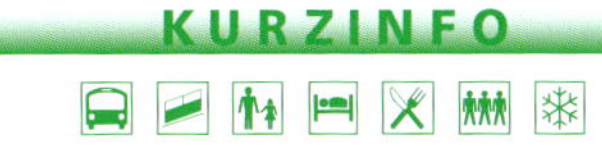

Talort: Puchberg am Schneeberg, 575 m; von Wien über die A 2 Südautobahn und die S 6 bis zur Abfahrt Wiener Neustadt West, dann die B 26 über St. Egyden und Willendorf am Steinfelde nach Grünbach und Puchberg am Schneeberg; von Süden und aus dem Semmeringgebiet bis zur Ausfahrt Neunkirchen West. Ab dort Richtung Ternitz und entlang der Bundesstraße B 26 Richtung Puchberg am Schneeberg (Tourismusbüro, Tel. +43 2636 2256, www.puchberg.at).
Ausgangspunkt: Parkplätze bei der Talstation der Zahnradbahn. Tarife und Fahrpläne unter www.schneebergbahn.at.
Gehzeit: 3.30 Std.
Höhenunterschied: 1235 m im Abstieg.
Anforderungen: Einfache Wanderung auf Steigen, Wanderwegen und Forststraßen.
Kinder: Eine Fahrt mit der Zahnradbahn. Direkt neben dem neuen Bergbahnhof Hochschneeberg befindet sich der Alpin-Kinderspielplatz und auf dem Rundwanderweg »Paradies der Blicke« erfahren die Familien im Kaleidoskop Geschichtliches und Kulturelles über den Schneeberg. Rinder weiden auf den Almwiesen des Damböckhauses. Wer mit der ersten Bahn hinauffährt, kann noch Gämsen von Nahem erleben, später ziehen sie sich ob der vielen Menschen zurück.
Kinderwagen: Geeignet für geländegängige Kinderwagen auf Almstraße bis zum Damböckhaus, wenn Auffahrt und Abfahrt mit der Zahnradbahn erfolgt.
Mountainbike: Schneeberg-Strecke Puchberg – Schneebergdörfl – Öhler – Puchberg (34 km, 830 Hm, 2.30 Std, schwarz, www.wieneralpen.at/mountainbiken).
Gipfelmöglichkeit: Schneeberg (auch als Klosterwappen bezeichnet), 2076 m (1 Std. ab Bergstation, blau).
Winter: Kann als Schneeschuhwanderung im Winter unternommen werden, ist jedoch sehr lang (5 Std. im Auf- und 4 Std. im Abstieg, rot).

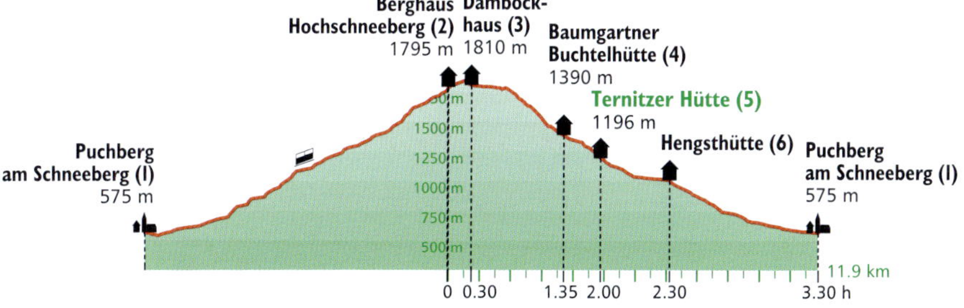

Zuerst einmal geht es mit der Zahnradbahn von **Puchberg am Schneeberg (1)** in gut einer Dreiviertelstunde gemütlich hinauf zum **Berghaus Hochschneeberg (2)**. Nun kann man links (westlich und kürzer) oder rechts (östlich und etwas länger) ohne Probleme um den Waxriegel herumwandern; beide Wege kreuzen sich beim **Damböckhaus (3)**. Es empfiehlt sich, die Runde zu schließen und zurück zum **Berghaus Hochschneeberg (2)** zu wandern.
Hier vorbei an der Kaiserin-Elisabeth-Gedächtniskirche führt der Weg gelb markiert durch ausgedehnte Latschenfelder. Der Panoramablick auf den Hohen Hengst und den Puchberger Talkessel und am Horizont auf die Ebene des Steinfeldes mit Leitha- und Rosaliengebirge

EINKEHR

Berghaus Hochschneeberg, 1795 m: Erbaut 1898, von den Wirtsleuten in den letzten Jahren zu einem veritablen Memorabilien-Museum umgewandeltes Restaurant. Geöffnet hat das Berghaus während der gesamten Saison der Schneebergbahn. Nächtigung möglich. Tel. +43 2636 2257, www.berghaushochschneeberg.at.

Damböckhaus, 1810 m: Hütte des Österreichischen Touristenklubs. Geöffnet von Ende April bis Oktober, angeglichen an die Betriebszeiten der Zahnradbahn, kein Ruhetag. Nächtigung möglich. Tel. +43 2636 2259, www.damboeckhaus.at.

Baumgartner Buchtelhütte, 1390 m: Kleine private Hütte. Kein Ruhetag. Verschiedene Buchtelvariationen (Powidl, Marille, Vanille) sowie ausgezeichnete Hausmannskost-Gerichte. Während der Bahnsaison geöffnet. Keine Nächtigung. Tel. +43 650 2441453 oder +43 720 991234.

Ternitzer Hütte, 1196 m: Hütte der Naturfreunde Ternitz, auch Grassingerhütte genannt. Geöffnet an Wochenenden und Feiertagen bei Zahnradbahn-Betrieb. Selbstversorgerhütte mit Kochgelegenheit. Kleine Speisen und Getränke erhältlich. Nächtigung möglich. Tel. +43 2636 2071 oder +43 699 11149009, ternitzerhuette.naturfreunde.at.

Hengsthütte, 1012 m: Gemütliche private Berghütte in ruhiger Lage mitten im Grünen. Sitzmöglichkeiten im Garten. Öffnungszeiten Sommer: Anfang Mai bis Ende Oktober täglich geöffnet (Montag und Dienstag Ruhetag); Winter: Anfang November bis Ende April am Samstag, Sonntag und in den österreichischen Schulferien geöffnet. Bodenständige Köstlichkeiten und saisonale Schmankerl. Nächtigung möglich. Tel. +43 2636 2103, www.hengsthuette.at.

Gasthof Schmirl, 600 m: Pension und Gasthof an der Zahnradbahn in Purchberg. Hausmannskost und feine À-la-carte-Küche. Tel. +43 2636 2277, www.schmirl.at.

begleitet auf diesem ersten Wegabschnitt. Über der Ausfahrt aus dem ersteKehrtunnel überquert man das Gleis der Zahnradbahn. Weiter geht es durch die Latschenfelder zur Hohen Mauer. Auf diesem Steindamm überwindet die Zahnradbahn den Sitzstettenkamm. In diesem Wegabschnitt liegt auch die Baumgrenze. Entlang des Bahndammes erreicht man die **Haltestelle Baumgartner Buchtelhütte (4)**. Weiter geht die Wanderung entlang der Bahn zum Kaltwassersattel. Links oberhalb der Gleise liegt das Adolf-Kögler-Haus mit den Drachenwänden im Hintergrund. Man wendet sich nach rechts und kommt auf eine großflächige Almwiese mit der **Ternitzer Hütte (5)** und einer Sennerei. Durch würzig duftenden Hochwald geht es weiter nordostwärts zur **Hengsthütte (6)**, wo man wieder auf die Zahnradbahn trifft. Unterhalb ihres Gleises wandert man weiter Richtung Hauslitzsattel. Kurz davor bietet sich rechtsseitig ein herrlicher Ausblick in das Arbestal mit dem Dorf Rohrbach im Graben. Über den Hauslitzsattel kommt man wieder in den Talkessel von **Puchberg am Schneeberg**. Durch die Ortsteile Hengsttal und Muthenhof gelangt man entlang des Zahnradbahngleises ins Ortszentrum von **Puchberg (1)**.

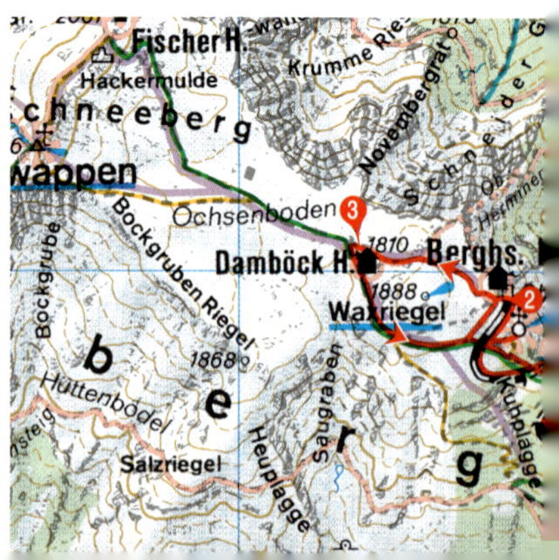

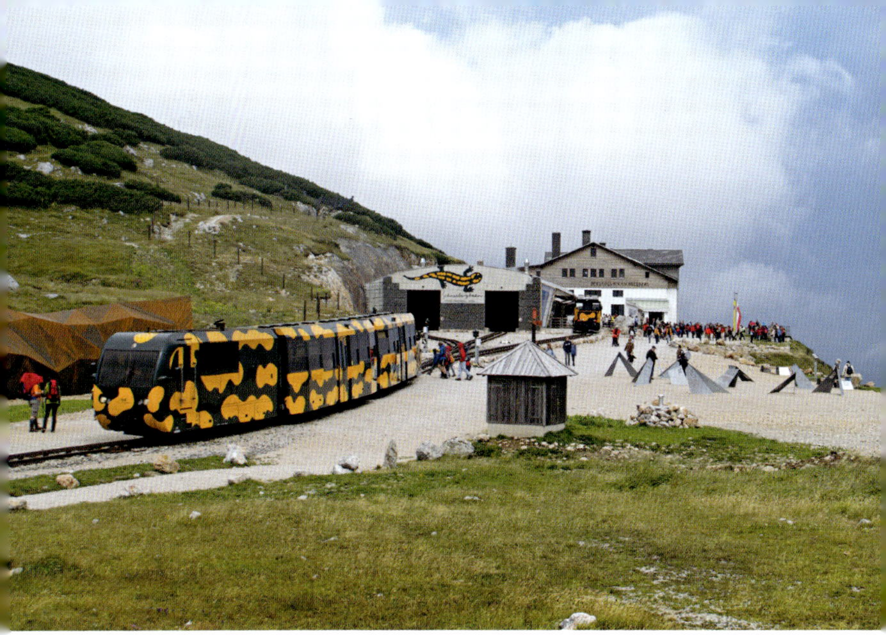

Der Salamander verlässt den Bahnhof Hochschneeberg.

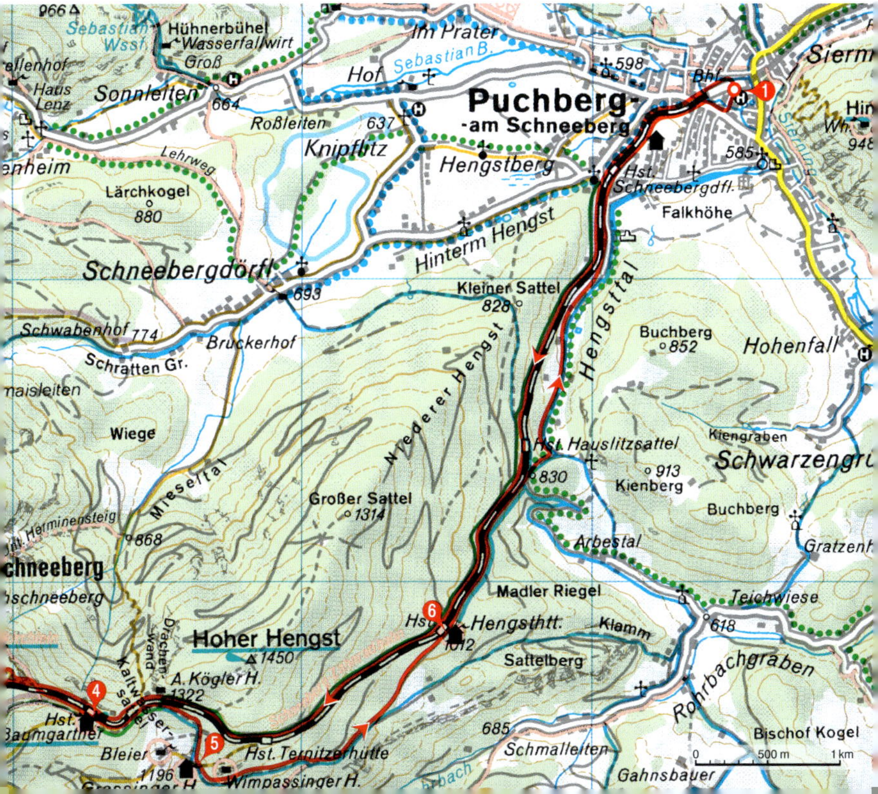

45 Hütte »Am Geländ«, 1023 m

Erlebnisweg Grünbach am Schneeberg ★

Vom Urknall nach Grünbach

Das Geländ (meist mundartlich als »G'länd« bezeichnet) im Westen der Hohen Wand und von dieser durch den Rastkreuzsattel getrennt, ist ein allein stehender Kalkhügel mit steilen, felsdurchsetzten Hängen, die dem Berg den Eindruck einer Festung verleihen. Auf dem kleinen Gipfelplateau entstanden schon zur Steinzeit Siedlungen, wie archäologische Funde beweisen. Früher wurde das Geländ auch »Scheiben« genannt, eine Anspielung auf die Warnfeuer, die bei drohender Gefahr auf dieser weithin sichtbaren Erhöhung brannten. Gute Aussicht bei guter Sicht: Der Blick vom Geländgipfel zum Schneeberg ist trotz der geringen Höhe beeindruckend. An schönen Herbsttagen sieht man über das Steinfeld und die Bucklige Welt bis zum Hochwechsel, zum Rosalien- und Leithagebirge, der Blick reicht sogar bis zum Neusiedler See. Der Rundwanderweg »Vom Urknall nach Grünbach« macht den Wanderer auf Schautafeln mit der Geburt des Kosmos, der Entstehung des Lebens und der Landschaft von Grünbach, seiner Flora und der menschlichen Frühgeschichte bekannt. Höhepunkt des Weges ist die naturgetreue Nachbildung eines Höhlenbären und eines Jägers aus der Eiszeit in Originalgröße, die sich neben der Hütte auf dem Geländ befindet. Die Erlebnisroute wurde auf bereits bestehenden Wegen so ausgebaut, dass keine Sehenswürdigkeit oder Besonderheit ausgelassen wird. Wem die Runde, speziell mit Kindern, zu lang wird, der kann sie im Rastkreuzsattel abkürzen oder einen der direkten Abstiege vom Geländ nach Grünbach wählen.

Nahe vom Plackleshaus bietet sich diese Aussicht zum Geländ und zum Schneeberg.

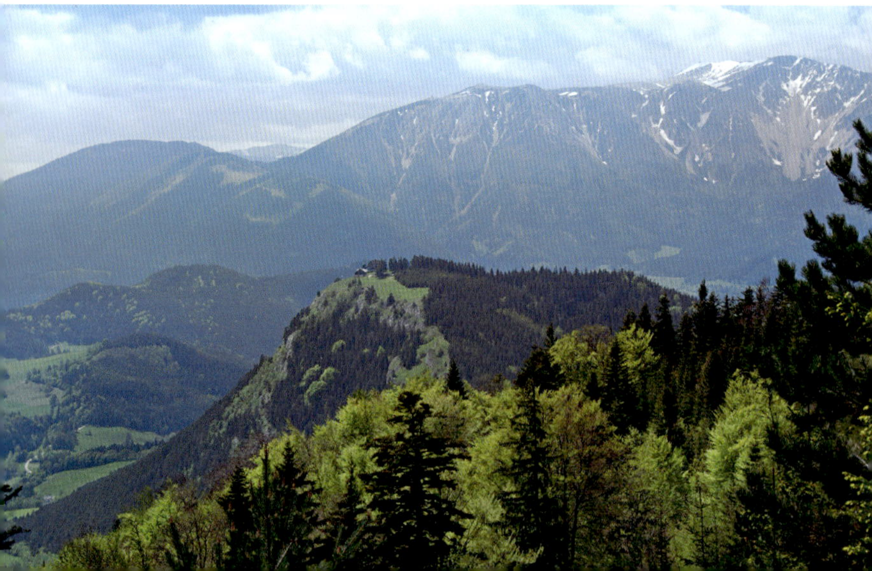

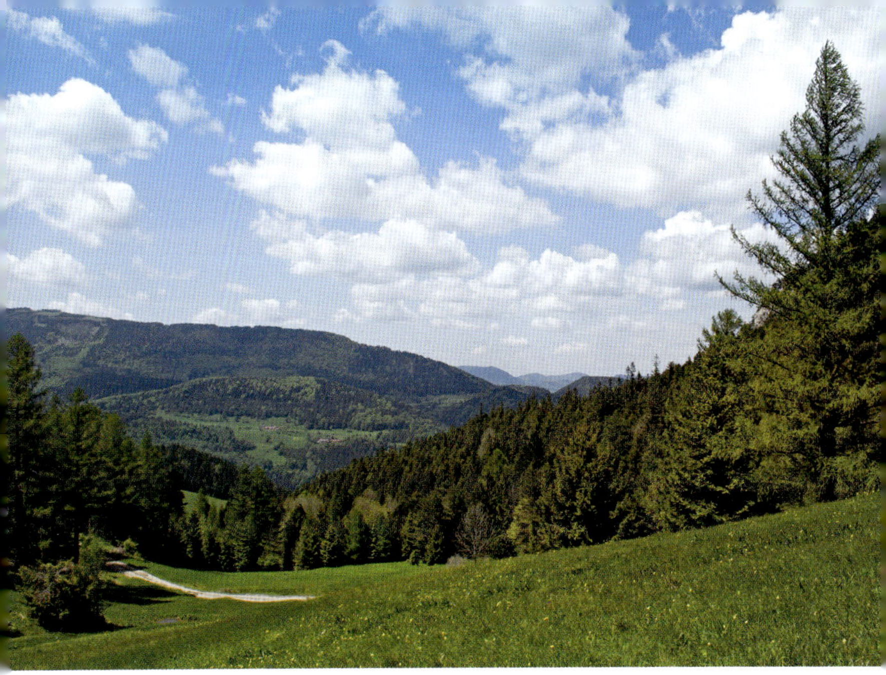

Zwischen Kienberg und Scheimhütte.

KURZINFO

   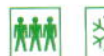

Talort: Grünbach am Schneeberg, 554 m; von Wien über die A 2 Südautobahn zur Abfahrt Wr. Neustadt West und auf die B 26 Richtung Grünbach; von Süden aus dem Semmeringgebiet auf der S 6 Richtung Wien bis zur Abfahrt Neunkirchen, weiter Richtung Ternitz und Würflach nach Grünbach (Tel. +43 2637 2200, www.gruenbach-schneeberg.gv.at).

Ausgangspunkt: Parkplatz »Unter der Wand« (neben dem Wasserreservoir) in Grünbach.

Gehzeit: 4.30 Std.

Höhenunterschied: 590 m.

Anforderungen: Durchgehend gut begehbar, nur der Grafenbergsteig führt etwas steiler in Serpentinen zur Wilhelm-Eichert-Hütte. Vorsicht beim Abstieg vom Plackles zum Rastkreuzsattel: Hier kreuzt immer wieder eine neu angelegte Forststraße, der richtige Weg kann dabei übersehen werden.

Kinder: Am Rundwanderweg »Vom Urknall nach Grünbach« stehen viele Schautafeln über die Geburt des Kosmos, die Entstehung des Lebens und die Landschaft von Grünbach, seine Flora und die Frühgeschichte sowie die naturgetreue Nachbildung eines Höhlenbären und eines Jägers aus der Eiszeit. Hirsche und Rehe am Rastkreuzsattel.

Kinderwagen: Rundweg nicht geeignet. Jedoch besteht die Möglichkeit, mit einem geländegängigen Kinderwagen vom Ausgangspunkt über einen steilen Fahrweg in nordwestlicher Richtung zum Rastkreuz und zur Scheimhütte hinaufzufahren (ca. 1 Std.).

Mountainbike: Schwarzes Gold – Strecke von Grünbach – Sonnleiten – Lupart – Hausmann – Reitzenberg – Gutenmann – Rosental – Grünbach (17,6 km, 635 Hm, 1.40 Std., rot).

Winter: Als Winterwanderung oder Schneeschuhtour ohne die Wilhelm-Eichert-Hütte zur Scheimhütte und sonst wie unten beschrieben (ca. 3.30 Std., rot).

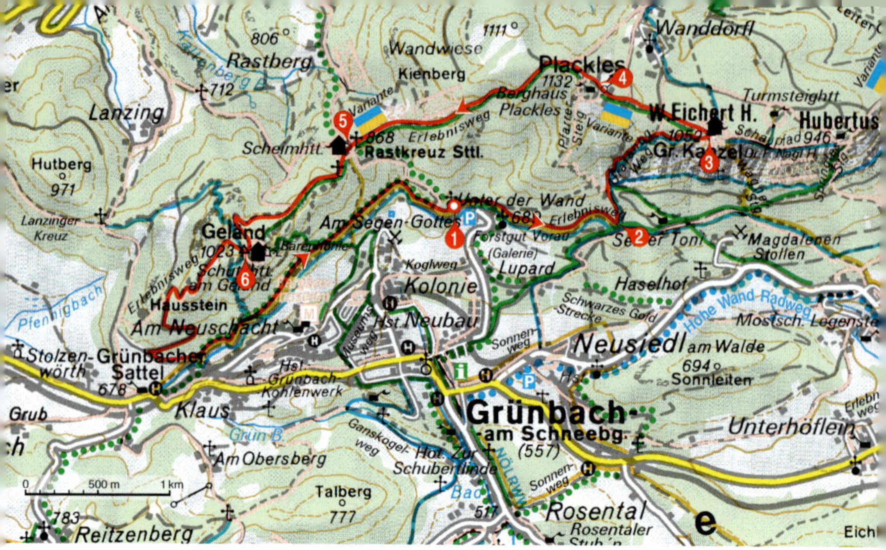

Ausgangspunkt ist ein kleiner Parkplatz bei einem Wasserreservoir, welches auf den Karten als **»Am Segen Gottes« (1)** gekennzeichnet ist. Rechter Hand befinden sich ein Begrüßungsschild, eine Karte über den Verlauf des Wanderweges sowie die erste Station des Rundwanderweges: »Wasser – Schatz«. Rechts entlang auf ebenem Weg erreicht man den Rand einer Wiese mit der Station »Kohle auf einem Acker«. Der erste prächtige Ausblick Richtung Puchberg eröffnet sich. An einigen Hintergärten vorbei führt der Weg zu einer Asphaltstraße, die man schon bald nach links verlässt **(2)**. Der blauen Markierung folgend geht es steil bergauf, zunächst eine Forststraße kreuzend, dann entlang der alten Trasse des Sesselliftes, der einst von Grünbach auf die Hohe Wand führte. Bald steht man hoch oben vor der dritten Station mit dem Titel »Ein Wand-Pionier«. Einige Meter weiter befindet sich ein besonders idyllisches Platzerl: Die Grafenberger Steinbank mit imposantem Blick über das Wiener Becken. Charakteristisch ist dort die steinerne Kugel mit dem Logo des österreichischen Touristenklubs. Weiter am Grafenbergweg gelangt man dann zur **Wilhelm-Eichert-Hütte (3)**. Vom Kreuz auf 1052 Metern lässt sich das gesamte Steinfeld überschauen, ebenso der Schneeberg im Westen.

Gleich neben der Hütte befindet sich die nächste Station, »Schnorcheln auf der Wand«. 250 m weiter östlich steht die Bergrettungsdiensthütte mit der Station »Selbstlose Retter« und informiert über den

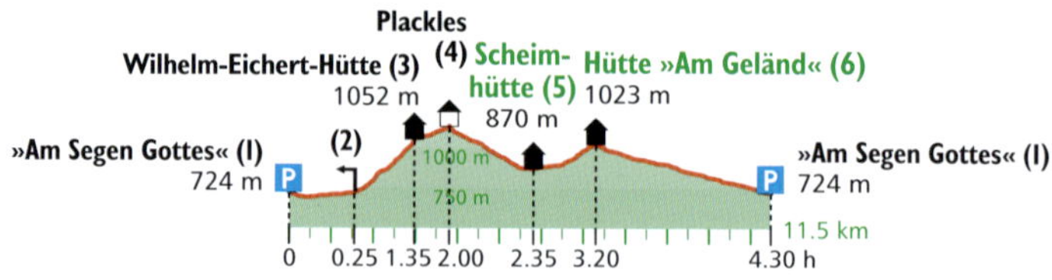

Bergrettungsdienst. Zurück zur Wilhelm-Eichert-Hütte geht es dort nun nordwestlich bergauf. Am **Plackles (4)** erreicht man mit 1132 Metern den höchsten Punkt der Hohen Wand und der Tour. Kurz vor der Spitze befindet sich die sechste Station, »Im Urknall geboren«.
Links vorbei am ehemaligen Hotel Pfarrer beginnt der Abstieg in Richtung Rastkreuzsattel. Nach einer großen Wiese folgt eine weitere Station, »Dantes Inferno«. Die nächsten Stationen auf dem Abstieg bis zum Sattel folgen nun in kurzen Abständen: »Eisen und kosmische Materie«, »Erstes Leben«, dann gleich neben einer kleinen Wasserquelle mit dem dazu passenden Namen »Rares Nass am Wegesrand« und noch die »Wettergeheimnisse«. Am Rastkreuzsattel angelangt befindet sich rechts vom Weg die **Scheimhütte (5)** auf 870 Meter Seehöhe.
Hier gabeln sich verschiedene Wege in unterschiedlichste Richtungen. Direkt an der Kreuzung befindet sich eine weitere Station, »Beschwerliche Wege«. Der Weg wird tatsächlich etwas beschwerlicher, nach einigem Auf und Ab gelangt man auf eine Wiese, an deren Ende in einer Kehre die Station »Künstlerheimat« Wissen vermittelt. Ab nun geht es auf einer Forststraße steil bergauf aufs Geländ. Kurz vor dem Naturfreundehaus befindet sich noch die Tafel »Uralter Siedlungsboden«. Nun ist man auf dem »Geländ« und an der **Hütte »Am Geländ« (6)** angekommen. Hier, auf 1023 Meter Seehöhe, befindet sich auch die Darstellung des Kampfes von einem riesigen Bären und einem Jäger. Betitelt wird diese Darstellung als »Bärenjagd einst«. Weiter geht es hinter dem Naturfreundehaus vorbei, zunächst ein Stück Richtung Westen, bis man auf einer Wiese auf die nächste Station stößt, »Hartes Leben«. Links zweigt eine rote Markierung in Richtung Grünbach ab. Steil geht es bergab und man verliert rasch an Höhe. Am Hausstein vorbei geht es auf einer Forststraße talwärts, und im Tal kommt die Station »Baustoff aus dem Meer«. Von hier geht es in gut 20 Minuten zum Ausgangspunkt **»Am Segen Gottes« (1)** zurück.

EINKEHR

Wilhelm-Eichert-Hütte, 1052 m: Hütte des Österreichischen Touristenklubs. Gastbetrieb ganzjährig geöffnet, Montag Ruhetag. Nächtigung möglich. Tel. +43 2637 2258, www.hohewand-eicherthuette.at.
Scheimhütte, 870 m: Samstag, Sonntag und Feiertag ab 9 Uhr geöffnet. Nächtigung möglich. Tel. +43 2632 8796 oder +43 660 3912491, www.naturpark-hohewand.at/essen-auf-der-hohen-wand/a-scheimhuette.
Hütte »Am Geländ«, 1023 m: Bewirtschafter Familie Postl. Geöffnet von Ostern bis Ende Juni und von Mitte August bis Ende November an Samstagen, Sonn- und Feiertagen. Keine Nächtigung. Tel. +43 2632 8761 oder +43 676 7877358, www.gelaende.at.

Reichlich Natur umgibt die Scheimhütte.

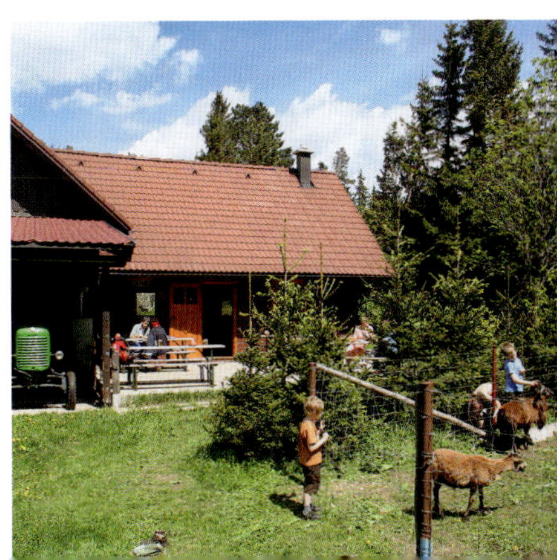

46 Waldeggerhaus, 1000 m

Durch die Kleine und Große Klause 

Abenteuer Klettersteig am Naturfreundesteig

Leitern und Seile zur Erschließung von Wegen zwischen Bergdörfern und Almen waren in den Alpen schon vor über 250 Jahren bekannt. Diese Wege dienten jedoch noch nicht touristischen Zwecken, sondern waren in erster Linie Wirtschaftswege. Sie boten auch keinerlei Sicherungsmöglichkeiten und bestanden zu großen Teilen aus Holzelementen. Dennoch können solche Steige als Vorläufer der heutigen Klettersteige bezeichnet werden. Ein Klettersteig heute ist ein mit Eisenleitern, -stiften und -klammern (als Trittstufen) sowie Stahl- oder Hanfseilen gesicherter (umgangssprachlich auch versicherter) Kletterweg am natürlichen Fels.

KURZINFO

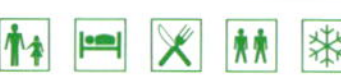

Talort: Waldegg, 402 m; von Wien auf der A2 bis Abfahrt Wöllersdorf, weiter auf der B21 Richtung Waldegg. Vor Waldegg links in das Dürrnbachtal; Marktgemeinde Waldegg (Tel. +43 2633 42285, www.waldegg.co.at).

Ausgangspunkt: Parkplatz beim ehemaligen Nazwirt, 529 m.

Gehzeit: 3.30 Std.

Höhenunterschied: 555 m.

Anforderungen: Der Naturfreundesteig durch die Kleine Klause ist ein kurzer, überaus reichlich versicherter Steig durch einen schluchtartigen Graben. Im oberen Verlauf des Steiges sind kleine Felsstufen in sehr leichter Kletterei zu überwinden; für Klettersteigler Kategorie A/B, I (leicht bis mäßig schwierig, die Hände sind zur Unterstützung des Gleichgewichtes erforderlich). Der Abstieg über den Waldeggersteig und die Große Klause hat einige Versicherungen und steile oder hohe Leitern; für Klettersteigler Kategorie A (leicht). Der restliche Weg geht über Steige und Straßen.

Kinder: Der Klettersteig ab 6 Jahren mit Seilsicherung. Kleiner Spielplatz beim Waldeggerhaus. Auf der Hohen Wand selbst gibt es viele interessante Angebote, wie zum Beispiel den Spiel- und Spaßberg, den Märchenweg und das Tiergehege beim Naturparkstüberl oder der Skywalk in der Sonnenuhrwand (www.naturpark-hohewand.at).

Variante: Abstieg über den Stanglsteinweg direkt zum Ausgangspunkt (30 Min. kürzer).

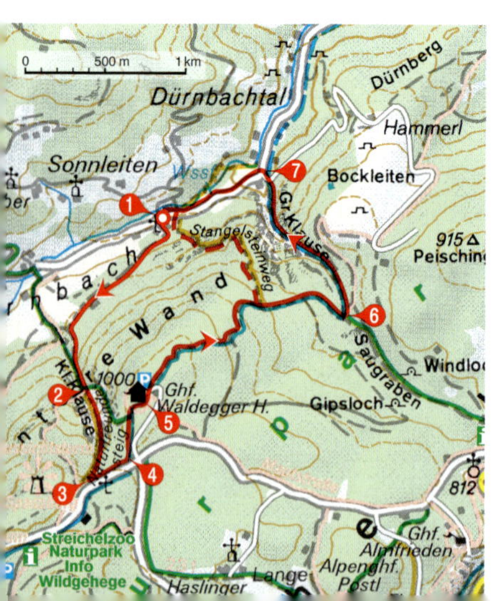

EINKEHR

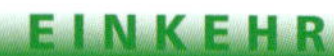

Waldeggerhaus, 1000 m: Traditionsreicher Berggasthof in vierter Generation als Familienbetrieb, der das ganze Jahr geöffnet hat. Donnerstag und Freitag Ruhetag, außer wenn Feiertag. Bodenständige Hausmannskost und fleischlose Gerichte, Mehlspeisen. Nächtigung möglich. Tel. +43 2638 88217, www.waldeggerhaus.at.

Vom Parkplatz am ehemaligen **Nazwirt (1)** schräg links über die Straße und über die Steinstufen und den Steig aufwärts. Ein Wegweiser mit gelb-roter Markierung weist zur Kleinen Klause nach rechts. Über einen Wiesensteig oberhalb von ein paar Häusern, bei einer Abzweigung links haltend, immer der weiß-rot-weißen Markierung nach. Bei einer links eingezäunten Fläche dem Weg nach, dann im rechten Winkel nach links abbiegen und hinauf zu einem breiten Fahrweg (Eisenstange mit Markierung). Dort links entlang bis zu einer Wegkreuzung. Vor bis zu einem Holzzaun und dort links hinauf auf einem breiten Weg bis zu einer Wandstufe mit Eisenklammern, dem Einstieg zur **Kleinen Klause (2)**. Darüber hinweg in eine enge Rinne zu einer Eisenleiter, danach eine zweite Rinne mit Eisenklammern und Griffstangen, vorbei am Wandbuch und auf einen kleinen Platz. Hier enden die Steighilfen und es geht durch die wildromantische Schlucht hinauf über gelegentliche kleine Felsstufen bis zum Schluchtende (durchgehend gelbe Markierungen).

Am Weg in einem Linksbogen hinauf zur **Hohe-Wand-Straße (3)**, hier links. Nach 400 Metern am **Abzweig zum Waldeggerhaus (4)** erneut links. Bald darauf führt ein Steig links geradeaus in 10 Minuten zum bereits sichtbaren **Waldeggerhaus (5)**.

Vom Haus nach Nordosten dem Steig (blaue Markierung) folgen zu einer herrlichen Aussichtswiese linker Hand. Weiter am Steig durch den Wald zur Linksabzweigung »Stanglsteinweg«. Wir gehen aber geradeaus weiter (blaue Markierung) bis zu einer Kreuzung mit einer Übersichtstafel der Hohen Wand. Links ab begibt man sich nun hinunter durch die **Große Klause (6)** über mehrere Eisenleitern, vorbei an einer Felshöhle mit Rastbank, zur sechs Meter hohen Schlussleiter, die schräg abwärts den Steig beendet. Kurz darauf kommt man bei einem Haus zur **Straße nach Waldegg (7)**, an der man links abzweigt und in wenigen Minuten den Parkplatz beim ehemaligen **Nazwirt (1)** erreicht.

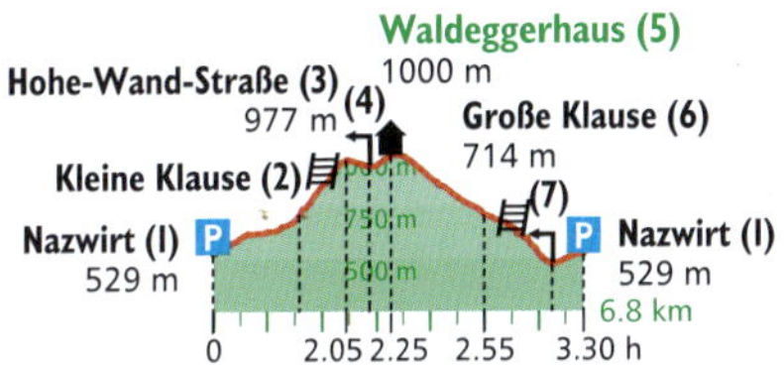

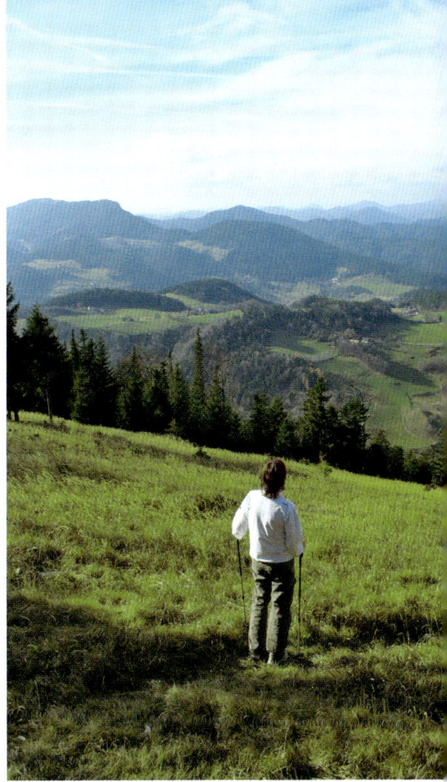

Blick vom Waldeggerhaus auf die Gutensteiner und Türnitzer Alpen.

47 Alois-Günther-Haus, 1782 m

Die Hütte am Stuhleck

Tourenskipremiere am Stuhleck

Die Fischbacher Alpen sind ein sanfter, lang gestreckter, wald- und almenreicher Gebirgszug mit Mittelgebirgscharakter in der Steiermark. Das Stuhleck ist mit 1782 Metern der höchste Gipfel der Fischbacher Alpen und einer der östlichsten Gipfel der Alpen, der noch über die Waldgrenze hinausragt. Gleich neben dem Gipfelkreuz steht das Alois-Günther-Haus. Alois Günther war der Hauptinitiator der Errichtung der Hütte, deren Grundsteinlegung im Jahr 1914 erfolgte. Ein Jahr später konnte die Hütte eröffnet werden und wurde nach Alois Günther benannt. Das Stuhleck war der erste Tourenskigipfel Österreichs. Im Februar 1892 stiegen Toni Schruf, Hotelier aus Mürzzuschlag, der Grazer Sektfabrikant Max Kleinoscheg und der Postbeamte Walther Wenderich von Mürzzuschlag aus mit Skiern auf den Gipfel. Dadurch wurde die Region um den Semmering zu einem der ersten Wintersportgebiete Österreichs.

Idyllisch gelegene Jagdhütte zwischen Rehkögerl und Hocheck.

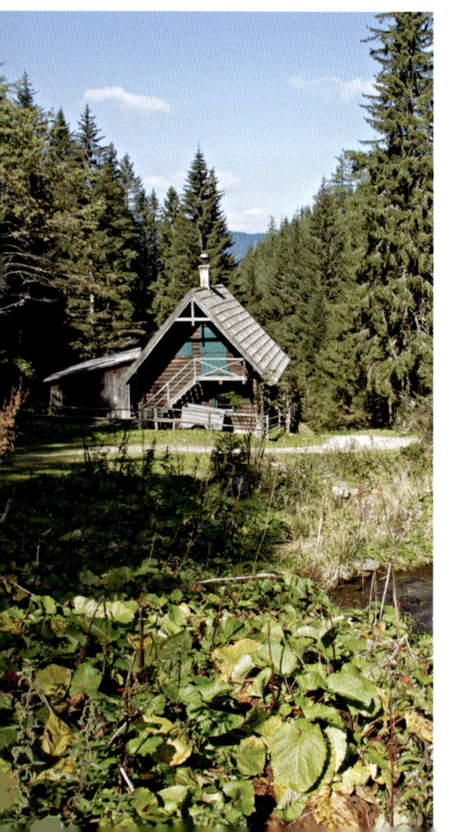

EINKEHR

Friedrichhütte, 1307 m: Berggasthaus der Familie Filzwieser. Von Ende Mai bis Mitte Oktober geöffnet an Freitagen, Samstagen, Sonn- und Feiertagen, im Winter während der Skisaison täglich. Gutbürgerliche Küche. Keine Nächtigung. Tel. +43 3853 358, www.friedrichhuette.at.

Alois-Günther-Haus, 1782 m: Geöffnet von Mitte Juni bis Ende Oktober, Saisonbeginn-/ende wetterabhängig! Im Winter von Ende November bis Anfang April, Saisonbeginn-/ende je nach Schneelage. Warme und kalte Speisen, saisonale Schmankerln wie Pilz-, Kürbis- und Wildgerichte. Nächtigung möglich. Tel. +43 3853 300, www.aloisguentherhaus.at.

Karl-Lechner-Haus, 1449 m: Hütte des Österreichischen Alpenvereins, Sektion Stuhlecker. Geöffnet von Ende Mai bis Ende Oktober am Wochenende und feiertags. Nächtigung möglich. Gruppenbewirtung werktags, Gepäcktransport auf Anfrage, besonders geeignet für ältere Personen (ab Parkplatz Pfaffensattel). Tel. +43 676 4464643 oder +43 676 6388425, www.alpenverein.at/karllechnerhaus.

Alle anderen Einkehrmöglichkeiten nur im Winter geöffnet.

KURZINFO

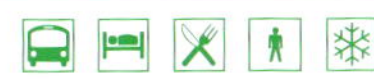

Talort: Spital am Semmering, 777 m; von Wien auf der A 2 bis Knoten Seebenstein, weiter auf der S 6 bis Abfahrt Spital am Semmering; Tourismusverband Spital am Semmering (Tel. +43 664 3322121 www.spitalamsemmering.com/wp).
Ausgangspunkt: Parkplatz bei der Kirche oder bei der Lifttalstation.
Gehzeit: 6.30 Std.
Höhenunterschied: 1005 m.
Anforderungen: Einfache, aber lange Wanderung auf Wanderwegen und Alm- und Forststraßen.
Kinder: Aufgrund der Länge mit guter Grundkondition ab ca. 10 Jahren.
Mountainbike: MTB-Tour zur Friedrichhütte: von Spital am Semmering über den Kaltenbachgraben bis zur Friedrichhütte und weiter auf die Steinbachalm und die Schwarzriegelalm (13,1 km, 765 Hm, ca. 2 Std., rot).
Winter: Schneeschuhtour abseits der Pisten vom Parkplatz beim Kaltenbachlift über Gaißschlagermühle (alternativ über die Skihütte Schwaigerhütte) weiter zum Karl-Lechner-Haus und Alois-Günther-Haus. Abstieg über Spitaler Alm, Hocheck über Gehöft Gaißschlager zur Gaißschlagermühle und zurück zum Parkplatz (gesamt ca. 6 Std., rot).
Tipp: In zwei Tagen vom Hirschenkogel zum Stuhleck: Semmering Kabinenbahn – Hirschenkogel – Sonnwendstein mit Pollereshütte – Alpkogelhütte – Feistritzsattel – Harterkogel – Pfaffensattel – Stuhleck – Karl-Lechner-Haus – Spital am Semmering (genaue Beschreibung im Rother Wanderführer »Wiener Hausberge Süd« von Franz und Rudolf Hauleitner, 2 Tage, blau).

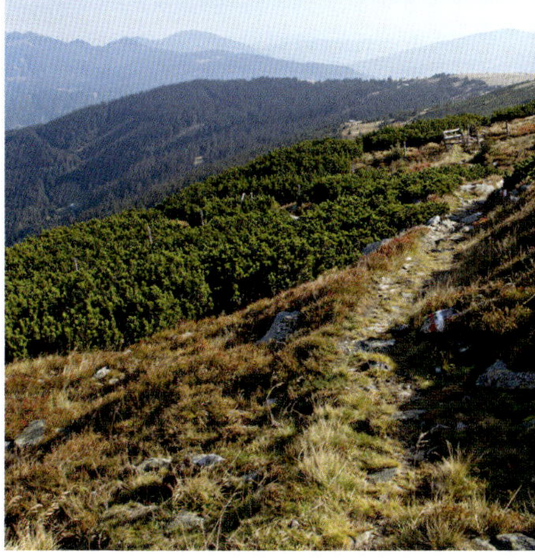

Abstieg zum Karl-Lechner-Haus.

Von der Kirche in **Spital am Semmering (1)** die Stuhleckstraße (Wegweiser, Weg Nr. 7) entlang nach Süden, die Kaltenbachstraße überqueren und weiter zu einer kleinen Kapelle. Hier links bis zum Ortsende von Spital, in den Ortsteil Hinterleiten hinauf. Hier den mittleren Weg wählen (Fahrverbotstafel, rot-weiß-rote Markierung), vorbei am Haus Stuhleckstraße 19 zu einem Feldweg an der Skipiste. Rechts entlang in leichtem Bogen an einer Geländekante in den Wald hinein. Am Weg Nr. 7 mit besagter Markierung geht es die Skipisten hinauf zu einer Doppelliftbergstation. Weiter am Weg mit der rot-weiß-roten

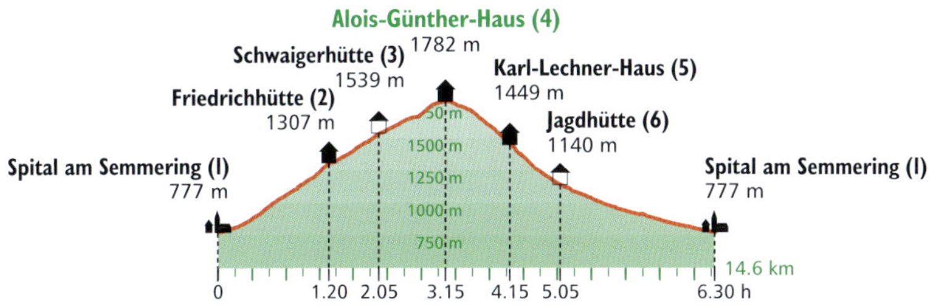

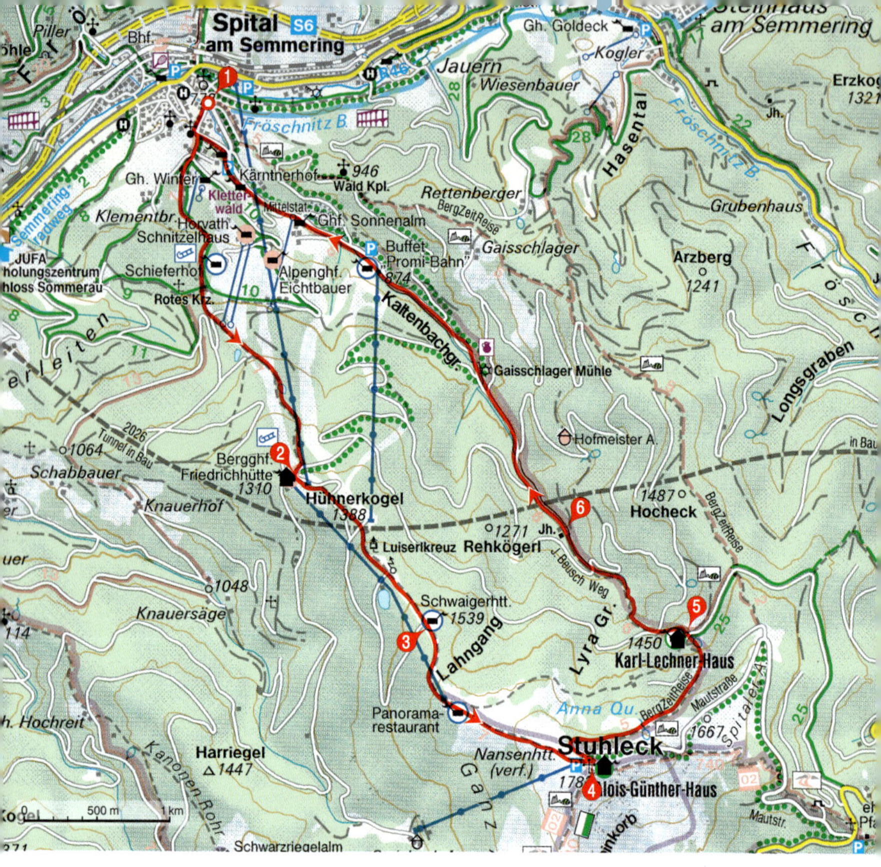

Markierung Richtung Südosten bis zur **Friedrichhütte (2)**.

Weiter auf dem Fahrweg (Wegweiser, Weg Nr. 7) ca. 100 Meter, bei einem Wäldchen rechts den Markierungen nach bis zu einer Piste und auf dieser weiter hinauf bis zur Bergstation der Promibahn. Über die Piste rechts zum Luiserlkreuz und einer Sendeanlage bis zur im Sommer geschlossenen **Schwaigerhütte (3)**. Rechts vorbei an einem künstlichen Teich hinter der Hütte zu einem Fahrweg, der nach 150 Metern links über einen Steig zu sanften Bergwiesen auf der Ganzeben führt. Weiter bis zur Kreuzung mit dem Fahrweg nach rechts zum **Alois-Günther-Haus (4)**.

Der Abstieg beginnt am Fahrweg zurück zur Kreuzung. Hier kurz rechts, dann wieder links bei einem Wegweiser auf Weg Nr. 5 über eine Wiese zur Ruine der Nansenhütte. Rechts über einen Steig eben über die Nordhänge der Spitaler Alm über eine Forststraße zum **Karl-Lechner-Haus (5)**. Weiter auf Weg Nr. 6 durch den Wald, eine Forststraße überqueren, weiter durch Wald bis zum Kaltenbach. Diesen entlang bis zu einer Forststraße (Wegweiser), auf dieser vorbei an einer **Jagdhütte (6)** immer bergab bis zur Gaißschlagermühle. Ab hier immer talauswärts leicht bergab zum Ausgangspunkt an der Kirche in **Spital am Semmering (1)**.

Pollereshütte, 1481 m

Über den Almsteig

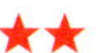

Wallfahrtskirche zu Füßen des Sonnwendsteins

Maria Schutz ist ein Wallfahrtsort in der Gemeinde Schottwien in Niederösterreich. Der größte Marien-Wallfahrtsort im südlichen Niederösterreich liegt am Fuß des Sonnwendsteins. 1721 wurde die erste Kapelle erbaut und bekam ihren Namen von dem Franziskanermönch Benignus Seyfried aus Mürzzuschlag. Sie soll der Legende nach von Pestkranken aus Schottwien errichtet worden sein, nachdem sie durch das heilige Bründl geheilt worden sind. Diese Quelle entspringt noch heute hinter dem Hauptaltar der Wallfahrtskirche. Zum Nachbarberg des Sonnwendstein, dem Großen Otter, gibt es auch eine Sage: Einst ließ sich ein aufgeweckter Bursche in einem Fass in das tiefe Loch am Gipfel des Otter hinabsenken, um die darinnen funkelnden Goldzapfen zu holen. Bei diesen angekommen, zog er als Zeichen für seine Kameraden, dass er unten angekommen ist, an der vorgerichteten Glöckerlschnur und brach dann das lockende Gold ab. Da kam plötzlich ein Bergmanderl daher, welches ein Fässchen trug, und fragte ihn, was er da tue. Dann gebot es ihm, alles Gold herzugeben und augenblicklich zu verschwinden. Der Bursche wollte daher seinen Kameraden das Zeichen zum Aufzug geben, bemerkte aber mit Schrecken, dass er die Glöckerlschnur beim ersten Zeichen abgerissen hatte. Da erbarmte sich das Bergmanderl seiner. Es stellte sein Fässchen in das Höhlenwasser und befahl dem Burschen, er solle sich daraufsetzen, dürfe sich aber nicht umschauen, bis er draußen sei, sonst sei er verloren. Das tat er und schwamm glücklich hinaus.

Vorne die Schoberhütte, hinten die Pollereshütte.

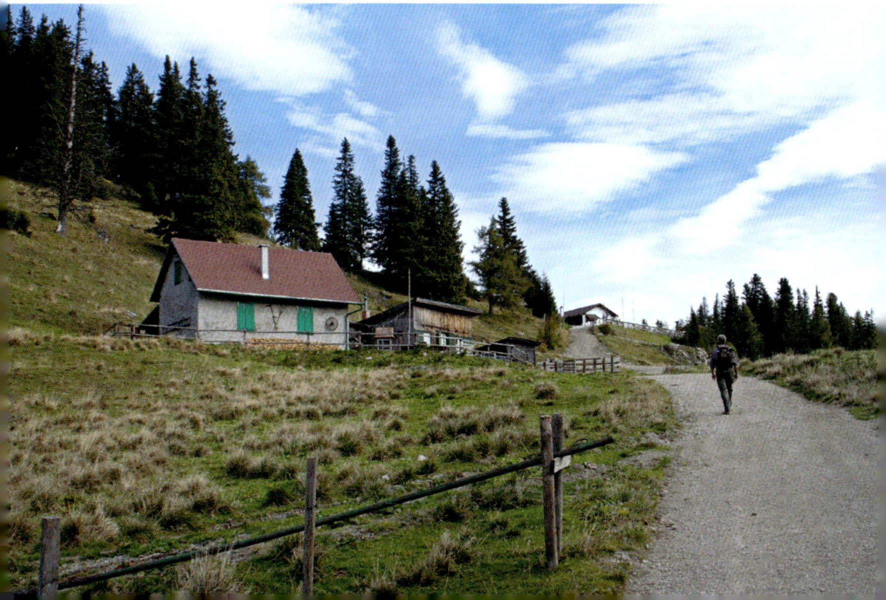

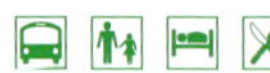

KURZINFO

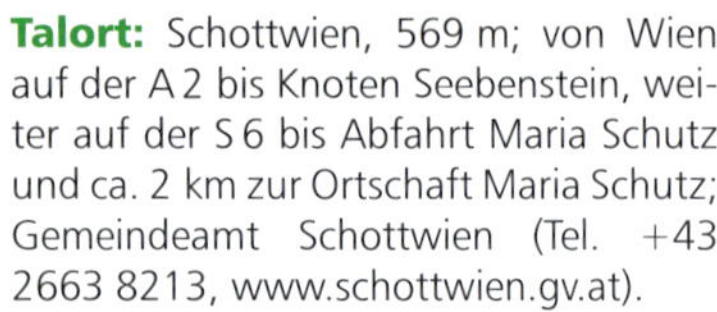

Talort: Schottwien, 569 m; von Wien auf der A 2 bis Knoten Seebenstein, weiter auf der S 6 bis Abfahrt Maria Schutz und ca. 2 km zur Ortschaft Maria Schutz; Gemeindeamt Schottwien (Tel. +43 2663 8213, www.schottwien.gv.at).
Ausgangspunkt: Parkplätze im Bereich der Wallfahrtskirche, 760 m.
Gehzeit: 5.20 Std.
Höhenunterschied: 790 m.
Anforderungen: Einfache Wanderung auf Steigen und Wanderwegen.
Mountainbike: MTB-Tour »Alte Semmeringstraße«, Maria Schutz – Aussicht auf den Hirschenkogel – Maria Schutz (16,5 km, 495 Hm, ca. 2 Std., rot).
Gipfelmöglichkeiten: Sonnwendstein, 1523 m (10 Min. von der Pollereshütte; Gebirgsjäger-Gedächtniskapelle, blau); Hirschenkogel (siehe Variante a).
Winter: Tour als Schneeschuhwanderung möglich (dann ca. 6.30 Std., rot).
Varianten: a) Kammwanderung vom Erzkogel aus weiter zum Hirschenkogel (1340 m, 3,5 km, ca. 1.15 Std., blau). Abfahrt mit der Kabinenbahn Semmering möglich (Tel. +43 2664 8038, www.semmering.com).
b) Über den Gebirgsjägersteig von Maria Schutz steil direkt zur Pollereshütte (ca. 2 Std. im Anstieg, rot).

Von der Wallfahrtskirche **Maria Schutz (1)** zurück Richtung Autobahn bis zur ehemaligen Talstation der Sesselbahn bzw. dem Feuerwehrhaus. Dort die Stiegen hinauf und rechts vom Gebäude (Tafel des Österreichischen Touristenklubs mit den Wegmarkierungen am Zaun) dem Pfad und der roten Markierung folgen. Die erste und zweite Forststraße überqueren, nach der zweiten schräg links in den Wald hinein und auf dem Almensteig der blauen Markierung Richtung Sonnwendstein folgen bis zu einer weiteren **Forststraße (2)**. Hier links abbiegen, weiter bis zur 180-Grad-Rechtskurve und dann nach ca. 200 Metern links

Am Alpkogel, in der Bildmitte die Schoberhütte und die Pollereshütte.

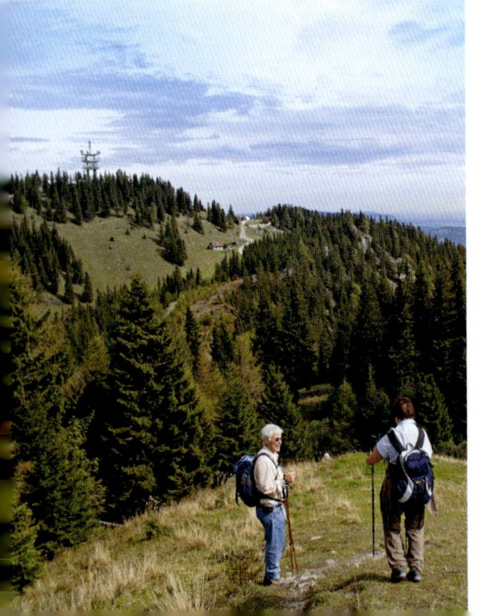

EINKEHR

Pollereshütte, 1481 m: Private Hütte. Panoramablick auf Weltkulturerbe Semmeringbahn, Rax, Schneeberg und das Semmeringgebiet sowie zum Wechsel und in die Bucklige Welt. Getränke und deftige Speisen wie Blunzengröstel, Linsen oder Pinzgauer Käsepressknödel. Geöffnet von Mai bis Oktober täglich außer Dienstag von 9 bis 17 Uhr, im Winter geschlossen. Keine Nächtigung. Tel. +43 2664 2282, www.pollereshuette.at.
Kummerbauerstadl, 1079 m: Der Gasthof liegt eingebettet zwischen dem Sonnwendstein, Otter und Wechselgebiet, mit Blick auf Rax und Schneeberg. Restaurantbetrieb, Montag Ruhetag. Blick vom Balkon über das Wechsel-, Rax- und Schneeberggebiet. Nächtigung möglich. Tel. +43 2641 8214, www.kummerbauerstadl.at.

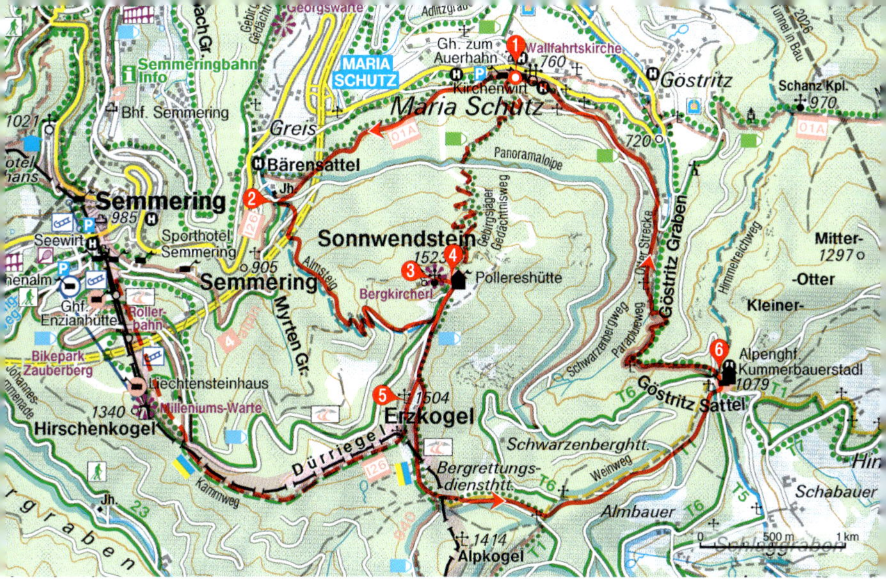

auf den Steig abzweigen. Über die Almwiesen hinauf in östlicher Richtung bis zur Zufahrtsstraße der Schober- und Pollereshütte. Auf der Straße links hinauf zu den Hütten, vor der Pollereshütte aber vorerst noch links den gemütlichen Weg hinauf zum **Sonnwendstein (3)** und der Gebirgsjäger-Gedächtniskapelle. Wieder hinunter zur **Pollereshütte (4)** zur verdienten Einkehr.

Zurück auf der Zufahrtsstraße zur Einmündung des Anstiegsweges. Jetzt geradeaus, vorbei an der Vogelbeerhütte und Peter-Hütte, zur nächsten Kreuzung. Gemäß dem Wegweiser hält man sich links Richtung Kummerbauerstadl (zuerst rot, dann gelb markiert), steigt zuerst aber noch rechts am Steig in 10 Minuten zum Gipfelkreuz des **Erzkogel (5)** hinauf.

Zurück zur Forststraße und rechts weiter, dann über einen Wiesenweg zu einer Bergrettungshütte. Man nimmt den mittleren Weg bis zu einem Wegkreuz, biegt links ab und kommt kurz darauf zu einem zweiten Wegkreuz. Hier rechts ab folgt man nun der gelben Markierung am sogenannten Weinweg, wechselt vom Karrenweg auf den links abzweigenden Steig (Weg Nr. 834) durch den Wald hinunter zum **Kummerbauerstadl (6)**. Links am Gasthof vorbei bis zum Schranken, dort links auf einem Wanderweg (blaue Markierung), vorbei an einem Pavillon im Wald, zurück nach **Maria Schutz (1)**.

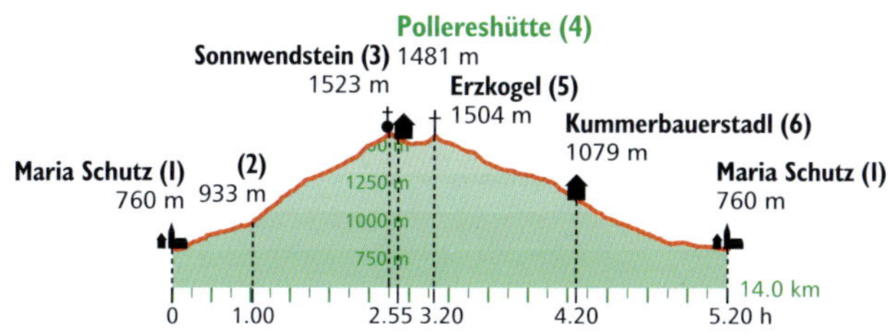

49 Almenrunde am Wechsel

Zu vier Almen und einer Hütte

Alm und Kultur

Hütten und »Schwaigen« laden zur Rast ein, Kreuze und Gedenkstätten zum Verweilen. Schwaig ist im Wechselgebiet der alte Name für einen alpinen Wirtschaftshof. Früher betreuten die Schwaigen das auf den Almen weidende Vieh, heute nehmen sie sich zusätzlich der zahlreichen Wanderer an. Im Frühsommer (Juni) dienen 18 dieser Hütten auch als Bühne des ebenso authentischen wie bunten Volksmusik-Festivals »Schwaigen-Reigen®«. Diese Veranstaltung markiert die traditionelle Eröffnung des Almsommers am Wechsel und findet immer am 2. Samstag im Juni statt (eine Woche nach dem Almauftrieb auf die Hochwechselalm). Man wandert alleine oder mit den Musikanten, Sängern und Tänzern von Schwaig zu Schwaig und genießt dabei die großartige Landschaft des Wechsels, die Auftritte der Künstler und die Schmankerln der Almhütten.

KURZINFO

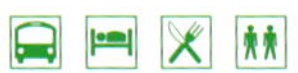

Talort: Mariensee, 815 m; von Wien auf der A2 bis Ausfahrt Edlitz, über B54 nach Aspang Markt und Mariensee; Wiener Alpen in Niederösterreich (Tel. +43 2622 78960, www.wieneralpen.at).
Ausgangspunkt: Parkplätze am Talende beim Biotop.
Gehzeit: 6.20 Std.
Höhenunterschied: 840 m.
Anforderungen: Technisch einfache, aber sehr lange Wanderung auf Steigen, Wander- und Güterwegen. Stellenweise etwas Trittsicherheit notwendig. Steiler beim Abstieg am Schindlsteig.
Kinder: Rund um die Almen weiden Kühe und Jungvieh. Musik und Tanz beim Schwaigen-Reigen.
Mountainbike: a) Kogelrundweg von Mönichkirchen – Heidstübl – Brücke Marienseestraße – Almhof – Bergstation – Mönichkirchen (17,9 km, 620 Hm, ca. 2.10 Std., rot). b) Aspangberg-St. Peter (Gasthaus Grüne Wiese) – Ortskern Mariensee – Innerneuwald – St. Peter – Hansl bei der Feichtn – Passkapelle – Aspangberg (32,1 km, 1105 Hm, ca. 1.10 Std., rot).
Gipfelmöglichkeit: Auf der Tour Hochwechsel, 1743 m, am Weg.
Winter: Als Schneeschuhwanderung von Mariensee über Leitenbauer, Kampsteiner Schwaig, Arabichl, Hochwechsel und Marienseer Schwaig nach Mariensee (ca. 8 Std., rot). Zwischen Arabichl und Wechselgipfel nur bei Schönwetter, da der Abschnitt dem Wind sehr ausgesetzt ist.
Varianten: a) Von der Feistritzer Schwaig über den Themenweg Alm und Weide direkt zur Marienseer Schwaig (ca. 1 bis 1.15 Std. kürzer).
b) Von der Marienseer Schwaig auf der Almstraße weniger steil, dafür gemütlich und etwas länger zurück zum Ausgangspunkt.

Vom **Biotop-Parkplatz (1)** taleinwärts, bald aber nicht dem Wildwasserpfad weiter folgen, sondern dem Güterweg rechts gemütlich bergan zum Güterweg Sticklberger (Tafel!). Hier links, rechts vorbei an dem folgenden Gehöft zu einer kleinen Kapelle am Straßenrand, dann bei der nächsten Kreuzung wieder links bergauf zum **Mitterhof (2)**. Am Ende eines Wirtschaftsgebäudes geradeaus dem Wiesenweg folgen, der wieder in einen Güterweg einmündet; dort rechts bergab, vorbei an einem Bildstock, zu einem Wegweiser (Kampstein) am linken Wegrand. Links dem Steig aufwärts folgen zu drei nebeneinander stehenden Holzkreuzen. Ab hier im Wald immer dem teilweise grün markiert Steig geradeaus folgen, gelegentlich Forststraßen kreuzend, hinauf zur **Kampsteiner Schwaig (3)**. Nun links (westwärts, Karrenweg) dem Wegweiser zu den weiteren Schwaigen und dem Hochwechsel folgen. Rot markiert auf Weg Nr. 834 in leichtem Auf und Ab mit abschnittsweise schöner Aussicht dahin bis zum Rastplatz mit dem Kreuz **»Schwarzer Herrgott« (4)**. Dort links weiter und in knapp 15 Minuten zur **Feistritzer Schwaig (5)**. Weiter westwärts am Fahrweg bis zu einem abgestorbenen Baum. Hier rechts am Steig durch Wald bis zum Steinernen Kreuz und hinauf zu den Wiesen am **Arabichl (6)**. Auf einem Fahrweg leicht bergab zu einem Steinhaufen (rote Markierung), hier im rechten Winkel nach rechts und den Spuren über die Wiese zu einer Schneise folgen. Am linken Rand der Schneise leicht bergab und in einem weiten Linksbogen in wenigen Minuten zur **Kranichberger Schwaig (7)**. Vor der Schwaig links bergan der rot-weiß-roten Markierung bis zum Dreiländereck auf 1561 m mit seinen fünf Wegweisern. Hier rechts

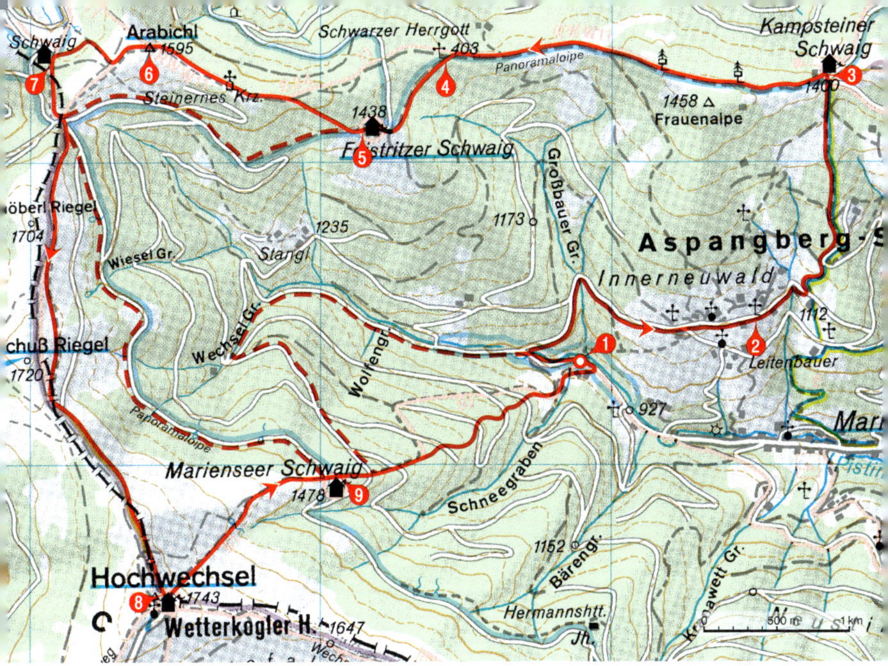

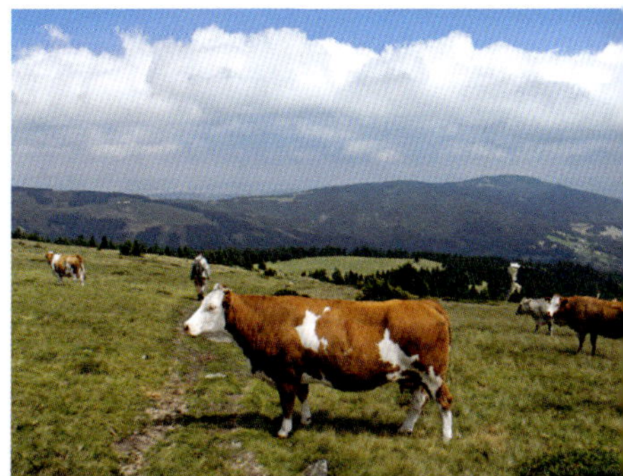

Beim Abstieg zur Marienseer Schwaig sieht man zur Feistritzer Schwaig.

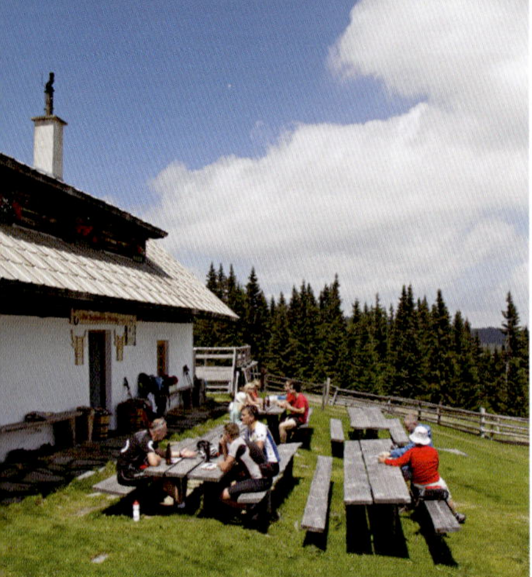

Gemütliche Rast auf der Marienseer Schwaig.

und neben dem Rastbankerl gleich wieder rechts bergauf durch knorrigen Bergwald unter dem Schöberlriegel zu einer Steigkreuzung. Hier links eben im grasigen Steilhang des Umschußriegel zu einem Fahrweg und diesem über Almweiden problemlos zum **Wetterkoglerhaus (8)** folgen. Der Abstieg vom Hochwechsel erfolgt nun links vom Haus über die Almweiden nordostwärts hinunter zur bereits von Beginn an sichtbaren **Marienseer Schwaig (9)**. Dabei sieht man weit hinüber zu den Schwaigen vom Anstieg zum Hochwechsel. Abschließend folgt man nurmehr den Wegweisern und der rot-weiß-roten Markierung Richtung Mariensee über den etwas steileren Schindlsteig zum **Biotop-Parkplatz (1)** zurück.

EINKEHR

Kampsteiner Schwaig, 1400 m: Alm im Privatbesitz; Neuübernahme 2021. Vermutlich geöffnet von Anfang Mai bis Allerheiligen Freitag bis Sonntag, im Winter bei Loipenbetrieb. www.wieneralpen.at/huetten-am-wechsel.

Feistritzer Schwaig, 1438 m: Hütte der Wald- und Weidegenossenschaft Molzegg. Geöffnet von Mitte Mai bis Mitte Oktober. Almjausen. Keine Nächtigung.

Kranichberger Schwaig, 1537 m: Hütte der Alpgenossenschaft Neunkirchen. Geöffnet von Mitte Mai bis Ende September. Almjausen von bäuerlichen Produkten. Keine Nächtigung.

Wetterkoglerhaus am Hochwechsel, 1743 m: Hütte des Österreichischen Alpenvereins, Sektion Österreichischer Gebirgsverein. Geöffnet von Mitte Mai bis Mitte November. Die Hütte bietet eine reichhaltige Kost, von Beuschel oder Linsen über Schweinsbraten bis hin zu Strudel und Kaiserschmarrn. Außerdem das Festival der Almhütten (www.schwaigen-reigen.at), an dem 18 Hütten an 16 verschiedenen Orten teilnehmen. Nächtigung möglich. Tel. +43 3336 4224, www.alpenverein.at/wetterkoglerhaus.

Marienseer Schwaig, 1478 m: Hütte der Weidegemeinschaft Mariensee-Hochwechsel. Geöffnet von Ende Mai bis Mitte September. Almjausen von bäuerlichen Produkten. Jährlich festlicher Almabtrieb. Bauerntreffen mit Musik am St. Bartholomäussonntag im August. Keine Nächtigung.

Weitere Informationen zu allen Schwaigen unter www.wieneralpen.at/huetten-am-wechsel.

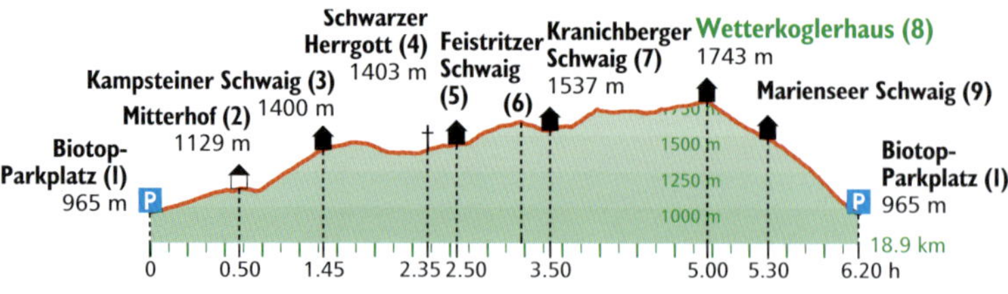

Hallerhaus, 1350 m

Hinauf von Mariensee über Neustift ★

Gesäuseerinnerungen am Wechsel

Das Haus gehört der Alpinen Gesellschaft »D' Haller«. Ein paar Wiener Freunde, die sich 1905 auf einer Bergtour durch das Gesäuse bei den »Hallermauern« befanden, beschlossen dort, aus lauter Begeisterung und Liebe zu diesen Bergen, eine alpine Gesellschaft zu gründen und sie »D' Haller« zu nennen. Sie wollten nahe der Hallermauern gerne eine Schutzhütte errichten, aber es war damals kein geeignetes Grundstück zu bekommen. Sie erwarben dann im Wechselgebiet auf steirischer Seite ein Grundstück und bauten hier das Hallerhaus. Am 10. Oktober 1910 fand die Eröffnung statt. An Baukosten wurden 27.000 Kronen aufgewendet. 1924 erfolgte ein erster, 1958 ein zweiter Zubau. In der Folgezeit wurden ständig bauliche Verbesserungen vorgenommen. Der Wechsel bildet die nordöstliche Grenze zwischen Steiermark und Niederösterreich und das Ostende der Zentralalpen.

KURZINFO

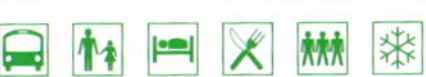

Talort: Mariensee, 815 m, und Mönichkirchen, 967 m; von Wien auf der A 2 bis Ausfahrt Edlitz, über B 54 nach Aspang Markt und Mariensee; Wiener Alpen in Niederösterreich Tourismus GmbH (Tel. +43 2622 78960, www.wieneralpen.at); Marktgemeinde Mönichkirchen (Tel. +43 2649 20925, www.moenichkirchen.at).

Ausgangspunkt: Großer Parkplatz oberhalb des Feuerwehrhauses, gegenüber der Sportplatzzufahrt.

Gehzeit: 6 Std.

Höhenunterschied: 620 m.

Anforderungen: Technisch einfache, aber sehr lange Wanderung auf Steigen, Wanderwegen und Güterwegen. Auffahrt mit Sessellift von Mönichkirchen möglich (Betriebszeiten unter www.schischaukel.net/betriebszeiten-sommer-1, Tel. +43 2649 20906).

Kinder: Spielplatz und Spielbiotop, Spielschiff und Crazy Bikes beim Alpengasthof Enzian. 2,5 km lange Rollerbahn von der Mönichkirchner Schwaig nach Mönichkirchen.

Kinderwagen: Mit etwas Kraft und Geschicklichkeit am Anstiegsweg bis zum Alpengasthof Enzian möglich. Abstieg nur über Anstiegsweg möglich.

Mountainbike: MTB-Tour »Kogelrundweg«: Mönichkirchen – Heidstübl – Brücke Marienseestraße – Almhof – Mönichkirchner Schwaig – Mönichkirchen (17,9 km, 625 Hm, ca. 1.10 Std., rot).

Gipfelmöglichkeiten: Von der Bergstation des Panoramaliftes (WP6) Niederwechsel, 1669 m (ca. 1 Std. Aufstieg, rot) und Hochwechsel, 1743 m (ca. 2 Std. im Anstieg, rot).

Winter: Ist als Schneeschuhwanderung von Mönichkirchen oder der Bergstation des Liftes sogar bis zum Hochwechsel machbar. Schwierigkeitsgrad blau, von Mönichkirchen zum Hochwechsel rot; hin und zurück dauert die Tour mindestens 10 bis 11 Stunden! Bei Liftbenützung (www.schischaukel.net) von der Bergstation zum Hallerhaus ca. 45 Minuten, der Abstieg nach Mönichkirchen z. B. über das Studentenkreuz (um der Piste auszuweichen) beträgt je nach Routenwahl bis zu 1.30 Std.

Tipp: Von Mariensee westwärts zum Biotop-Parkplatz und von dort wie bei Tour 49 Aufstieg bis zum Wetterkoglerhaus (5 Std., rot). Danach Übergang über Niederwechsel zum Hallerhaus und Abstieg wie hier beschrieben (4 Std., rot). Gemütliche Zweitagestour, für fitte Wanderer an einem Tag möglich.

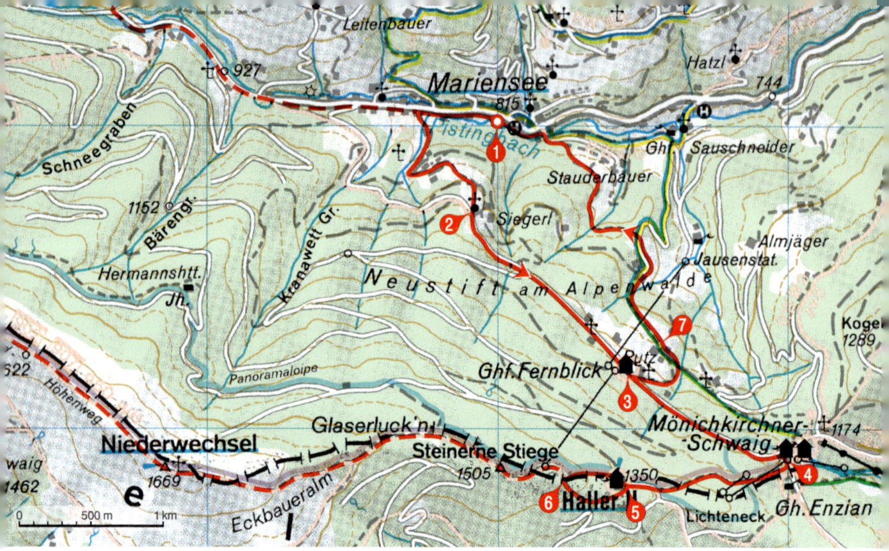

EINKEHR

Alpengasthof Enzian, 1185 m: Berggasthof in schöner Südlage, gut geeignet für Familien. Naturküche und urige Schmankerl. Nächtigung möglich. Tel. +43 2649 8008, www.enzianwirt.at.

Berggasthof Mönichkirchner Schwaig, 1176 m: Im November 1750 haben fünf Bauern von Graf Pergen die Alm erworben und mit fünf Ställen für das Weidevieh bewirtschaftet. Seit 1949 führt ein Sessellift auf die Schwaig. Im Winter durchgehend geöffnet, von Anfang Mai bis Ende Oktober Dienstag Ruhetag, April und November geschlossen. Bodenständige Küche. Nächtigung möglich. Tel. +43 2649 295 oder +43 650 8090008, www.moenichkirchner-schwaig.at.

Hallerhaus, 1350 m: Romantisch gelegene Hütte der Alpinen Gesellschaft »D' Haller«. Warme Speisen, Jausen und Getränke. Nächtigung möglich (Hunde können mit übernachten!). Tel. +43 2649 230 oder +43 664 9197180, www.hallerhaus.at.

Alpengasthof Fernblick, 1180 m: Familienbetrieb mit ganztägig warmer Küche. Forellen und Saiblinge aus eigenen Teichen, ein eigener Bauernhof versorgt die Küche mit frischen Produkten. Nächtigung möglich. Tel. +43 664 2381330, www.fernblick-alm.at.

Vom Parkplatz in **Mariensee (1)** rechts die Hauptstraße hinauf (rechts auf ersten Wegweiser Mönichkirchner Schwaig achten) bis zu einem Haus mit Gartenteich auf der linken Seite, hinter dem links eine Sackgasse bergauf führt (zweiter Wegweiser Mönichkirchner Schwaig). An deren Ende geht die Straße in einen Karrenweg über und eine weiß-rot-weiße Markierung beginnt. Durch ein Weidetor bis zu einer Forststraße, dieser links eben nach, bis nach einer scharfen Rechtskurve links ein Karrenweg am

Das Hallerhaus.

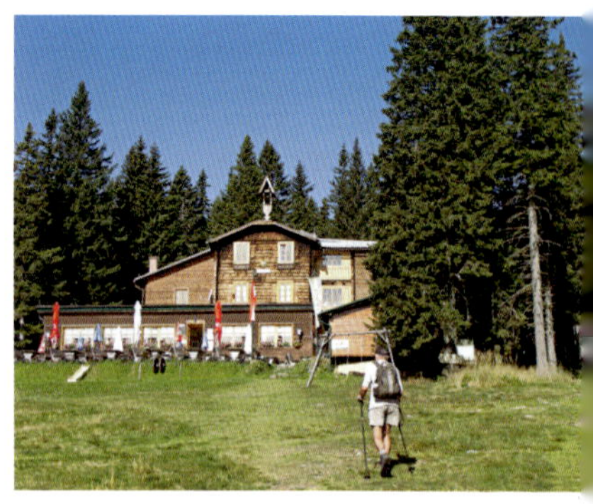

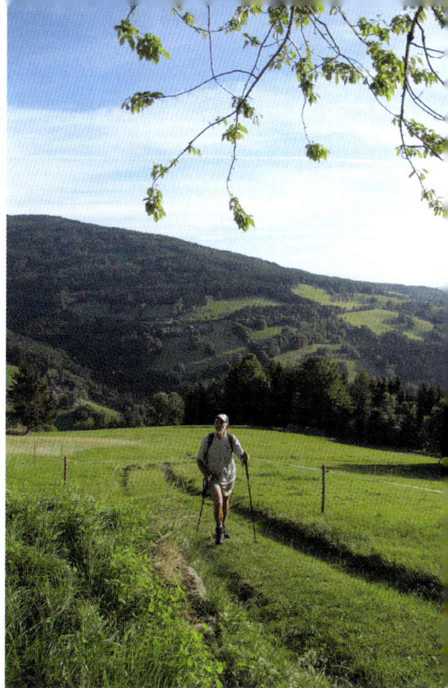

Über Almwiesen zum Hallerhaus.

Waldrand bergauf verläuft. Der Karrenweg wird zum Wiesenweg, führt durch ein weiteres Weidetor und mündet in den Zufahrtsweg zum Gehöft **Siegerl (2)**, dem man links bis zu den Gebäuden folgt. Vor dem Hof rechts auf einen Karrenweg und über Wiesen bergauf zu einer Kapelle (Rastbänke mit schöner Fernsicht) und weiter zu einer Forststraße. Dieser links eben folgen bis zum **Alpengasthof Fernblick (3)** und weiter auf die **Mönichkirchner Schwaig (4)**, jene Almfläche mit dem gleichnamigen Berggasthof und dem danebenliegenden Alpengasthof Enzian.

Neben dem Letzteren auf der linken Seite der Pistentrasse etwas steiler bergauf, später flacher werdend, zum **Hallerhaus (5)**. Wer möchte, kann noch eine kleine Runde anhängen, indem man rechts des Hauses noch bis zur **Bergstation des Panoramaliftes (6)** geht, dort am Teich für die Winterbeschneiung die schöne Aussicht genießt (Rastbänke) und dann rechts neben der großen Blockhütte auf der anderen Pistenseite über den Steig zurück zum **Hallerhaus (5)** wandert.

Zurück am Anstiegsweg über die **Mönichkirchner Schwaig (4)** zum **Alpengasthof Fernblick (3)**. Dort rechts (Wegweiser nach Mariensee, weiß-grün-weiße Markierung) hinunter zu einem Haus, kurz rechts den Karrenweg bergauf und gleich links auf einen Steig im Unterholz (auf Markierung auf Bäumen achten!). Diesem im Wald bis zu einem Teich für die Winterbeschneiung folgen, dort auf die Forststraße wechseln und links hinunter zum Gehöft **Putz (7)**. Durch ein Weidetor und entlang von Wiesen bergab zum Waldrand mit einem weiteren Weidetor. Durch den Wald auf feuchtem Steig zu einem Haus; hier rechts hinunter zu einem Fahrweg, dort links weiter bis zu einem nach links abzweigenden Steig mit Wegweiser. Durch den Waldweg bis hinunter ins Tal zum Stauderbauer, dort links dem Güterweg folgen. Bei der Hauptstraße links bis zum Parkplatz oberhalb des Feuerwehrhauses von **Mariensee (1)**.

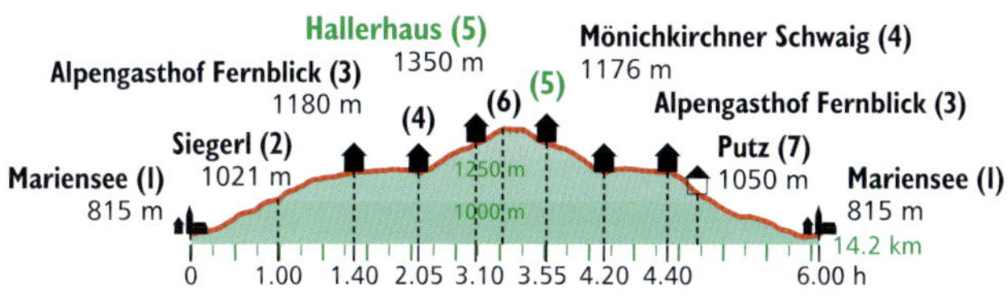

Stichwortverzeichnis